LEVEL 2
Final
실전 지텔프

전면 개정판

G-TELP 주관사

G-TELP KOREA는 신뢰성, 타당성, 실용성을 갖춘 종합적인 영어평가라는 모토 아래 ITSC의 글로벌 파트너로서 1985년부터 G-TELP 시험을 주관하는 어학평가, 교육, 출판 전문 기업입니다. G-TELP KOREA는 업무 협약을 통해 한국 내 G-TELP 시험의 시행, 마케팅, 홍보, 출판, 교육에 대한 운영을 담당하고 있습니다.

G-TELP 영어연구소

G-TELP 영어연구소는 국내외 영어 콘텐츠 전문 연구진들로 이루어진 조직으로서, G-TELP 시험을 전문적으로 분석 및 연구해오고 있습니다. 다년간 쌓아온 디지털 데이터베이스와 정확한 데이터를 분석하는 툴을 기반으로 G-TELP의 모든 시험을 대비할 수 있는 수험서, 일반 영어, 비즈니스 영어, 전문 영어 등 다양한 분야의 영어학습서를 기획, 집필, 편집, 출간하고 있습니다.

Final 실전 지텔프 (전면 개정판)

초판 1쇄 발행   2022년 06월 30일
2판 1쇄 발행   2024년 01월 08일

발　행　인   김현중
출　판　사   G-TELP KOREA 출판사업본부
저　　　자   G-TELP 영어연구소

I S B N   978-89-91164-62-8
정　　　가   21,900원

도서 문의 안내
PHONE 1577-3836
FAX 02-454-2137

이 책의 내용과 포맷은 저작권법에 따라 보호받고 있으므로 무단 복제와 무단 전재를 금합니다.

PREFACE

안녕하세요. G-TELP 영어연구소입니다.

G-TELP Level 2 시험은 국내 650여 개의 기업 채용 및 승진과 경찰, 군무원, 공무원 뿐만 아니라 국가자격증 등의 영어능력 검정시험으로 활용되며, 다수의 수험자들이 G-TELP 학습에 많은 시간을 투자하고 있습니다. G-TELP는 타 시험 대비 상대적으로 적은 문항 수와 짧은 시험 시간으로 시험에 대한 부담이 적고, 단기간에 원하는 목표 점수에 도달할 수 있기에 최근 응시자 수가 상당히 늘고 있습니다.

『Final 실전 지텔프』는 G-TELP 영어연구소의 베스트 셀러 교재로 다년간 지텔프 수험생들의 사랑을 받아왔습니다. 이번 전면 개정판은 수험생 여러분의 새로운 니즈를 반영하여 쉽고 빠른 이해를 위한 영역별 문제 접근 공식 제시, 최신 경향을 반영한 문제 제공 등 학습에 효과적인 방법만을 담아 새롭게 출간하게 되었습니다.

■ 지텔프 문제 접근 공식 제시
문법, 청취, 독해&어휘 각 영역의 철저한 분석을 바탕으로 간결한 설명을 통한 문제 접근법 및 풀이법을 단계(step)별로 소개하였습니다.

■ 실전 기출유형 모의고사 수록
실제 지텔프 시험과 유사한 형식의 문제지, 답안지 그리고 청취 음원으로 실전 감각을 익히고 연습할 수 있습니다.

■ 오답 노트 포켓북 부록
틀린 이유를 잊지 않기 위해 바로바로 정리하고, 휴대에 용이하여 수시로 복습 가능하도록 오답노트를 포켓북 형식으로 제공합니다.

『Final 실전 지텔프』로 지텔프 목표 점수를 달성하고, 앞으로 하시는 일에 큰 힘이 되었으면 합니다.

좋은 결과를 얻으시길 기원합니다.

감사합니다.
G-TELP 영어연구소

CONTENTS

- 교재 구성 및 특징   5
- 학습 플랜   10
- G-TELP Level 2 소개   12
- 시험 전 확인하기   13

Grammar

01. 시제   18
02. 가정법   30
03. 조동사   40
04. 준동사   52
05. 연결어   66
06. 관계사   76

Listening

영역 살펴보기   86
Part 1. 일상 대화   94
Part 2. 상품 발표와 홍보   106
Part 3. 장단점 비교하기   118
Part 4. 과정/절차 소개   130

Reading & Vocabulary

영역 살펴보기   144
Part 1. 인물의 일대기   156
Part 2. 잡지 기사   166
Part 3. 백과사전식 지문   176
Part 4. 비즈니스 편지   186

실전모의고사   197

| 해설집 (책 속의 책) |

교재 구성 및 특징

1. 지텔프 문법 문제풀이 공식 제공

> 쉽고 빠른 이해를 위해 문법을 공식으로 나타내어 유형 이해도 UP! 실력 UP!

가정법 과거완료 공식

1. 보기의 동사 구성을 보고 앞에 would(또는 could, might)가 있는지 살펴봅니다.
2. 빈칸이 포함된 절의 앞뒤에서 if를 찾습니다. (if only가 나오더라도 가정법 공식 적용)
3. if절의 동사 시제가 과거완료(had p.p.)이면 ➔ 정답은 would + have p.p.

   if + 주어 + 과거완료(had p.p.) ~, 주어 + would + have p.p. + ...

> 공식을 적용한 문제풀이 방법 제시로 정확하고 빠르게 정답 찾기 가능

공식으로 쑥쑥! 문제풀이

Lexie Simpson is one of the most popular young actresses in the American movie industry today. If she had not won the title of Miss Teen USA in the recently held beauty pageant, people probably _____ her.

- (a) would not have noticed — 가정법 과거완료
- (b) had not noticed
- (c) did not noticed
- (d) would not notice — 가정법 과거

보기 구성 → would 2개

if + 과거완료동사(had (not) won)
➔ 가정법 과거완료

해석 렉시 심슨은 오늘날 미국 영화 산업에서 가장 인기 있는 젊은 여배우들 중 한 명이다. 만약 그녀가 최근에 열린 미녀 선발 대회에서 미스 틴 USA 타이틀을 차지하지 않았다면, 사람들은 아마 그녀를 알아채지 못했을 것이다.

2. 지텔프 청취 단계별 문제 접근 공식 제시

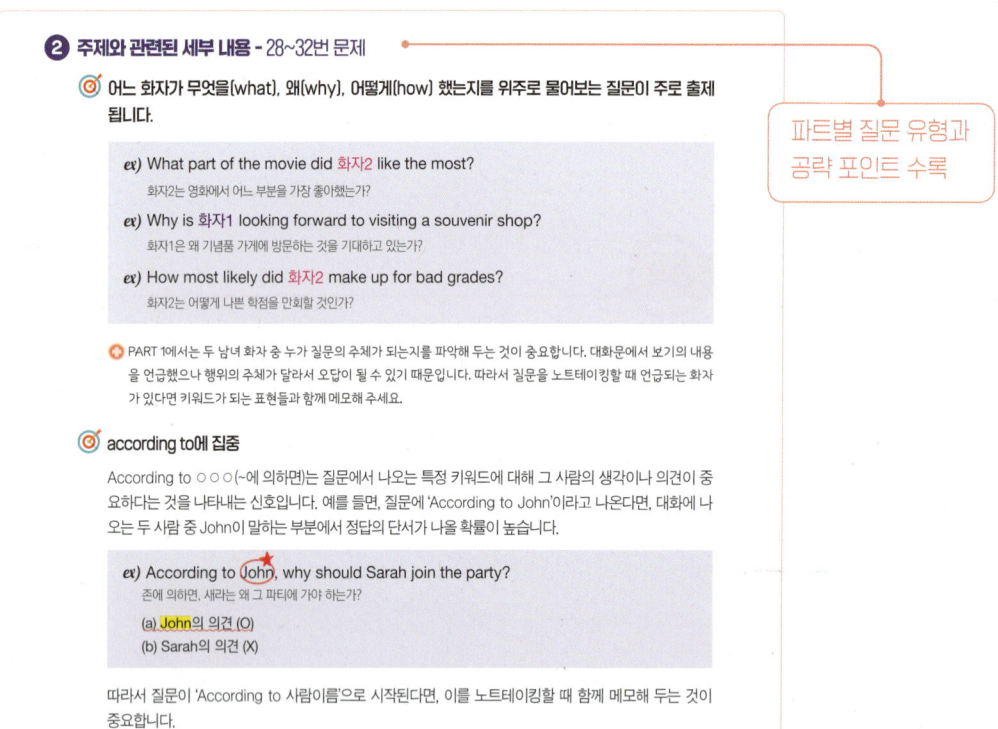

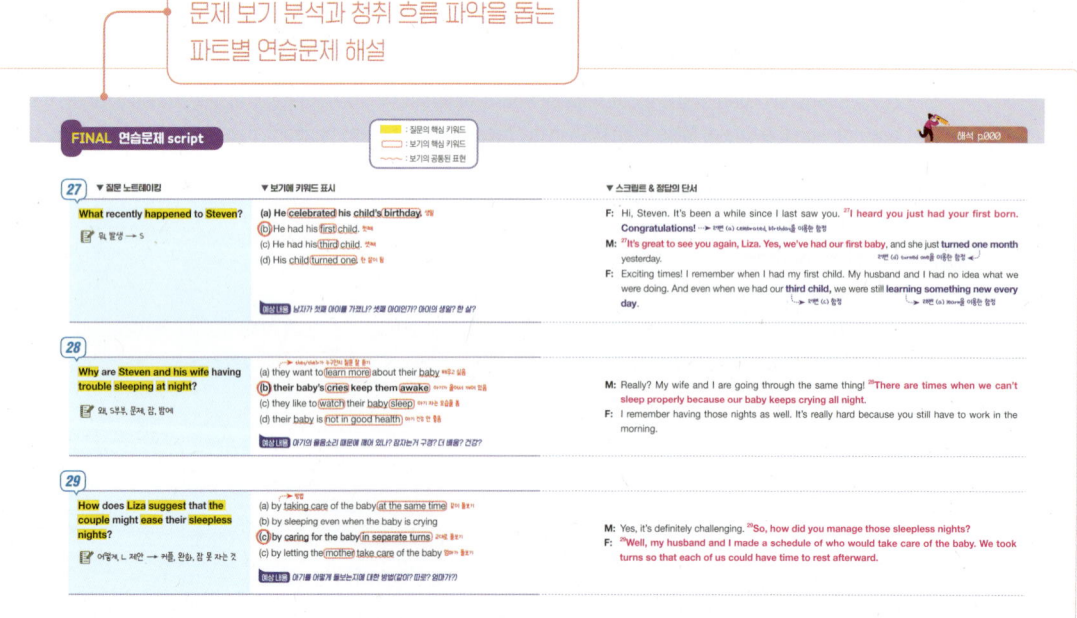

3. 지텔프 독해&어휘 고득점 학습전략 제공

> 파트별/단락별 자주 나오는 표현 수록으로 독해 실력 업그레이드

❶ 인물 소개

🎯 첫 단락에서는 인물의 간략한 소개를 바탕으로 해당 인물이 무엇으로 유명한지에 관해 묻는 문제가 자주 출제됩니다.

ex) What is Daniel Radcliffe most known for?
다니엘 래드클리프는 무엇으로 가장 잘 알려져 있는가?

정답이 되는 핵심 키워드 표현

(be) **famous/noted/notable for** ~로 유명하다(유명한)
(be) **best known/recognized for** ~로 가장 잘 알려져 있다(있는)
(be) **regarded/considered as** ~라고 여겨지다(여겨지는)
be an influential figure in ~에서 영향력 있는 인물이다

빈출 어휘
create 창조하다 **elevate** 높이다 **found** 세우다, 설립하다 **renowned** 유명한 **successful** 성공적인
contribution 공헌 **entrepreneur** 기업가

> 예제 지문과 문제풀이 공식을 통해 가장 효율적인 독해 공략방법 제시

질문 키워드

ex) What does the study say about **drinking alcohol and becoming obese**?

> 첫번째 단락 A recent study published in the Archives of Internal Medicine revealed that women who **drink alcohol** moderately are less likely to **gain weight** over time than non-drinkers. There have been several reports about an inverse association between alcohol consumption and body weight gain among women. However, according to Dr. Lu Wang, lead researcher of Brigham & Women's Hospital, this is the first extensive research on how alcohol consumption is related to the risk of becoming overweight among initially normal-weight women.

(a) Women who drink a lot weighed more than non-drinkers.
(b) Non-drinkers are typically overweight.
(c) Women who drink alcohol usually have a healthier diet.
(d) Moderate drinkers had lower risk of obesity.

 **문제풀이 공식**

❶ 질문 먼저 읽기 → 알코올음료와 비만에 관해 무엇을 말하는지 묻는 문제임을 확인합니다.
❷ Part 2의 첫번째 단락은 주로 주제를 묻는 문제 유형이 출제되고, 이때 A recent study ~ revealed that과 같은 키워드 표현이 사용된 부분에서 정답의 단서를 찾을 수 있습니다.
❸ women who drink alcohol moderately are less likely to gain weight over time than non-drinkers를 가장 적절하게 패러프레이징한 보기를 답으로 고르면 됩니다.

4. 음원 QR

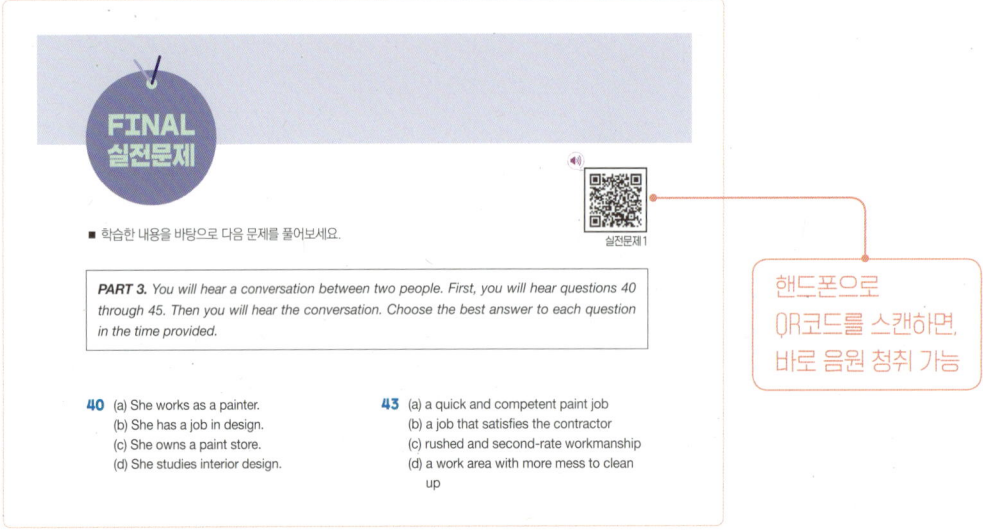

핸드폰으로 QR코드를 스캔하면, 바로 음원 청취 가능

5. 지텔프 실전모의고사 수록

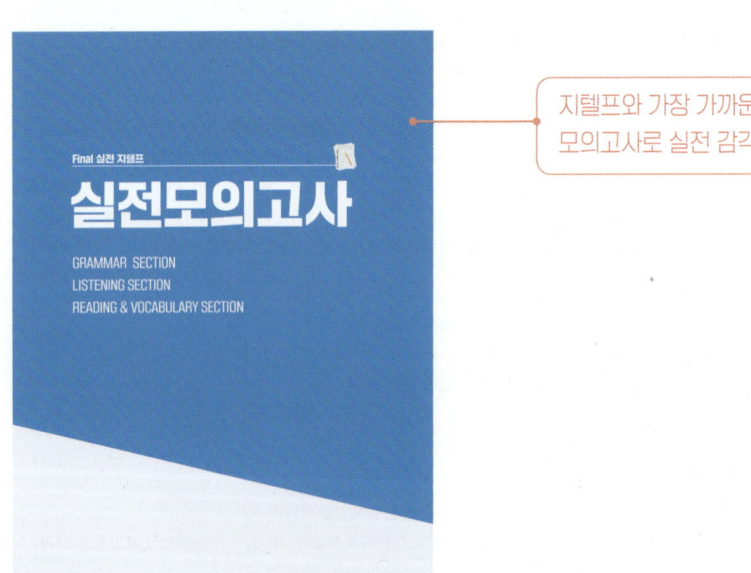

지텔프와 가장 가까운 기출 유형 모의고사로 실전 감각 익히기!

6. 오답 노트 포켓북

틀린 이유를 정확히 파악해서 같은 실수를 반복하지 않도록 오답 노트 제공! 핸드북 형태로 쉽게 소지 가능!

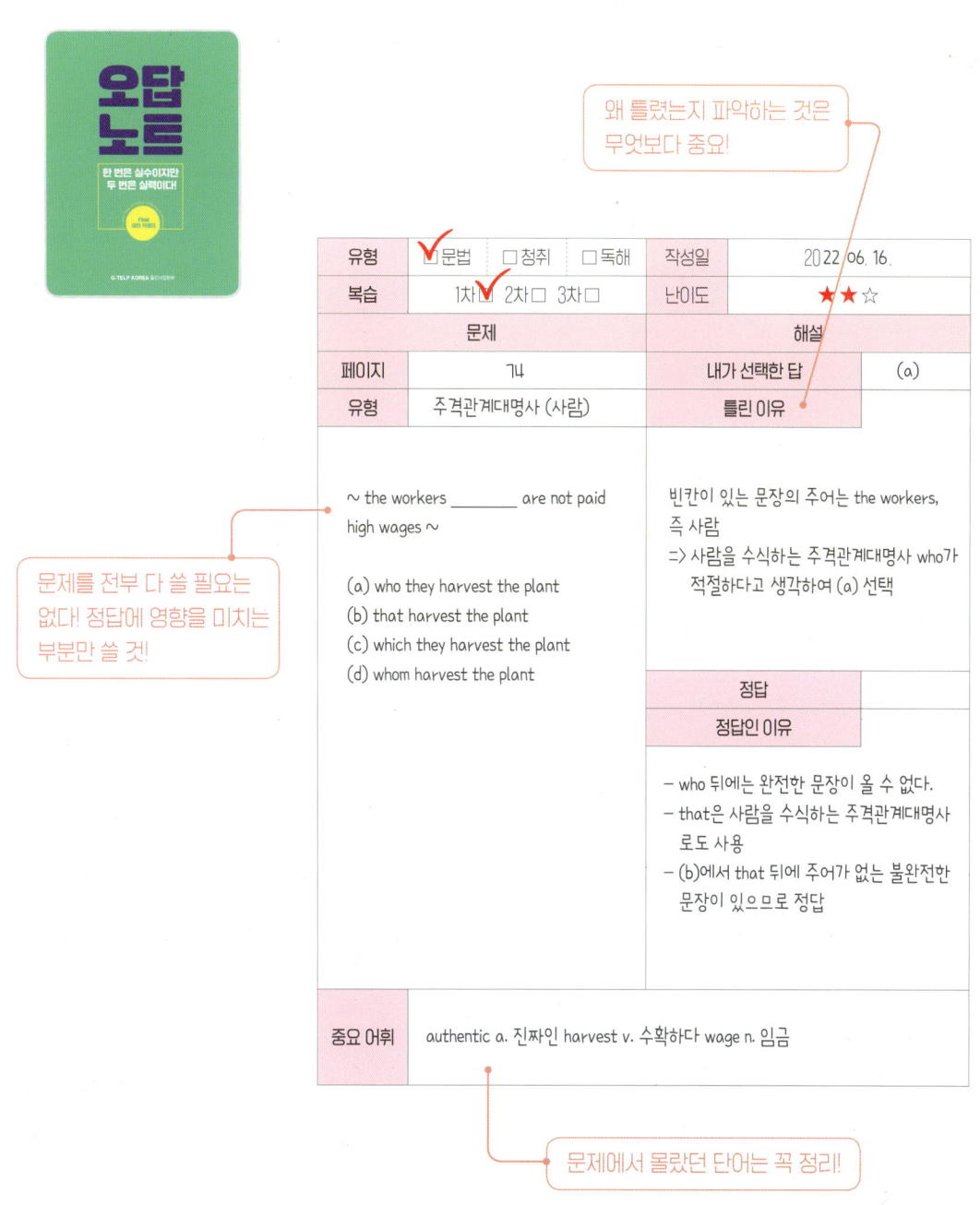

학습 플랜

다음의 학습 플랜을 참고하여 교재를 학습합니다.

- 학습을 완료하면 □에 체크하십시오.
- 2주, 3주, 4주 중 자신에게 가장 적합한 학습 기간을 선택하고, 자신만의 학습 플랜을 만들어봅니다.

📅 2주 완성 [시작일: ~ 종료일:]

	1일	2일	3일	4일	5일	6일	7일
Week 1	[문법] 1 시제 2 가정법	[문법] 3 조동사 1~3 복습	[문법] 4 준동사 5 연결어	[문법] 6 관계사 4~6 복습	[청취] Part 1	[청취] Part 2	[청취] Part 3
	□ 학습 완료	□ 학습 완료	□ 학습 완료	□ 학습 완료	□ 학습 완료	□ 학습 완료	□ 학습 완료
	8일	9일	10일	11일	12일	13일	14일
Week 2	[청취] Part 4	[독해] Part 1	[독해] Part 2	[독해] Part 3	[독해] Part 4	[청취&독해] Part 1~4 복습	[실전 모의고사]
	□ 학습 완료	□ 학습 완료	□ 학습 완료	□ 학습 완료	□ 학습 완료	□ 학습 완료	□ 학습 완료

📅 3주 완성 [시작일: ~ 종료일:]

	1일	2일	3일	4일	5일	6일
Week 1	[문법] 1 시제	[문법] 2 가정법	[문법] 3 조동사	[문법] 4 준동사	[문법] 5 연결어	[문법] 6 관계사
	□ 학습 완료	□ 학습 완료	□ 학습 완료	□ 학습 완료	□ 학습 완료	□ 학습 완료
	7일	8일	9일	10일	11일	12일
Week 2	[문법] 1~6 복습	[청취] Part 1	[청취] Part 2	[청취] Part 3	[청취] Part 4	[청취] Part 1~4 복습
	□ 학습 완료	□ 학습 완료	□ 학습 완료	□ 학습 완료	□ 학습 완료	□ 학습 완료
	13일	14일	15일	16일	17일	18일
Week 3	[독해] Part 1	[독해] Part 2	[독해] Part 3	[독해] Part 4	[독해] Part 1~4 복습	[실전 모의고사]
	□ 학습 완료	□ 학습 완료	□ 학습 완료	□ 학습 완료	□ 학습 완료	□ 학습 완료

📅 4주 완성 [시작일: ~ 종료일:]

	1일	2일	3일	4일	5일	6일
Week 1	[문법] 1 시제	[문법] 2 가정법	[문법] 1~2 복습	[문법] 3 조동사	[문법] 4 준동사	[문법취] 3~4 복습
	☐ 학습 완료	☐ 학습 완료	☐ 학습 완료	☐ 학습 완료	☐ 학습 완료	☐ 학습 완료
	7일	8일	9일	10일	11일	12일
Week 2	[문법] 5 연결어	[문법] 6 관계사	[문법] 5~6 복습	[청취] Part 1	[청취] Part 2	[청취] Part 1~2 복습
	☐ 학습 완료	☐ 학습 완료	☐ 학습 완료	☐ 학습 완료	☐ 학습 완료	☐ 학습 완료
	13일	14일	15일	16일	17일	18일
Week 3	[청취] Part 3	[청취] Part 4	[청취] Part 3~4 복습	[독해] Part 1	[독해] Part 2	[독해] Part 1~2 복습
	☐ 학습 완료	☐ 학습 완료	☐ 학습 완료	☐ 학습 완료	☐ 학습 완료	☐ 학습 완료
	19일	20일	21일	22일	23일	24일
Week 4	[독해] Part 3	[독해] Part 4	[독해] Part 3~4 복습	[실전 모의고사] 문법	[실전 모의고사] 청취	[실전 모의고사] 독해
	☐ 학습 완료	☐ 학습 완료	☐ 학습 완료	☐ 학습 완료	☐ 학습 완료	☐ 학습 완료

G-TELP Level 2 소개

📋 G-TELP란?

G-TELP(General Tests of English Language Proficiency)는 미국 국제 테스트 연구원(ITSC, International Testing Services Center)에서 주관하여 University of California Los Angeles, Georgetown University, San Diego State University 등의 저명 교수진이 연구·개발하였고, 국내외 저명한 언어학자, 평가 전문가들이 참여하여 국제적으로 시행하는 글로벌 영어능력 평가 인증 시험입니다.

📄 시험 구성

영역	내용	지문 수 (개)	문항 수 (개)	배점 (점)	시간 (분)
Grammar (총 26문항)	가정법, 시제, 조동사, 준동사(To부정사, 동명사), 접속사, 관계사	-	26	100	20
Listening (총 26문항)	Part 1. Interesting Story	1	7	100	약 30
	Part 2. Speech	1	6		
	Part 3. Conversation	1	6		
	Part 4. Presentation	1	7		
Reading & Vocabulary (총 28문항)	Part 1. Biography Article	1	7	100	40
	Part 2. Magazine Article	1	7		
	Part 3. Encyclopedia Article	1	7		
	Part 4. Business or Formal Letter	1	7		
	Total		80	300	약 90

- 시험 시간을 특정 영역에 제한을 두지는 않으므로, 주어진 시간 내에 다른 영역의 문제풀이 가능
- 각 영역 100점 만점으로 총 300점이며, 세 개 영역의 평균 값으로 성적 산출

시험 전 확인하기

⏱ 시험 시간

- 입실 가능시간 : 13시 20분 ~ 14시 50분 (14시 50분 입실 통제 / 이후 입실 절대 불가)
- 오리엔테이션 시작 시간 : 14시 25분

✏ 주의 사항

- 신분증 미 지참 시 시험 응시 불가 (수험표는 없어도 응시 가능)
- 1층 고사장 입구에서 고사장을 확인하며, 좌석표에 따라 지정 좌석에서 응시해야 합니다.
- 시험 시간 중도 퇴실 시, 시험을 포기한 것으로 간주되어 당 회차 시험이 0점 처리됩니다.
- 규정 신분증, 필기도구, 아날로그 손목시계 이외의 개인 소지품은 소지할 수 없습니다.
    - ☞ 시험 전, 전자기기는 반드시 전원을 끄고 소지품과 함께 가방에 넣어 교실 앞에 제출해야 합니다.
    - ☞ 전원을 끄지 않아 벨소리나 진동, 전자음이 울릴 시 부정행위로 간주되어 시험이 0점 처리됩니다.

📎 준비물 Check!

- ☑ 규정 신분증
    → 주민등록증, 여권(기간 만료 전), 운전면허증, 장애인등록증(주민등록번호 포함), 군 신분증(군인), 외국인등록증(외국인), 학생증(중고생) [단, 대학생의 경우 학생증 불허]

- ☑ 컴퓨터용 사인펜
    → OMR 답안지에는 반드시 컴퓨터용 수성 사인펜으로 마킹해야 합니다. (연필 사용 불가)

- ☑ 수정 테이프
    → 마킹 오류 시, 수정 테이프를 사용하여 수정할 수 있습니다. [수정액 사용 불가]
    → 수정 테이프는 반드시 본인의 것을 사용해야 하며, 타인에게 빌리거나 빌려줄 수 없습니다.

- ☑ 아날로그 시계
    → 아날로그 시계 이외의 스톱워치, 스마트 워치, 전자시계 등은 사용할 수 없습니다.

📋 OMR 작성법 예습

• 좌석표

수험번호 : 12-3456-0027890   홍길동   고유번호 : 1234567

• OMR카드

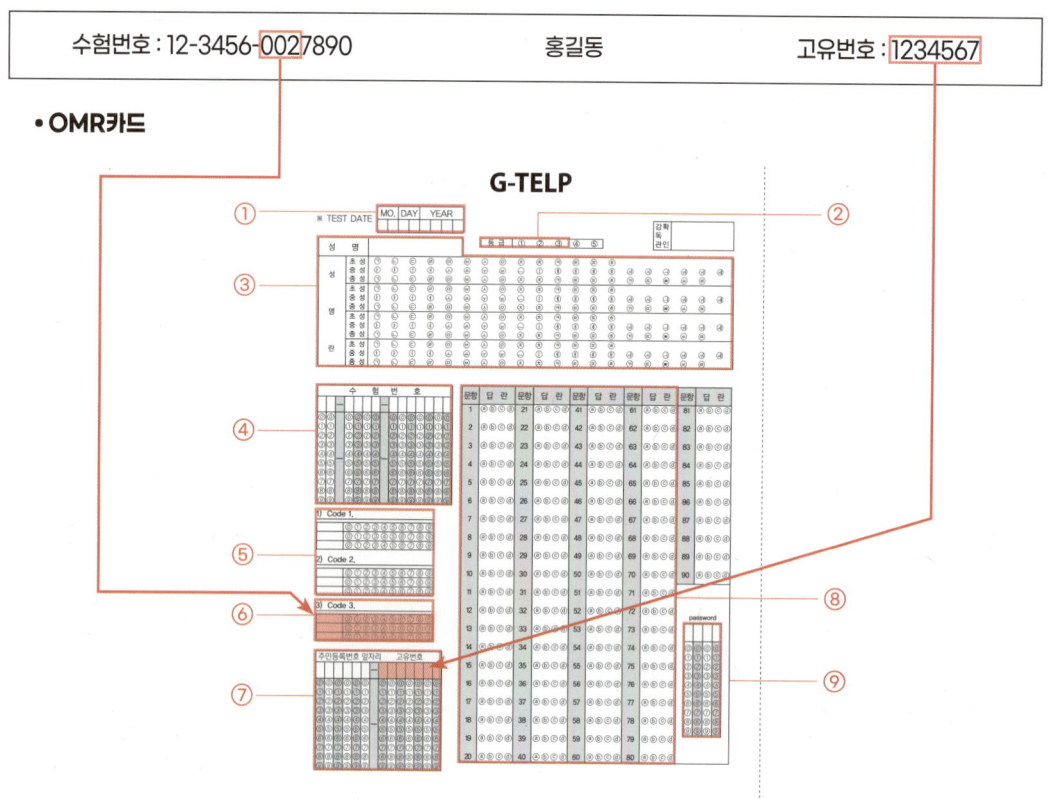

1. TEST DATE란에 월, 일, 년 순으로 기재합니다.
2. 등급은 ②에 마킹합니다.
3. 이름을 기재하고, 성명란에 초성, 중성, 종성에 맞게 마킹합니다.
4. 수험번호는 책상 위에 비치된 좌석표를 참고하여 마킹합니다.
5. Code 1과 Code 2는 OMR카드 뒷면에서 해당하는 코드를 찾아 마킹합니다.
   (대학생이 아닌 일반인의 경우 Code 1은 098, Code 2는 090을 기재하시면 됩니다.)
6. Code 3은 수험번호 마지막 7자리 숫자 중 앞 3자리 숫자를 마킹합니다.
7. 주민등록번호는 앞자리만 마킹한 후, 뒷자리는 좌석표에 기재된 고유번호를 마킹합니다.
8. 답안지는 총 90번까지 있으나, Level 2 시험은 80번까지 이므로 80번 까지만 마킹합니다.
9. Password는 인터넷 성적 확인 시 필요한 번호로 네 자리 숫자이며, 마킹 후 반드시 기억하도록 합니다.

※ 시험 시간에는 별도의 답안지 마킹 시간이 주어지지 않으므로, 종료시간 전에 반드시 마킹을 마무리해야 합니다.

Final 실전 지텔프

Final
실전 지텔프

Final 실전 지텔프

GRAMMAR

01. 시제
02. 가정법
03. 조동사
04. 준동사
05. 연결어
06. 관계사

문법

01 시제

Final 실전 지텔프

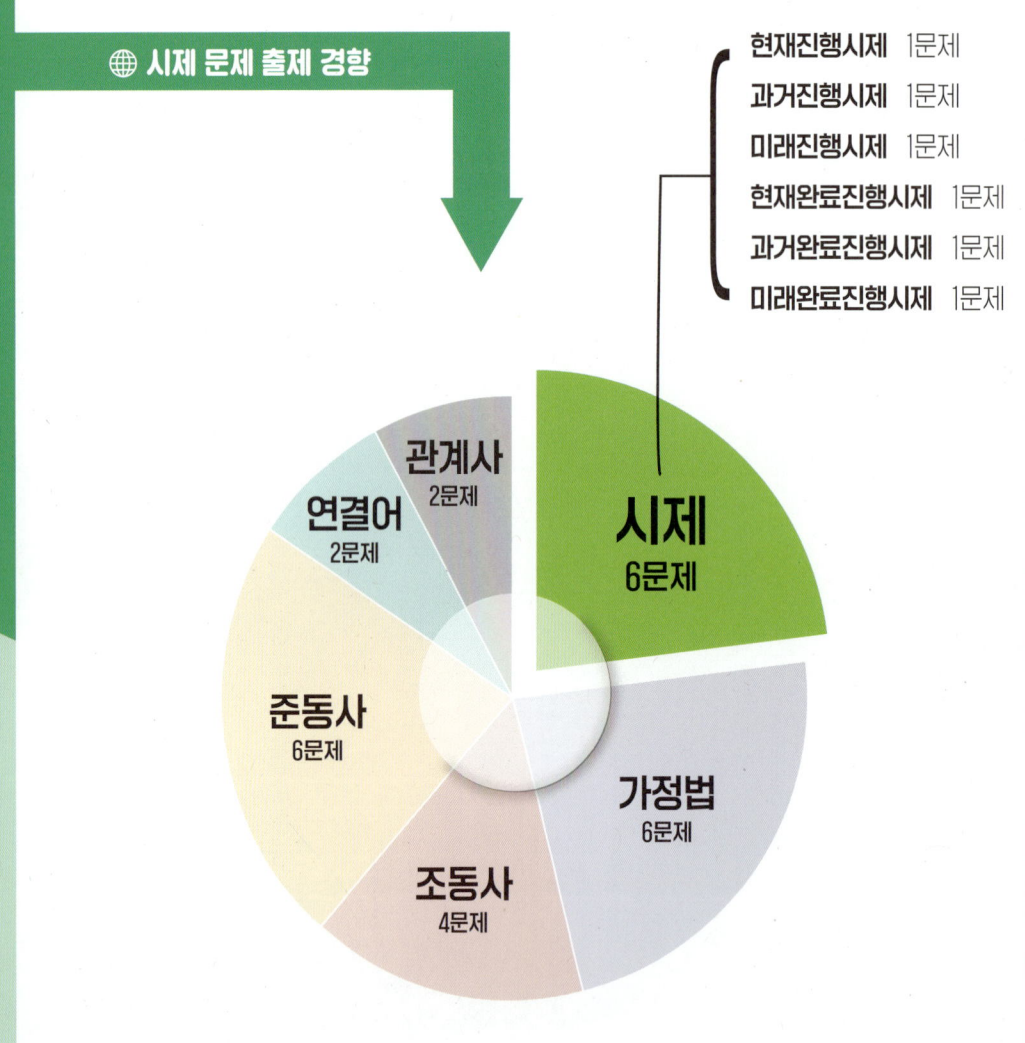

🌐 시제 문제 출제 경향

- 현재진행시제 1문제
- 과거진행시제 1문제
- 미래진행시제 1문제
- 현재완료진행시제 1문제
- 과거완료진행시제 1문제
- 미래완료진행시제 1문제

- 시제 6문제
- 가정법 6문제
- 조동사 4문제
- 준동사 6문제
- 연결어 2문제
- 관계사 2문제

 ## 시제 문제는 어떻게 나오나요?

지텔프 시제 문제에는 6가지의 진행시제만 1문제씩 출제됩니다. 다시 말해, 시제 문제를 풀 때에는 진행시제가 아닌 보기를 먼저 소거하고, 진행 시제들 중에서 정답을 찾도록 합니다.

	현재시제	과거시제	미래시제
진행시제	현재진행 am/is/are V-ing	과거진행 was/were V-ing	미래진행 will be V-ing
	현재완료진행 have/has been V-ing	과거완료진행 had been V-ing	미래완료진행 will have been V-ing

보기가 동사의 여러 시제로 구성되어 있는 것을 보고 시제 문제임을 파악할 수 있습니다. 시제 문제에서는 기본적으로 특정한 시제를 정답으로 고를 수 있도록 문장 안에 단서 표현이 주어집니다. 즉, 특정 시제와 어울리는 단서 표현을 찾는 것이 시제 문제의 핵심입니다.

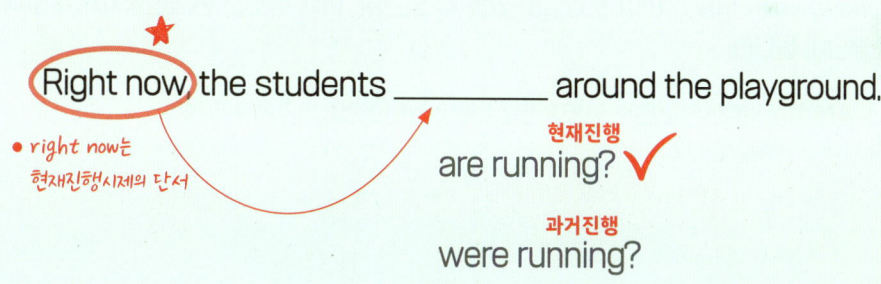

1 현재진행시제

 현재 시점에서 진행 중인 동작이나 상태를 언급할 때 사용합니다.

형태	am/is/are + V-ing	해석	~하고 있다, ~하는 중이다

현재진행시제 공식

빈칸 주변에서 현재진행시제와 함께 쓰이는 단서 표현을 찾습니다.

현재진행시제 단서, 주어 + am/is/are + V-ing + ...

현재진행시제의 단서가 되는 시간 표현

right now 바로 지금	now 지금, 현재	currently 현재	at the[this] moment 바로 지금
at this time 현재	these days 요즘	nowadays 요즘	as of this moment 바로 지금
still 여전히			

Right now, my parents **are arguing** with the neighbors.
바로 지금, 부모님이 그 이웃들과 언쟁을 벌이는 중이다.

At the moment, Lincoln **is enjoying** some wine sent by his friend.
바로 지금, 링컨은 친구가 보낸 와인을 즐기고 있는 중이다.

 보기에 now, currently가 이미 포함되어 있을 수 있으며, 이때 무조건 현재진행시제가 함께 포함된 보기가 정답이 됩니다.

He **is currently working**/~~has currently been working~~ in the garden.
그는 지금 정원에서 일하는 중이다.
→ 보기에 currently가 이미 포함되어 있으면 현재진행시제가 정답

공식으로 쑥쑥! 문제풀이

Aaron, a highly regarded freelance photographer, covers political and historical events for a living. (Right now,) he _____ the inauguration of Japan's newly elected prime minister in Tokyo.
현재진행시제 단서

보기 구성
→ 동사의 여러 시제

(a) will be covering 미래진행시제
(b) was covering 과거진행시제
(c) had been covering 과거완료진행시제
(d) is covering

해석 높은 평가를 받는 프리랜서 사진작가인 애런은 생계를 위해 정치적이고 역사적인 사건들을 취재한다. 바로 지금, 그는 도쿄에서 새로 부임한 일본의 총리의 취임식을 취재하고 있는 중이다.

2. 과거진행시제

 과거의 특정 시점에 진행되고 있었던 동작이나 상태를 언급할 때 사용합니다.

형태	was/were + V-ing	해석	~하고 있었다, ~하던 중이었다

과거진행시제 공식

빈칸 주변에서 과거진행시제와 함께 쓰이는 단서 표현을 찾습니다.

과거진행시제 단서, 주어 + **was/were + V-ing** + …

과거진행시제의 단서가 되는 시간 표현

- last + 시점 지난 ~에
- 기간 표현 + ago ~(기간) 전에
- yesterday 어제
- at that time 그때
- when + 과거시제 동사 ~했을 때 (빈칸)하고 있었다
- while + 과거시제 동사 (빈칸)하고 있던 동안에 ~했다

when절과 while절이 나올 때 과거시제 동사와 빈칸의 위치 비교

when절: 주어 + 과거진행시제 동사 + … (**when** + 주어 + 과거시제 동사)

ex) A deer **was running** alongside the tracks (**when** I **was** on the train). → 주절의 동사 자리에 빈칸
내가 열차 안에 있었을 때 사슴이 철로를 따라 달리고 있었다.

while절: 주어 + 과거시제 동사 + … (**while** + 주어 + 과거진행시제 동사)

ex) I **was** on the train (**while** a deer **was running** alongside the tracks). → while절의 동사 자리에 빈칸
사슴이 철로를 따라 달리고 있던 동안에 나는 열차 안에 있었다.

He **was writing** a letter **twenty minutes ago**.
그는 20분 전에 편지를 쓰던 중이었다.

When I **arrived** in the hotel lobby, my boyfriend **was getting** off the elevator.
내가 호텔 로비에 도착했을 때, 내 남자친구가 엘리베이터에서 나오던 중이었다.

공식으로 쑥쑥! 문제풀이

According to popular stories, Sir Isaac Newton's interest in the Laws of Gravity started with an apple. Apparently, he _____ underneath a tree one afternoon when an apple fell from the tree and hit him on the head.

when + 과거 → 과거진행시제 단서
사과가 머리 위로 떨어진 시점(과거)과 동시에 나무 아래에 앉아 있었음

보기 구성
→ 동사의 여러 시제

(a) **was sitting**
(b) will be sitting 미래진행시제
(c) is sitting 현재진행시제
(d) will have been sitting 미래완료진행시제

해석 유명한 이야기에 따르면, 아이작 뉴턴 경의 중력의 법칙에 대한 관심은 사과에서 시작되었다고 한다. 듣자하니, 그가 어느 오후에 나무에서 사과가 그의 머리 위로 떨어졌을 때 그는 나무 아래에서 앉아 있던 중이었다.

문법 01 _ 시제 21

3 미래진행시제

미래의 특정 시점에 진행되고 있을 동작이나 상태를 언급할 때 사용합니다.

| 형태 | will be + V-ing | 해석 | ~하고 있을 것이다, ~하는 중일 것이다 |

미래진행시제 공식

빈칸 주변에서 미래진행시제와 함께 쓰이는 단서 표현을 찾습니다.

미래진행시제 단서, 주어 + **will be + V-ing** + ...

미래진행시제의 단서가 되는 시간 표현

- tomorrow 내일
- starting + 미래 시점 ~(시점)부터
- on + 미래 시점 ~에
- when + 주어 + 현재동사 ~할 때
- as soon as + 주어 + 현재동사 ~하자마자
- next + 시점 다음 ~에
- in + 미래 시점(연도 등) ~후에
- until + 미래 시점 ~까지
- before + 주어 + 현재동사 ~하기 전에
- if + 주어 + 현재동사 만약 ~한다면

 when/before/as soon as/if와 같이 시간/조건의 부사절에는 미래를 표현할 때 현재시제 동사를 사용합니다. 따라서 위의 단서가 문제에 주어지는 경우 현재진행시제가 아닌 미래진행시제를 사용합니다.

She **will be attending** her cousin's wedding **next Saturday**.
그녀는 다음 주 토요일에 그녀의 사촌 결혼식에 참석하고 있을 것이다.

When I **see** my favorite comedian again, I **will probably be laughing** uncontrollably.
내가 나의 가장 좋아하는 코미디언을 다시 볼 때, 나는 아마도 걷잡을 수 없이 웃고 있을 것이다.
➡ when절의 현재동사는 미래를 표현하므로 주절의 동사로는 미래진행시제가 정답

공식으로 슉슉! 문제풀이

Peggy, who works for a local bank in Idaho, has just been promoted to a managerial position. The company _____ her to their main office next week to undergo a month-long training.
　　　　　　　　　　　　　　　　　　　　　　　　　미래진행시제 단서

보기 구성
➡ 동사의 여러 시제

(a) will be sending
(b) was sending 과거진행시제
(c) had been sending 과거완료진행시제
(d) has been sending 현재완료진행시제

해석 아이다호에 있는 지역 은행에서 근무하는 페기는 관리직으로 막 승진했다. 이 회사는 한 달간의 교육을 받기 위해 다음 주에 그녀를 본사로 보내고 있을 것이다.

4 현재완료진행시제

🎯 현재 시점을 기준으로 과거에 시작한 동작이나 상태가 기준 시점인 현재에도 진행 중일 때 사용합니다.

| 형태 | have/has been + V-ing | 해석 | ~해오고 있다, ~해오고 있는 중이다 |

I **have been working** at this company for two years.
나는 이 회사에서 2년 동안 일해오는 중이다.

현재완료진행시제 공식

빈칸 주변에서 현재완료진행시제와 함께 쓰이는 단서 표현을 찾습니다.

현재완료진행시제 단서, 주어 + **have/has been + V-ing** + …

현재완료진행시제의 단서가 되는 시간 표현

for + 숫자 기간 ~동안 ▶ 완료진행의 대표 단서	since + 시점 ~이래로, ~부터
for[over, in] the last[past] + 숫자 기간 지난 ~동안	(ever) since + 주어 + 과거동사 ~했을 때부터
lately 최근에	already 이미

❓ **for twenty years now는 현재진행? 현재완료진행?**
➔ for twenty years now는 '현재(의 시점까지) 20년 동안'의 의미로 특정한 기간을 나타냅니다. 따라서 for + 숫자 기간 뒤에 now가 붙어있다 하더라도 현재완료진행시제가 정답입니다.

❓ 문제에 명확한 시제 단서 표현이 없는 경우 문맥에 따른 시제 흐름을 파악하여 정답을 찾아야 합니다.
Lily **has been watching**/~~will be watching~~ that movie, which doesn't look like it will end any time soon.
릴리는 그 지루한 영화를 관람해오는 중인데, 그 영화는 금방 끝날 것 같아 보이지 않는다.
➔ which절 이하의 동사가 현재시제(doesn't look like)로 나오고 있으므로 기준 시점은 현재가 된다. 문맥상 릴리가 현재시점까지 영화를 계속 보고 있는 상태이므로 현재완료진행시제가 정답

공식으로 쑥쑥! 문제풀이

Sofia would like to have her own room when she turns 18 next month. She says she needs her own space as she _____ a room with her younger sister Sarah since she was five.

보기 구성
➔ 동사의 여러 시제

(a) had shared 진행시제가 아닌 것은 오답으로 소거
(b) would share 가정법 문장이 아니므로 오답
(c) has been sharing
(d) is sharing 현재진행시제

현재완료진행시제 단서(since + 주어 + 과거동사)
➔ 5살일 때부터(과거) 현재 시점까지 방을 같이 쓰고 있는 중

해석 소피아는 다음 달에 18살이 될 때 그녀만의 방을 갖고 싶어한다. 소피아는 다섯 살이었던 이래로 여동생 사라와 방을 같이 써오고 있는 중이기 때문에 자신만의 공간이 필요하다고 말한다.

5 과거완료진행시제

과거의 특정 시점을 기준으로 그 이전에 시작한 동작이나 상태가 기준 시점이 되는 과거까지 진행 중이었음을 나타낼 때 사용합니다.

형태	had been + V-ing	해석	~해오고 있었다, ~해오고 있던 중이었다

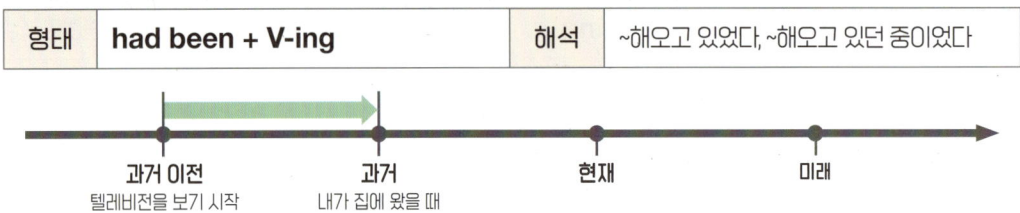

I **had been watching** TV for 3 hours when I came back home.
내가 집에 왔을 때 그는 3시간 동안 텔레비전을 봐오던 중이었다.

과거완료진행시제 공식

빈칸 주변에서 과거완료진행시제와 함께 쓰이는 단서 표현을 찾습니다.

과거완료진행시제 단서, 주어 + had been + V-ing + for + 숫자 기간
완료진행의 대표 단서
동안

과거완료진행시제의 단서가 되는 시간 표현

before + 과거 시점 ~전에   until + 과거 시점 ~까지   when + 주어 + 과거동사 ~했을 때
before + 주어 + 과거동사 ~하기 전에   until + 주어 + 과거동사 ~했을 때   by the time + 주어 + 과거동사 ~했을 때쯤

when + 과거동사 → 과거진행과 과거완료진행 구분하기

과거진행: Sally **was studying** when I called her.
내가 샐리에게 전화했을 때 그녀는 공부하고 있었다. → 전화했던 시점(과거)에 동시에 공부 중이었음

과거완료진행: Sally **had been studying** for an hour when I called her.
내가 샐리에게 전화했을 때 그녀는 한 시간 동안 공부해오고 있었다.
→ 전화했던 시점(과거)을 기준으로 그 이전(대과거)부터 한 시간 동안 공부하고 있었음(기간)

➕ 문제에 명확한 시제 단서 표현이 없는 경우 문맥에 따른 시제 흐름을 파악하여 정답을 찾아야 합니다.
Olivia **was tired** because she has been studying/**had been studying** diligently for her history test.
올리비아는 역사 시험 때문에 아주 열심히 공부해오고 있었기 때문에 피곤했다.
→ 피곤함을 느끼는 시점이 과거(was tired)이므로, 문맥상 과거 이전부터 기준이 되는 과거 시점까지 공부해오고 있었음

 공식으로 슉슉! 문제풀이

Mr. Richards is planning to apply for a bank loan because he wants to reopen his restaurant. He _____ the restaurant for five years when the economic crisis forced him to close down.

과거완료진행시제 단서(when + 과거동사, for + 숫자 기간)
문 닫은 시점(과거)까지 5년 동안(과거 이전부터 과거까지의 기간)식당 운영

보기 구성
→ 동사의 여러 시제

(a) is running 현재진행시제
(b) will be running 미래진행시제
(c) had been running
(d) has ran 진행시제가 아닌 것은 오답으로 소거

해석 리차드 씨는 식당을 다시 열고 싶어서 은행 대출을 신청하는 것을 계획하고 있다. 경제위기가 그로 하여금 강제로 문을 닫게 만들었을 때, 그는 5년 동안 식당을 운영해오던 중이었다.

6 미래완료진행시제

특정 미래 시점을 기준으로 현재 또는 과거에 시작한 동작이나 상태가 기준 시점인 특정 미래까지 계속되고 있을 것임을 나타낼 때 사용합니다.

| 형태 | will have been + V-ing | 해석 | ~해오고 있을 것이다, ~해오는 중일 것이다 |

she **will have been learning** English for 20 years by 2077.
2077년 즈음에는, 그녀는 20년 동안 영어를 가르쳐오고 있을 것이다.

미래완료진행시제 공식

빈칸 주변에서 미래완료진행시제와 함께 쓰이는 단서 표현을 찾습니다.

미래완료진행시제 단서, 주어 + will have been + V-ing + for + 숫자 기간
(완료진행의 대표 단서) (동안)

미래완료진행시제의 단서가 되는 시간 표현

by + 미래 시점 ~즈음이면
when + 주어 + 현재동사 ~할 때
by the time + 주어 + 현재동사 ~할 때쯤이면

in + 미래 시점 ~에
before + 주어 + 현재동사 ~하기 전에
if + 주어 + 현재동사 만약 ~한다면

until + 미래 시점 ~까지
until + 주어 + 현재동사 ~할 때까지

by the time절의 동사 시제에 따른 정답 차이 구분하기

by the time + 과거: **By the time** the store **opened**, we had been standing in line **for an hour**.
가게가 문을 열었을 때쯤, 우리는 한 시간 동안 줄을 서 오고 있던 중이었다.

by the time + 현재: **By the time** the store **opens**, we will have been standing in line **for an hour**.
그 가게가 문을 열 때쯤이면, 우리는 한 시간 동안 줄을 서 오고 있을 것이다.

공식으로 쑥쑥! 문제풀이

AGP Engineering Co. is currently constructing a hydroelectric dam in China, which they hope to complete early next year. The company _____ on the project for two years already by the time they finish it.

보기 구성
→ 동사의 여러 시제

(a) was working
(b) **will have been working**
(c) had been working
(d) is working

미래완료진행시제 단서(by the time + 현재동사, for + 숫자 기간)
이전에 프로젝트를 시작했던 것이 끝나는 시점(미래)이 되면 2년째가 될 것(기간)

미래완료진행시제 단서

해석 AGP 엔지니어링은 현재 중국에 수력발전 댐을 건설하고 있으며, 내년 초에 완공하기를 희망하고 있다. 이 회사는 그 프로젝트를 끝낼 때쯤이면 벌써 2년 동안 그것을 진행해오는 중일 것이다.

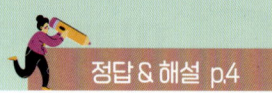

1. By the time he realized it, Tommy **(has been driving / had been driving)** with a flat tire for two hours.

2. Sally **(is doing / was doing)** her homework when a package arrived at her doorstep.

3. Kimmy **(is running / was running)** as quickly as she can to catch the subway in time.

4. Right now, the government **(considers / is considering)** passing a new law to help the elderly.

5. Since Danny first met Grace, he **(has been daydreaming / was daydreaming)** about her every day.

6. Before he came in first place, Bob **(has been practicing / had been practicing)** for the swimming contest all summer.

7. Mr. Maye was disappointed when he found out that his students **(had been cheating / will be cheating)** on his tests.

8. By the time I get my first paycheck, I **(had been working / will have been working)** for this company for three weeks.

9. Marcus burped because he **(eats / was eating)** his food too quickly.

10. Matt **(has been going / will have been going)** to church every Sunday for fifteen years.

FINAL 실전문제

1. Due to a heavy workload, Rina was forced to work even though she was feeling sick. She reported to her manager that she _____ dizzy for two hours before she thought of going home to rest.

   (a) has been feeling
   (b) would feel
   (c) is feeling
   (d) had been feeling

2. Carrie is an acclaimed online gadget reviewer. Sponsored by a giant tech brand, she received their newest smartphone for her to assess. Right now, she _____ the phone's features to create an accurate review of the unit.

   (a) is examining
   (b) will examine
   (c) examined
   (d) examines

3. Denny Pinkerton acted in commercials before he could walk. After appearing in diaper and baby food ads, he continued to find steady work. In fact, at age 51, Pinkerton _____ for 49 years already!

   (a) has been acting
   (b) is acting
   (c) will have been acting
   (d) acts

4. The morning radio program *Rise & Shine* has been renewed for two more seasons. By the end of the new contract, the show _____ for almost three decades. Still, listeners cannot get enough of it!

   (a) will air
   (b) will be airing
   (c) will have been airing
   (d) has been airing

5. Sophia planned to go straight to the bus stop after work so she could go home early. However, while she _____ to the bus stop, she met a former colleague who invited her to dinner.

   (a) is walking
   (b) was walking
   (c) walked
   (d) had walked

6. The School of Creative Arts and Design (SCAD) is excited to host the Loyoma College forum. SCAD _____ the event with the theme of "Dating Etiquette in the Digital Age" when the forum starts next month.

   (a) will be hosting
   (b) hosts
   (c) is hosting
   (d) will have hosted

7. Mindy showed an interest in figure skating because of how exciting it is to watch on TV. She even started taking lessons three months ago. Currently, she _____ her last class before her first competition.

(a) attends
(b) is attending
(c) will attend
(d) has attended

8. Amy's relatives congratulated her for being the valedictorian of her class. What they didn't know is that she _____ from headaches that were only treated after the school doctor asked her to stop studying so obsessively.

(a) had been suffering
(b) will have been suffering
(c) is suffering
(d) will suffer

9. Shun-lien is almost finished doing the laundry and washing the dishes. But her little brother hasn't lifted a finger to help. He _____ television for the last four hours!

(a) is watching
(b) has been watching
(c) watches
(d) had watched

10. Donna congratulated her husband after hearing over the phone that he got promoted. To celebrate, she said that she _____ his favorite meal and opening their favorite wine when he comes home.

(a) will be cooking
(b) will cook
(c) is cooking
(d) has cooked

11. My friend Michelle had no plans to enter our school's singing contest. She _____ her favorite song in the hallway when our class adviser heard her and urged Michelle to join the contest.

(a) is only singing
(b) only sang
(c) was only singing
(d) only sings

12. Dennis, ever since he was young, has dreamed of becoming a writer. He estimates that by the time he finally finishes his novel, he _____ fiction for more than twenty years.

(a) will have been writing
(b) will be writing
(c) is writing
(d) will write

13 Claire aimed for a high-paying job after graduating so she could start paying back her student loans. Luckily, she found a great job, so she _____ her loans each month since she started working.

(a) reduces
(b) is reducing
(c) will be reducing
(d) has been reducing

14 After avoiding them for most of his life, Paul never thought that he would learn to love raisins. He _____ his sixth raisin cookie, and wonders how his girlfriend has learned to bake them to perfection.

(a) had now eaten
(b) is now eating
(c) now eats
(d) now ate

15 Finally, Dr. Miller was designated as the head of the cardiology department at Philipsburg Hospital. He _____ as an attending surgeon for 20 years before he got his well-deserved promotion.

(a) would work
(b) works
(c) will work
(d) had been working

16 Since my sister will be graduating this Saturday, our family reserved a table for four at her favorite seafood restaurant. We _____ there to celebrate as soon as the graduation ceremony ends.

(a) will be going
(b) have been going
(c) had gone
(d) will have been going

17 In 2017, Hurricane Harvey flooded the streets of Houston and trapped a pregnant woman in her apartment. She and her husband _____ for a home birth when they were rescued and escorted to the nearest hospital.

(a) preparing
(b) are preparing
(c) were preparing
(d) would be preparing

18 My cousin likes to play and collect superhero action figures. Growing up, he managed to capitalize on his interests. Last time I checked, he _____ his own toy store for almost a decade now.

(a) has been managing
(b) is managing
(c) manages
(d) would manage

문법

02 가정법

Final 실전 지텔프

🌐 **가정법 문제 출제 경향**

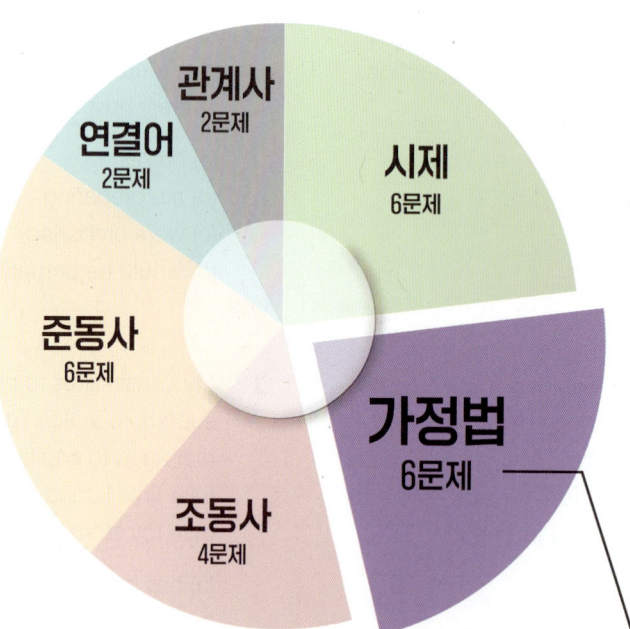

# 가정법 문제는 어떻게 나오나요?

가정법 문제는 시제 문제와 달리 빈칸 앞 또는 뒤에 if절이 무조건 주어지며, 보기에는 would로 시작하는 보기가 적어도 1개 이상 구성된다는 것이 특징입니다. 문제에서는 일반적으로 if절에 주어진 동사의 모양(시제)을 근거로 적절한 답을 고르도록 출제됩니다.

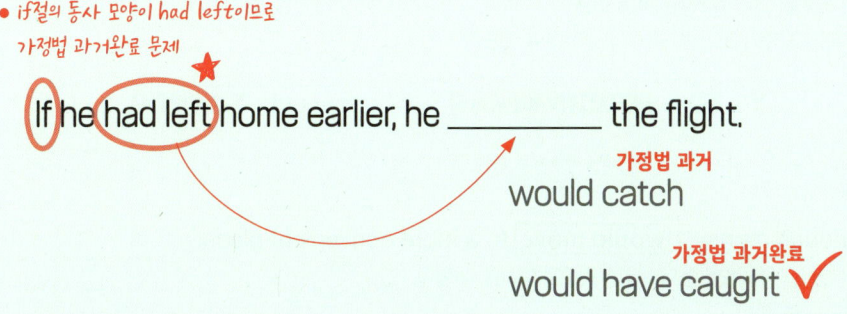

	if절	주절
가정법 과거	if + 주어 + **V-ed/were**	➡ 주어 + **would + 동사원형**
가정법 과거완료	if + 주어 + **had p.p.**	➡ 주어 + **would + have p.p.**

if절의 동사를 보고 정답을 고르면 돼요!

이때 would 자리에 could 또는 might가 사용되기도 합니다.

1 가정법 과거(+ 혼합 가정법)

🎯 **현재 상황을 반대로 가정하여 말할 때 사용합니다.**

	if 절	주절
형태	If + 주어 + 과거(V-ed/were) ~,	주어 + would + 동사원형 * would 대신 could, might가 사용되기도 합니다.
해석	만약 ~한다면,	~할 텐데

📘 가정법 과거 공식

1. 보기의 동사 구성을 보고 앞에 would(또는 could, might)가 있는지 살펴봅니다.
2. 빈칸이 포함된 절의 앞뒤에서 if를 찾습니다. (if only가 나오더라도 가정법 공식 적용)
3. if절의 동사 시제가 과거(V-ed/were)이면 ➡ 정답은 would + 동사원형

> **if** + 주어 + **과거시제(V-ed/were)** ~, 주어 + **would + 동사원형** + ...
> ▲ be동사일 때 was를 쓰지 않음

If I **had** enough money, I **would move** to a more convenient place.
만약 내가 충분한 돈이 있다면, 좀 더 편리한 곳으로 이사를 갈 텐데.

John **might get** injured **if** he **were** more careful during exercise.
존은 만약 그가 운동하는 동안 더 조심했다면 부상을 당하지 않을 텐데.

🎯 과거에 일어났던 일을 반대로 가정하면서 현재에 와서 후회하는 혼합가정법 패턴에서는 if절의 동사가 **과거완료(had p.p.)**임에도 불구하고 주절의 동사는 **would + 동사원형**이 됩니다. 이때 주절에는 (right) **now**나 **today**와 같이 현재를 가리키는 부사가 단서 표현으로 주어집니다.

> **if** + 주어 + **과거완료(had p.p.)** ~, 주어 + **would + 동사원형** + **(right) now/today** ... ⭐

If we **had brought** a map of the region, then we **would not be** lost **now**.
만약 우리가 이 지역의 지도를 챙겼더라면, 그러면 우리는 지금 길을 잃지 않을 텐데.
➡ 과거의 어느 시점에 지도를 가지고 오지 않았던 것 때문에 현재 길을 잃었다는 의미입니다.

📗 공식으로 슥슥! 문제풀이

Laura was sad because she did not win the car that was raffled off at the company Christmas party. She thought, "If only I won that car, then I _____ buying a new one."
↳ if + 과거동사(won) ➡ 가정법 과거

보기 구성
➡ would
2개

(a) did not consider
(b) **would not consider** 가정법 과거
(c) will not be considering
(d) would not have considered 가정법 과거완료

해석 로라는 사내 크리스마스 파티에서 추첨 선물이던 차를 받을 수 없어 슬펐다. 그녀는 "내가 만약 그 차를 받기만 했더라면, 새 차를 구입하는 것을 고려하지 않을 텐데."라고 생각했다.

2 가정법 과거완료

 과거 상황을 반대로 가정하여 말할 때 사용합니다.

	if 절	주절
형태	If + 주어 + 과거완료(had p.p.) ~,	주어 + **would** + have p.p. * would 대신 could, might가 사용되기도 합니다.
해석	만약 ~했었다면,	~했을 텐데

가정법 과거완료 공식

1. 보기의 동사 구성을 보고 앞에 would(또는 could, might)가 있는지 살펴봅니다.
2. 빈칸이 포함된 절의 앞뒤에서 if를 찾습니다. (if only가 나오더라도 가정법 공식 적용)
3. if절의 동사 시제가 과거완료(had p.p.)이면 ➡ 정답은 would + have p.p.

if + 주어 + **과거완료(had p.p.)** ~, 주어 + **would + have p.p.** + …

If he **had left** home earlier, he **would have caught** the flight.
만약 그가 집을 더 일찍 나왔었다면, 그 비행기를 탈 수 있었을 텐데.

The project **could have been** a success **if** we **had worked** with him.
만약 우리가 그와 일했었다면 그 프로젝트는 성공할 수 있었을 텐데.

 if절에서 과거동사의 had와 과거완료(had p.p.)의 had와 혼동하지 않도록 주의해야 합니다.

If we **had** experienced technicians, we **could solve / ~~could have solved~~** this problem more quickly.
만약 우리에게 숙련된 기술자들이 있다면, 우리는 그 문제를 더 빨리 해결할 텐데.
➡ if절의 동사가 had만 있는 것으로 보아 가정법 과거 (experienced는 p.p.가 아니고 '숙련된'이라는 의미의 형용사로 명사 technicians 수식)

If we **had experienced** a situation like this before, we ~~would not make~~ / would not have made a mistake.
만약 우리가 전에 이와 같은 상황을 겪어봤더라면, 우리는 실수를 하지 않았을 텐데.
➡ if절의 동사가 had p.p.(had experienced)인 것으로 보아 가정법 과거완료

공식으로 숙숙! 문제풀이

Lexie Simpson is one of the most popular young actresses in the American movie industry today. If she had not won the title of Miss Teen USA in the recently held beauty pageant, people probably _____ her.

보기 구성
➡ would
2개

(a) **would not have noticed** 가정법 과거완료
(b) ~~had not noticed~~
(c) ~~did not noticed~~
(d) ~~would not notice~~ 가정법 과거

if + 과거완료동사(had (not) won)
➡ 가정법 과거완료

해석 렉시 심슨은 오늘날 미국 영화 산업에서 가장 인기 있는 젊은 여배우들 중 한 명이다. 만약 그녀가 최근에 열린 미녀 선발 대회에서 미스 틴 USA 타이틀을 차지하지 않았다면, 사람들은 아마 그녀를 알아채지 못했을 것이다.

지텔프 문법에서 가정법은 일반적으로 <would + 동사원형> 또는 <would + have p.p.> 자리가 빈칸으로 주어지지만, if절의 동사 자리가 빈칸으로 주어지는 유형으로도 간혹 출제됩니다.

if절 동사자리 빈칸 공식

주절의 동사 시제가 **would + 동사원형**이면 → if절에 **과거(V-ed/were)** 동사

if + 주어 + 과거(V-ed/were) ~, 주어 + **would + 동사원형** + …

주절의 동사 시제가 **would + have p.p.**이면 → if절에 **과거완료(had p.p.)** 동사

if + 주어 + 과거완료(had p.p) ~, 주어 + **would + have p.p.** + …

➕ 지텔프 문법에서 if절의 동사 자리에 빈칸이 주어지는 유형은 가정법밖에 없습니다.

If there **were/had been** no power outage, Berry **would not miss** his favorite TV show.
만약 정전이 일어나지 않는다면, 베리는 그가 가장 좋아하는 텔레비전 방송을 놓치지 않을 텐데.
→ 주절의 동사(would not miss)가 가정법 과거를 나타내므로, if절의 동사자리에는 과거시제가 정답

If I finished/had finished the project on time, I **would have enjoyed** a long holiday.
만약 내가 프로젝트를 제 시간에 끝냈었다면, 나는 긴 연휴를 즐겼을 텐데.
→ 주절의 동사(would have enjoyed)가 가정법 과거완료를 나타내므로, if절의 동사자리에는 과거완료시제가 정답

공식으로 슉슉! 문제풀이

In the past, animal parts such as tails and feathers were used in trade. **If** human civilization _____ money, we **would have kept** exchanging one thing for another.
빈칸절의 접속사가 if

(a) had not invented if + 과거완료(had p.p.) → 가정법 과거완료
(b) has not invented
(c) invents
(d) will invent

주절의 동사 시제가 would + have p.p.
→ 가정법 과거완료이므로 if절에 had p.p.

해석 과거에는, 꼬리와 깃털과 같은 동물의 일부가 무역에 사용되었다. 만약 인류 문명이 돈을 발명하지 않았었다면, 우리는 하나를 다른 것과 계속 교환했을 것이다.

3. 가정법 도치 (if 생략 구문)

🎯 가정법 과거완료에서는 if가 생략되고 주어와 동사 had p.p.의 조동사인 had가 도치된 구조가 나오기도 합니다. 특수한 구문으로 처음에는 생소하게 보일 수 있지만, 지텔프에서 had가 먼저 나오는 문장 유형은 가정법밖에 없습니다. 즉 가정법 과거완료 공식이 똑같이 적용되기 때문에 오히려 쉽게 정답을 고를 수 있습니다.

가정법 도치 공식

문장 맨 앞에 갑자기 Had가 나오면 → 가정법 과거완료 문제

Had + 주어 + **p.p.** ~, 주어 + **would + have p.p** + ...

had형이 여기서 왜 나와…?

1. if 생략
If Elliya **had arrived** there earlier, she **would have gotten** a good seat.

2. 어순: Had + 주어 + pp.
➡ **Had** Elliya **arrived** there earlier, she **would have gotten** a good seat.

만약 엘리야가 그 곳에 더 일찍 도착했었다면, 그녀는 좋은 자리에 착석했을 텐데.

➕ without처럼 해석되는 가정법 if절과 도치 구조

| if it **were** not for 명사(= **were** it not for 명사): ~가 없다면 ➡ were가 있으므로 가정법 과거 |
| if it **had** not **been** for 명사(= **had** it **not** been for 명사): ~가 없었다면 ➡ had p.p.가 있으므로 가정법 과거완료 |

If it **had** not **been** for his help(= **Had** it not **been** for his help), I **would never have managed** to pass the exam.
그의 도움이 없었다면, 나는 그 시험을 통과하지 못했을 텐데.

🎯 도치된 if절(had + 주어 + p.p.)이 주절의 뒤에 위치하기도 합니다.

He **would have stayed** for additional year / **had** he **been offered** a higher salary.
만약 그가 더 높은 임금을 제안받았다면 그는 추가로 1년 더 남았을 텐데.

공식으로 슉슉! 문제풀이

Mr. Wilson had been relying on charity organizations for his daily sustenance and living expenses before he passed away. People who knew him regret the fact that he _____ a better life **had he not spent all** his money on gambling.

완전한 절 뒤에 갑자기 <had + 주어 + p.p.>가 나옴
➡ 가정법 과거완료

보기 구성
➡ would 2개

(a) would live 가정법 과거
(b) has lived
(c) would have lived 가정법 과거완료
(d) is living

해석 윌슨 씨는 그가 죽기 전 하루 생계와 생활비를 위해 자선단체에 의존해오고 있었다. 그를 알았던 사람들은 그가 도박에 돈을 다 쓰지 않았다면 더 나은 삶을 살았을 것이라는 사실에 유감을 표한다.

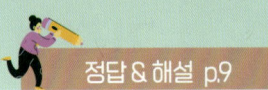

1. If he were president, we (**wouldn't have** / **wouldn't have had**) so many economic problems these days.

2. John (**would go** / **would have gone**) to his friend's birthday party if he had finished my chores earlier.

3. If only we had left earlier, we (**could have made** / **could make**) it to the amusement park on time.

4. If we were to skate on this thin ice, we (**would probably have fallen** / **would probably fall**) through.

5. Mila (**would have been prepared** / **would be prepared**) for the upcoming storm If she checked the weather.

6. If he had practiced as much as he said he would, he (**could join** / **could have joined**) the varsity basketball team.

7. Margaret (**would not have gotten** / **would not get**) a speeding ticket had she followed traffic laws.

8. If only I had been carefully watching the cupcakes, I (**might not have overbaked** / **might not overbake**) them.

9. If we had caught the taxi at that time, we (**would be** / **would have been**) at the theater right now.

10. Had the students studied properly, they (**would not have been shocked** / **would not be shocked**) by the final exam.

FINAL 실전문제

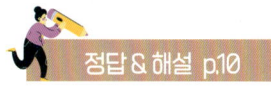

1. Alice has not slept for a whole day because her client gave her a tight schedule to complete two advertising projects. If her client had not paid her generously beforehand, she _____ the project.

   (a) had not accepted
   (b) would not have accepted
   (c) will not have accepted
   (d) would not accept

2. Betty had been working on a poem for hours without saving when her computer suddenly crashed. If she had properly saved as she was writing, she _____ her precious poetry.

   (a) had not lost
   (b) will not have lost
   (c) would not have lost
   (d) would not lose

3. Scott frequently forgets to buy an anniversary gift for his wife. Unsurprisingly, this causes tension between the two. If I were Scott, I _____ their anniversary date on a calendar so I don't forget to buy a gift.

   (a) am marking
   (b) would mark
   (c) will mark
   (d) have marked

4. Bees are one of the most populous pollinators. They help plants reproduce by transferring pollen from one plant to another. If these insects were to become extinct, the plants that they pollinate _____.

   (a) would not reproduce
   (b) would not have reproduced
   (c) will not reproduce
   (d) had not reproduced

5. Yesterday, Monica was assigned to cook for the president's arrival. If I were to get that task, I _____ foods the president might be allergic to in order to avoid any unfortunate accidents.

   (a) would research
   (b) would have researched
   (c) have researched
   (d) will research

6. John was starting to set up his basketball hoop in the backyard when it rained. So, he ended up playing computer games instead. If it had not rained, he _____ assembling the basketball hoop.

   (a) would have already finished
   (b) had already finished
   (c) would already finish
   (d) will have already finished

7 Laura dislikes her frizzy and uncooperative hair. If she were to get a straight perm, she _____ so much time every morning smoothing out her hair with a round brush and dryer.

(a) has not had to spend
(b) would not have to spend
(c) will not have to spend
(d) would not have had to spend

8 Brandon Roy is a former NBA player who retired at the age of 29 because of a degenerative knee disorder. If he hadn't developed such a knee problem, he _____ playing basketball at such a young age.

(a) had not stopped
(b) would not stop
(c) will not have stopped
(d) would not have stopped

9 A group of teachers at Asgard School urges their students to attend school festivities. They say if students were to disregard such events, they _____ on all the fun activities that the school is offering.

(a) would miss out
(b) have missed out
(c) would have missed out
(d) will miss out

10 Planets in our solar system get light and heat from the sun due to its enormous size and brilliant glow. If the sun were to shrink, Earth _____ sustain human life.

(a) will not be able to
(b) would not have been able to
(c) had not been able to
(d) would not be able to

11 Over the last decade, aviation congestion at American airports has increased, causing more flights to be delayed. If more travelers considered other modes of transportation instead, the number of delayed flights _____, especially at the largest airports.

(a) have dropped
(b) is dropping
(c) will drop
(d) would drop

12 French novelist Amantine Lucile Aurore Dupin used the pseudonym "George Sand" because female writers were paid less in the 1800s. If women had earned the same as men back then, she _____ her real name proudly.

(a) would use
(b) would have used
(c) will have used
(d) had used

13 The new coffee shop across from my workplace has great coffee and cakes, but the ambiance is a bit dull for me. If I were the owner, I _____ the shop's lighting to make the mood livelier.

(a) would change
(b) have changed
(c) will change
(d) am changing

14 A group of chefs in Iran endeavored to beat the world record for longest sandwich. Had the crowd not consumed the food before it was officially measured, it _____ the longest recorded sandwich at that time.

(a) would be
(b) was
(c) would have been
(d) had been

15 Daniel received a rejection letter about the job he had interviewed for. He thought that he _____ the job had he learned Mandarin in college, since the management preferred candidates who can speak the language.

(a) could get
(b) could have gotten
(c) can get
(d) will have gotten

16 Edgar and his groupmates spent weeks working on the poster board for their group project. If only Edgar hadn't left it at home the day of the presentation, the group _____ a higher grade.

(a) would receive
(b) would have received
(c) had received
(d) will have received

17 Patty really appreciates her best friend, John. He is always there for her whenever she's down and feeling lonely. If she were to lose him, she _____ an immense loss.

(a) would have felt
(b) would feel
(c) will feel
(d) has felt

18 In 1963, Lyndon B. Johnson was almost shot the evening after John F. Kennedy's assassination. If Johnson, who was the vice president at that time, had also been killed, the Speaker of the House _____ the presidency.

(a) would assume
(b) had assumed
(c) would have assumed
(d) will have assumed

문법 03 조동사

Final 실전 지텔프

🌐 **조동사 문제 출제 경향**

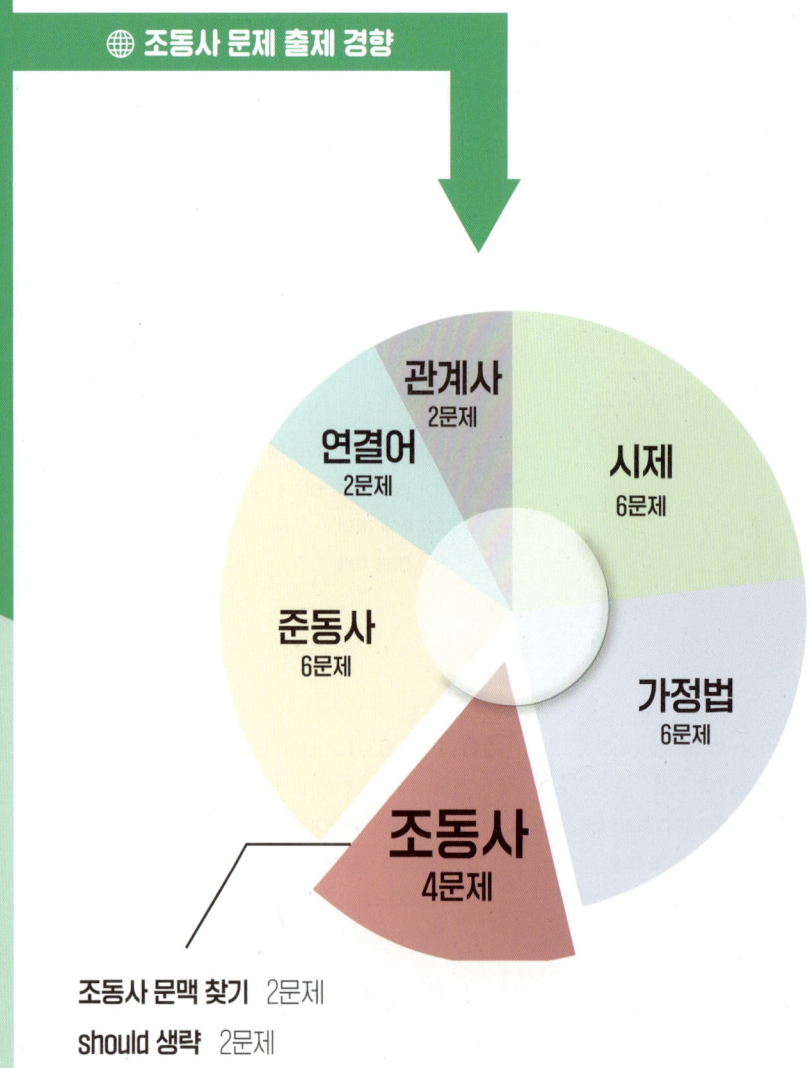

- 조동사 문맥 찾기 2문제
- should 생략 2문제

 # 조동사 문제는 어떻게 나오나요?

조동사 문맥 찾기 유형

조동사 문맥 찾기 유형은 문제풀이 공식을 활용하여 문제를 푸는 타 유형과 달리 해석으로 접근해야 하기 때문에 문제의 난이도가 매우 높은 편입니다. 전체 문장의 정확한 문맥 파악을 바탕으로 가장 적절한 의미의 조동사를 답으로 골라야 합니다.

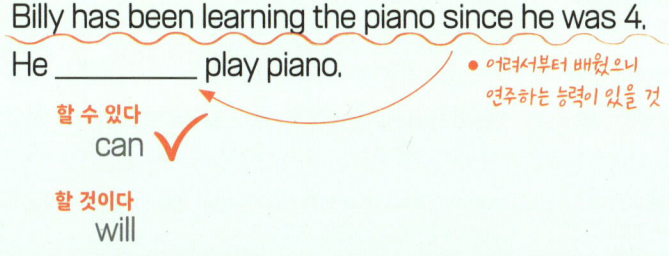

지텔프 문제에 나오는 조동사는 다음과 같습니다.

must	~해야 한다	can	~할 수 있다
should	~해야 한다	could	~할 수 있다, ~할 수도 있다
will	~할 것이다	may	~할지도 모른다
would	~할 것이다, ~하곤 했다	might	~할지도 모른다

조동사 should 생략 유형

한편, should 생략 유형은 문제풀이 공식을 통해 정답을 쉽게 찾을 수 있습니다. 동사의 다양한 형태가 보기로 구성되어 있는 것이 시제나 가정법과 유사하지만, 정답이 되는 동사원형이 1개 포함되어 있는 것이 특징입니다. 기본적으로 빈칸 앞에 당위성을 나타내는 동사와 that이 정답의 단서로 주어집니다.

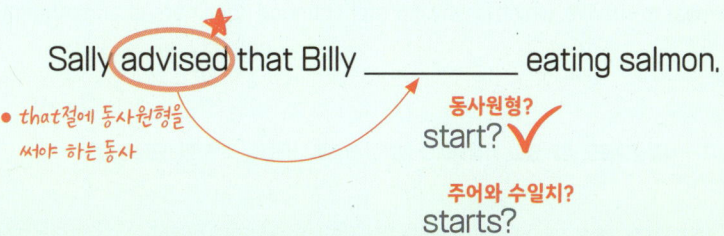

1 should/must

🎯 must는 '~해야 한다'의 의미로 강제적인 의무를, '~임에 틀림없다'의 의미로 강한 확신을 나타낼 때 사용합니다. should는 '~해야 한다'의 의미로 의무 또는 당위성을, '~하는 것이 좋겠다'의 의미로 충고나 제안을 나타낼 때 사용합니다.

		if절	주절
must	강제적인 의무 ~해야 한다		In order to avoid conflicts, you must follow the rule. 갈등을 피하기 위해서, 여러분은 규칙을 따라야 한다. They must submit their entries by 6 p.m. 그들은 오후 6시까지 그들의 출품작을 제출해야 한다.
	강한 확신 ~임에 틀림없다		Louis isn't here yet, so he must be running late. 루이스가 아직 여기에 없어서, 그가 늦게 올 것임에 틀림없다.
should	의무/당위성 ~해야 한다		If you want to lose weight, you should start working out. 몸무게를 감량하고 싶으면, 당신은 운동을 시작해야 한다. I said that he should go to see a doctor. 나는 그가 진료를 받으러 가야 한다고 말했다.
	충고/제안 ~하는 것이 좋겠다		You worked overtime last night, so you should take a day off. 너는 어제 늦게까지 일했으니, 하루 쉬는 게 좋겠다.

➕ 조동사 shall은 보기에 같이 제시될 수 있습니다. shall은 1인칭 주어(I 또는 we)와 함께 의문문에서는 제안을, 평서문에서는 미래의 의지를 나타낼 때 사용되나, 지텔프 조동사 문제에서는 일반적으로 오답 보기로만 제시됩니다.

🎯 must have p.p.는 '~했음에 틀림없다'의 의미로 분명한 근거를 토대로 과거에 있었던 일에 대한 강한 확신을 나타낼 때 사용합니다. should have p.p.는 '~했어야 했다'의 의미로 과거에 발생했으면 좋았을 텐데 실제로는 그러지 못한 데에 대한 아쉬움을 나타낼 때 사용합니다.

must have p.p. ~했음에 틀림없다	Julia looks so tired today. She must have watched TV late last night. 줄리아는 오늘 너무 피곤해 보인다. 그녀는 분명 밤 늦게까지 TV를 봤음에 틀림없다.
should have p.p. ~했어야 했다	I should have opened the window for a while. My room was so dusty. 나는 한동안 창문을 열어놓았어야 했다. 내 방은 먼지가 너무 많았다.

 공식으로 쓱쓱! **문제풀이**

The cougar is a type of wildcat that can eat both insects and mammals. However, being a "true" carnivore, it _____ eat meat to survive, which is why it prefers hunting deer, horses, and other mammals.

쿠거는 곤충과 포유류(=육류)를 먹을 수 있다. 그러나, 생존을 위해 육류를 먹는다.
→ 생존이라는 목적(to부정사) 때문에 육류(사슴, 말 등)는 반드시 먹어야 한다는 문맥

보기 구성
→ 조동사

(a) can 능력/가능성
(b) must 의무
(c) would 예정/의지 → 시제상으로도 맞지 않고, 가정법이나 과거의 습관을 나타내는 것도 아니므로 오답
(d) might 추측

해석 쿠거는 곤충과 포유류 모두를 먹을 수 있는 살쾡이의 일종이다. 그러나, "진정한" 육식동물인 이 동물은 살아남기 위해 고기를 먹어야 하며, 그것이 바로 이 동물이 사슴, 말, 그리고 다른 포유류를 사냥하는 것을 선호하는 이유이다.

2 will/would

🎯 조동사 will은 '~할 것이다'의 의미로 미래에 발생할 것으로 예정된 일이나 발생할 것으로 확실히 정해진 일, 주어의 의지 등을 나타낼 때 사용합니다.

will	예정된 일 ~할 것이다	Cody **will visit** his grandparents next month. 코디는 다음 달에 그의 조부모님을 방문할 것이다.
	확실히 정해진 일 ~할 것이다	Winning this game **will lead** us to the finals. 이 경기를 이기는 것은 우리를 결승전으로 이끌 것이다.
	의지 ~할 것이다, ~하겠다	This time Brian **will learn** from his mistake. 이번에는 브라이언이 그의 실수로부터 배울 것이다.

will과 자주 쓰이는 주요 시제표현

this + 시점(week/month/year 등) 이번 ~에
on + 날짜 ~에
soon 곧
during + 미래기간 ~동안에
if + 현재시제동사 만약 ~라면

next + 시점(week/month/year 등) 다음 ~에
in the (near) future 향후에
upcoming 곧 있을, 다가오는
starting + 시점/날짜 ~부터
when + 현재시제동사 ~할 때, ~한다면

🎯 조동사 would는 will의 과거형으로 주로 과거 시점에서 본 미래를 나타낼 때 사용합니다. 일반적으로 주절의 과거 시점과 시제가 일치되도록 종속절에 would가 들어가는 유형으로 출제됩니다. 그 외에 가정법이나 과거의 습관을 나타내는 경우에 사용되기도 합니다.

would	will의 과거 ~할 것이다	Bill **hoped** that the food **would be** enough to feed 200 guests. 빌은 음식이 200명의 손님들에게 공급하기 충분할 것이라고 희망했다.
	가정법 ~할 텐데	My father **would get** angry if I broke his computer. 내가 만약 아버지의 컴퓨터를 망가뜨렸다면 그는 화를 냈을 텐데.
	과거의 습관 ~하곤 했다	May **would play** tennis when she was a child. 메이는 어릴 적에 테니스를 치곤 했다.

➕ 과거 시점과 관계없이 여전히 미래에 발생할 일에 대해 말하는 경우에는 will이 사용될 수 있습니다.
The new restaurant **announced** that those who make early reservations **will** secure tables with lake views.
그 새로운 식당은 예약을 일찍 한 사람들이 호수가 보이는 테이블을 확보할 것이라고 발표하였다.

공식으로 쑥쑥! 문제풀이

Sawyer Kim frequently works with other brands to create limited edition products. In fact, there is a report that his company _____ collaborate again with some of France's most popular brands.

보기 구성
→ 조동사

(a) should 의무/당위성
(b) can 능력/가능성 → 가능성이라는 것이 확실한 것과는 거리가 멀기 때문에 문맥상 적절하지 않아 오답
(c) will 확실히 정해진 일
(d) must 의무

함께 자주 일한다는 것은 확실한 상황이며, In fact(사실은)가 앞 내용을 강조하기 때문에 빈칸에도 같은 내용, 즉 다시 협업한다는 것이 확실한 상황으로 만들 수 있는 조동사가 들어가야 함

해석 소이어 킴은 한정판 제품들을 만들기 위해 다른 브랜드와 자주 일한다. 사실, 그의 회사가 프랑스의 가장 인기 있는 브랜드 일부와 다시 협업할 것이라는 보도가 있다.

3 can/could

🎯 조동사 can은 '~할 수 있다'의 의미로 능력/가능성을, '~해도 된다'의 의미로 허가의 의미를 나타낼 때 사용합니다.

can	능력 ~할 수 있다	Having lived in London and Madrid, she **can speak** both English and Spanish. 런던과 마드리드에서 살았던 그녀는 영어와 스페인어 둘 다 말할 수 있다.
	가능성 ~할 수 있다	Lou Gehrig's Disease **can cause** symptoms that affect nerves and muscles. 루게릭병은 신경과 근육에 영향을 미치는 증상들을 야기할 수 있다.
	허가 ~해도 된다	You **can play** the video game if you finish your homework. 만약 네가 숙제를 끝마쳤다면 비디오 게임을 해도 된다.

➕ 조동사 can은 so (that)과 함께 '~할 수 있도록'의 의미로도 사용됩니다.
Gary cancelled his trip to California **so that** he **can** focus on his current project.
개리는 그가 현재의 프로젝트에 집중할 수 있도록 캘리포니아 여행을 취소했다.

🎯 조동사 could는 '~할 수 있었다'의 의미로 조동사 문제에서는 주로 과거 시점의 능력/가능성을 나타낼 때 사용합니다. 조동사 문제에서 can과 could의 구분은 일반적으로 시제에 의해 결정됩니다.

could	과거 시점의 능력/가능성 ~할 수 있다	My fitness trainer **said** that I (**could**/~~can~~) **eat** whatever I want for lunch. 내 헬스 트레이너는 점심에 내가 원하는 것은 무엇이든 먹을 수 있다고 말했다. → 주절에서 동사(said) 시제가 과거이기 때문에 빈칸에는 can의 과거형인 could가 정답

➕ 문맥상 불확실한 가능성 또는 추측의 의미를 나타내야 하는 경우 시제와 관계없이 '~할 수도 있다'의 의미로도 사용될 수 있습니다.
We are installing a warning sign because the stairs **could** be slippery.
계단이 미끄러울 수도 있기 때문에 우리는 경고 표지판을 설치하고 있습니다.
→ 주절의 시제가 현재진행임에도 불구하고 문맥상 '계단이 미끄러울 수도 있기 때문에'가 되어야 하므로 could가 정답

공식으로 슉슉! 문제풀이

주절의 동사 시제 ➡ 과거

A snowboarding accident left Morgan's legs temporarily paralyzed. His doctors **recommended** that he undergo physical therapy, **so** his legs _____ regain their strength. After months of therapy, he is now able to lift his legs.

보기 구성
➡ 조동사

(a) will 미래/예정 → 시제 불일치로 오답
(b) could 능력/가능성 (시제 일치)
(c) must 의무
(d) should 의무/당위성

'의사들이 물리치료를 받으라고 권고했다'는 당위성의 내용에 문맥상 '그의 다리가 힘을 되찾을 수 있도록'의 의미로 뒷받침되어야 하므로 <so (that) ~ can(could)>의 구조가 되어야 함

해석 스노보드 사고로 모건의 다리가 일시적으로 마비되었다. 그의 의사들은 그의 다리가 힘을 되찾을 수 있도록 물리치료를 받을 것을 권고했다. 몇 달 간의 치료 후에, 그는 이제 다리를 들어올릴 수 있다.

4 may/might

🎯 조동사 may와 might는 시제를 구분하지 않고 둘 다 '~할지도 모른다'의 의미로 약한 추측을 나타낼 때 사용합니다. may의 경우 '~해도 된다'의 의미로 허가를 나타낼 때 사용되기도 합니다.

may might	약한 추측 ~할지도 모른다	This movie may/might be very interesting for your children. 이 영화는 당신의 아이들에게 매우 흥미로울지도 모른다. It's very cloudy right now, so it may/might rain later. 지금 현재 날씨가 매우 흐려서, 나중에 비가 올지도 모른다.
may	허가 ~해도 된다	Students should always ask the teacher if they may use the bathroom during class. 학생들은 선생님에게 그들이 수업 도중에 화장실을 사용해도 되는지 항상 물어봐야 한다.

➕ 조동사 문제에서 may는 일반적으로 추측의 의미로만 출제되며, 허가의 의미로는 거의 나오지 않습니다.

🎯 may have p.p. 또는 might have p.p.는 '~했을지도 모른다'의 의미로 과거에 있었던 일 또는 사실에 대한 약한 추측을 나타낼 때 사용합니다.

may have p.p. might have p.p. ~했을지도 모른다	Jenny didn't answer the phone. She may/might have been busy all day. 제니는 연락을 받지 않았다. 그녀는 하루 종일 바빴을 지도 모른다. Experts think that the weather may/might have caused a power outage in the city. 전문가들은 그 날씨가 도시의 정전을 야기했을지도 모른다고 생각한다.

공식으로 슥슥! 문제풀이

Formula 1 race driver Michael Jones was not able to join recent competitions due to injuries. However, there are persistent rumors that he _____ rejoin the racing circuit this year.

소문 → 추측의 문맥과 어울리는 표현

(a) shall 오답 보기로 소거
(b) should 의무/당위성
(c) must 의무
(d) may 추측

보기 구성
→ 조동사

마이클 존스는 부상으로 최근까지 대회에 출전하지 못했으나 올해에는 그가 참여한다는 것이 소문(rumors)으로 돌고 있음
→ '다시 참여할지도 모른다'의 의미로 추측을 나타내는 것이 적절함

해석 포뮬러 원의 드라이버인 마이클 존스는 부상으로 인해 최근 대회들에 참여할 수 없었다. 그러나, 그가 올해 경주 서킷에 다시 참여할지도 모른다는 지속적인 소문이 있다.

5 should 생략과 동사원형

🎯 주절에 주장, 제안, 명령, 요구 등 당위성을 나타내는 동사 또는 형용사 뒤에 that절이 따라오면, that절의 동사는 '~해야 한다'라는 의미의 <should+동사원형>에서 should가 생략된 동사원형을 사용합니다.

should 생략 공식

1. 보기 확인 ➡ **동사원형** ⭐ 1개
   단순현재 또는 **현재진행**이 1~2개 섞여 있음

2. 빈칸 앞에 주장, 제안, 명령, 요구 등 당위성을 나타내는 동사 또는 형용사와 that절이 나란히 나오는지 살펴봅니다. (당위성 동사/형용사를 모르더라도 빈칸 앞에 **that + 주어**가 있는지 확인)

   주장, 명령, 제안, 요구 등 당위성을 나타내는 동사/형용사

   주어 + **동사** + **that절** + 주어 + 동사원형 ~
   It + is + **형용사** + **that절** + 주어 + 동사원형 ~

3. 동사의 수동태가 보기에 주어진 경우 **be + p.p.** 형태가 정답입니다.

   동사/형용사 + **that절** + 주어 + be p.p. ~ ⭐ be p.p. 보기는 should 생략 유형에서만 볼 수 있음

4. 부정어 not, 또는 just 등의 부사가 동사원형의 앞에 위치할 수 있습니다.

   동사/형용사 + **that절** + 주어 + not + 동사원형 / 부사 + 동사원형 ~

공식으로 쏙쏙! 문제풀이

수식어구

Following the "take a knee" protest, the National Football League announced a new national anthem policy in 2018. The rule **requires that** a player (on the field) _____ while the anthem is played.

빈칸 앞에 require + that 확인 ➡ 동사원형 정답

보기 구성
➡ 동사원형과
단순현재/
현재진행
포함

(a) stands 단순현재
(b) **stand** 동사원형
(c) will stand 단순미래
(d) is standing 현재진행

해석 "무릎 꿇기" 운동에 이어서, 내셔널 풋볼 리그는 2018년에 새로운 국가 연주 정책을 발표했다. 이 규정은 필드 위의 선수들이 국가가 연주되는 동안 서 있어야 하는 것을 요구한다.

should 생략에 사용되는 주장, 제안, 명령, 요구 표현

동사	suggest 제안하다 urge 촉구하다 ask 요청하다 command 명령하다	propose 제안하다 instruct 지시하다 request 요청하다 order 명령하다	recommend 권하다 prescribe 지시하다 require 요구하다 agree 동의하다	advise 충고하다 insist 주장하다 demand 요구하다 stipulate 요구하다
형용사	important 중요한 best 가장 바람직한 critical 중대한	vital 중요한 advisable 바람직한 crucial 필수적인	necessary 필수적인 imperative 필수적인	essential 필수적인 mandatory 의무적인

Health experts **advise that** people **exercise** regularly to maintain proper health.
보건 전문가는 사람들이 적절한 건강을 유지하기 위해 규칙적으로 운동하라고 충고한다.

It is **important that** the new software **be checked** for viruses.
새 소프트웨어가 바이러스 점검이 되어야 하는 것은 중요하다.

My secretary **proposed that** I just **take** an early morning flight.
나의 비서는 내가 그냥 이른 아침 비행기를 타라고 제안하였다.

It is **essential that** patients **not smoke** around the hospital.
환자들이 병원 주변에서 흡연하지 말아야 하는 것이 필수적이다.

🎯 동사나 형용사가 아닌 명사가 나오더라도, 그 명사가 당위성을 나타내면서 뒤에 that절이 나오면 빈칸에 동사원형이 답이 됩니다.

It is **our desire that** our daughter **win** her first swimming race.
우리 딸이 그녀의 첫 수영 시합을 이기는 것이 우리의 소망이다.

공식으로 쑥쑥! 문제풀이

Foreign objects lodged in a person's throat block airflow, reducing the oxygen supplied to that person's brain. So, it's important that abdominal thrusts, (also called the "Heimlich maneuver,") _____ immediately on a person who's choking.

(a) be performed 동사원형 (수동태)
(b) are performed 단순현재 (수동태)
(c) will be performed 단순미래 (수동태)
(d) have performed 현재완료 (능동태)

해석 사람의 목구멍에 박혀 있는 이물질은 공기흐름을 막아 그 사람의 뇌로 공급되는 산소를 줄인다. 따라서 "하임리히 요법"이라고도 불리는 복부 밀어 올리기가 기도가 막혀 있는 사람에게 즉시 행해져야 하는 것이 중요하다.

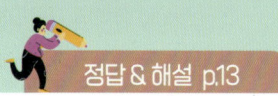

1. Audiences wonder how Ballerinas **(can / should)** perform such amazing routines on stage.

2. Since his mother is sick, Jose **(will / may)** pick up his younger siblings from school today.

3. Dog owners **(must / can)** clean up after their pets when they take them for walks.

4. It **(must / might)** be a good idea to pack an umbrella for your trip to Seattle.

5. If you want to do well on your exam, you **(might / should)** study every day.

6. Our boss proposed that the company **(try / tried)** a six-hour workday to improve employee happiness.

7. The staff advises that museum visitors **(are not touching / not touch)** the artwork.

8. Dentists recommend that people **(brush / will brush)** their teeth at least twice a day.

9. We ask that you **(not go / do not go)** to large, crowded events while sick.

10. Some employees urge that the elevator **(is being fixed / be fixed)** immediately.

FINAL 실전문제

정답 & 해설 p.14

1 Sam felt obliged to buy expensive clothes and accessories because he was always the one who meet with potential business clients. He thought that his clients _____ take him more seriously since he presented himself as wealthy.

(a) would
(b) must
(c) will
(d) can

2 Earthquake preparedness is the key to safety because earthquakes occur unannounced. It is vital that you _____ your house for potential hazards, such as heavy objects above common areas, fragile items, and tall cabinets.

(a) are inspecting
(b) inspect
(c) will inspect
(d) to inspect

3 Shingles is a skin infection that causes red blisters and stinging sensations. Doctors suggest that people _____ the shingles vaccine to reduce the risk of contracting the painful disease.

(a) will get
(b) get
(c) are getting
(d) have gotten

4 Using smartphones at night is usually discouraged because their screens emit a lot of blue light. These emissions _____ hamper one from producing melatonin, a hormone that prepares a human body to enter the sleep cycle.

(a) must
(b) will
(c) should
(d) can

5 Screening is crucial for blood donors. Doctors highly recommend that blood donors _____ any fatty food for at least three hours before donating to ensure their blood is good for donating.

(a) are not eating
(b) not eat
(c) will not eat
(d) have not eaten

6 You can test the freshness of a batch of eggs through a "float test." The eggs that sink are considered fresh, while the ones that float are rotten and unsafe to eat. They _____ be discarded.

(a) will
(b) may
(c) must
(d) can

7 Water does not restrict the flow of electric current, which makes water a good conductor of electricity. Therefore, it is vital that electrical outlets _____ away from any water source to avoid electric shocks.

(a) were kept
(b) will be kept
(c) be kept
(d) have been kept

8 Our electricity bill was 20% higher than the previous month. To cut back on our expenses, my dad is demanding that each of us strictly _____ the new rules he made for television and computer usage.

(a) is following
(b) follow
(c) will be following
(d) will follow

9 A marble relief sculpture in Greece dated around 500 B.C. shows one of the earliest depictions of team sport. This ancient sport is known as *keretizein*, which _____ be Greece's early form of field hockey.

(a) should
(b) could
(c) would
(d) will

10 The backpack that Rick ordered from an online shopping site was supposed to arrive eight days ago. Frustrated, he called the online store's hotline and demanded that the package _____ as soon as possible.

(a) is delivered
(b) be delivered
(c) delivers
(d) deliver

11 The masseter, or the jaw muscle, is the strongest muscle in the human body based on its ability to exert pressure. The muscle _____ close the jaw with a force as great as 200 pounds!

(a) will
(b) should
(c) can
(d) might

12 An air purifier can improve the quality of air indoors by eliminating allergens such as pollen and dust. It is advised that a person with an airborne allergy _____ a purifier at home.

(a) will install
(b) is installing
(c) install
(d) has installed

13 Dana sometimes opts to stay in vacant apartments instead of booking hotels when she goes on business trips. I suppose she _____ find another apartment if she is assigned to visit our sister company next week.

(a) should
(b) must
(c) shall
(d) might

14 A giant forest fire near the freeway in Baltimore caused a thick fog that made it difficult for drivers to see clearly. Authorities then commanded that drivers _____ to prevent accidents that might result in casualties.

(a) will slow down
(b) slow down
(c) have slowed down
(d) to slow down

15 Contrary to popular belief, body cells cannot absorb nutrients from food as soon as a person eats. Instead, food _____ be dissolved and digested first before cells can utilize them as smaller substances.

(a) must
(b) may
(c) could
(d) will

16 Our literature professor is very strict when giving us instructions on how to interpret poems. He demands that we _____ each poem more than five times so we can grasp the finer ideas.

(a) will read
(b) are reading
(c) read
(d) have read

17 Vince's mother does not allow him to travel without adult supervision. Rather than encouraging him to go to a faraway summer camp, she _____ always tell him to participate in the local football league instead.

(a) would
(b) may
(c) should
(d) can

18 Physics postulates that for every action, there's an equal and opposite reaction. This can also be applied to life choices. While it's impossible to think through each action, we _____ reflect carefully on major decisions.

(a) should
(b) will
(c) would
(d) might

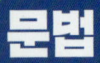

04 준동사

Final 실전 지텔프

🌐 준동사 문제 출제 경향

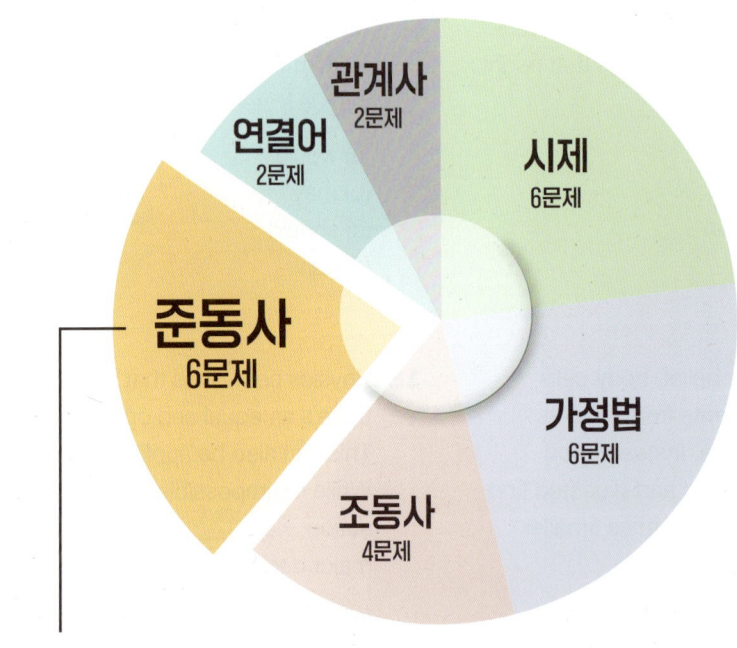

- 관계사 2문제
- 시제 6문제
- 가정법 6문제
- 조동사 4문제
- 준동사 6문제
  - to 부정사 3문제
  - 동명사 3문제
- 연결어 2문제

 ## 준동사 문제는 어떻게 나오나요?

보기가 동명사와 to부정사로 구성되어 있는 것을 보고 준동사 문제임을 파악할 수 있습니다.

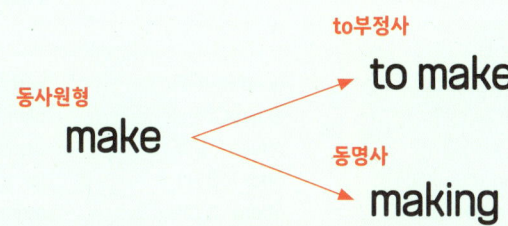

준동사 문제에서는 동사의 목적어 자리에 to부정사와 동명사 중 하나를 넣는 유형이 주로 출제됩니다. 따라서 빈칸 앞의 동사가 목적어로 to부정사를 취하는지, 동명사를 취하는지를 아는 것이 중요합니다.

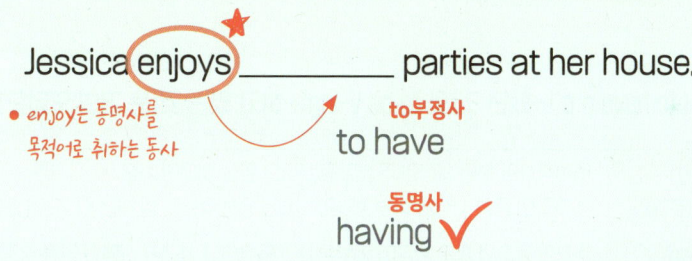

그 외 to부정사에서는 부사적 용법(~하기 위해)이, 동명사에서는 관용표현이 문제로 자주 출제됩니다.

1. to부정사를 목적어로 취하는 동사

🎯 다음의 동사는 to부정사를 목적어로 취합니다.

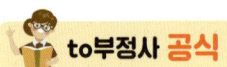 to부정사 공식

빈칸 앞 동사 → to부정사를 목적어로 취하는 동사인지 확인합니다.

주어 + **동사** + to부정사 ~

to부정사를 목적어로 취하는 동사

decide 결정하다	choose 선택하다	need 필요하다	wish 바라다
want 원하다	hope 바라다	expect 예상하다	plan 계획하다
promise 약속하다	agree 동의하다	refuse 거절하다	decline 거절하다
intend 의도하다	pretend ~하는 척하다	offer 제의하다	fail 실패하다
determine 결정하다	make sure 확실히 하다	afford ~할 여유가 되다	attempt 시도하다
prompt 촉발하다	manage 간신히 해내다	strive 분투하다	

Mary **wants** to buy a new smartphone. 메리는 새로운 스마트폰을 구입하는 것을 원한다.

Tom felt tired but **managed** to reach the top of the hill. 톰은 피곤했지만 산꼭대기에 간신히 도달했다.

My friend and I **decided** to take a break for a bit. 내 친구와 나는 잠시 동안 쉬기로 결정했다.

🎯 준동사 문제에서 **to have p.p.**(~했던 것)와 **to be V-ing**(~하고 있는 것)는 거의 **오답**으로만 출제됩니다.

to have p.p (to부정사의 완료형)	to부정사의 행위 시점이 주절의 동사보다 앞설 때에만 사용 *즉 과거를 나타냄 → 주절의 동사 시제와 to부정사의 시제는 일반적으로 일치되어 나오기 때문에 오답
to be V-ing (to부정사의 진행형)	주절의 동사와 같은 시점에 to부정사의 동작이나 상태가 진행 중임을 강조할 때에만 사용 → '~하고 있는 것'이라는 해석이 문맥상 어울리지 않도록 출제되기 때문에 오답

공식으로 쓱쓱! 문제풀이

Dorothy has submitted her applications to many schools. She wants to study at the university which provides the best alumni network, so she is eagerly hoping _____ her letter of acceptance to Harvard next January.

빈칸 앞 동사
→ to부정사를 목적어로 취하는 동사 hope

(a) **to receive** ✓
(b) receiving
(c) ~~to have received~~   to have p.p. → 주절의 동사 시제와 to부정사의 시제가 일치되어야 하므로 오답
(d) ~~having received~~

보기 구성
→ 동명사와
  to부정사

해석 도로시는 많은 학교에 지원서를 제출했다. 그녀는 최고의 동문 네트워크를 제공하는 대학에서 공부하기를 원해서 내년 1월에 하버드의 합격 통지서를 받기를 간절히 바라고 있다.

2. to부정사를 목적격 보어로 취하는 동사

🎯 다음의 동사는 to부정사를 목적격 보어로 취합니다.

to부정사 공식

1. 동사가 목적격 보어로 to부정사를 취하는 동사인지 확인합니다.
   (어순 확인 → 주어 + 동사 + 목적어 + 목적격 보어)

2. 동사가 **수동태(be p.p.)**인 경우, 뒤에 목적어 없이 바로 빈칸이 나옵니다.
   (해석: 되다, 받다, 당하다)

주어 + **동사(능동태)** + 목적어 + **to부정사** ~ ex) 주어 require 명사 to 동사원형
주어 + **be p.p.(수동태)** + **to부정사** ~ ex) 주어 be required to 동사원형

to부정사를 목적격 보어로 취하는 동사

require 요구하다 (→ be required to)	**encourage** 장려하다 (→ be encouraged to)	**allow** 허락하다 (→ be allowed to)	**ask** 요청하다 (→ be asked to)
cause 야기하다 (→ be caused to)	**force** 강요하다 (→ be forced to)	**tell** (~하라고) 말하다 (→ be told to)	**remind** 상기시키다 (→ be reminded to)
assign (~할 것을) 맡기다 (→ be assigned to)	**advise** 충고하다 (→ be advised to)	**want** 원하다 (수동태 사용 안 함)	**intend** 의도하다 (→ be intended to)
urge 촉구하다 (→ be urged to)	**instruct** 지시하다 (→ be instructed to)	**invite** (~하라고) 요청하다 (→ be invited to)	**recommend** 권하다 (→ be recommended to)

The heavy traffic **forced** him **to take** an alternative route.
교통 체증은 그로 하여금 다른 도로를 타도록 강요했다.

➜ He **was forced** **to take** an alternative route.
그는 다른 도로를 타도록 강요받았다.

The teacher **encouraged** students **to complete** a survey.
선생님은 학생들에게 설문조사를 완료하도록 장려했다.

➜ Students **were encouraged** **to complete** a survey.
학생들은 설문조사를 완료하도록 장려되었다.

공식으로 슥슥! 문제풀이

MoodBlaster won several Top Tech awards and exceeded sales expectations last year. As a result, the headphone company is expected _____ a new KidBlaster model targeted at a younger audience.

(빈칸 앞 동사 → to부정사를 목적격 보어로 취하는 동사 expect
<be expected to부정사>의 구조가 되어야 하므로 to부정사가 정답)

(a) to release
(b) releases 동사 → 이미 빈칸 앞에 주절의 동사가 있으므로 오답
(c) to have released to have p.p. → 주절의 동사 시제와 to부정사의 시제가 일치되어야 하므로 오답
(d) releasing

보기 구성
→ 동명사와 to부정사

해석 작년에 무드블라스터는 톱테크상을 여러 차례 수상하였고 매출 기대치를 넘어섰다. 그 결과, 이 헤드폰 회사는 더 어린 층을 겨냥한 새로운 키드 블라스터 모델을 출시할 것으로 예상된다.

3 동명사를 목적어로 취하는 동사

🎯 다음의 동사는 **동명사**를 목적어로 취합니다.

동명사 공식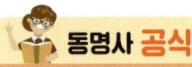

빈칸 앞 동사 → 동명사를 목적어로 취하는 동사인지 확인합니다.

주어 + **동사** + 동명사 ~

동명사를 목적어로 취하는 동사

consider 고려하다	keep 계속 ~하다	enjoy 즐기다	advise 충고하다
avoid 피하다	imagine 상상하다	mind 꺼리다	recommend 권고하다
postpone 연기하다	delay 연기하다	discontinue 중단하다	finish 끝내다
include 포함하다	involve 수반하다	entail 수반하다	practice 연습하다
dislike 싫어하다	risk 위험을 무릅쓰다	disclose 밝히다	deny 부인하다
stop 멈추다	prevent 막다	prohibit 금지하다	require 요구하다
miss 놓치다	suggest 제안하다	quit 그만두다	recall 기억해내다
admit 인정하다	acknowledge 인정하다	encourage 격려하다	allow 허락하다
advocate 지지하다	anticipate 예상하다	appreciate 고마워하다	resume 재개하다
endure 견디다	resist 저항하다	tolerate 참다	resent 분개하다
experience 경험하다	adore 무척 좋아하다	welcome 환영하다	mention 언급하다
give up 포기하다	end up 결국 ~하게 되다		

He will **consider** cancelling his trip to Hawaii. 그는 하와이 여행을 취소하는 것을 고려할 것이다.
She **enjoys** studying at cafés with a pleasant atmosphere. 그녀는 분위기 좋은 카페에서 공부하는 것을 즐긴다.
The dietitian **advised** eating more vegetables. 영양사는 더 많은 야채를 먹으라고 충고했다.

🎯 준동사 문제에서 **having p.p.** (~했던 것)는 거의 오답으로만 출제됩니다.

having p.p (동명사의 완료형)	동명사의 행위 시점이 주절의 동사보다 앞설 때에만 사용 *즉 과거를 나타냄 → 주절의 동사 시제와 동명사의 시제는 일반적으로 일치되어 나오기 때문에 오답

공식으로 쑥쑥! 문제풀이

My youngest son started reading sci-fi books three months ago. He really likes talking about what he has learned from those books. Nowadays, he **keeps** _____ me questions about outer space and aliens.

↳ 빈칸 앞 동사 → 동명사를 목적어로 취하는 동사 keep

보기 구성
→ 동명사와
to부정사

(a) having asked having p.p. → 시제 일치가 되어야 하므로 오답
(b) to asked
(c) asking
(d) to have asked

해석 막내아들이 사흘 전부터 공상과학 책을 읽기 시작했다. 그는 그 책에서 배운 것에 대해 이야기하는 것을 정말 좋아한다. 요즘, 그는 나에게 우주와 외계인에 대해 계속 물어본다.

4 to부정사와 동명사 모두 목적어로 취할 수 있는 동사

to부정사/동명사가 목적어일 때 의미 차이가 없는 동사

| begin 시작하다 | start 시작하다 | love 정말 좋아하다 | hate 싫어하다 |
| like 좋아하다 | prefer 선호하다 | continue 계속 ~하다 | |

The detective **started** investigating / to investigate the case. 그 수사관은 그 사건을 조사하기 시작했다.

to부정사/동명사가 목적어일 때 의미가 달라지는 동사

forget	동명사	~한 것을 잊다 (이미 한 일)	He **forgot** sending a message. 그는 메시지를 보낸 것을 잊었다.
	to부정사	~할 것을 잊다 (해야 하는 일)	He **forgot** to send a message. 그는 메시지를 보낼 것을 잊었다.
remember	동명사	~한 것을 기억하다 (이미 한 일)	She **remembers** visiting her mother. 그녀는 어머니를 방문한 것을 기억한다.
	to부정사	~할 것을 기억하다 (해야 하는 일)	She **remembers** to visit her mother. 그녀는 어머니를 방문할 것을 기억한다.
regret	동명사	~한 것을 후회하다 (이미 한 일)	I **regret** eating the entire pizza. 나는 그 피자 한 판을 다 먹은 것을 후회한다.
	to부정사	~하게 되어 유감이다 (발표할 때/알릴 때 위주로 사용)	We **regret** to announce that … ~을 발표하게 되어 유감입니다. We **regret** to inform you that/of … 귀하에게 ~을 알리게 되어 유감입니다.
try	동명사	시험 삼아 ~해보다, 한 번 ~해보다	He **tried** climbing upstairs. 그는 위층으로 한 번 올라가 보았다.
	to부정사	~하려고 노력하다	He **tried** to climb upstairs. 그는 위층으로 올라가려고 노력했다.

⊕ stop 뒤에 동명사? to부정사?

stop + 동명사 (~하는 것을 멈추다) *동명사 목적어
stop + to부정사 (~하기 위해 멈추다) *to부정사가 부사적 용법으로 사용됨
Jamie stopped doing his homework. 제이미는 숙제를 하는 것을 멈추었다. → 숙제를 하고 있었다가 그만 둠
Jamie stopped to do his homework. 제이미는 숙제를 하기 위해 멈추었다. → 하던 일을 멈추고 숙제를 함

공식으로 쏙쏙! 문제풀이

I shouldn't have told my wife that I didn't like her dish. She is so mad at me right now, and we haven't talked to each other for a while. I regret _____ that to her.

(a) to say   regret to say: ~하게 되어 유감이다 → 문맥상 어색하므로 오답
(b) saying
(c) said
(d) to have said

보기 구성
→ 동명사와
to부정사

빈칸 앞 동사
→ to부정사와 동명사 모두 목적어로 취하는 동사 regret
이미 했던 일(그 말을 했던 것)을 후회한다는 문맥이므로
동명사가 정답

해석 나는 아내에게 그녀의 음식이 마음에 안 든다고 말하지 말았어야 했다. 그녀는 지금 나에게 너무 화가 나 있고, 우리는 한동안 서로 말을 하지 않았다. 나는 그것을 말한 것을 후회한다.

5 준동사 관용표현

🎯 다음은 to부정사 또는 동명사와 함께 관용적으로 쓰이는 표현들입니다.

to부정사 관용표현

be able to ~할 수 있다	be likely to ~할 것 같다
be willing to 기꺼이 ~하다	be ready to ~할 준비가 되다
be supposed to ~하기로 되어 있다	tend to ~하는 경향이 있다
be set to ~할 예정이다	have to ~해야 한다
hesitate to ~하는 것을 망설이다	enough to ~하기에 충분한
can't wait to 빨리 ~하고 싶다	have no choice but to ~하지 않을 수 없다

The weather **is likely** **to remain** dry for a while.
날씨는 한동안 비가 오지 않는 상태가 유지될 것 같다.

We **can't wait** **to see** our son grow up.
우리는 아들이 성장하는 것을 빨리 보고 싶다.

동명사 관용표현

go -ing ~하러 가다	be worth -ing ~할 가치가 있다
can't help -ing ~하지 않을 수 없다	be caught -ing ~하는 것을 걸리다, 붙잡히다
spend time -ing ~하는 데 시간을 보내다	have difficulty -ing ~하는 데 어려움을 겪다

My friend and I **went** **hiking** yesterday.
나와 내 친구는 어제 등산을 갔다.

This movie **is worth** **watching** at least twice.
이 영화는 적어도 두 번은 볼 만한 가치가 있다.

공식으로 쓱쓱! 문제풀이

Samantha is your good friend, and the only reason she's angry with you is because of a simple misunderstanding. It would be worth _____ your side of the story so she can forgive you and move on.

be worth + -ing → 동명사 관용표현

보기 구성
→ 동명사와
to부정사

(a) explaining
(b) to explain
(c) having explained having p.p. → 주절의 동사 시제와 동명사의 시제가 일치되어야 하므로 오답
(d) to have explained

해석 사만다는 당신의 좋은 친구고, 그리고 그녀가 당신에게 화가 난 유일한 이유는 단순한 오해 때문이다. 그녀가 당신을 용서하고 앞으로 나아갈 수 있도록 당신의 견해를 설명하는 것이 가치가 있을 것이다.

6 to부정사의 형용사적/부사적 용법

🎯 to부정사가 형용사적 용법으로 쓰일 때 '~할', '~하는'의 의미로 명사를 뒤에서 수식합니다. 이 경우 빈칸 앞에 수식을 받을 명사가 반드시 나오게 됩니다.

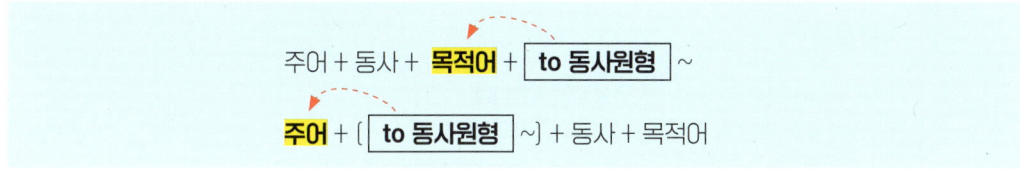

There are some **books** to read during the break. 쉬는 시간 동안에 읽을 책이 몇 권 있다.

The ability to analyze a large volume of data is required. 많은 양의 데이터를 분석하는 능력이 요구된다.

He got **an opportunity** to play the leading role. 그는 주연을 연기할 기회를 얻었다.

🎯 to부정사가 부사적 용법으로 쓰일 때 '~하기 위해'라는 의미로 앞 내용에 대한 목적을 나타냅니다. 빈칸은 일반적으로 완전한 절의 뒤에 위치합니다.

주어 + 타동사 + 목적어 (+ 부사) / to 동사원형 ~
주어 + 자동사 (+ 부사) / to 동사원형 ~
주어 + be p.p. (+ 부사) / to 동사원형 ~

I bought a webcam / to attend an online lecture.
나는 웹캠을 샀다   온라인 강의를 수강하기 위해

Bill woke up early / to go grocery shopping.
빌은 일찍 일어났다   식료품을 사러 가기 위해

A warm-up should be done thoroughly / to prevent injuries.
준비 운동은 철저하게 행해져야 한다   부상을 예방하기 위해

공식으로 슥슥! 문제풀이

Mrs. Brown's house burned down early this morning. Fortunately, her neighbor had seen the fire and immediately called 911. He then entered the house _____ Mrs. Brown, who was still asleep at the time.
                                        주어   동사   목적어   빈칸 위치 ➡ 완전한 절 뒤
                                                                      그녀를 구출하는 것이 집에 들어간 목적(구출하기 위해)이므로
                                                                      to부정사가 정답

보기 구성
➡ 동명사와
  to부정사

(a) saving
(b) having saved
(c) to save
(d) to be saved to부정사의 수동태 뒤에는 목적어(Mrs. Brown)가 나올 수 없으므로 오답

해석 오늘 아침 일찍 브라운 씨의 집에 불이 났다. 다행히도, 그녀의 이웃이 불을 봤었고 즉시 911에 신고했다. 그리고나서 그는 그 당시에 여전히 잠자고 있었던 브라운 씨를 구출하기 위해 그 집 안으로 들어갔다.

문법 04 _ 준동사 **59**

가주어/가목적어 it과 to부정사

🎯 가주어(또는 가목적어) it과 함께 진주어(또는 진목적어) 자리에 to부정사를 답으로 고르는 문제가 간혹 출제됩니다. 이 유형에서 동명사는 언제나 오답이 됩니다.

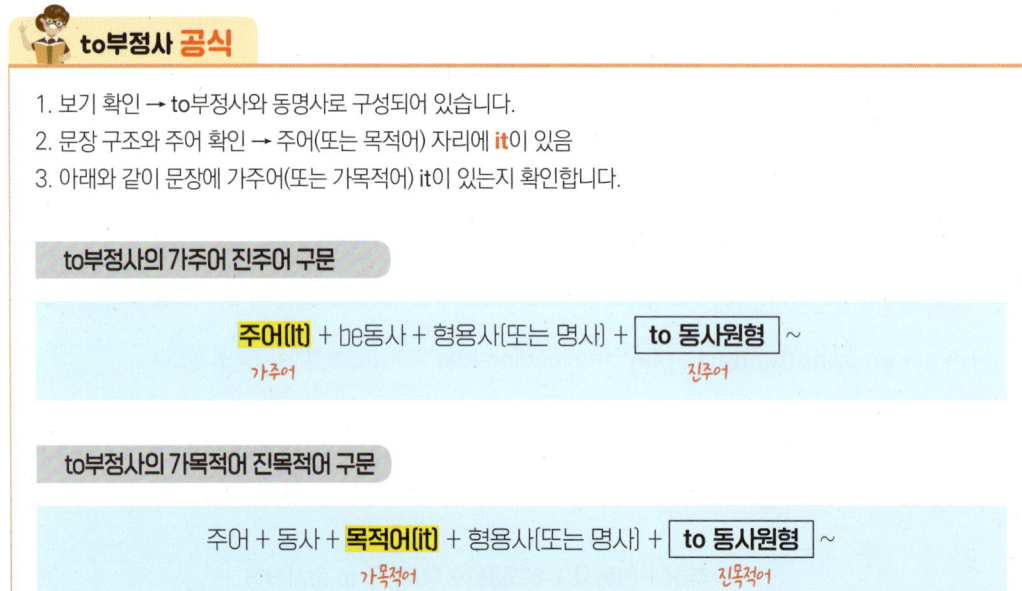

It is hard to draw more visitors. 더 많은 방문객을 끌어모으는 것은 어렵다.
가주어   진주어

Lara finds it exciting to explore unknown areas. 라라는 미지의 장소들을 탐험하는 것이 흥미롭다고 생각한다.
        가목적어   진목적어

 공식으로 쓱쓱! 문제풀이

Moving to a new state or country can be a difficult transition for anyone. That's why it's important _____ a good support system and maintain your relationships back home.

　　　　　　　　　　　　　　　　　　　　　　　　　　　　　　　　　　　가주어 it

문장 구조와 주어 확인 → 주어(it) + be동사 + 형용사(important) + _____
가주어 진주어 구문이므로 빈칸에 to부정사

보기 구성
→ 동명사와
  to부정사

(a) cultivating
(b) having cultivated
(c) to have cultivated to have p.p. → 가주어 진주어 구문에서 완료부정사는 사용하지 않음
(d) to cultivate

해석 새로운 주나 나라로 이사하는 것은 누구에게나 힘든 과도기가 될 수 있다. 그렇기 때문에 좋은 지원 체계를 촉진하고 고국에서 관계를 유지하는 것이 중요합니다.

참고 ❷ 주어 자리/전치사 뒤 동명사

🎯 **동명사는 명사이므로 문장의 동사 앞 주어 자리에 들어갈 수 있습니다.**

> 동사원형ing ~ + 동사 + 목적어 ~
>
> 주어 + 동사 + that절 + 동사원형ing ~ + 동사 + 목적어 ~

Brushing your cats **comes** with a lot of benefits. 당신의 고양이를 빗질하는 것은 많은 이점이 따라온다.

My mom said that traveling **is** a way to learn new things.
우리 엄마는 여행하는 것이 새로운 것을 배우는 방법이라고 말씀해 주셨다.

➕ 지텔프 준동사 문제에서는 to부정사와 동명사의 주어 역할이 각각 구분되어 출제되는 편입니다. 즉 동사 앞 주어 자리 빈칸에는 일반적으로 동명사가 정답이 되고, 반면 to부정사 주어는 가주어 it에 대한 진짜 주어 자리에만 한정해서 나옵니다.

🎯 **동명사는 동사의 목적어 자리 외에 전치사의 목적어 자리에도 들어갈 수 있습니다.**

> 전치사 + 동사원형ing ~

She is responsible **for** conducting financial analyses. 그녀는 재정 분석을 실시하는 일을 책임진다.

The job consists **of** creating various home appliances. 그 일은 다양한 가전 제품을 만드는 것으로 구성된다.

🎯 **지텔프 문법에 나오는 준동사 개념을 다음과 같이 정리할 수 있습니다.**

빈칸	동사의 목적어 자리	관용표현	명사 뒤	완전한 절 뒤	가주어 it 가목적어 it	동사 앞 (주어 자리)	전치사 뒤
정답	to부정사 or 동명사			to 부정사		동명사	

공식으로 쉭쉭! 문제풀이

Johnathan has been wanting to learn how to skateboard for years and recently started taking lessons. Unfortunately, his first attempt (명사 뒤에서 수식 a halfpipe) ended up with him breaking an elbow.
- 주어: his first attempt
- 동사: ended

보기 구성
→ 동명사와 to부정사

(a) riding
(b) to ride
(c) having ridden
(d) to have ridden to have p.p. → '그의 첫 시도(his first attempt)'와 '하프파이프를 타는 것'이 같은 시점이므로 오답

→ 명사 뒤 빈칸 → to부정사
주어 + (to 동사원형 ~) + 동사 + 목적어

해석 조나단은 몇 년 동안 스케이트보드 타는 법을 배우고 싶어했고 최근에 레슨을 받기 시작했다. 불행하게도, 하프파이프를 타려는 그의 첫 시도는 팔꿈치가 부러지는 것으로 끝났다.

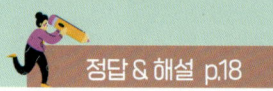

정답 & 해설 p.18

1. Receiving credit for this course involves **(passing / to pass)** all four of the scheduled exams.

2. The Johnsons have decided **(to travel / travelling)** to Jamaica for summer vacation this year.

3. Visitors are required **(to check in / to be checking in)** at the security desk before entering.

4. If you are feeling sluggish, I advise **(to take / taking)** a break to get some energy.

5. I'm sure my mother will appreciate **(to have / having)** a pair of hiking boots for Mother's Day.

6. It will be difficult to get employees to agree **(signing / to sign)** this new contract.

7. **(Watching / To watch)** television is my favorite thing to do on the weekend.

8. Farrah bought a new phone **(taking / to take)** pictures on the go.

9. Sarah can't help **(getting / to get)** excited when her mom comes home from a long business trip.

10. Jerry always forgets **(putting / to put)** his leftovers in the fridge after dinner.

FINAL 실전문제

1. Many people from other states and countries have migrated to California since the 1800s. Perhaps one of the main reasons people choose _____ there is the growing job market.

   (a) to have settled
   (b) settling
   (c) to settle
   (d) having settled

2. It had been a long time since the Robinson family went out and bonded together. That's why they decided to visit an amusement park. All the Robinson children enjoyed _____ the carousel and the roller coaster.

   (a) riding
   (b) having ridden
   (c) to ride
   (d) to have ridden

3. A few years ago, sales of frozen yogurt at Isabelle's Icy Treats started to drop. This morning, Isabelle announced that her company has discontinued _____ frozen yogurt and will instead offer a new dairy-free ice cream.

   (a) producing
   (b) to produce
   (c) having produced
   (d) to be producing

4. Russian president Vladimir Putin used to have a black Labrador Retriever named Konni. The dog was always by her master's side and was even allowed _____ staff meetings and greet world leaders.

   (a) to attend
   (b) having attended
   (c) attending
   (d) to be attending

5. Katrina is a professional makeup artist who still dreams of becoming an actress herself someday. In fact, she imagines _____ the one receiving special treatment whenever she does the makeup of celebrities.

   (a) to have been
   (b) to be
   (c) having been
   (d) being

6. The okapi, also known as the "zebra giraffe," is an herbivorous mammal that is endemic to the Congo. These animals use their 18-inch-long tongue _____ buds and leaves from trees when feeding.

   (a) to pluck
   (b) having plucked
   (c) plucking
   (d) to be plucking

7 Fans of the hit show *Fuzzy Friends* were alarmed by the rumor that the show would stop streaming online. However, Netvision confirmed that it acquired the rights _____ the popular show for another year.

(a) having streamed
(b) streaming
(c) to have streamed
(d) to stream

8 Molly's family does not approve of her decision to become an artist. They insist that she'll never be able to make a living. No matter what they say, Molly won't stop _____ art.

(a) to have made
(b) to make
(c) making
(d) having made

9 Baby walkers are devices that assist infants in walking during their early years. However, the American Academy of Pediatrics wants _____ these devices since they pose potential health threats to infants.

(a) to have banned
(b) to ban
(c) having banned
(d) banning

10 According to studies, compulsive buying is linked to the production of dopamine, a brain chemical associated with rewards. Since shopping allows us to attain new things, shopaholics believe _____ money is a rewarding experience.

(a) to be spending
(b) having spent
(c) to spend
(d) spending

11 One of the materials often used in first aid procedures is a bandage. It is carefully wrapped around the wounded part of the body _____ healing. This material also keeps the wound from getting infected.

(a) to promote
(b) to have promoted
(c) having promoted
(d) promoting

12 Lately, Robert has been too lazy to do his homework. In fact, he kept _____ finishing his science project that is due tomorrow. He only worked on it when he was scolded by his mother.

(a) to delay
(b) to be delaying
(c) delaying
(d) having delayed

13 One reason why the rate of personal debt is increasing is because we purchase so many things we don't need. To find the way back to financial responsibility, we should resist _____ products beyond our means.

(a) to buy
(b) having bought
(c) to have bought
(d) buying

14 My father always told me to learn new things despite how mundane they may seem. Ever since I was young, he ingrained in me that I must prepare _____ any obstacle life throws at me.

(a) having faced
(b) to have faced
(c) facing
(d) to face

15 Many think that having capital is enough to run a business. The truth is this is only half of the equation. Running a business also requires _____ the fluctuations and patterns of the market.

(a) having studied
(b) to study
(c) studying
(d) to have studied

16 Before becoming a successful coffeehouse chain, Starbucks only sold coffee beans and coffee equipment. However, when Howard Schultz bought the company in 1987, he introduced a menu of specialty drinks that countless people enjoy_____ today.

(a) having sipped
(b) to sip
(c) to be sipping
(d) sipping

17 Sky lanterns pose a great risk to several animals that might ingest fallen lanterns or become entangled in their wires. That is why animal rights organizations encourage people _____ in sky lantern activities and find safer alternatives.

(a) not to participate
(b) not participating
(c) not to have participated
(d) not having participated

18 Dragonflies are such efficient hunters that they can catch 90 to 95 percent of the insects near them. To do so, dragonflies remain stationary in the air, waiting for prey _____ close before attacking with their feet.

(a) coming
(b) having come
(c) to come
(d) to be coming

문법 05 연결어
Final 실전 지텔프

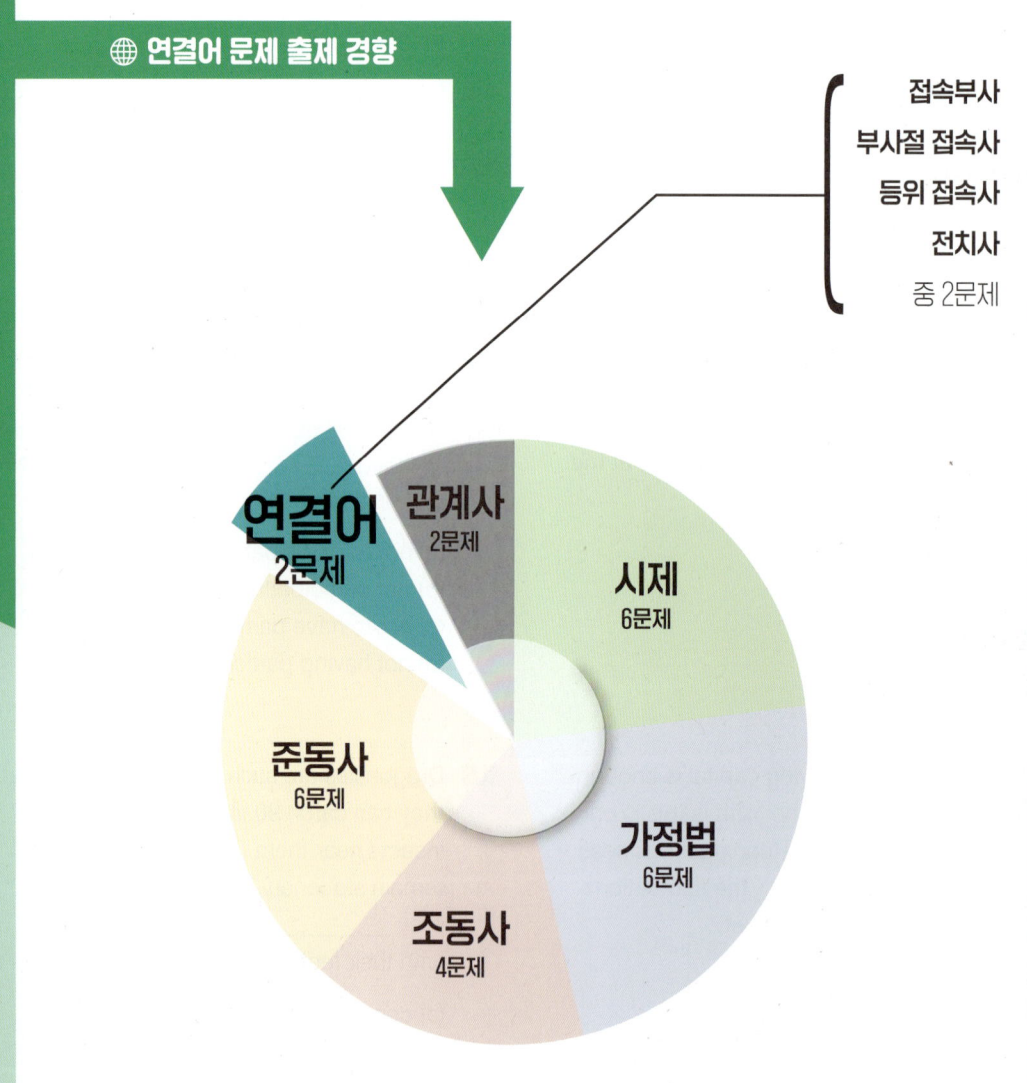

◉ 연결어 문제 출제 경향

접속부사
부사절 접속사
등위 접속사
전치사
중 2문제

연결어 2문제
관계사 2문제
시제 6문제
가정법 6문제
조동사 4문제
준동사 6문제

 연결어 문제는 어떻게 나오나요?

연결어 문제에서는 접속부사, 부사절 접속사, 등위 접속사, 전치사에서 2문제가 출제되며, 특히 접속부사와 부사절 접속사의 출제 빈도가 가장 높습니다. 보기가 연결어들로 구성되어 있는 것을 통해 연결어 문제임을 파악할 수 있습니다.

연결어 문제에서는 두 개의 내용이 자연스러운 흐름으로 이어지도록 중간에서 징검다리 역할을 할 적절한 보기를 답으로 고르는 것이 핵심입니다. 그러나, 주어진 보기를 우리말로 바꿔서 빈칸에 넣었을 때 다 말이 되는 것 같기 때문에 난이도가 높은 유형이라고 할 수 있습니다.

● 앞 문장 ➡ 살을 빼고 싶어 한다

Luke wants to lose weight for better health. _____, he should start exercising.

그러므로
Therefore ✓

● 뒤 문장 ➡ 운동을 시작해야 한다

그러나
However

결국, 연결어 문제를 풀 때에는 해석을 통한 문맥 파악이 필수적이며, 두 내용이 서로 상반되는 내용인지, 원인과 결과인지, 뒤 내용이 앞 내용의 구체적인 예시인지 등을 따져보아야 정답을 고를 수 있습니다.

1 접속부사

🎯 접속부사는 두 개의 문장을 의미적으로 연결하는 기능을 합니다. 콤마(,)와 함께 빈칸이 나옵니다.

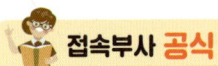 접속부사 공식

1. 보기가 연결어들로 구성되어 있는 것을 통해 연결어 문제임을 파악합니다.
2. 빈칸 뒤 콤마(,) 확인 → 전치사나 접속사가 보기에 있다면 오답으로 소거합니다.
3. 문맥 파악 → 해석을 통해 두 내용을 논리적으로 가장 잘 연결하는 접속부사를 답으로 고릅니다.

> 첫번째 문장
> (마침표 찍히고 문장 끝)
> 주어 + 동사 ~. { 접속부사 , 주어 + 동사 } ~.
> ↑ 빈칸 뒤 콤마가 나오고 두번째 문장 시작

원인과 결과	앞 문장이 원인이 되어 뒤 문장에 예상되는 결과가 이어짐		역접	앞 문장을 통해 예상되는 결과와 반대되는 내용이 뒤 문장에 이어짐	
therefore 그러므로	as a result 결과적으로		nevertheless 그럼에도 불구하고	nonetheless 그럼에도 불구하고	
thus 그러므로	consequently 결과적으로		even so 그렇기는 하지만	however 그러나	
hence 그러므로	naturally 자연스럽게		(un)fortunately 다행(불행)히도	still 그런데도	
반대 조건	앞에서 주장하는 대로 하지 않았을 때 예상되는 결과가 뒤 문장에 이어짐		대조	앞 문장과 대조되거나 앞 문장에 대해 대안을 제시하는 내용이 뒤 문장에 이어짐	
otherwise 그러지 않으면			on the other hand 반면에	on the contrary 그와 반대로	
			alternatively 대안으로	in fact 사실은	
			in contrast 그에 반해	instead 대신에	

I forgot to apply sunscreen. **Naturally**, I've got a sunburn on my face.
선크림을 바르는 것을 깜빡했다. 자연스럽게, 얼굴이 햇볕에 탔다.

The weather forecast said it will rain today. **Nevertheless**, the event won't be cancelled.
오늘 비가 온다고 했다. 그럼에도 불구하고, 행사는 취소되지 않는다.

We decided not to eat out for dinner. **Instead**, we will order home food delivery.
우리는 저녁 식사를 밖에서 먹지 않기로 결정했다. 대신에, 우리는 배달 음식을 주문할 것이다.

공식으로 슉슉! 문제풀이

Studies have proven the negative effects of high alcohol consumption on one's health. These include dehydration, liver damage, and reduced mental alertness, among many others. _____, many people still binge-drink alcoholic beverages. ▶ 알코올은 건강에 안 좋다 → 사람들은 여전히 알코올을 소비한다

보기 구성
→ 연결어
(접속부사)

(a) Instead 대신에 → 대안이 제시되는 문맥이 아니므로 오답
(b) Furthermore 뿐만 아니라 → '알코올이 건강에 안 좋다'라는 주장에 대한 열거식 흐름이 아니므로 오답
(c) Nevertheless 그럼에도 불구하고 → 앞 문장을 통해 예상되는 결과와 반대되는 내용이 뒤 문장에 이어지고 있다
(d) Likewise 마찬가지로 → 앞뒤 내용이 유사하지 않으므로 오답

 연구들은 많은 양의 알코올 섭취가 건강에 미치는 부정적인 영향을 입증했다. 여기에는 탈수, 간 손상, 정신 경각심 저하 등을 포함한다. 그럼에도 불구하고, 많은 사람들은 여전히 알코올 음료를 마구 마셔댄다.

첨가	하나의 주장에 있어 앞 내용 외에 새로운 내용이 열거식으로 뒤 문장에 이어짐	부연	앞의 사실에 대한 추가 설명이 뒤 문장에 이어짐
also 또한 furthermore 뿐만 아니라 moreover 게다가	in addition 게다가 additionally 게다가 besides 게다가	after all 어쨌든 specifically 구체적으로 말하면 in other words 다시 말해, 즉	in fact 사실은 in particular 특히
예시	앞 문장의 이해를 돕기 위한 구체적인 예시가 뒤 문장에 이어짐	강조	앞 문장의 논지가 더 강조되는 내용이 뒤 문장에 이어짐
for example 예를 들면	for instance 예를 들면	undoubtedly 의심의 여지없이 in the first place 우선, 애초에	certainly 분명히 indeed 정말로
유사	앞 문장과 동등하거나 유사한 내용, 또는 공통점 언급이 뒤 문장에 이어짐	시간/순서	앞 문장과 시간적으로 연관되는 내용이 뒤 문장에 이어짐
likewise 마찬가지로	similarly 마찬가지로	then 그러고 나서 meanwhile 그러는 동안 afterward 나중에	presently 현재 eventually 결국 finally 마침내, 마지막으로

➕ in fact(사실은)는 뒤 문장이 앞 문장에 대한 대조를 나타내는 것 외에 부연 설명을 덧붙일 때에도 사용 가능합니다.

The job he was offered yesterday will allow him to maintain a work-life balance. **Furthermore**, it's well paid.
그가 어제 제안받은 그 일자리는 그로 하여금 워라밸을 유지하도록 허용할 것이다. 뿐만 아니라, 보수도 좋다.

The snack is very popular among us. **In fact**, it's the only item currently out of stock in our office snack station.
이 과자는 우리들 사이에서 인기가 매우 많다. 사실은, 그것은 탕비실에서 현재 재고가 없는 유일한 상품이다.

Amanda is setting the table. **Meanwhile**, I have been making lasagna for an hour now.
아만다는 테이블을 준비하고 있는 중이다. 그러는 동안, 나는 지금까지 한 시간 동안 라자냐를 만들어오고 있다.

공식으로 슉슉! 문제풀이

Gone with the Wind (1939) was the first movie filmed in color to win the Academy Award for Best Picture. _____, when adjusted for inflation, it is also the highest-grossing movie ever.

→ 컬러로 촬영된 최초의 아카데미 작품상 수상작이다
→ 또한 역대 최고 수익을 올린 영화이다

보기 구성
→ 연결어
(접속부사)

(a) For example 예를 들면 → 예시로 이어지는 흐름이 아니므로 오답
(b) However 그러나 → 앞뒤 내용이 역접 관계가 아니므로 오답
(c) As a result 결과적으로 → 앞뒤 내용이 원인과 결과 관계가 아니므로 오답
(d) **In addition** 게다가 → 영화가 뛰어나다는 주장에 대해 '수상작' 외에 '최고 수익'이라는 또다른 근거를 덧붙이고 있다

해석 「바람과 함께 사라지다」 (1939)는 컬러로 촬영된 최초의 아카데미 작품상 수상작이다. 여기에 인플레이션까지 조정하면 역대 최고 수익을 올린 영화이기도 하다.

2 접속사와 전치사

부사절 접속사는 종속절을 이끌어 주절을 꾸며주는 수식어절을 만드는 역할을 합니다. 접속부사와 달리 뒤에 콤마(,) 없이 주어와 동사가 바로 나옵니다.

부사절 접속사 공식

1. 보기가 연결어들로 구성되어 있는 것을 통해 연결어 문제임을 파악합니다.
2. 빈칸 뒤에 콤마(,) 없이 바로 절이 나오는지 확인합니다.
3. 앞뒤 문맥의 논리적인 흐름에 맞는 적절한 의미의 접속사를 답으로 고릅니다.

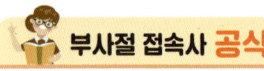

[부사절 접속사] + 주어 + 동사 ~ , **주어 + 동사 ~** . (수식어절)

주어 + 동사 ~ [부사절 접속사] + **주어 + 동사 ~** . (수식어절)

주요 부사절 접속사

시간	when ~할 때	before ~전에	until ~할 때까지	as soon as ~하자마자
	while ~하는 동안	after ~후에	since ~한 이래로	whenever ~할 때마다
역접	though, although ~이긴 하지만, ~에도 불구하고		even if ~할지라도	
	even though ~에도 불구하고		no matter how ~아무리 ~해도	
대조	while ~반면에	whereas ~반면에		
조건	once 일단 ~하면	if 만약 ~라면	unless 만약 ~하지 않는다면	
	as long as ~하는 한	(just) in case ~하는 경우에 대비해서		
가정	as if 마치 ~인 것처럼	as though 마치 ~인 것처럼		
이유	because ~때문에	since ~때문에	now that ~이니까	as ~때문에
목적	so (that) ~할 수 있도록 *보통 조동사 can과 함께 나옴 ex) so (that) ~ can			

Though **he crossed during a red light**, Nathan was able to cross the street unharmed.
신호가 빨간색인 동안에 길을 건넜음에도 불구하고, 네이선은 그 길을 다치지 않고 건널 수 있었다.

Mary's puppy has been feeling much better **since** **she visited the veterinarian**.
매리의 강아지는 그녀가 수의사를 방문했던 이래로 훨씬 더 좋아지고 있는 중이다.

 ### 공식으로 쓱쓱! 문제풀이

My grandmother said that she is planning a vacation for us in the summer. My father told her, however, that it might be difficult for her to get around. But she said that **she can travel** _____ **the trip is short.**

주절: 할머니가 갈 수 있다
부사절: 그 여행이 (기간이) 짧다
→ '할머니가 갈 수 있다'의 조건에 해당

보기 구성
→ 연결어
(접속사 전치사)

(a) although 그럼에도 불구하고 → 앞뒤 내용이 역접 관계가 아니므로 오답
(b) in spite of 전치사는 절을 이끌 수 없으므로 오답
(c) unless 만약 ~하지 않는다면 → 반대 조건을 나타내는 문맥이 아니므로 오답
(d) as long as ~하는 한 → '그 여행이 기간이 짧다는 조건이라면 할머니가 갈 수 있다'는 문맥이 가장 적절하다

해석 할머니께서는 우리를 위한 여름 휴가를 계획하고 계시다고 말씀하셨다. 그러나, 아버지는 할머니께 돌아다니기 힘드실지도 모른다고 말했다. 하지만 할머니께서는 그 여행이 짧기만 하다면 갈 수 있다고 말씀하셨다

🎯 등위 접속사는 앞뒤의 단어, 구, 절을 대등하게 연결하는 기능을 합니다. 두 개의 절을 연결하는 경우 첫 번째 절 뒤에 콤마(,)가 나올 수 있고, 그 다음 빈칸과 함께 두번째 절이 나옵니다.

주어 + 동사 ~(,) **등위 접속사** + 주어 + 동사 ~.
부사절 접속사와 달리 문장 맨 앞에 위치할 수 없음

등위 접속사

| and 그리고 | but 그러나 | or 또는 | so 그래서 |

➕ or은 '그렇지 않으면'이라는 의미로 앞 문장대로 하지 않으면 안 좋은 결과가 발생할 수 있다는 문맥을 만들 수 있습니다.

I wanted to go to the grocery store after work, **but** they were closed when I got there.
나는 퇴근 후에 식료품 가게에 가고 싶었지만, 내가 갔을 때 가게 문이 닫혀 있었다.

Do not park on the street, **or** you will be charged a $100 fine.
길거리에 주차하지 마십시오, 그렇지 않으면 벌금 100달러가 부과될 것입니다.

🎯 전치사는 명사구를 이끌어 주절을 꾸며주는 수식어구 역할을 합니다. 부사절 접속사와 비교했을 때, 전치사는 뒤에 주어와 동사를 갖춘 절이 아닌 명사(구)가 나옵니다.

전치사 + **명사(구) ~**, 주어 + 동사 ~.
(수식어구)

전치사

before ~전에	after ~후에	until ~까지	since ~이래로	despite ~에도 불구하고
in spite of ~에도 불구하고	rather than ~라기 보다는	instead of ~대신에	because of ~때문에	due to ~때문에
in addition to ~외에				

Despite her initial hesitation, Cindy really enjoyed her vegan smoothie.
처음에 망설였음에도 불구하고, 신디는 그녀의 비건 스무디를 정말 맛있게 먹었다.

Rather than complaining about problems, we should start to think about resolving them.
문제에 대해 불만을 토로하기보다는, 우리는 그것들을 해결하는 것에 대해 생각하는 것을 시작해야 한다.

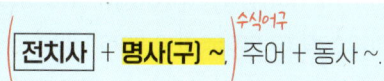
공식으로 슉슉! 문제풀이

Carlos has always hated studying and rarely does his homework. Somehow, he manages to get the highest scores on tests, _____ being the laziest student in the class.
앞 문장: 시험에서 가장 높은 점수를 받는다   빈칸 뒤: 가장 게으른 학생이다

보기 구성
→ 연결어
(접속사/전치사)

(a) however ⎫ 접속부사는 뒤에 명사구를 가질 수 없으므로 오답
(b) in fact ⎭
(c) despite ~에도 불구하고 → '가장 게으른 학생'과 '시험에서 가장 높은 점수를 받는다'는 서로 반대되고 있다
(d) because of ~때문에 → '가장 게으른 학생'이라는 것이 '높은 점수를 받는다'에 대한 이유가 될 수 없으므로 오답

해석 카를로스는 공부하는 것을 항상 싫어했고 숙제를 좀처럼 하지 않는다. 그는 반에서 가장 게으른 학생임에도 불구하고 시험에서는 어떻게든 가장 높은 점수를 받아낸다.

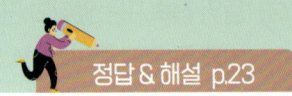

1. Harrison has finally turned 16. **(Nevertheless / Therefore)**, he is now eligible to get his driver's license.

2. Airlines are required to train flight attendants to ensure passenger safety. **(Furthermore / Consequently)**, they should keep pilots informed on in-flight safety practices.

3. Parents teach various skills to their kids. **(In addition / For example)**, riding a bike is something many people learn how to do in early childhood.

4. Francis always liked to help others. **(Naturally / In other words)**, he became a nurse.

5. Jenny began to feel tired halfway through the marathon. **(In the meantime / Nevertheless)**, she managed to cross the finish line.

6. **(Despite / Although)** Jake was a talented football player, he was not good enough to be a professional.

7. Juliet is practicing the guitar **(even though / while)** Vincent is sitting on a couch watching TV.

8. I'm very hungry, **(so / because)** I'm going to make a ham sandwich.

9. Always wear your seatbelt **(as long as / in case)** you get into an accident.

10. **(Because / Because of)** the tornado outside, we should hide in the basement.

FINAL 실전문제

정답 & 해설 p.24

1. The U.S. Food and Drug Administration (FDA) has to approve all food and medical products made available to the public. _____, the FDA checks if a new product meets their standards before releasing it to the market.

   (a) Generally
   (b) Nevertheless
   (c) Otherwise
   (d) Therefore

2. British sprinter Derek Redmond suffered from a severe thigh injury while competing in the 400-meter sprint at the 1992 Olympic Games. _____, Derek finished a full lap around the track with assistance from his father.

   (a) In the first place
   (b) In the meantime
   (c) Consequently
   (d) Nevertheless

3. Clouds are composed of water droplets that form when water from the ground evaporates into the air. These droplets are very light, _____ once they gather for too long, some of them ultimately fall as rain.

   (a) because
   (b) but
   (c) until
   (d) when

4. *Geronimo Stilton* is a bestselling children's book series about the life of an editor mouse. _____ the book depicts fanciful adventures, it can actually impart lessons on how to overcome life's challenges.

   (a) Because
   (b) However
   (c) Unless
   (d) Although

5. Robert is flying to Singapore tomorrow morning for his sister's wedding. He plans to leave early _____ he's worried about flight delays, and he doesn't want to miss a minute of his sister's big day.

   (a) though
   (b) until
   (c) because
   (d) once

6. Scientists have discovered that global warming has an effect on the migratory patterns of certain animals. _____, tiger sharks travel hundreds of miles farther north in the summertime than they did in the 1980s.

   (a) For example
   (b) Still
   (c) In conclusion
   (d) Although

7 Marlene was in a rush to be on time for a job interview. On her way to the company, she stumbled and twisted her ankle, but she continued running _____ she was not in pain.

(a) even though
(b) unless
(c) as though
(d) before

8 Due to a lack of donors, scientists have turned to animals to provide vital organs to humans in need. Recently, geneticists spliced a pig's DNA _____ a human recipient would be able to accept its heart.

(a) unless
(b) so that
(c) after
(d) as if

9 Teqball is a sport invented in 2014 that puts a twist on traditional table tennis. _____, players use their own bodies instead of paddles to move the large ball back and forth.

(a) Likewise
(b) Unfortunately
(c) Granted
(d) Specifically

10 George Crum, a famed nineteenth century American chef, is often credited as the first person to invent the potato chip. _____, the earliest recipe actually comes from an English cookbook written over 30 years before his "invention."

(a) However
(b) Regardless
(c) Naturally
(d) Furthermore

11 Researchers in Tel Aviv used special microphones to discover that plants emit sounds when cut or deprived of water. But the study has not been peer reviewed, meaning other scientists must repeat the study _____ it can be verified.

(a) so
(b) unless
(c) as
(d) lest

12 All of her classmates assume Kimberly is very studious because she always receives the best grades. _____, she hardly ever studies—she simply has a knack for test taking.

(a) For instance
(b) Also
(c) On the contrary
(d) Second

13 Seasonal affective disorder is a form of depression that occurs in colder months and results in sadness and low energy. _____, people can combat this disease with bright light therapy.

(a) After all
(b) Fortunately
(c) In brief
(d) Similarly

14 Though occasional mindless snacking may not affect one's health, frequently ingesting too many calories can have adverse effects. _____, experts suggest people eat only when they are actually hungry, not when they're bored.

(a) At length
(b) Otherwise
(c) In summary
(d) Therefore

15 Role-playing games (RPGs) require an individual to control the fate of an in-game character. _____, RPG players can chase gold, fight dragons, or make other decisions that can alter the story and outcome of the game.

(a) Though
(b) Before
(c) For instance
(d) However

16 In the early 1800s, many Americans feared tomatoes and referred to them as "poisonous apples." _____ they once were considered dangerous, both tomatoes and tomato ketchup eventually became household staples by the 1860s.

(a) When
(b) Though
(c) Unless
(d) Because

17 Two-year-old Joe adores his older sister Lisa and almost always appears by her side. In fact, _____ Lisa tries to leave a room, Joe can be seen waddling behind her, trying to keep up.

(a) whenever
(b) until
(c) before
(d) although

18 At Patricia's university, the maximum permitted period for a leave of absence is three semesters. This coming semester, she must enroll again. _____, she will be administratively removed from her school.

(a) In addition
(b) Regardless
(c) As an illustration
(d) Otherwise

문법

06 관계사
Final 실전 지텔프

🌐 **관계사 문제 출제 경향**

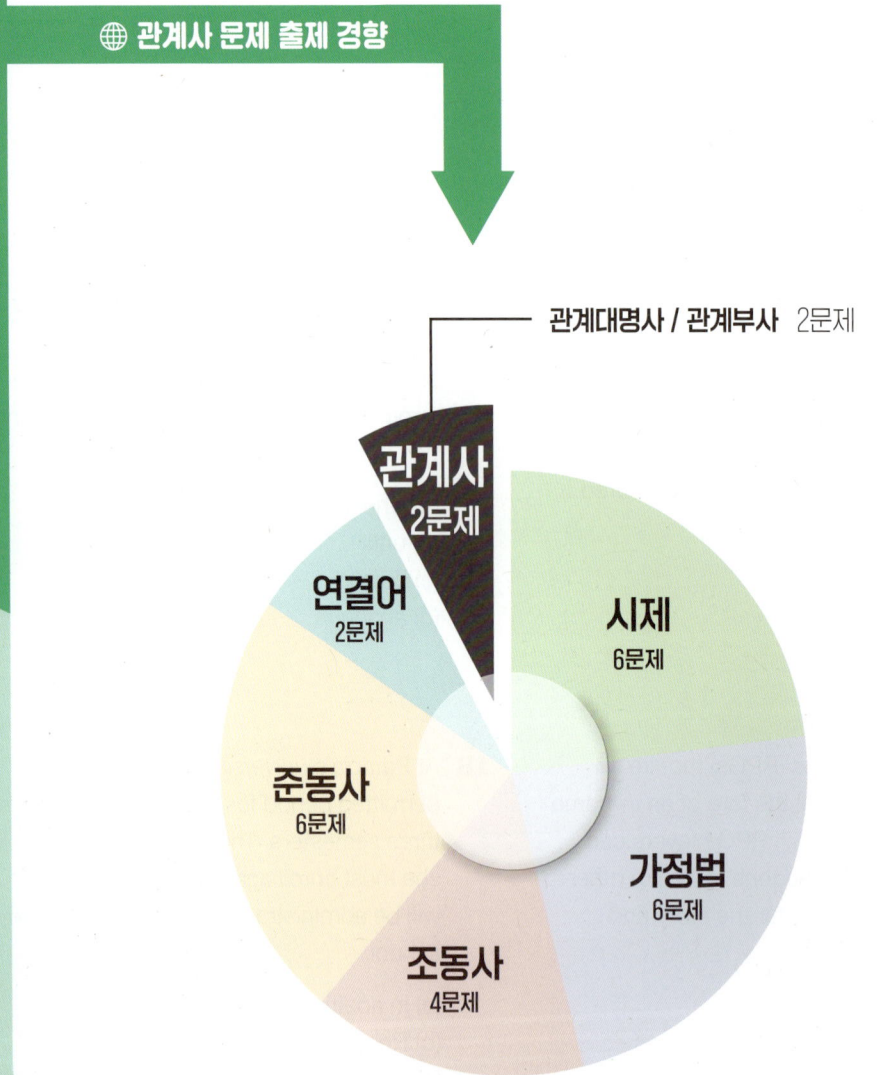

관계사 문제는 어떻게 나오나요?

관계사 문제에서는 빈칸 앞에 관계사절의 수식을 받는 선행사(명사)가 나오며, 보기는 관계사절들로 구성됩니다. 이때 선행사가 사람인지 아닌지, 그리고 관계사 뒤에 나오는 절이 완전한 절인지 불완전한 절인지 등을 파악하여 그에 맞는 적절한 보기를 답으로 넣는 문제가 출제됩니다.

I was moved by the commencement speech delivered by (Keith Carell) _____.

- 연설을 하는 주체는 사람이니까 선행사는 사람 명사

who는 선행사가 사람일 때 사용
who is a successful businessman ✓

which는 선행사가 사물일 때 사용
which is a successful businessman
→ 관계대명사 다음에 주어가 없으므로 불완전한 절

"나는 성공한 사업가인 키이스 커렐의 졸업식 연사에 감동을 받았다."

	주격 관계대명사	목적격 관계대명사
사람	who	whom
사물	which	which
사람/사물	that	that
관계사 뒤 절의 형태	주어가 없는 **불완전한** 절	목적어가 없는 **불완전한** 절

	관계부사
시간	when
장소	where
이유	why
방법	how
관계사 뒤 절의 형태	**완전한** 절

관계대명사 문제에는 what과 whose가 사용된 문장이 보기로 주어질 수 있습니다. 지텔프에서 두 관계대명사는 거의 오답으로만 출제되지만, 정답이 될 경우를 대비해 용법을 알아 두어야 합니다.

☐ **what**은 선행사를 포함하는 관계대명사로 불완전한 절을 이끌고, 빈칸 앞에 선행사가 있으면 안됩니다.

ex) Researchers found [what] causes chronic fatigue syndrome.
연구원들은 무엇이 만성피로증후군을 유발하는지를 알아냈다. → what 앞에 선행사 없음 + 뒤에는 불완전한 절

☐ **whose**는 소유격 관계대명사로, 선행사가 whose 뒤 명사의 소유격처럼 해석이 되어야 합니다

ex) Sophia, [whose] mother graduated from UCLA, will apply to the same university.
어머니가 UCLA를 졸업한 소피아도 같은 대학에 지원할 예정이다.
→ 선행사인 Sophia가 whose 뒤 mother의 소유격이 되어 '소피아의 어머니는'이라는 해석이 됨

1 관계대명사

관계대명사는 불완전한 절을 이끌며, 형용사처럼 빈칸 앞 선행사를 수식하는 역할을 합니다. 선행사의 종류(사람/사물), 그리고 빈칸 앞 콤마(,) 유무에 따라 사용되는 관계대명사가 다릅니다.

관계대명사 공식

1. 빈칸 앞 콤마(,) 유무 확인 → 콤마 있으면 **that 소거** ★
2. 선행사 확인 → 사람이면 **who, whom, that** 중 하나가 정답
   → 사람이 아니면 **which, that** 중 하나가 정답   [that은 사람과 사물 모두 수식 가능]

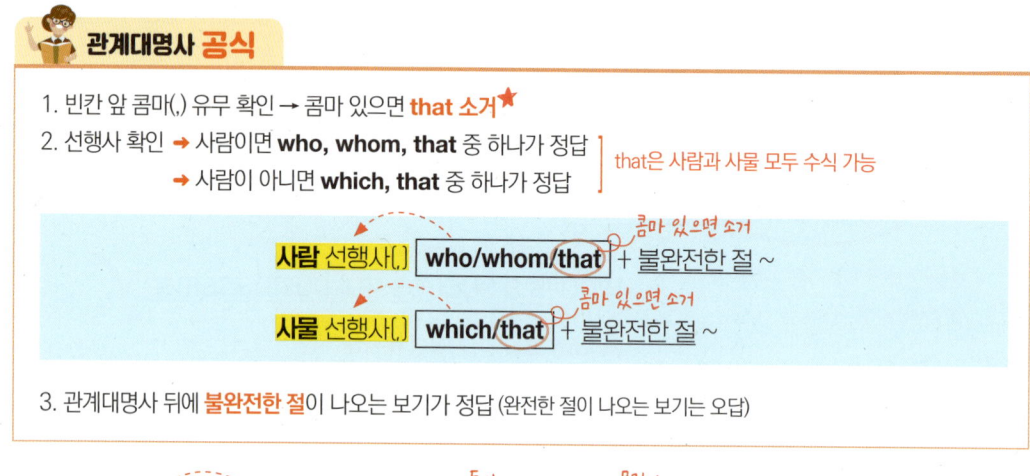

3. 관계대명사 뒤에 **불완전한 절**이 나오는 보기가 정답 (완전한 절이 나오는 보기는 오답)

Sarah is **a friend** [who/that] can understand my feelings.
사라는 나의 감정을 이해할 수 있는 친구이다. → friend는 사람이므로 who/that + 주어가 없는 불완전한 절

Tommy is **the person** [whom/that] my sister invited for lunch.
토미는 내 여동생이 점심 식사에 초대했던 그 사람이다. → person은 사람이므로 whom/that + 목적어가 없는 불완전한 절

I am reading **a book** [which/that] has an interesting storyline.
나는 흥미로운 줄거리가 있는 책을 읽고 있다. → book은 사물이므로 which/that + 주어가 없는 불완전한 절

🎯 **관계대명사 that은 콤마(,) 뒤에 쓸 수 없습니다.**

Riley grew up in **Washington, D.C.**, [which/that] is the capital city of the United States.
라일리는 미국의 수도인 워싱턴 D.C.에서 자랐다.   that은 콤마 뒤에 쓸 수 없음

공식으로 쑥쑥! 문제풀이

→ 선행사 확인 → 사업(the ventures)은 사람이 아니므로 who 오답

Paul Scott had put a large amount of money into developing new products over the last two years. However, the ventures, _____, led him into debt. He is now struggling with his finances.

→ 빈칸 앞 콤마(,) 있음 → that 오답

(a) ~~that~~ turned out to be failures   that은 콤마 뒤에 올 수 없으므로 오답
(b) ~~what~~ turned out to be failures   what은 앞에 선행사가 없어야 하므로 오답
(c) ~~who~~ turned out to be failures   who는 선행사가 사람이어야 하므로 오답
(d) **which turned out to be failures**   사물 선행사 + which + 주어가 없는 불완전한 절

해석 폴 스캇은 지난 2년 동안 신제품 개발에 많은 돈을 투자했다. 그러나, 실패로 끝난 그 사업은 그를 빚더미에 앉게 하였다. 그는 현재 재정적으로 힘겨워하고 있다.

2 관계부사

관계부사는 완전한 절을 이끌며, 빈칸 앞 선행사를 수식하는 역할을 합니다. 선행사의 의미에 따라 관계부사가 정해집니다.

관계부사 공식

1. 빈칸 앞 콤마(,) 유무 확인 → 콤마 있으면 **that 소거**
2. 선행사 확인 → 시간, 장소, 이유, 방법 등 사람이 아닌 명사

선행사(,) **when/where/why/how** + 완전한 절 ~
(시간/장소/이유/방법) (최다빈출)

3. 보기 확인 → 완전한 절이 나오면 관계부사 정답
(완전한 절 앞에 who/whom/that/which가 있는 보기는 모두 오답으로 소거)

동사 We'll all feel nervous until **next Friday**, when results of the movie auditions will be announced. (주어)
우리는 영화 오디션의 결과가 발표될 다음 주 금요일까지 전부 긴장하고 있을 것이다.
→ next Friday는 시간을 나타내는 선행사이므로 관계부사 when + 완전한 절

Now, clients are visiting **our factory** where we manufacture nutritional supplements. (주어) (동사) (목적어)
지금, 고객들은 영양 보충제를 만드는 우리 공장을 방문하고 있는 중이다.
→ factory는 장소를 나타내는 선행사이므로 관계부사 where + 완전한 절

주어 또는 목적어가 없는 불완전한 절을 이끄는 관계대명사와 달리, 관계부사의 뒤에는 문장의 필수 성분을 모두 갖춘 완전한 절이 나와야 합니다.

관계대명사 which는 뒤에 완전한 절이 올 수 없음
My husband and I will go on a vacation to Bali, **which/where** we spent time relaxing last year.
우리 남편과 나는 지난 해에 휴식을 취하며 시간을 보냈던 곳인 발리로 휴가를 떠날 것이다.
→ 빈칸 앞 선행사가 장소명사(Bali), 그리고 관계사 뒤에 완전한 절(we spent time relaxing)이 나오고 있으므로 불완전한 절을 이끄는 관계대명사인 which는 오답

공식으로 슉슉! 문제풀이

선행사 확인 → 장소를 나타내는 명사
Though I enjoy living in the city, I often visit the countryside for the summer. **Georgia**, _____, is my favorite place because of the warm weather and friendly people.
my favorite place를 통해 Georgia가 장소를 뜻하는 고유명사임을 알 수 있음
빈칸 앞 콤마(,) 있음 → that 오답

(a) **where** I often go to eat peaches 장소명사 + where + 완전한 절
(b) ~~when~~ I often go to eat peaches when은 선행사가 시간을 표현하는 명사여야 하므로 오답
(c) ~~that~~ I often go to eat peaches that은 뒤에 불완전한 절 & 콤마 뒤에 올 수 없으므로 오답
(d) ~~which~~ I often go to eat peaches which는 뒤에 불완전한 절이 나와야 하므로 오답

해석 나는 도시에서 사는 것을 즐기기는 하지만, 여름에는 시골에 자주 방문한다. 내가 복숭아를 먹으러 자주 가는 곳인 조지아는 따뜻한 날씨와 친절한 사람들 때문에 내가 가장 좋아하는 곳이다.

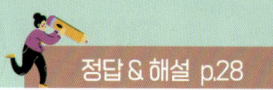

1. Jim wanted to know the woman **(which brought a cup of hot latte / who brought a cup of hot latte)** to his office.

2. The house has a patio **(what overlooks a large lake / which overlooks a large lake)** in the city.

3. Our chocolate cake, **(which is topped with ice cream / that is topped with ice cream)**, frequently receives many compliments on its taste.

4. The boss will have a talk with Victoria, **(who has been late / which has been late)** several times this month.

5. Liam is one of the applicants **(which stood out the most / that stood out the most)** during the interview.

6. Her professor, **(who she should talk to / whom she should talk to)** about her grade, isn't in the office today.

7. This is the restaurant **(where my wife and I had dinner / when my wife and I had dinner)** for our first anniversary.

8. The color of the new smartwatch, **(that will soon be released / which will soon be released)**, has black with a hint of blue.

9. I am making a list of guests **(whom will go to Emma's birthday party / who will go to Emma's birthday party)** on Saturday.

10. Cindy has always been a person **(that willingly helps me / which willingly helps me)** whenever I'm in trouble.

1. *Adrift* is a 2018 drama film based on real-life events set in the Pacific Ocean. It tells the story of Tami Ashcraft, an American sailor _____ stranded alone in the middle of the vast ocean.

   (a) which survived 41 days
   (b) how she could survive 41 days
   (c) who survived 41 days
   (d) whom she could survive 41 days

2. As a philanthropist, Freddie frequently donates money to different charities and grants scholarships to worthy students. He has long recognized that his wealth, _____, is better spent on those who truly need financial support.

   (a) whom he inherited from his parents
   (b) what he inherited from his parents
   (c) which he inherited from his parents
   (d) that he inherited from his parents

3. Jimmy and his friend were playing baseball in his backyard. His friend _____ smashed it so hard it crashed into their neighbor's window. When the house's owner checked what happened, Jimmy's friend ran off in fear.

   (a) whose ball was hit
   (b) which hit the ball
   (c) who hit the ball
   (d) what hit the ball

4. Morten Harket holds the record for the longest note sustained in a UK pop song. Harket, _____, held a note for at least 20 seconds in the 2000 song "Summer Moved On."

   (a) who made history as the vocalist of the Norwegian band A-ha
   (b) that made history as the vocalist of the Norwegian band A-ha
   (c) whose history as the vocalist of the Norwegian band A-ha
   (d) what made history as the vocalist of the Norwegian band A-ha

5. Our family can only attend to the needs of my newborn brother during nighttime. I'm always at school, while my parents are busy at work. That's why we hired Jenny, _____, to take care of him.

   (a) which was also our trusted neighbor
   (b) whose trusted neighbor also was
   (c) what was also our trusted neighbor
   (d) who was also our trusted neighbor

6. Only experienced mountaineers should attempt to climb Mount Everest. Mount Everest, _____, is one of the most dangerous spots in the world because of possible avalanches, oxygen deprivation, and frostbite.

   (a) what has the highest elevation among all mountains
   (b) that has the highest elevation among all mountains
   (c) which has the highest elevation among all mountains
   (d) who has the highest elevation among all mountains

7 According to the World Tourism Organization, France was the world's most visited country in 2017. The country, _____, attracts many tourists with its art museums and couture fashion houses.

(a) when it was visited by about 87 million tourists that year
(b) who was visited by about 87 million tourists that year
(c) that was visited by about 87 million tourists that year
(d) which was visited by about 87 million tourists that year

8 A treaty is a written contract between two or more political parties signed by their respective leaders. Before a treaty can take effect, it should first be approved by the head of the state, _____.

(a) which is usually the president in a modern republic
(b) that is usually the president in a modern republic
(c) who is usually the president in a modern republic
(d) what is usually the president in a modern republic

9 Frank Lloyd Wright was a prolific architect known for creating buildings that stand in harmony with nature. Wright, _____, created more than 1000 architectural works over his 70-year career.

(a) that designed the iconic Guggenheim Museum
(b) whom he designed the iconic Guggenheim Museum
(c) which he designed the iconic Guggenheim Museum
(d) who designed the iconic Guggenheim Museum

10 Authentic saffron can cost upwards of $5,000 per pound because of its difficult harvesting process. Unfortunately, the workers _____ are not paid high wages despite their laborious jobs.

(a) who they harvest the plant
(b) that harvest the plant
(c) which they harvest the plant
(d) whom harvest the plant

11 The human eye is a complex organ with many interconnected components. Though all parts are vital to its functioning, the main section _____ is called the retina.

(a) that light travels through
(b) which light it travels through
(c) what light travels through
(d) how light travels through

12 Vocaloid is a voice synthesizing software that uses technology to create artificial—but human-sounding—voices. Hatsune Miku, _____, is credited as being one major reason for its popularity.

(a) which she is a female Vocaloid character with turquoise pigtails
(b) that is a female Vocaloid character with turquoise pigtails
(c) what is a female Vocaloid character with turquoise pigtails
(d) who is a female Vocaloid character with turquoise pigtails

13 Mr. Anderson and his wife are making plans for their weekly date night. His wife has suggested they attend the Bobby Darin Night at the local bar, _____ all night.

(a) that the famous musician's hit songs will be playing
(b) which the famous musician's hit songs will be playing
(c) whose famous musician's hit songs will be playing
(d) where the famous musician's hit songs will be playing

14 Stella ordered a new fleece blanket from an online retailer but was dissatisfied with its quality. She decided that the blanket, _____, had to be returned immediately.

(a) that was rough to the touch
(b) what was rough to the touch
(c) which was rough to the touch
(d) how it was rough to the touch

15 Steve Irwin was a wildlife conservationist and television personality known for his outgoing nature and fearless enthusiasm. Irwin, _____, was beloved by many but tragically killed in a stingray accident in 2006.

(a) whom was also known as "The Crocodile Hunter"
(b) that he was also known as "The Crocodile Hunter"
(c) who was also known as "The Crocodile Hunter"
(d) which he was also known as "The Crocodile Hunter"

16 Studies have shown that preferring black coffee may be part of one's genetic code. Scientists believe people _____ have a gene that predisposes them to metabolize caffeine quickly.

(a) who prefer caffeine-rich foods and drinks
(b) how they prefer caffeine-rich foods and drinks
(c) that are preferring caffeine-rich foods and drinks
(d) whom they prefer caffeine-rich foods and drinks

17 Packages of grains at Michael's farm have been found opened and half missing for the past two weeks. Since there appears to be claw marks on the bags, he is looking for the animal _____.

(a) that is responsible for stealing his feed
(b) who is responsible for stealing his feed
(c) how it is responsible for stealing his feed
(d) which it is responsible for stealing his feed

18 One of the deadliest explosions in human history was the Wanggongchang Calamity in Beijing. The blast, _____, reportedly killed over 20,000 people and eventually led to the end of the Ming dynasty.

(a) that may have been the result of a meteor explosion
(b) how it may have been the result of a meteor explosion
(c) why it may have been the result of a meteor explosion
(d) which may have been the result of a meteor explosion

Final
실전 지텔프

Final 실전 지텔프

LISTENING

영역 살펴보기
Part 1. 일상 대화
Part 2. 상품 발표와 홍보
Part 3. 장단점 비교하기
Part 4. 과정/절차 소개

Final 실전 지텔프

영역 살펴보기

Listening Section

문항 수	총 26문항
시간	약 30분
문항 구성	- 총 4개의 파트로 구성 - 파트별로 6~7개의 문제로 구성 - 듣기 지문의 길이가 긴 편 - 문제가 주어지지 않음 (문제와 지문을 듣고 정답 고르기)

파트별 유형

Part 1	일상 대화(Interesting story) 두 사람의 대화문으로, 주로 한 사람의 경험을 상대방에게 전달	7문항
Part 2	상품 발표와 홍보(Speech) 특정 주제에 대한 전문가의 소개 및 설명	6문항
Part 3	장단점 비교하기(Conversation) 두 사람의 대화문으로, 두 가지의 대상 중 하나를 선택해야 하는 상황에서 서로 장단점을 논의하고, 최종적으로 한 가지를 선택	6문항
Part 4	과정/절차 소개(Presentation) 한 분야나 특정 주제에 대한 전문가의 설명이나 발표	7문항
		총 26문항

Listening 진행 방식

1 전체 Direction

청취 영역 전반에 대한 지시사항을 들려주며, 예시를 통해 문제 풀이 방법을 들려줍니다.

Directions

The Listening Section has four parts. In each part you will hear a number of questions or statements, or a passage. From the four choices for each question or statement, choose the best answer. Then blacken in the correct circle on your answer sheet (생략)

2 각 Part별 Direction

앞으로 듣게 될 문제 유형에 대한 지시사항을 들려줍니다.

Part 1. You will hear a conversation between two people. First you will hear question 27 through 33. Then you will hear the conversation. Choose the best answer to each question in the time provided.

3 질문

G-TELP 청취는 시험지에 질문이 제시되지 않고, 오디오로만 들려줍니다.

Now listen to the questions.

27. What made Ben think of going back to school?
28. why wasn't Ben able to go back to college to finish his degree?

(생략)

시험지

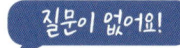

27. (a) New Jersey was extremely cloudy when it took place.
    (b) She was attending an important meeting at the time.
    (c) Her family asked her to join them in Maryland.
    (d) She couldn't stay up late that night.

4 듣기 지문

길이가 긴 듣기 지문 전체를 들려줍니다.

Now you will hear the conversation.

F: Hi, Ben. What have you been doing these days?
M: Oh hi, Lisa. Well, I'm thinking about going back to school these days.

(생략)

5 질문 한 번 더

지문을 다 들려준 후, 질문을 다시 한 번 들려줍니다.
이때, 놓쳤던 질문을 들으며 정답을 고르거나, 다음 Part의 보기를 미리 읽으며 키워드를 파악할 수 있습니다.

Now answer the questions.

27. What made Ben think of going back to school?
28. why wasn't Ben able to go back to college to finish his degree?

(생략)

문제 유형

1 주제/목적

- 두 사람이 **대화하고 있는 주제나 목적**을 묻는 유형이 출제됩니다.
- 주로 대화 초반에 언급되는 경우가 많으며, 대화 전반적으로 주제에 대한 세부 내용을 이야기하므로 어렵지 않게 주제/목적을 파악할 수 있습니다.

질문 키워드

(main) topic	(mainly) discussing
purpose / subject	(mainly) talking about
	(mainly) about

What is **the main topic** of the conversation?
대화의 주제는 무엇인가?

What is the **purpose** of this talk?
연설의 목적은 무엇인가?

What is the speaker **discussing** in the presentation?
발표자는 연설에서 무엇에 대해 말하고 있는가?

What is the woman **mainly discussing** in her talk?
여성이 연설에서 주로 이야기하고 있는 것은?

2 세부 사항

- **특정 키워드에 관한 세부적인 정보**를 묻는 유형이 출제됩니다.
- 지텔프 청취에서 가장 많이 등장하는 유형으로, 질문에 등장하는 특정 사람, 사물, 장소 등의 키워드를 잘 듣고 지문에서 그 특징을 잘 파악하는 것이 중요합니다.

질문 키워드

| ★what(무엇)
★why(이유)
★how(방법) | when(시간)
where(장소) | who(인물)
which(어떤) |

What did the man receive from his father?
남자가 아버지로부터 받은 것은 무엇인가?

When is the growth of a solely-owned business limited?
언제 개인 소유 사업의 성장이 제한되는가?

Based on the conversation, **why** did the company create the humanoid robot?
대화에 따르면, 왜 회사가 인간형 로봇을 만들었는가?

According to the speaker, **how** can one get more fun out of internet game?
발표자에 따르면, 어떻게 인터넷 게임에서 더 많은 재미를 얻을 수 있는가?

3 추론

- 지문의 **단서를 근거로 질문의 내용을 추론**하는 유형이 출제됩니다.
- 난이도가 가장 높은 문항으로, 지문에서 질문의 키워드와 관련된 정보를 파악하며 지문의 단서를 통해 정답을 유추하는 능력이 필요합니다.
- Part 1과 3에서는 대화 후 행동을 추론하는 문제 형태로 출제됩니다.

질문 키워드

most likely	probably

What will Candice and Bill **probably** do after the conversation?
캔디스와 빌은 대화 후에 무엇을 할 것 같은가?

How **most likely** does the Telesupreme's Family Wireless Plan benefit customers?
어떻게 텔레수프림의 가족 무선 요금제가 고객들에게 이익을 줄 것 같은가?

Why **most likely** was the laptop suitable for Amy while on the class?
왜 노트북이 수업을 듣는 동안 에이미에게 적합한 것 같은가?

What **would** happen if Mary didn't bring her raffle ticket to the venue?
만약 메리가 추첨 티켓을 장소에 가져오지 않는다면 무슨 일이 일어날 것 같은가?

문제풀이 공식

STEP 1 선택지 분석 - 보기 먼저 읽고 키워드 체크하기

Direction이 시작되면, 빠르게 보기를 읽으며 **핵심 키워드**를 체크합니다.

> *ex)* 27.
>
> (a) to go on a tour of Bangkok with her husband
> (b) to visit her university classmate in Thailand
> (c) to join a speaking contest in Thailand
> (d) to join a badminton tournament in Thailand

STEP 2 질문 노트테이킹(note-taking) - 질문의 키워드 메모하기

청취 영역에서 질문을 들을 때, 질문의 모든 내용을 기억하기 어려우므로 **질문에서 가장 중요한 부분이나 핵심 단어를 메모**하며 문제를 풀어야 합니다.

```
 의문사는 반드시 메모하기!        핵심 키워드 빈출!
        ↓                            ↓
  [의문사] + [be동사/조동사] + [주어] + [동사 + 목적어/형용사/보어] + [부사/전치사]
                                ↓                                    ↓
                         누가 질문의                              필요 시 메모하기
                         주체인지 메모하기!
```

1 wh- 의문사(what, when, where, why, how, which)는 질문의 맨 처음에 등장하며, 질문의 유형을 파악하는 데 도움을 줄 수 있습니다.

> 🔊 *ex)* **What** was Mary's first impression about the museum?
>
> | 키워드 | what, 왓, 무엇, 뭐 |
> |---|---|
> | | → '무엇인지'를 묻는 질문 유형임을 파악할 수 있습니다. |

청취 **91**

❷ 중요한 부분이나 핵심 단어는 **영어, 한글, 약자 등 자신만의 방법**으로 알아볼 수 있게 짧게 메모해야 합니다.

🔊 ex)	What was Mary's first impression about the museum?
키워드	Mary, 마리, ㅁ, M 등 first impression, 첫인상, 처음, 인상 등 museum, 뮤지엄, 박물관, 뮤, mu 등

• 예시

🔊 ex 1)	What was Mary's first impression about the museum?
키워드	ex) what, M, 처음, 박물관

🔊 ex 2)	Where was James looking for tour packages?
키워드	ex) 어디, J, 찾?, 패키지

• 연습하기

다음 질문의 키워드를 자신만의 방법으로 표시해 보세요.

🔊 What did Larry emphasize as the benefits of the company?	
키워드	

🔊 Why did James decide to go to the library?	
키워드	

🔊 Based on the conversation, how can a writer develop the storyline?	
키워드	

STEP 3 ▶ 지문의 키워드 메모하기

지텔프 청취 영역의 지문은 매우 긴 편이기 때문에, 시험지에 자신만이 알아볼 수 있도록 **지문에서 중요한 부분이나 핵심 키워드**를 적어 두면 문제를 풀 때 도움이 될 수 있습니다.

1) 지문에서 상황이나 행동을 설명하는 **형용사**는 반드시 적어 둡니다.
2) 지문을 들을 때, **보기나 질문에서 표시해둔 키워드가 언급되는 부분**을 유심히 들으며 정답을 선택합니다.
3) 지문의 순서와 문제의 순서가 거의 일치하기 때문에 **순서대로** 문제를 풉니다.
4) 대화를 놓쳤을 경우, 미련 없이 바로 **다음 문제로** 넘어가야 지문의 흐름을 놓치지 않고 따라갈 수 있습니다.

STEP 4 ▶ 패러프레이징(paraphrasing)

청취에는 정답의 단서가 그대로 보기에 나타나지 않고, 의미는 같지만 다른 표현으로 바꾸어 표현하는 경우가 많습니다. 이처럼 같은 의미를 가진 단어, 구, 문장을 다르게 표현하는 것을 **패러프레이징**이라고 합니다.
문제를 풀 때는 같은 단어를 찾기보다 패러프레이징된 표현을 고려하며 정답을 선택하는 것이 가장 중요합니다.

청취 지문	Paraphrasing
🔊 what I can't forget about the Grand Palace tour, though, was **the strict dress code**. 왕궁 투어에서 잊을 수 없었던 것은 엄격한 복장 규정이었어.	(c) The tour required her to wear **very uncomfortable clothing**. 투어에서 그녀가 매우 불편한 복장을 갖출 것을 요구했다.
🔊 It's a workhorse that was built to **take the extreme punishment of flying** into the very eye of a storm. 그것은 폭풍의 눈으로 비행하는 극한을 견디도록 만들어진 항공기입니다.	(a) It was reinforced to **withstand rough flying in stormy weather**. 폭풍이 치는 날씨 속 거친 비행에 견딜 수 있도록 강화되었다.
🔊 My husband **ran a high fever** that day and I had to rush him to the hospital. 그 날 남편이 열이 너무 심해서 급하게 병원에 가야 했어.	(b) Her husband fell **badly ill**. 그녀의 남편이 매우 아팠다.

문제 풀이 공식 총정리

보기 먼저 읽고 **키워드** 체크하기 ▶ **질문 노트테이킹** 키워드 듣고 메모하기 ▶ **지문의 키워드** 메모하고 정답의 단서 찾기 ▶ **정답의 단서를 패러프레이징한** 보기 찾기

PART 1 일상 대화

Final 실전 지텔프

PART 1에서는 두 남녀가 일상에서 만나 자유롭게 주고받는 대화 내용이 나옵니다. 대화의 초반부에 등장하는 하나의 중심 소재를 바탕으로 이야기가 전개되며 이를 바탕으로 문제가 출제됩니다.

문항 수	7문항(27번~33번)	화자	2명(남자1과 여자1)
빈출 대화 소재	**여행/휴가/숙박** 등 여행지 방문, 일정, 계획, 또는 숙박업소에 대한 대화 **카페/식당/가게** 등 특정 장소 방문에 대한 대화 **공연(티켓팅)/미술관/워크숍/축하파티** 등 문화생활 경험에 대한 대화 **운동/게임/독서/반려동물 키우기** 등 일상생활에 대한 대화 **대회/공모전** 등 대외활동 참가 경험에 대한 대화 **일/아르바이트/사업/취업/이직** 등 직업활동에 대한 대화		

1 대화의 주요 흐름

27번	대화 소재(주제)

주제와 관련된 세부 내용

28번	한 화자의 경험에 대한 다른 화자의 반응	➜ 세부 내용
29번	두 화자가 함께 경험했던 일에 대한 대화	➜ 세부 내용
30번	어느 행동이나 생각에 대한 이유 또는 방법	➜ 세부 내용
31번	경험에서 가장 좋았던 부분	➜ 세부 내용
32번	어느 행동을 하지 못한 이유 경험에 대해 느꼈던 감정	➜ 세부 내용

33번	다음에 할 일

*most likely, probably 등 추론 문제는 한 파트당 1~2문제 정도 출제됨

2 질문 공략 포인트

❶ 대화 소재(주제) - 27번 문제

🎯 대화의 중심 소재가 되는 부분을 물어보는 문제가 주로 출제됩니다.

> *ex)* What are 화자1 and 화자2 discussing?
> 화자1과 화자2는 무엇을 논의하는 중인가?
>
> *ex)* Why does 화자2 want to attend the exhibition with 화자1?
> 화자2는 왜 화자1과 함께 전시회에 참석하고 싶어 하는가?

❷ 주제와 관련된 세부 내용 - 28~32번 문제

🎯 어느 화자가 무엇을(what), 왜(why), 어떻게(how) 했는지를 위주로 물어보는 질문이 주로 출제됩니다.

> *ex)* What part of the movie did 화자2 like the most?
> 화자2는 영화에서 어느 부분을 가장 좋아했는가?
>
> *ex)* Why is 화자1 looking forward to visiting a souvenir shop?
> 화자1은 왜 기념품 가게에 방문하는 것을 기대하고 있는가?
>
> *ex)* How most likely did 화자2 make up for bad grades?
> 화자2는 어떻게 나쁜 학점을 만회할 것인가?

➕ PART 1에서는 두 남녀 화자 중 누가 질문의 주체가 되는지를 파악해 두는 것이 중요합니다. 대화문에서 보기의 내용을 언급했으나 행위의 주체가 달라서 오답이 될 수 있기 때문입니다. 따라서 질문을 노트테이킹할 때 언급되는 화자가 있다면 키워드가 되는 표현들과 함께 메모해 주세요.

🎯 according to에 집중

According to ○○○(~에 의하면)는 질문에서 나오는 특정 키워드에 대해 그 사람의 생각이나 의견이 중요하다는 것을 나타내는 신호입니다. 예를 들면, 질문에 'According to John'이라고 나온다면, 대화에 나오는 두 사람 중 John이 말하는 부분에서 정답의 단서가 나올 확률이 높습니다.

> *ex)* According to ⭐John, why should Sarah join the party?
> 존에 의하면, 새라는 왜 그 파티에 가야 하는가?
> (a) John의 의견 (O)
> (b) Sarah의 의견 (X)

따라서 질문이 'According to 사람이름'으로 시작된다면, 이를 노트테이킹할 때 함께 메모해 두는 것이 중요합니다.

❸ 다음에 할 일 - 33번 문제

🎯 대화가 끝난 뒤에 무엇을 할 것인지에 대해 추론하는 문제가 주로 출제됩니다.

> ***ex)*** What will 화자1 (and 화자2) most likely do next?
> 화자1(과 화자2)은 다음에 무엇을 할 것 같은가?
>
> ***ex)*** What will 화자1 (and 화자2) probably do after the conversation?
> 화자1(과 화자2)은 대화가 끝난 후에 무엇을 할 것 같은가?

3 빈출 문제 유형 엿보기

PART1 에서는 '최상급(the most ~, the -est)'이 문제로 다뤄지는 경우가 종종 있습니다. 이때 질문에서 언급된 최상급은 담화에서도 화자가 거의 똑같이 말하기 때문에, 질문 노트테이킹을 통해 최상급 키워드를 메모해 두었다면 어렵지 않게 풀 수 있습니다.

 **EXAMPLE** 회사 면접 다녀온 것에 관한 대화

질 문
What was **the biggest challenge** during the interview?
면접 시간 동안 가장 큰 도전은 무엇이었는가?

스크립트
F: I've heard that the interviewers from the company ask very difficult questions like "Why should we hire you?", or "How do you deal with conflict with a co-worker?" It must be challenging, isn't it?

M: Well, **the biggest challenge** was that the interview lasted for an entire day!

F: 그 회사 면접관들이 "왜 우리 회사가 당신을 채용해야 합니까?", "동료와의 갈등에 어떻게 대처합니까?"와 같은 매우 어려운 질문을 한다고 들었어. 분명 힘들었겠는걸, 그렇지?

M: 음, 가장 힘들었던 것은 그 면접이 거의 하루 종일 이어졌다는 거였어!

보 기
(a) The interview was conducted all day. (O)
면접이 하루 종일 진행되었다.

(b) He had a hard time answering difficult questions. (x)
그는 어려운 질문들에 답변하는 데 어려움을 겪었다.

➜ 질문의 the biggest challenge가 그대로 언급되는 남자의 말에서 정답의 단서를 찾는다. 'the interview lasted for an entire day'가 (a)의 'The interview was conducted all day'로 패러프레이징되어 있다.

➜ (b)는 여자에 의해 언급되는 difficult questions를 이용한 매력적인 오답·질문은 the biggest challenge가 무엇인지에 대해 묻고 있으므로 답이 될 수 없다.

➕ 보기에 only(오직), all(모든) 등이 있는 경우 주의해야 합니다. 담화에서 비슷한 내용이 언급될 지라도 only나 all같이 극단적인 표현이 들어감으로써 오답이 되는 경우도 종종 있기 때문입니다.

FINAL 연습문제

1 단계	**보기 분석:** 음원을 듣기 전에 먼저 27~33번 문제의 각 보기를 보고 주요 키워드를 표시하여 대화의 흐름을 예상해 봅니다.
2 단계	**질문 노트테이킹:** 이제 음원을 재생하여 청취를 시작하고, 각 질문에 대한 키워드를 적을 수 있는 만큼 메모해 둡니다.
3 단계	스크립트를 주의 깊게 들으면서 정답의 단서를 찾습니다.
4 단계	정답의 단서를 올바르게 패러프레이징한 보기를 정답으로 고릅니다.

질문을 듣고
핵심 키워드를
노트테이킹 해주세요

무엇(What), 주제?

(a) to teach people how to make biodiesel ··· 바이오디젤 만드는 법
(b) to convince people to buy hybrid cars ··· 차 구입 권유
(c) to inform people about cleaner alternative fuels ··· 더 깨끗한 대체연료
(d) to invite people to clean the earth's atmosphere ··· 대기 깨끗하게 만들기

보기에서 핵심이 되는
단어를 표시해주세요

PART 1. You will hear a conversation between two people. First you will hear questions 27 through 33. Then you will hear the conversation. Choose the best answer to each question in the time provided.

27. (a) He celebrated his child's birthday.
    (b) He had his first child.
    (c) He had his third child.
    (d) His child turned one.

28. (a) They want to learn more about their baby.
    (b) Their baby's cries keep them awake.
    (c) They like to watch their baby sleep.
    (d) Their baby is not in good health.

29. (a) by taking care of the baby at the same time
    (b) by sleeping even when the baby is crying
    (c) by caring for the baby in separate turns
    (d) by letting the mother take care of the baby

30. (a) His baby gave him a smile for the first time.
    (b) He saw his baby take her first step.
    (c) His baby crawled up to him for the first time.
    (d) He heard his baby's first words.

31. (a) because she feels unrewarded for raising her own children
    (b) because she also doesn't know how to be a good parent
    (c) because she is also a first-time parent
    (d) because she is still facing the challenges of child-raising

32. (a) by talking about each other's day during meals
    (b) by focusing less of their attention on the baby
    (c) by going out to dinner with the baby
    (d) by giving each other more private time

33. (a) go over to Lisa's house
    (b) introduce Lisa to his baby
    (c) meet Lisa's youngest child
    (d) go out to lunch with Lisa

FINAL 연습문제 script

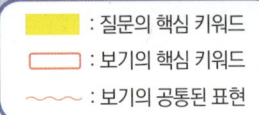
: 질문의 핵심 키워드
: 보기의 핵심 키워드
: 보기의 공통된 표현

27

▼ 질문 노트테이킹

What recently **happened** to **Steven**?

📝 뭐, 발생 → S

▼ 보기에 키워드 표시

(a) He celebrated his child's birthday. 생일
(b) He had his first child. 첫째
(c) He had his third child. 셋째
(d) His child turned one. 한 살이 됨

💬 예상 내용 남자가 첫째 아이를 가졌나? 셋째 아이인가? 아이의 생일? 한 살?

28

Why are **Steven and his wife** having **trouble sleeping at night**?

📝 왜, S부부, 문제, 잠, 밤에

▶ they/their가 누구인지 질문 잘 듣기
(a) they want to learn more about their baby 배우고 싶음
(b) their baby's cries keep them awake 아기가 울어서 깨어 있음
(c) they like to watch their baby sleep 아기 자는 모습을 봄
(d) their baby is not in good health 아기 건강 안 좋음

💬 예상 내용 아기의 울음소리 때문에 깨어 있나? 잠자는거 구경? 더 배움? 건강?

29

How does **Lisa suggest** that the **couple** might **ease** their **sleepless nights**?

📝 어떻게, L 제안 → 커플, 완화, 잠 못 자는 것

▶ 방법
(a) by taking care of the baby at the same time 같이 돌보기
(b) by sleeping even when the baby is crying
(c) by caring for the baby in separate turns 교대로 돌보기
(c) by letting the mother take care of the baby 엄마가 돌봄

💬 예상 내용 아기를 어떻게 돌보는지에 대한 방법(같이? 따로? 엄마가?)

30

What milestone did **Steven experience** the other day?

📝 무슨, 사건, S경험

▶ 처음으로 웃어줌
(a) His baby gave him a smile for the first time.
(b) He saw his baby take her first step. 첫 걸음마
(c) His baby crawled up to him for the first time. 처음 기어왔음
(d) He heard his baby's first words. 첫마디

💬 예상 내용 남자의 아기가 뭔가를 처음으로 했음

▼ 스크립트 & 정답의 단서

F: Hi, Steven. It's been a while since I last saw you. ²⁷**I heard you just had your first born. Congratulations!** ┈▶ 27번 (a) celebrated, birthday를 이용한 함정

M: ²⁷**It's great to see you again, Lisa. Yes, we've had our first baby**, and she just **turned one month** yesterday. ◀┈ 27번 (d) turned one을 이용한 함정

F: Exciting times! I remember when I had my first child. My husband and I had no idea what we were doing. And even when we had our **third child,** we were still **learning something new every day**.
▶ 27번 (c) 함정   ▶ 28번 (a) learn을 이용한 함정

M: Really? My wife and I are going through the same thing! ²⁸**There are times when we can't sleep properly because our baby keeps crying all night**.

F: I remember having those nights as well. It's really hard because you still have to work in the morning.

M: Yes, it's definitely challenging. ²⁹**So, how did you manage those sleepless nights?**

F: ²⁹**Well, my husband and I made a schedule of who would take care of the baby. We took turns so that each of us could have time to rest afterward.**

▶ 31번 (a) unrewarded를 이용한 함정

M: That makes sense. But, you know, there is nothing more **rewarding** than taking care of your child. ³⁰**In fact, just the other day, my baby smiled at me for the first time when I made faces at her.**

F: You'll feel more of that in the coming months, when you see your baby **crawl for the first time, take her first steps,** or **say her first words.** ▶ 30번 (b), (c), (d)의 함정 표현들(스티븐이 아닌 리자의 경험이다)

31

Why does Lisa relate to the struggles of Steven and his wife? ★★★

(a) because she feels unrewarded for raising her own
(b) because she also doesn't know how to be a good parent
(c) because she is also a first-time parent
(d) because she is still facing the challenges of child-raising

📝 왜, L, 공감, S부부의 고충

💬 예상 내용: "왜냐하면 그녀가…" 아이 기르기? 부모?

32

According to Lisa, how can Steven and his wife still connect with each other?

(a) by talking about each other's day during meals
(b) by focusing less of their attention on the baby — 아기에게 관심 덜 주기
(c) by going out to dinner with the baby — 아이와 함께 외식
(d) by giving each other more private time — 서로에게 개인시간 주기

📝 L, 어떻게, S부부, 연결하나, 서로

💬 예상 내용: 서로 대화? 개인적인 시간? 아기에게 덜 집중? 외식?

33

What will Steven most likely do this Saturday?

(a) go over to Lisa's house — ㄴ집 놀러가기
(b) introduce Lisa to his baby — ㄴ에게 아기 소개하기
(c) meet Lisa's youngest child — ㄴ막내아이 만나기
(d) go out to lunch with Lisa — ㄴ과 점심먹으러 나가기

📝 S, 할 일, 이번 주 토요일에

💬 예상 내용: 놀러가기? 아기 소개해주기? 여자의 아이 만나기? 같이 점심먹으러 나가기?

▼ 스크립트 & 정답의 단서

M: I can't wait for those moments. ³¹**My wife and I are still adjusting to this whole parenting thing. We're both very stressed out from all the work, and are just trying our best to take care of the baby.**
F: ³¹**I can relate to that. Even now that my children are a bit older, it sometimes feels like I've been working non-stop just to take care of them.**
M: Are you saying that it gets even harder?
F: Well, no matter how hard it gets, it's worth it. I promise.

M: I really hope so. These days my wife and I are so preoccupied with the baby. **We don't have time for each other** because our focus is mostly on her.   ▶ 32번 (d) 함정
F: That's perfectly normal. Before, you and your wife only had yourselves to think about. Now that you have a baby, **much of your attention is won by that fussy, adorable little thing**!
  ▶ 32번 (b) attention을 이용한 함정
M: So, what can we do to improve the situation?
F: ³²**The biggest suggestion that I can give you is to always communicate with each other. For example, make sure to ask your wife about her day over dinner.** ▶ 32번 (c) dinner가 있지만 나가서 먹는다는(going out) 언급 없음
M: It's easy to forget how important this is. We used to talk all the time.
F: You still can, Steven. This is something that a lot of couples go through. You just have to remember to communicate with each other—even with the baby around.

M: I'm glad I ran into you today, Lisa. You've given me a lot to think about. ▶ 33번 (c) meet을 이용한 함정
F: I'm just happy I could help, Steven. ³³**I really hope to meet your baby someday soon.**
M: ³³**Actually, why don't you come over this Saturday? We can all have lunch at my house.**
F: That sounds great!   ▶ 33번 (d) lunch가 있지만 나가서 먹는다는(go out) 언급 없어 오답

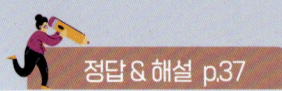

실전문제 1

■ 학습한 내용을 바탕으로 다음 문제를 풀어보세요.

PART 1. You will hear a conversation between two people. First you will hear questions 27 through 33. Then you will hear the conversation. Choose the best answer to each question in the time provided.

27 (a) the variety of street food in the world
    (b) the quality of street food sold in Thailand
    (c) the story of a Thai street food vendor
    (d) the taste of the hotdog Lucy is eating

28 (a) her cheap restaurant furnishings
    (b) her mango pancakes
    (c) her alcohol-infused noodles
    (d) her funny goggles

29 (a) She uses quality ingredients.
    (b) She uses original recipes.
    (c) Her dishes have healing properties.
    (d) Most tourists prefer expensive food.

30 (a) The restaurant is not in a fancy location.
    (b) The restaurant does not serve many tourists.
    (c) The organization has never honored a street vendor.
    (d) The organization doesn't review popular restaurants.

31 (a) by supervising her employees while they cook
    (b) by assisting in preparing the ingredients
    (c) by letting her children do the cooking
    (d) by cooking the dishes mainly by herself

32 (a) because it isn't very profitable
    (b) because it requires too much hard work
    (c) because it is starting to lose its popularity
    (d) because she is securing her own future

33 (a) plan to go on tour in Thailand
    (b) find a restaurant that sells mangoes
    (c) eat pancakes at a mobile eatery
    (d) buy Thai food at the market

정답 & 해설 p.41

실전문제 2

■ 학습한 내용을 바탕으로 다음 문제를 풀어보세요.

PART 1. You will hear a conversation between two people. First you will hear questions 27 through 33. Then you will hear the conversation. Choose the best answer to each question in the time provided.

27 (a) a popular TV series
(b) a recently released movie
(c) different TV show genres
(d) how to become a scriptwriter

28 (a) because the plots are often unexpected
(b) because it's easy to solve the cases
(c) because it lets one experience being a detective
(d) because every scene is suspenseful

29 (a) He is helping his friends stay alive.
(b) He is taking care of himself.
(c) He is trying to escape an island.
(d) He is learning to fly a plane.

30 (a) They stimulate one's imagination.
(b) They have uneventful plots.
(c) They explore realistic settings.
(d) They use aliens as main characters.

31 (a) the life of an only child
(b) a person looking for his lost child
(c) an adopted child seeking her parents
(d) a girl who has a special power

32 (a) when he saw a movie about a theater artist
(b) after he watched a show about a dancer's life
(c) as soon as he finished dancing with Fiona
(d) when Fiona talked to him about her favorite dance show

33 (a) study for her history class
(b) watch TV with Jim
(c) watch a history-based show
(d) see an action movie

청취 PART 1 _ 일상 대화   105

Final 실전 지텔프

PART 2 상품 발표와 홍보

Part 2에서는 한 명의 화자가 특정한 제품, 서비스, 행사 등에 관하여 발표하거나 소개하는 연설 내용을 제시합니다.

문항 수	6문항(34번~39번)	화자	1명(남자 또는 여자)
빈출 대화 소재	새로운 제품이나 서비스의 발표와 주요 장점 또는 기능 소개 새로 오픈한, 또는 리뉴얼한 시설의 소개와 이용 방법 안내 특정한 사람들을 대상으로 열리는 클래스, 프로그램, 행사 소개 어느 기업·단체에 대한 소개와 그들이 하는 일, 차별점 등 홍보 기타 광고 또는 안내방송을 위한 담화		

1 빈출 대화 흐름

34번	연설의 핵심 소재(주제)

제품/서비스/행사 등에 대한 세부 내용

35번	특징 1 → 세부 내용
36번	특징 2 → 세부 내용
37번	특징 3 → 세부 내용
38번	특징 4 → 세부 내용

| 39번 | 참여 방법 & 할인(무료 상품) 받는 방법 |

*most likely, probably 등 추론 문제는 한 파트당 1~2문제 정도 출제됨

2 질문 공략 포인트

❶ 연설의 핵심 소재(주제) - 34번 문제

🎯 연설의 주제를 묻는 문제가 주로 출제됩니다.

> *ex)* What is the talk mainly about?
> 이 연설은 주로 무엇에 관한 것인가?
>
> *ex)* What is the product being presented?
> 설명되어지고 있는 제품은 무엇인가?

❷ 제품/서비스/행사 등에 대한 세부 내용 - 35~38번 문제

🎯 제품이나 서비스에 대한 주요 특징 또는 장점들이 먼저 언급되고 무엇이(what), 왜(why), 어떻게(how) 특징이나 장점인지와 같은 세부 내용을 묻는 문제가 주로 출제됩니다.

> *ex)* What does the "OK" button on the back of the camera do?
> 카메라 뒷면의 "OK" 버튼은 무슨 기능을 하는가?
>
> *ex)* Why most likely has the Let's Study app won numerous awards?
> 왜 이 제품은 수많은 상을 받아온 것 같은가?
>
> *ex)* How can one save money with the K1000 refrigerator?
> K1000 냉장고를 가지고 어떻게 돈을 절약할 수 있는가?

따라서, 언급되는 특징을 바탕으로 뒤의 세부 내용을 잘 들으면서 정답의 단서를 찾는 것이 중요합니다.

🎯 질문에 등장하는 고유명사에 주의

PART 2에서는 어느 고유한 제품, 서비스, 행사 등을 발표하거나 홍보하기 때문에 난생 처음 들어보는 생소한 고유명사가 등장할 수 있습니다. 이와 같이 질문 노트테이킹을 할 때 낯선 고유명사를 들으면 잘 들리지 않아 순간적으로 당황할 수 있는데, 청취 전에 미리 보기를 분석해 놓으면 무엇에 관한 담화가 나올 것인지 어느 정도 예측할 수 있기 때문에 보기를 반드시 분석해 두어야 합니다.

❸ 할인받는 법/참여방법 - 39번 문제

🎯 PART 2의 마지막 문제에서는 할인을 받는 방법 또는 행사에 참여하는 방법 등에 대한 문제가 자주 출제되므로, 담화가 끝나는 마지막 부분을 주목해서 들어야 합니다.

> *ex)* How can one get the 10% discount?
> 10퍼센트 할인을 어떻게 받을 수 있는가?
>
> *ex)* How can one receive free laptop accessories?
> 어떻게 무료 노트북 악세서리를 받을 수 있는가?
>
> *ex)* What should one do to get access to the show?
> 그 프로에 입장하기 위해 무엇을 해야 하는가?

3 빈출 문제 유형 엿보기

PART 2는 연설의 핵심 소재가 되는 것에 대한 다양한 특징들이 소개되는 파트입니다. 예를 들어, 아래의 질문에서 'why(왜)'와 'safe(안전한)'를 키워드로 노트테이킹 했다면 화자의 연설에서 safe와 관련된 특징이 언급되는 부분을 주의 깊게 듣습니다. 해당 부분을 들으며 미리 분석해 둔 보기를 토대로 정답의 단서를 찾고, 이를 적절하게 패러프레이징한 보기를 정답으로 고릅니다.

EXAMPLE 새로 출시한 트루퓨어 선풍기에 대한 발표

질 문 Why most likely is TruePure Fan **safe** to use?
왜 트루퓨어 선풍기는 사용하기에 안전한 것 같은가?

스크립트 If you have kids or pets, then TruePure Fan is a perfect choice for you. **You don't have to worry about the risk of them getting hurt** when the fan is in operation since **it has no traditional fast-rotating blades**, which is totally **safe** around your beloved ones.

만약 당신에게 자녀나 반려동물이 있으시다면, 트루퓨어 선풍기는 완벽한 선택입니다. 이 선풍기는 고유의 빠르게 회전하는 날이 없기 때문에 선풍기가 작동 중일 때 그들이 부상을 입을 위험에 있어서 걱정할 필요가 없고, 이는 여러분이 사랑하는 이들의 주변에서 완전히 안전하죠.

보 기 (a) because **its bladeless design** will **not do damage** (O)
선풍기의 날이 없는 디자인이 피해를 주지 않을 것이기 때문에

(b) because it is easy to operate (x)
선풍기가 작동하기 쉽기 때문에

→ it has no traditional fast-rotating blades → its bladeless design
   You don't have to worry about the risk of them getting hurt → will do not damage
   으로 각각 올바르게 패러프레이징되어 있는 (a)가 정답이다.

→ (b)는 지문에서 언급되는 operation을 이용한 매력적인 오답. 이 선풍기가 왜 안전한지에 대해 묻고 있기 때문에 답이 될 수 없다.

FINAL 연습문제

1 단계	**보기 분석:** 음원을 듣기 전, 먼저 34~39번의 보기를 보고 주요 키워드를 표시하여 대화의 흐름을 예상해 봅니다.
2 단계	**질문 노트테이킹:** 이제 음원을 재생하여 청취를 시작하고, 각 질문에 대한 키워드를 적을 수 있는 만큼 메모해 둡니다.
3 단계	스크립트를 주의 깊게 들으면서 정답의 단서를 찾습니다.
4 단계	정답의 단서를 올바르게 패러프레이징한 보기를 정답으로 고릅니다.

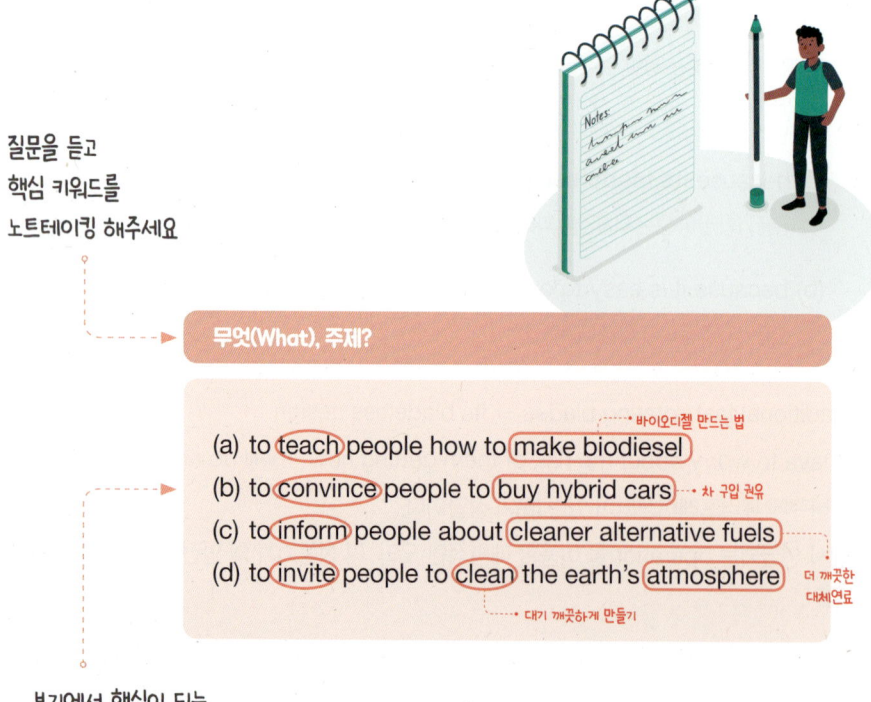

질문을 듣고 핵심 키워드를 노트테이킹 해주세요

무엇(What), 주제?

(a) to teach people how to make biodiesel · 바이오디젤 만드는 법
(b) to convince people to buy hybrid cars · 차 구입 권유
(c) to inform people about cleaner alternative fuels · 더 깨끗한 대체연료
(d) to invite people to clean the earth's atmosphere · 대기 깨끗하게 만들기

보기에서 핵심이 되는 단어를 표시해주세요

PART 2. You will hear a presentation by one person to a group of people. First you will hear questions 34 through 39. Then you will hear the talk. Choose the best answer to each question in the time provided.

34 (a) shoes that can adjust themselves
    (b) shoes that do not require shoelaces
    (c) shoes that can change to fit anyone
    (d) shoes that do not need to be cleaned

35 (a) They tell the athlete when to tie loose shoelaces.
    (b) They automatically tighten laces that get loose.
    (c) They help the athlete put on and take off the shoes.
    (d) They eliminate the need for shoelaces.

36 (a) by ordering the adjustable version
    (b) by taking the shoes off and putting them on again
    (c) by pressing the plus or minus button
    (d) by programming the built-in sensors

37 (a) to indicate if the shoes are too loose or too tight
    (b) to show that the shoes are still working
    (c) to display the shoes' battery levels
    (d) to tell the status of the self-lacing function

38 (a) to avoid damaging the shoes' electric components
    (b) because athletes usually make the shoes wet
    (c) to prevent the user's feet from sweating
    (d) because athletes prefer waterproof shoes

39 (a) try them on after the talk
    (b) purchase them at a certain shop
    (c) buy them in two styles
    (d) order them before the release date

FINAL 연습문제 script

🟨 : 질문의 핵심 키워드
🟥 : 보기의 핵심 키워드
〰️ : 보기의 공통된 표현

---

34 ▼ 질문 노트테이킹 　　　　　　▼ 보기에 키워드 표시

What is the talk mainly about?

📝 주제

(a) shoes that can adjust themselves 　신발이 알아서 조절
(b) shoes that do not require shoelaces 　신발끈 필요X
(c) shoes that can change to fit anyone 　누구에게나 맞게끔 바뀜
(d) shoes that do not need to be cleaned 　세탁 필요X

💡 예상 내용 어떤 특징의 신발이 주제일까?

35

What do the Alpha Lace shoes probably do to improve an athlete's performance during a game?

📝 신발, 무엇을 함 → 운동선수 퍼포먼스 ↑

　　　　　　　　　　　　　　　　　　신발끈 자동으로 조여줌
　　　　　　　　　　　　　　신발끈 묶을 때를 말해줌
(a) They tell the athlete when to tie loose shoelaces.
(b) They automatically tighten laces that get loose.
(c) They help the athlete put on and take off the shoes.
(d) They eliminate the need for shoelaces. 　→ 신고 벗기 도와줌
　　　　　　신발끈 필요성 없앰

💡 예상 내용 무슨 특징이 소개되길래 운동선수와 신발끈, 묶고 풀기에 관한 표현이 보기에 있을까?

36

How can one adjust the fit of the Alpha Lace shoes?

📝 어떻게, 조절, 핏, 신발

　　　　　▶ 방법 　　조절가능한 버전 주문하기
(a) by ordering the adjustable version 　신발을 벗었다가 다시 신기
(b) by taking the shoes off and putting them on again
(c) by pressing the plus or minus button 　버튼 누르기
(d) by programming the built-in sensors
　　　　　　　　　　　　　센서를 프로그래밍하기

💡 예상 내용 신발의 특징 → 세부 내용으로 특징을 이용한 방법에 대해 나올 것

▼ 스크립트 & 정답의 단서

Good day, everyone! Thank you for coming to the Omega Shoes product presentation. [34]**This is a very important day as we are launching our latest and most innovative sports shoes to date: the Alpha Lace, the first self-lacing shoes on the market.**

Now, you may be asking, why did we make the Alpha Lace shoes?

Athletes, whether professional or not, often have to lace their shoes over and over again when their shoelaces become loose during the game. This act of retying shoelaces uses up time and can disrupt an athlete's performance. Thus, we came up with a solution: shoes that lace themselves.

The Alpha Lace shoes were developed from many prototypes that [35]**received feedback from champion athletes**, weekend warriors, and everyday sports fans. This allowed us to perfect the function and shape of the shoes to fit any user.

▶ 35번 (c) 함정

So, how do the shoes work? It's really quite simple. All you have to do is **put a shoe on**, and presto! [35]**The shoe will tighten by itself. There are sensors inside the shoes that will detect your foot. These sensors will then connect to the shoelaces, and then the shoelaces will automatically tighten up to give you the perfect fit.**

▶ 36번 (d) 함정

[36]**If you feel the shoe is too tight or too loose for your liking, all you have to do is press the button on the shoe tongue—that oval-shaped strip of leather under the shoelaces. Press the plus button for a tighter fit or the minus button to loosen the fit.** No matter what your preferred fit is, the Alpha Lace has got you covered.

37 ▼ 질문 노트테이킹　　　　　　▼ 보기에 키워드 표시

Why are **light indicators placed** on the sides of the shoes?

 왜, 빛표시등, 위치, 신발 옆구리에

→ 이유　　　　　너무 느슨하거나 너무 조였는지 나타내려고
(a) to indicate if the shoes are too loose or too tight
(b) to show that the shoes are still working 아직 작동하는지 보여주려고
(c) to display the shoes' battery levels 배터리 보여주려고
(d) to tell the status of the self-lacing function 자동 매듭기능 상태 말해주려고

예상 내용　to부정사의 동사들을 통해 언급될 특징이 무언가를 '보여주는' 기능이 있음을 예상할 수 있음

38

Why most likely are the Alpha Lace shoes **waterproof**?

 왜, 신발, 방수

　　　　　　　　　　　　　　　　　　운동선수 신발 젖게 함
→ 이유　　　전자장치 피해 방지
(a) to avoid damaging the shoes' electric components
(b) because athletes usually make the shoes wet
(c) to prevent the user's feet from sweating 발에 땀 방지
(d) because athletes prefer waterproof shoes 운동선수 방수신발 선호

예상 내용　소개되는 특징에 대한 이유/원인이 젖음, 땀, 방수, 무언가를 방지하는 내용이 나오는지 확인하기

39

What can a **customer do** to **get a discount** on the shoes?

 고객, 무엇, 할 수 있나, 할인

(a) try them on after the talk 신어보기
(b) purchase them at a certain shop 특정 매장에서 구매
(c) buy them in two styles 2가지 종류 구입
(d) order them before the release date 출시일 전에 주문

예상 내용　구입/주문과 관련된 내용이 연설의 마지막 부분에서 나올 것

▼ 스크립트 & 정답의 단서

In case you're wondering how the mechanism works, the shoes have a rechargeable internal battery that lasts for 10 hours. ³⁷**There are light indicators on the sides of the shoes that tell the user how much battery is left. If the battery is low, just recharge it by putting the shoes on the wireless charging pad that comes with the product.**

You may have concerns about the shoes' weight because of the batteries and mechanisms that create **the self-lacing feature**, right? Well, don't worry because the Alpha Lace shoes are among the lightest shoes on the market. We put in extra care to make sure the shoes are lightweight so that they would not be a burden to wear.

▶ 38번 (d) self-lacing function을 이용한 함정

The shoes are also well-cushioned and comfortable. We've placed soft cushions on pressure points of the muscles and joints so your feet won't hurt while playing any sport. Aside from bringing comfort, this can also increase one's athletic performance.

The Alpha Lace shoes also feature our new TotalDry technology. ³⁸**It is unavoidable that one sweats while playing sports, and since the shoes have electric components, you might think this could be a problem. However, we came up with a solution by making the shoes waterproof inside and out.**

매력적인 오답 피하기

신발이 방수인 이유로 신발을 젖게 하는 것 그 자체에 있기보다는 신발이 젖음으로 인해서 장치에 가해질 수 있는 피해를 막기 위함이 더 직접적인 이유이다. 따라서 운동선수들이 신발을 젖게 하기 때문이라고 추론하는 (b)는 오답이다.

Finally, we know that some buyers will just want to use the shoes casually, so we hired world-renowned fashion designers to make sure that the shoes are stylish enough for casual wear.

For $300, you can have your very own pair of self-lacing shoes. ³⁹**The Alpha Lace shoes will be exclusively available at our retail stores starting June 1, but if you pre-order with us today, you can get 25 percent off.** For any further questions, come see me **after the talk**.

▶ 39번 (a) after the talk를 이용한 함정

FINAL 실전문제

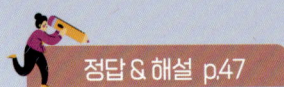
정답 & 해설 p.47

실전문제 1

■ 학습한 내용을 바탕으로 다음 문제를 풀어보세요.

PART 2. *You will hear a presentation by one person to a group of people. First you will hear questions 34 through 39. Then you will hear the talk. Choose the best answer to each question in the time provided.*

34. (a) a school that teaches multiple languages
    (b) the benefits of learning a certain language
    (c) a prestigious language school in Spain
    (d) tips on how to learn a foreign language

35. (a) It produces speech with strong stress patterns.
    (b) It is spoken by the Romans.
    (c) It is ideal for communicating sentiments.
    (d) It sounds like a song when spoken.

36. (a) They are spoken almost exactly as they are written.
    (b) They are spelled exactly like English words.
    (c) They are derived from the English language.
    (d) They are pronounced with an English accent.

37. (a) being the world's most widely spoken language
    (b) being the required language in American homes
    (c) having many people to speak Spanish to in the U.S.
    (d) having many English songs translated to Spanish

38. (a) by speaking Spanish with the other tourists
    (b) by knowing about the country through Spanish literature
    (c) by appearing to be a native resident
    (d) by being able to converse with the locals in Spanish

39. (a) when planning to do business with the Latinos in the U.S.
    (b) when aspiring to be a Spanish commercial artist
    (c) when planning to teach English in a Hispanic country
    (d) when seeking a livelihood in a Hispanic nation

■ 학습한 내용을 바탕으로 다음 문제를 풀어보세요.

PART 2. You will hear a presentation by one person to a group of people. First you will hear questions 34 through 39. Then you will hear the talk. Choose the best answer to each question in the time provided.

34 (a) to sell a newly launched pair of earphones
(b) to talk about the advantages of wired earphones
(c) to introduce a new brand that offers earphones
(d) to discuss the pros of using wireless earphones

35 (a) by producing music with boosted bass
(b) by combining music with external noise
(c) by canceling out a song's background music
(d) by automatically increasing a song's volume

36 (a) because their wires are difficult to untangle
(b) because their cables are easily damaged
(c) because their cable length is limited
(d) because their wires are often too long

37 (a) They automatically connect to the Internet.
(b) They can be used to answer incoming calls.
(c) They can be synced to instant messaging applications.
(d) They have built-in applications to call one's contacts list.

38 (a) that wireless earphones have built-in microphones
(b) that wireless earphones can be used with various devices
(c) that wireless earphones can be used for recording TV shows
(d) that wireless earphones can be used for listening to music

39 (a) by pre-ordering them online
(b) by bargaining with the speaker
(c) by ordering them from well-known brands
(d) by purchasing them at the event

PART 3 장단점 비교하기
Final 실전 지텔프

Part 3에서는 두 명의 화자가 등장하여 두 가지의 옵션을 두고 장단점에 대해 논의하는 대화 내용으로 구성됩니다. 각각에 대해 장단점들이 차례대로 소개가 되며, 최종적으로 어떤 것을 선택할지에 대해 결정하는 대화로 구성됩니다.

문항 수	6문항(40번~45번)	화자	2명(남자, 여자)
빈출 대화 소재	두 가지 제품 중 선택(쇼핑 장소 등) 진로 선택(전공, 취업, 이직 등) 생활양식 선택(식사 패턴, 주거 장소, 공부하는 장소 등) 온라인과 오프라인 중 선택		

1 빈출 대화 흐름

*most likely, probably 등 추론 문제는 한 파트당 1~2문제 정도 출제됨

2 질문 공략 포인트

❶ 상황 소개 - 40번 문제

🎯 두 가지의 선택 중 하나를 결정하는 것에 대해 고민하고 있는 화자가 처한 상황을 묻는 문제가 주로 출제됩니다.

> *ex)* What is 화자1 worried about?
> 화자1은 무엇에 대해 걱정하고 있는가?
>
> *ex)* Why does 화자2 plan to go shopping at a mall?
> 화자2는 왜 몰에 가서 쇼핑하려고 하는가?
>
> *ex)* Why is 화자1 asking for 화자2's advice?
> 왜 화자1은 화자2의 조언을 요청하고 있는가?

❷ 두 옵션의 장단점 논의 - 41~44번 문제

🎯 두 화자가 논의하는 각 옵션의 장단점에 관한 문제가 주로 출제됩니다.

> *ex)* According to the conversation, how can in-store shopping be convenient?
> 대화에 따르면, 매장에서 쇼핑하는 것이 어떻게 편리할 수 있는가?
> → 매장에서 쇼핑하기의 장점(advantage)에 대한 문제
>
> *ex)* Why did 화자1 get so upset when riding his bicycle to work yesterday?
> 화자1은 왜 어제 자전거를 타고 출근했을 때 화가 났었는가?
> → 자전거로 출근하는 것의 단점(disadvantage)에 대한 문제
>
> *ex)* According to 화자2, what makes buying an SUV good for sports enthusiasts?
> 화자2에 따르면, 무엇이 SUV를 구입하는 것이 스포츠 애호가들에게 좋게 만들어 주는가?
> → SUV의 장점(advantage)에 대한 문제

➕ 질문에서는 각 옵션의 장점과 단점이 무엇인지를 직접적으로 묻기보다는 그것이 왜(why), 또는 어떻게(how) 장단점이 되는지를 묻는 경향이 더 강합니다. 따라서 장단점이 되는 이유 또는 방법에 대해 특히 더 집중해서 들어야 합니다.

❸ 최종 결정 추론 - 45번 문제

🎯 최종 선택과 관련해서 무엇을 하기로 결정했는지, 또는 이후에 무엇을 할 것인지 물어보는 문제가 주로 출제됩니다.

> *ex)* What has 화자1 probably decided to do?
> 화자1은 무엇을 하기로 결정하였는가?
>
> *ex)* What will 화자2 probably do after the conversation?
> 대화가 끝난 뒤에 화자2는 무엇을 할 것 같은가?

➕ 이때 화자는 옵션을 직접적으로 언급하기보다 앞에서 나왔던 그 옵션의 특징이 되는 것을 언급함으로써 결정을 내리기 때문에, 대화 초반부터 각 옵션에 대한 주요 특징을 잘 듣고 정답을 추론할 수 있어야 합니다.

3 빈출 문제 유형 엿보기

PART 3의 마지막 문제에서는 한 화자가 최종적으로 두 옵션 중 어느 것을 선택할 지에 대해 결정하는 문제로 출제됩니다. 이때 해당 옵션을 직접적으로 말하기보다는 대화 중에 언급했었던 그 옵션의 특징을 말하여 결정을 내립니다. 따라서 각 옵션의 장단점이 되는 주요 포인트를 잘 듣고 메모해 두는 것이 중요합니다.

EXAMPLE 회사 점심으로 배달시키기와 도시락 가져가기의 장단점

질문
Based on the conversation, what has Aidan probably decided to do?
대화에 따르면, 에이든은 무엇을 하기로 결정했을 것 같은가?

스크립트

F: Another disadvantage of ordering food for delivery is that it costs quite a lot of money.

M: You're right. I usually pay about $20 a day for purchasing my lunch, so… hmm… wait, thinking that I spend this amount of money just for lunch at work, it's a lot of expenses!

F: That's definitely not good if you consider saving money. Besides, **$20 is enough to make your lunches for work** the whole week!

M: Well, as much as I like ordering whatever I want to eat for lunch, **I don't want to put a strain on my wallet.** Anyway, **I've got to go and search meal-prep ideas for work.** Thanks for your help, Karen!

F: 배달 음식을 주문하는 것의 또 다른 단점은 비용이 많이 든다는 것이지.

M: 맞아. 나는 보통 점심을 사는 데 하루 20달러 정도 쓰니까… 흠… 잠깐, 회사에서 점심 한 끼에 이 정도의 돈을 쓰는 것을 생각하니, 이거 비용이 꽤 되는걸!

F: 네가 돈을 절약하는 것을 고려한다면 분명 좋지 않지. 게다가, 20달러는 네가 한 주 내내 회사에서 먹을 점심을 만들기에 충분하거든!

M: 음, 점심에 먹고 싶은 게 무엇이든지 주문하는 것을 좋아하는 만큼, 내 지갑에 부담을 주고 싶지 않아. 아무튼, 난 가서 회사에 가져갈 메뉴 준비 아이디어들을 검색해 봐야겠어. 도와줘서 고마워, 캐런!

보기
(a) **start to bring his lunch to work** (O) 점심을 직장에 가지고 다니기 시작한다
(b) purchase lunch at work less than $20 (X) 20달러 이하로 회사에서 점심을 구입한다

➡ 점심 배달시키기의 단점 중 하나가 비용이 많이 드는 것으로, 에이든이 I don't want to put a strain on my wallet라고 말한 것은 비용이 많이 드는 점심 배달시키기를 원하지 않음을 의미한다.

반면 I've got to go and search meal-prep ideas for work는 도시락을 가져가기(bring his lunch to work)로 결정했음을 의미한다. 따라서 (a)가 정답이다.

➡ (b)는 지문에서 언급되는 purchase, lunch, $20를 이용한 매력적인 오답. 에이든이 내린 결정과는 관련이 없으므로 답이 될 수 없다.

💡 대화 중에 두 화자가 언급을 했으나 최종 결정과는 전혀 관련이 없는 내용을 오답 보기로 출제하는 경우도 있으니 문제를 풀 때 유의해야 합니다.

FINAL 연습문제

1 단계	**보기 분석:** 음원을 듣기 전, 먼저 40~45번의 보기를 보고 주요 키워드를 표시하여 대화의 흐름을 예상해 봅니다.
2 단계	**질문 노트테이킹:** 이제 음원을 재생하여 청취를 시작하고, 각 질문에 대한 키워드를 적을 수 있는 만큼 메모해 둡니다.
3 단계	스크립트를 주의 깊게 들으면서 정답의 단서를 찾습니다.
4 단계	정답의 단서를 올바르게 패러프레이징한 보기를 정답으로 고릅니다.

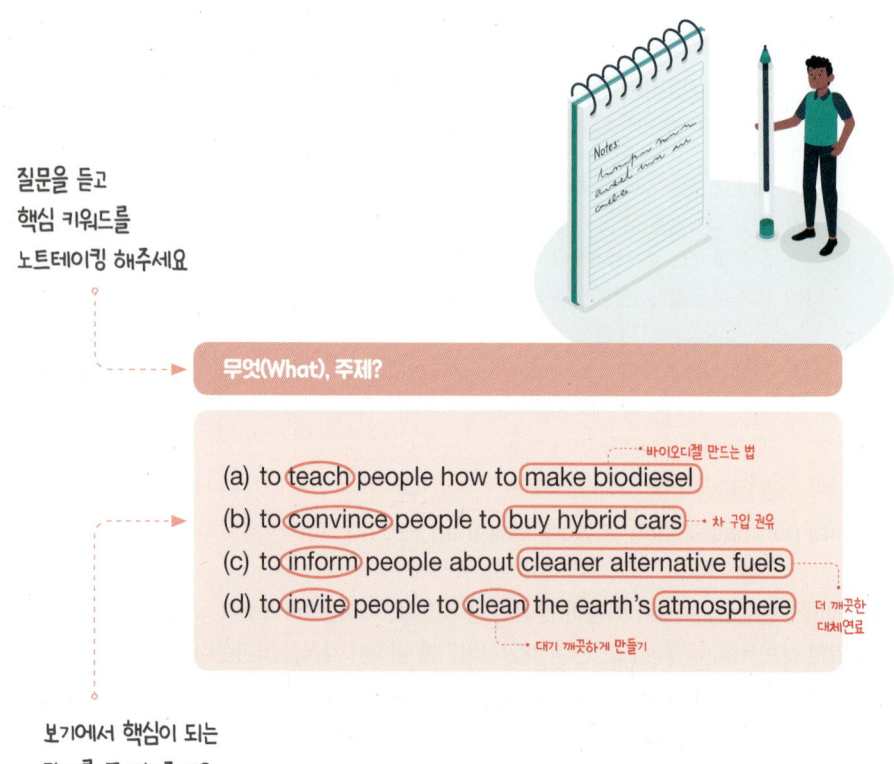

PART 3. You will hear a conversation between two people. First, you will hear questions 40 through 45. Then you will hear the conversation. Choose the best answer to each question in the time provided.

40 (a) because they have a big backyard
(b) because they are moving to a new place
(c) because they saved some extra money
(d) because they are thinking of having kids

41 (a) Its temperature will be the same all year round.
(b) It can be used the entire year.
(c) It is not likely to be littered with debris.
(d) It will not be used frequently.

42 (a) by putting chemicals into the pool
(b) by hiring a pool cleaner
(c) by paying extra to make the pool safe
(d) by clearing the chemical fumes

43 (a) because she will be spending a lot for it
(b) because it doesn't need much outdoor space
(c) because it does not cost much to build
(d) because her lot will have plenty of space

44 (a) The pool receives a lot of sunlight.
(b) Algae grow faster when the pool isn't used often.
(c) Algae tend to grow fast in frozen water.
(d) The pool doesn't need to be cleaned daily.

45 (a) She will hold off building a pool.
(b) She will choose an outdoor pool.
(c) She will choose an indoor pool.
(d) She will go to the beach instead.

FINAL 연습문제 script

🟨 : 질문의 핵심 키워드
🟥 : 보기의 핵심 키워드
〰️ : 보기의 공통된 표현

40

▼ 질문 노트테이킹

Why do **Jen and her husband want** to **get** a **swimming pool**?

📝 왜, J부부, 원해, 수영장

▼ 보기에 키워드 표시

↳ 이유
(a) because they have a big backyard 큰 뒤뜰이 있어서
(b) because they are moving to a new place 새 공간으로 이사가서
(c) because they saved some extra money 돈을 좀 아껴서
(d) because they are thinking of having kids 아이 가지는 것을 생각하고 있어서

🟦 예상 내용 | 질문 듣고 they 파악하기 & 무엇에 대한 이유일지를 생각하며 대화 첫 부분 듣기

41

Why does **Jen think** that it would be **easier** to **clean** an **indoor pool**?

📝 왜, J, 더 쉬워, 청소, 실내수영장

기온이 일 년 내내 같음
(a) Its temperature will be the same all year round.
(b) It can be used the entire year. 일 년 내내 사용
(c) It is not likely to be littered with debris. 잔해들로 어질러지지 X
(d) It will not be used frequently. 자주 사용 X

🟦 예상 내용 | 그것(It)이 일 년 내내 사용가능, 기온 같음, 어지럽힘 등에 관한 표현들이 나올 수 있음

42

How can the **toxic fumes** from an **indoor pool** be **removed**?

📝 어떻게, 유독 가스, 실내 수영장, 제거

(a) by putting chemicals into the pool 화학물질 넣기
(b) by hiring a pool cleaner 청소부 고용
(c) by paying extra to make the pool safe 안전 위해 추가비용 내기
(d) by clearing the chemical fumes 화학 가스 걷어내기

🟦 예상 내용 | 수영장, 화학물질, 청소 관련 표현들이 나올 수 있음

124 Final 실전 지텔프

▼ 스크립트 & 정답의 단서

M: Hey, Jen! [40]I heard you bought a big lot where you'll have your house built.
F: Oh hi, Roy! That's right. My husband and I found the perfect spot. We can't wait to have a place we can call home. We still have a problem, though.
M: What is it?
F: Well, [40]we want to build a swimming pool for **the kids**, but we can't decide whether to build it indoors or outdoors.
M: Hmm, I see. Perhaps we could discuss the pros and cons of each choice. What are the advantages of having an indoor pool?

F: Well, [41]the thing I really like about an indoor pool is that it's easy to maintain. I won't have to clean it every day, and there will be little risk of debris falling into it. I won't have to worry about leaves and branches if I choose an indoor pool.　　▶ 41번 (b) 함정
M: It would be tiring to clean the pool every day. And I read somewhere that **indoor pools can be used all year round**. The room you'll build the pool in will be **temperature-controlled**, so you can use it during any season.　　▶ 41번 (a) 함정
F: Yes. We would be able to swim whether it is winter, summer, spring, or fall because the room would not be greatly affected by the weather.

> **매력적인 오답 피하기**
> 대화에서 실내 수영장의 특징으로 일 년 내내 사용할 수 있고 온도가 통제되는 것을 확인할 수 있으나, 질문의 요지는 '왜 실내 수영장이 청소하기가 더 쉽다고 생각하는가?'이므로 (a)와 (b)는 모두 오답이다.

M: It sounds wonderful, Jen, but there must also be some disadvantages to building an indoor pool.
F: Yeah, well, one disadvantage is that building an indoor pool is very expensive! I had one contractor quote $30,000 to build it.
M: Yikes, that's quite a lot!
F: I know. [42]Then there's also the issue of building a ventilation system in the pool area. We'll have to carefully filter the air to keep chemical fumes from getting stuck inside.
M: Yeah, for sure. You will be **putting chlorine into the pool** and the smell could be overwhelming. Not to mention, it might be toxic as well. So, what are the advantages of an outdoor pool?　　▶ 42번 (a) putting, into the pool을 이용한 함정

청취 PART 3 _ 장단점 비교하기　125

43

▼ 질문 노트테이킹

Why does **Roy** say that **Jen's outdoor pool** can be **designed** in **all shapes and sizes**?

📝 왜, R, 야외 수영장, 설계, 모든 모양과 크기로

▼ 보기에 키워드 표시

(a) because she will be spending a lot for it — 돈을 많이 쓸 거라서 / 야외 공간 많이 필요 X
(b) because it doesn't need much outdoor space
(c) because it does not cost much to build — 만드는 데 돈 ↓
(d) because her lot will have plenty of space — 부지에 공간이 많아서

🟦 예상 내용 그것의 건설 비용, 공간 관련 표현들이 나올 수 있음

44

According to Jen, why is an **outdoor pool prone** to **algae growth**?

📝 J, 왜, 야외 수영장, 취약, 녹조

(a) The pool receives a lot of sunlight. — 수영장 햇빛 / 수영장 사용 ↓
(b) Algae grow faster when the pool isn't used often.
(c) Algae tend to grow fast in frozen water — 얼음물
(d) The pool doesn't need to be cleaned daily. — 매일 청소 필요 X

🟦 예상 내용 수영장 햇빛, Algae 성장, 얼음물 관련 표현들이 나올 수 있음

45

What will **Jen** probably **do** after the conversation?

📝 무엇, J, 할 것, 대화 후

(a) She will hold off building a pool. — 수영장 건설 X
(b) She will choose an outdoor pool. — 야외 수영장 선택하기
(c) She will choose an indoor pool. — 실내 수영장 선택하기
(d) She will go to the beach instead. — 해변 가기

🟦 예상 내용 최종 결정에 관련해서 수영장 건설 중단, 야외/실내, 해변 가기 등 표현들이 나올 수 있음

▼ 스크립트 & 정답의 단서

F: For one, **it is much more affordable to build.** They gave me a quote of $8,000 for an outdoor pool. Way cheaper!   ▶ 43번 (c) not cost much to build를 이용한 함정

M: Yeah, that's a big difference. And I think [43]**another advantage is that you can choose any shape and size for the pool, since you're building on such a spacious lot.**

F: That's true, Roy. We can design it however we want.

▶ 44번 (b) isn't used를 이용한 함정

M: However, a disadvantage of an outdoor pool is that **it can't be used all year round.** If it's snowing or storming, your family will be stuck inside.   ▶ 44번 (c) frozen을 이용한 함정

F: I know. **Using the pool in winter is out of the question.** [44]**Another disadvantage of having an outdoor pool is that it's prone to algae growth because it is exposed to the sun.**

M: Algae? Oh, you mean the slimy green stuff. Once there's algae on the swimming pool's floor, the pool might be slippery and unsafe to use.

F: That's a good point. I would have to clean the pool thoroughly or else it would be unusable.

M: Well, you have a tough decision to make. I hope our conversation helped you make a choice.

F: It really did. [45]**I think it's better to have something we can use all-year-round without any worries. I think it's worth the money.** Thanks for your help, Roy.

M: You're welcome, Jen. I hope you enjoy your new swimming pool.

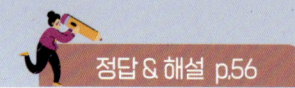

■ 학습한 내용을 바탕으로 다음 문제를 풀어보세요.

PART 3. You will hear a conversation between two people. First, you will hear questions 40 through 45. Then you will hear the conversation. Choose the best answer to each question in the time provided.

40 (a) She works as a painter.
(b) She has a job in design.
(c) She owns a paint store.
(d) She studies interior design.

41 (a) by being able to buy cheap painting materials
(b) by not having to hire a creative consultant
(c) by not having to pay for the painting service
(d) by being able to paint the room without designs

42 (a) He may forget to prepare the materials first.
(b) He may use the wrong paint for making lines.
(c) He may get too tired to finish the task.
(d) He may fail to get rewarding results.

43 (a) a quick and competent paint job
(b) a job that satisfies the contractor
(c) rushed and second-rate workmanship
(d) a work area with more mess to clean up

44 (a) Professional workers take their time.
(b) Skilled labor costs more.
(c) The living room is so large.
(d) The price includes the painting materials.

45 (a) ask a familiar person to paint his living room
(b) try painting a smaller part of his house first
(c) hire a professional to paint his living room
(d) paint his living room by himself

■ 학습한 내용을 바탕으로 다음 문제를 풀어보세요.

PART 3. You will hear a conversation between two people. First, you will hear questions 40 through 45. Then you will hear the conversation. Choose the best answer to each question in the time provided.

40
(a) to discuss a problem her employee has
(b) to ask his advice on using social media at work
(c) to hear his opinions about social media companies
(d) to learn how to make a social media account

41
(a) by letting their minds take a break from work
(b) by allowing them to maintain professional connections
(c) by keeping them updated on industry trends
(d) by helping them avoid miscommunications with clients

42
(a) once they are seen by non-employees
(b) once they are trending online
(c) when they contain mistakes
(d) when they include large video files

43
(a) They do not like their co-workers.
(b) They can avoid being overworked.
(c) They do not like to think about work.
(d) They can maintain their privacy.

44
(a) by making them feel the company doesn't trust them
(b) by making them regulate their social media use
(c) by allowing only young employees to use social media
(d) by hiring only employees that don't use social media

45
(a) create another plan to boost employee productivity
(b) prohibit employees from using social media at work
(c) let employees use social media at the office
(d) have Max monitor social media usage at the office

PART 4 과정/절차 소개

Final 실전 지텔프

Part 4에서는 한 명의 화자가 등장하여 과정이나 절차를 알려주는 담화 내용을 중심으로 문제가 출제됩니다.

문항 수	7문항(46번~52번)	화자	1명(남자 또는 여자)
빈출 대화 소재	요리 레시피 순서 거주할 집을 고르는 여러 가지 절차 좋은 영업사원이 되기 위한 여러 가지 조언 당신의 가게의 보안을 강화하는 몇 가지 방법 컴퓨터 성능을 높이는 몇 가지 절차 좋은 사진을 촬영하는 몇 가지 조언		

1 빈출 대화 흐름

*most likely, probably 등 추론 문제는 한 파트당 1~2문제 정도 출제됨

2 질문 공략 포인트

❶ 주제 소개 - 46번 문제

🎯 연설의 주제를 묻는 문제가 주로 출제됩니다.

> *ex)* What is the talk all(mainly) about?
> 이 연설은 무엇에 관한 것인가?
>
> *ex)* What is the speaker mainly talking about?
> 화자는 주로 무엇에 관해 말하고 있는가?

❷ 조언 또는 단계 제시 - 47~51번 문제

🎯 화자가 소개하는 조언(tip) 또는 단계(step)의 세부 내용들에 대해 묻는 의문사 what, why, how 위주의 문제가 출제됩니다.

> *ex)* What does the speaker usually do on her vacation?
> 화자는 휴가 기간에 보통 무엇을 하는가?
>
> *ex)* According to the speaker, how can one avoid getting injured during a workout?
> 화자에 따르면, 어떻게 운동 중에 부상을 당하는 것을 피할 수 있는가?
>
> *ex)* Why does the speaker keep up-to-date with the news? 왜 화자는 온라인에서 계속해서 최신 소식을 접하는가?

➕ 어떠한 주제에 대한 몇 가지 조언을 소개할 때 'The first tip is to(첫번째 조언은 ~하는 것입니다)', 'The second tip is to(두번째 조언은 ~하는 것입니다)'와 같이 각 항목의 주요 특징들이 순서를 나타내는 표현과 함께 소개되는 경향이 강합니다. 또한 이 순서는 문제의 순서와 거의 일치하기 때문에 각 문제에서 파악해 둔 키워드를 토대로 위에서부터 순서에 맞게 한 문제씩 풀어나가는 것이 중요합니다.

❸ 순서/절차상의 마지막 단계 - 52번 문제

🎯 마지막 문제로는 순서나 단계의 마지막에 해당되는 부분이 주로 출제됩니다.

> *ex)* What is the **last** tip in the talk?
> 연설에서의 마지막 조언은 무엇인가?
>
> *ex)* According to the talk, what should people evaluate before buying supplements online?
> 연설에 따르면, 보충제를 온라인에서 구매하기 전에 사람들이 무엇을 평가해야 하는가?
> ➜ 'evaluate'와 'buying supplements online'에 관한 내용이 연설의 마지막 조언으로서 소개될 것이다.
>
> *ex)* What must one do to leave a good impression on interviewers?
> 면접관들에게 좋은 인상을 남기기 위해 무엇을 해야 하는가?
> ➜ 'leave'와 'good impression'이라는 키워드가 연설의 마지막 조언으로서 소개될 것이다.

➕ 질문에 마지막(last)이라는 표현이 직접적으로 언급될 수도 있고, 그렇지 않은 경우에도 순서상으로 마지막에 위치한 부분이 문제로 출제되는 경향이 강합니다. 따라서 담화의 후반부를 집중해서 듣는 것이 중요합니다.

3 빈출 문제 유형 엿보기

PART 4에서는 화자가 소개하는 조언과 관련된 세부 내용으로, 자신의 개인적인 경험이나 일화가 언급되는 부분에서 문제가 종종 출제되기도 합니다. 노트테이킹을 통해 핵심이 되는 키워드를 파악하고, 세부 내용을 잘 들으며 해당 키워드가 언급되는 부분에서 정답의 단서를 찾는 것이 중요합니다.

 **EXAMPLE** 에세이를 쓸 때 도움이 되는 몇 가지 조언

질 문
How most likely did the speaker **look for inspiration** when he was a student?
화자가 학생이었을 때 어떻게 영감을 찾았을 것 같은가?

스크립트
The third tip is to **look for inspiration**. Inspiration is an unconscious burst of creativity, something that ignites our mind to do something creative. Whenever you are working on your essay, but running out of creative ideas, then you need some inspiration. There are many forms that inspiration can be, because we are all different and get inspired by different things. **When I was a student**, **I used to find inspiration** by reading biographies about people I admired, or in the industry that intrigued me. It helped me a lot to write successful essays.

세 번째 조언은 영감을 찾는 것입니다. 영감은 창조성의 무의식적인 폭발이며, 창조적인 무언가를 하려는 우리의 마음에 불을 지피는 것이죠. 여러분이 에세이를 쓰고 있지만 창의적인 아이디어가 바닥날 때마다, 여러분은 약간의 영감이 필요합니다. 우리는 모두가 다르며 또 다른 것들에 의해 영감을 받기 때문에, 영감이 될 수 있는 것에는 많은 형태가 있습니다. 제가 학생이었을 때, 저는 제가 존경하거나, 아니면 저의 관심을 끄는 산업에 종사하는 사람들에 대한 자서전을 읽음으로써 영감을 찾곤 했습니다. 그러한 것은 성공적인 에세이를 쓰는 데 많은 도움이 되었습니다.

보 기
(a) **by reading about someone of his favorite (O)** 그가 좋아하는 누군가에 대해 읽음으로써
(b) by working on different things (X) 다른 것들을 작업함으로써

➔ 질문의 'when he was a student'가 언급되는 부분에서 정답의 단서를 찾는다. 본문에서 화자가 'reading biographies about people I admired'라고 말했으며, 이를 'reading about someone of his favorite'으로 올바르게 패러프레이징한 (a)가 정답이다.

➔ (b)는 지문에서 언급되는 working on과 different things을 이용한 매력적인 오답.
보기의 내용이 질문의 요지와 무관하므로 답이 될 수 없다.

1 단계	**보기 분석:** 음원을 듣기 전, 먼저 46~52번의 보기를 보고 주요 키워드를 표시하여 대화의 흐름을 예상해 봅니다.
2 단계	**질문 노트테이킹:** 이제 음원을 재생하여 청취를 시작하고, 각 질문에 대한 키워드를 적을 수 있는 만큼 메모해 둡니다.
3 단계	스크립트를 주의 깊게 들으면서 정답의 단서를 찾습니다.
4 단계	정답의 단서를 올바르게 패러프레이징한 보기를 정답으로 고릅니다.

질문을 듣고
핵심 키워드를
노트테이킹 해주세요

무엇(What), 주제?

(a) to ⟨teach⟩ people how to ⟨make biodiesel⟩ ··· 바이오디젤 만드는 법
(b) to ⟨convince⟩ people to ⟨buy hybrid cars⟩ ··· 차 구입 권유
(c) to ⟨inform⟩ people about ⟨cleaner alternative fuels⟩ ··· 더 깨끗한 대체연료
(d) to ⟨invite⟩ people to ⟨clean⟩ the earth's ⟨atmosphere⟩ ··· 대기 깨끗하게 만들기

보기에서 핵심이 되는
단어를 표시해주세요

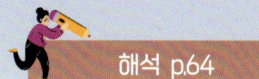

PART 4. You will hear an explanation of a process. First you will hear questions 46 through 52. Then you will hear the explanation. Choose the best answer to each question in the time provided.

46 (a) how to choose the perfect laptop
(b) how to extend a laptop's battery life
(c) what to expect when using a laptop
(d) what to do when charging a laptop

47 (a) It uses up a lot of the battery's charge.
(b) It will conserve the life of the screen.
(c) Laptops don't have power-saving features.
(d) The screen needs to be dim to be effective.

48 (a) by having the power mode unchanged
(b) by keeping the power mode to the normal setting
(c) by switching to a high-performance mode
(d) by switching to a mode that uses less power

49 (a) to stop them from making unsafe connections
(b) to make the laptop perform faster
(c) to prevent them from searching for other devices
(d) to avoid the user's connecting to outside sources

50 (a) when no devices are connected to the laptop's USB ports
(b) when the file being used is copied to the laptop
(c) when using a trackpad instead of a mouse
(d) when using a file stored on a USB flash drive

51 (a) They also contribute to power drain.
(b) They don't consume any power.
(c) They don't really make the user productive.
(d) They are key laptop features.

52 (a) personalizing the windows being used
(b) upgrading the laptop's memory
(c) closing applications that use up the most battery
(b) keeping all applications running

FINAL 연습문제 script

🟨 : 질문의 핵심 키워드
⬜ : 보기의 핵심 키워드
〰️ : 보기의 공통된 표현

46
▼ 질문 노트테이킹 ▼ 보기에 키워드 표시

What is the **subject** of the **talk**?

 무엇, 주제

(a) how to choose the perfect laptop 완벽한 노트북 선택 방법
(b) how to extend a laptop's battery life 노트북 배터리 수명 연장 방법
(c) what to expect when using a laptop 노트북 사용 시 예상할 것
(d) what to do when charging a laptop 노트북 충전 시 할 것

💡 예상 내용 노트북, 배터리 수명과 충전 관련 표현이 주제로 소개될 수 있음

47

According to the speaker, **why** must the **brightness** of the **laptop's screen** be **reduced**?

 왜, 밝기, 화면, 줄여야 함

(a) It uses up a lot of the battery's charge. 배터리 충전 소모 ↑
(b) It will conserve the life of the screen. 화면 수명 보존
(c) Laptops don't have power-saving features. 절전 기능 X
(d) The screen needs to be dim to be effective. 효과적이려고

💡 예상 내용 배터리 소모, 화면의 수명, 절전 기능, 밝기 낮추기 등의 표현이 나올 수 있음

48

How should one **modify** the laptop's **power options** to **save battery life**?

📝 어떻게, 조절, 전력 옵션, 배터리 수명 절약

(a) by having the power mode unchanged 방법 / 전원 모드 변경 X / 일반 설정 유지
(b) by keeping the power mode to the normal setting
(c) by switching to a high-performance mode 고성능 모드로 바꾸기
(d) by switching to a mode that uses less power
   전력 덜 사용하는 모드로 바꾸기

💡 예상 내용 설정(전원 옵션, 고성능 모드, 일반 설정 등) 유지하기, 혹은 바꾸기

49

According to the talk, **why** should one **turn off** a **laptop's Wi-Fi** and **Bluetooth**?

📝 왜, 꺼야 하나, 노트북 와이파이, 블루투스

(a) to stop them from making unsafe connections 이유 / 안전하지 않은 접속 막으려고
(b) to make the laptop perform faster 노트북 성능 빠르게 만들려고
(c) to prevent them from searching for other devices
(d) to avoid the user's connecting to outside sources
   외부 소스로의 유저 접속 피하려고 ← 다른 기기 검색 막으려고

💡 예상 내용 연결 혹은 접속을 막거나 방지하는 것에 관한 표현들이 나올 수 있음

▼ 스크립트 & 정답의 단서

Hello, everyone. Welcome to the annual Elkins Consumers Fair. I bet that most of you have experienced problems with your devices' battery life, especially when there are no electric sockets nearby to **charge** the battery with. Well, today, [46]**I'll be sharing some tips on how to prolong your laptop's battery when charging is not an option.**

▶ 46번 (d) charge를 이용한 함정

[47]**The first tip is to dim your laptop's screen. A laptop's screen, or the screen's backlight, consumes the most amount of battery charge.** While many laptops have built-in features that decrease the power drain from the laptop's screen, it still uses a lot of charge.

[47]**To maximize your battery, turn down the screen's brightness to a point where you can still comfortably see the screen's contents.** In doing so, **you can add 30 minutes or more to your laptop's battery life.** ▶ 47번 (b) life를 이용한 함정 (battery life ≠ life of the screen)

▶ 47번 (c) 함정

The second tip is to change the power settings of your laptop. **Most laptops have a power-saving feature.** You can find this setting in the power options of your laptop. If your computer is in **high-performance or normal-power mode,** [48]**set it further down to low-power mode so you can save some battery charge.** ▶ 48번 (b) high-performance, (c) normal을 이용한 함정

The third tip is to disable your laptop's Wi-Fi and Bluetooth. Turning off these features can lower your battery consumption. [49]**This is because leaving the Wi-Fi and Bluetooth on will cause your laptop to search for devices to connect with, and that consumes a lot of power.**

However, this method can be especially hard because you'll most likely need a Wi-Fi connection if you have to **research something on the Internet**. If you absolutely need a Wi-Fi connection, then turn it on to complete the task, and then turn it off once the task is finished.

▶ 48번 (b) high-performance, (c) normal을 이용한 함정

50 ▼ 질문 노트테이킹　　　　　　　▼ 보기에 키워드 표시

Based on the **fourth** tip, **when** will a **laptop** most likely **consume more power**?

📝 ↑, 언제, 노트북, 소비, 전력 ↑

(a) when no devices are connected to the laptop's USB ports　~할 때　장치들이 USB 포트에 연결 X
(b) when the file being used is copied to the laptop　사용 중인 파일 노트북으로 복사
(c) when using a trackpad instead of a mouse　마우스 X → 트랙패드 O
(d) when using a file stored on a USB flash drive
　　USB 플래시 드라이브에 저장된 파일 사용

예상 내용 USB, 파일이나 장치 사용 관련 표현들이 나올 수 있음

51

What does the speaker **say** about a laptop's **notification sounds**?

📝 무엇, 말함, 노트북 알림음

▶ 질문 듣고 무엇인지 파악하기
(a) They also contribute to power drain.　전력 소모에 기여
(b) They don't consume any power.　어떠한 전력도 소모 X
(c) They don't really make the user productive.　사용자 생산적 X
(d) They are key laptop features.　핵심 특징

예상 내용 전력 소모, 생산성, 핵심 기능 관련 표현들이 나올 수 있음

52

What does **managing** a laptop's **memory** mean?

📝 무엇, 관리하기, 노트북 메모리, 의미

(a) personalizing the windows being used　윈도우 창 개인화
(b) upgrading the laptop's memory　메모리 업그레이드
(c) closing applications that use up the most battery　배터리 ↑ 앱 닫기
(d) keeping all applications running
　　모든 앱 계속 실행

예상 내용 윈도우 창, 메모리, 앱 실행하기 또는 닫기 관련 표현들이 나올 수 있음

▼ 스크립트 & 정답의 단서

[50]**The fourth tip is to disconnect any peripherals that you're not using from your laptop. This means that all USB devices, such as a mouse and flash drives, should be disconnected from USB ports because having these peripherals connected to your laptop consumes the battery.**

➤ 50번 (c) 함정

You can always use your laptop's **trackpad** to navigate through the contents of your laptop's screen. **You can also copy a file you need to your laptop's internal storage** instead of moving it directly to an external storage device.

➤ 50번 (b) the file being used is copied to the laptop을 이용한 함정

The fifth tip is to turn off the sounds on your laptop. [51]**Notification sounds don't seem to require much energy, but the power used by these sounds adds up, and consumes a considerable amount of your laptop's battery.**

The final tip I have for you is to manage your laptop's memory. Remember, the more windows and applications are open, the more power is used. Make sure to close the windows and applications you're not using.

Some applications use more power than others. If you're unsure which applications are using the most amount of battery charge, [52]**you can always look at your laptop's task manager to see which programs require the most memory, and therefore, the most battery charge. If they won't affect the computer's operation, turn them off.**

And there you have it. Follow the tips I've just shared to ensure that your laptop will last you most of the day without having to charge its battery.

FINAL 실전문제

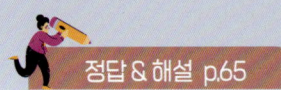

정답 & 해설 p.65

실전문제 1

■ 학습한 내용을 바탕으로 다음 문제를 풀어보세요.

PART 4. You will hear an explanation of a process. First you will hear questions 46 through 52. Then you will hear the explanation. Choose the best answer to each question in the time provided.

46
(a) how to make work easier
(b) how to focus on one task
(c) how to avoid distractions
(d) how to concentrate on work

47
(a) by switching to more interesting tasks
(b) by recalling what makes work gratifying
(c) by requesting performance incentives
(d) by asking for a new set of tasks every year

48
(a) It is when one is best conditioned for the tasks.
(b) It is when one doesn't have to focus on work.
(c) Minor tasks are hard to do early in the day.
(d) Difficult tasks take all day to finish.

49
(a) improving one's ability to focus
(b) completing many tasks with superior results
(c) honing one's multi-tasking skills
(d) finishing several tasks with poor results

50
(a) to enjoy personal habits
(b) to refresh one's mind
(c) to focus on other tasks
(d) to let the mind wander

51
(a) failing to get sufficient sleep
(b) working on sleep-inducing tasks
(c) getting too much sleep at home
(d) preferring to sleep instead of work

52
(a) by increasing one's tolerance for work
(b) by allowing one to overcome a sleep disorder
(c) by raising one's ability to perform
(d) by helping one work longer hours

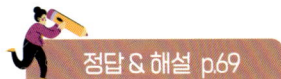

실전문제 2

■ 학습한 내용을 바탕으로 다음 문제를 풀어보세요.

PART 4. You will hear an explanation of a process. First you will hear questions 46 through 52. Then you will hear the explanation. Choose the best answer to each question in the time provided.

46 (a) how to publish a book
(b) the story of a famous author
(c) effective writing styles
(d) tips on creating a short story

47 (a) by building the story from a premise
(b) by being short and easy to read
(c) by having an organized plot
(d) by tackling various storylines

48 (a) because it allows readers to predict the story ending
(b) because it helps create a smooth story flow
(c) so that the readers will identify with the character easily
(d) so that the story can be interpreted in different ways

49 (a) The readers will believe the character is real.
(b) The story's ending will be guessed effortlessly.
(c) The character's decisions will be unsurprising.
(d) The readers will feel like they know the character.

50 (a) by letting them get to know the main character immediately
(b) by coming up with a pivotal problem in the story
(c) by establishing that the lead is a good person
(d) by including as many challenges as one can

51 (a) one that readers are unfamiliar with
(b) one that only a few readers can understand
(c) one that readers have experienced
(d) one that could never actually happen

52 (a) because this part is not easily forgotten by readers
(b) because this part is usually overlooked by readers
(c) because this part is often the same as other stories
(d) because this part cannot be easily revised

Final
실전 지텔프

Final 실전 지텔프

Reading & Vocabulary

영역 살펴보기

Part 1. 인물의 일대기

Part 2. 잡지 기사

Part 3. 백과사전식 지문

Part 4. 비즈니스 편지

Final 실전 지텔프
영역 살펴보기

Reading & Vocabulary Section

문항 수	총 28문항
시간	40분
문항 구성	- 총 4개의 파트로 구성 (4개의 지문) - 파트별로 7개의 문제(독해 5문제, 어휘 2문제)로 구성 - 각 파트에 할당된 지문의 길이가 길지만 지문의 흐름은 파트별로 정형화되어 있음 - 문제가 각 단락에서 한 문제씩 출제되는 경향이 매우 높음 - 문제의 순서와 글의 흐름이 대체로 일치하도록 나오기 때문에, 위에서부터 단락별로 한 문제씩 풀면서 내려가는 것이 가능함

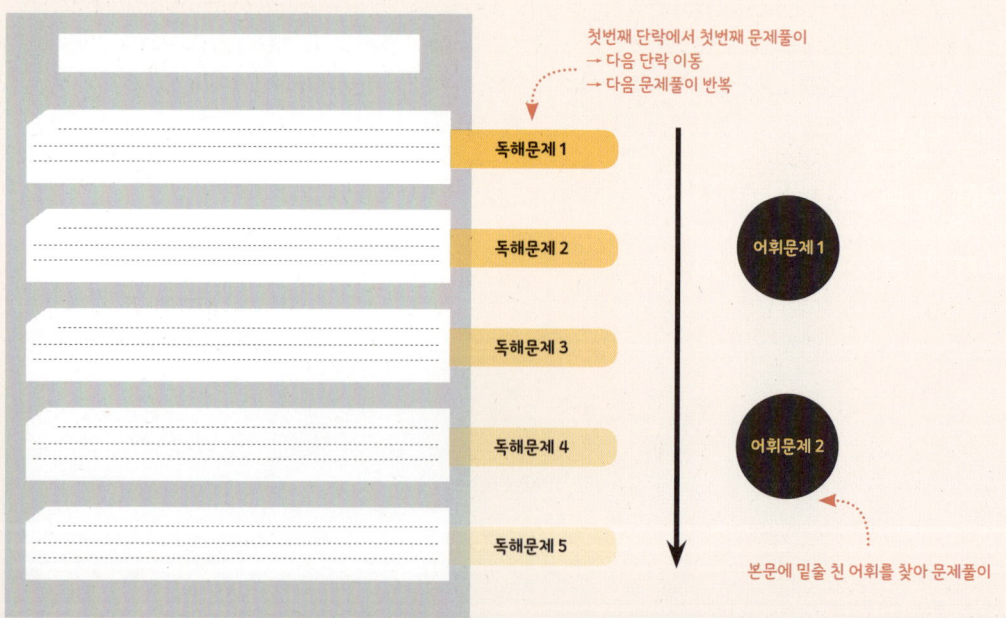

파트별 유형

Part 1	**Biography Article** 유명한 인물의 일대기에 대한 내용을 시간순으로 서술한 지문 인물 소개 → 어린 시절 → 초기 활동 → 주요 업적 및 성과 → 근황 또는 평가	7문항
Part 2	**Magazine Article** 자연, 과학, 의학, 환경 분야에서의 다양한 연구와 실험, 사회적으로 이슈화된 현상에 대한 내용에 관한 기사 형식의 지문 연구 주제 → 연구 배경 및 과정 → 연구 결과의 특징 → 시시점 → 한계/추후 과제	7문항
Part 3	**Encyclopedia Article** 사물, 용어, 문화, 환경, 동식물 등 특정 주제에 관한 유용한 지식을 제공하는 백과사전식 지문 정의 → 탄생배경 → 특징 → 발달 → 현황	7문항
Part 4	**Business Letter** 실생활에서 접할 수 있는 다양한 일과 관련된 편지 형식의 지문 목적 → 상황 설명 → 요구/제안 → 할 일/끝인사	7문항

총 28문항

문제풀이 공식

STEP 1 문제 먼저 읽기

독해 각 지문은 문제의 순서와 단락의 순서가 거의 일치하기 때문에 문제를 먼저 훑어보면 지문의 전체적인 흐름을 파악할 수 있습니다.

STEP 2 본문에서 문제의 키워드 찾기

질문의 핵심 키워드는 문제의 의도를 파악하고 이를 바탕으로 정답의 근거를 쉽게 찾을 수 있도록 도와줍니다.

53. **Why** did Robert Frost have **an early interest in poetry**?
    → 1. 이유에 대한 질문   → 2. 시에 대한 초기의 관심

해석: 로버트 프로스트는 왜 시에 대한 초기의 관심을 가졌는가?

STEP 3 보기 정답 선택

독해 지문도 마찬가지로 정답의 단서가 그대로 보기에 나타나지 않고, 의미는 같지만 다른 표현으로 바꾸어 표현하는 경우가 많습니다. 따라서 패러프레이징된 표현을 고려하며 정답을 선택해야 합니다.

문제 유형

1 주제/목적

- 글의 주제나 목적을 묻는 문제입니다.
- 주로 Part 2와 4에서 첫번째 문제로 출제되는 질문 유형입니다. Part 2에서는 글의 주제를 묻는 문제로, Part 4에서는 편지를 쓴 목적에 대해 묻는 문제로 출제됩니다.
- 첫번째 문제로 출제된다는 특성 때문에, 정답의 단서는 지문의 첫번째 단락에서 나올 확률이 높습니다. 특히 Part 2의 경우 지문 상단에 위치한 제목과 연계하여 답을 찾기가 비교적 수월한 편입니다.

빈출 질문 유형

Part 2 주제

What is the article **mainly about**?
이 기사는 주로 무엇에 관한 것인가?

What is the study **all about**?
이 연구는 무엇에 관한 것인가?

According to the article, what has happened to vaquita since 1958?
기사에 따르면, 1958년 이래로 바키타돌고래에게 무슨 일이 발생해왔는가?

Part 4 목적

Why did Williams **write** to Johnson?
윌리엄스는 왜 존슨에게 편지를 썼는가?

Why did Miller **write a letter** to Wright?
밀러는 라이트에게 왜 편지를 썼는가?

What is the **main purpose** of Olivia Taylor's **letter** to John Allen?
올리비아 테일러가 존 앨런에게 쓴 편지의 주된 목적은 무엇인가?

What is Daniel Turner's company buliding?
대니얼 터너의 회사는 무엇을 건설하고 있는가?

문제 유형 예제

문제

Q. Why did William Davis **write** to Samuel Smith?

(a) to thank Smith for attending the conference
(b) to ask for products that will be used to promote an event
(c) to offer Smith a booth at the event
(d) to ask Smith to become a business partner

윌리엄 데이비스는 왜 새뮤얼 스미스에게 편지를 썼는가?
(a) 회의에 참석한 스미스에게 감사하기 위해
(b) 이벤트를 활성화하기 위해 사용될 제품을 요청하기 위해
(c) 스미스에게 행사에서 부스를 제공하기 위해
(d) 스미스에게 사업 파트너가 되어 달라고 요청하기 위해

STEP 1 문제 먼저 보기

질문을 읽고 문제 유형을 파악합니다. Part 2 또는 4의 첫번째 문제는 일반적으로 주제/목적을 묻는 문제가 나옵니다.

지문

In the past, we contacted local companies and requested sample products. These products will be a part of the welcome baskets that we place in the hotel rooms of the attendees. **In regards to this, we would like to ask you to contribute 800 bags of Crispy Potato Chips, which will be included in this year's welcome baskets.** In exchange, we will make sure to include a brochure advertising your business and line of products.

일전에, 현지 기업들에게 연락을 취해 샘플 상품을 요구했습니다. 이 상품들은 참석자의 호텔 객실에 둘 환영 선물의 일부가 될 것입니다. 이와 관련하여, 올해 환영 선물에 포함될 크리스피 감자칩 800봉지를 보조해주시길 부탁드립니다. 이를 대신해, 귀하의 사업과 제품 라인을 광고할 브로셔를 반드시 포함시키도록 하겠습니다.

STEP 2 정답의 단서 찾기

주제/목적 문제 유형은 정답의 단서가 주로 지문의 첫번째 단락에 위치해 있는 경우가 많습니다.

정답

(b) to ask for products that will be used to promote an event

→ 해당 단락에서 데이비스는 올해 환영 선물에 포함될 크리스피 감자칩 800봉지를 보조해주시길 부탁드린다고 나오고 있다.

STEP 3 정답 고르기

정답의 단서를 가장 잘 패러프레이징 한 보기를 답으로 고릅니다.

패러프레이징

ask you to contribute 800 bags of Crispy Potato Chips
→ ask for products

which will be included in this year's welcome baskets
→ that will be used to promote an event

2 세부 내용

- 출제 비중이 가장 높은 문제 유형으로, 글의 특정 세부 내용에 대해 정확히 파악하고 있는 묻는 문제가 출제됩니다.
- 질문의 키워드를 먼저 파악한 뒤, 지문에서 이를 언급하고 있는 부분을 찾아 그 주변 내용을 함께 읽으며 정답의 단서를 찾습니다.
- 정답은 일반적으로 문제의 보기와 다른 표현으로 패러프레이징된 형태로 나오기 때문에, 지문에 주어지는 세부적인 정보들이 보기에 잘 반영되어 있는지 확인해야 합니다.
- 질문의 의문사는 단순 정보(what), 행위의 이유(why) 또는 방법(how) 등에 대해 묻는 what/why/how 위주로 나옵니다.

빈출 질문 유형

What is Karl Lagerfeld most known for?
칼 라거펠트는 무엇으로 가장 잘 알려져 있는가?

Why was the public opening of the London Eye delayed?
런던 아이의 공공 개방은 왜 연기되었는가?

How did publishers first respond to Rowling's manuscript?
출판사들은 롤링의 원고에 처음에 어떻게 반응하였는가?

According to the article, **when** will the Hispaniolan solendon use its snout?
기사에 따르면, 히스파니올라솔레노돈은 언제 그의 주둥이를 사용할 것인가?

Where did the origin of spaghetti come from?
스파게티의 기원은 어디에서 유래하였는가?

According to the letter, **who** can take advantage of the school program?
편지에 따르면, 학교 프로그램을 누가 이용할 수 있는가?

문제 유형 예제

문제

Q. **Why** did William Kidd want to **become a sailor**?

(a) His father related his sea exploits to him.
(b) He often read books about pirates.
(c) He learned about sailing in one of his Literature classes.
(d) His family managed a shipping business.

STEP 1 문제 먼저 보기

질문을 읽고 세부 내용 문제임을 파악합니다. 질문에 제시된 키워드를 표시해 둡니다.

왜 윌리엄 키드는 뱃사람이 되고 싶어 했는가?
(a) 그의 아버지는 자신이 바다에서 있었던 무용담을 그에게 들려주었다.
(b) 그는 종종 해적에 관한 책을 읽었다.
(c) 그는 그의 문학 수업들 중 하나에서 항해에 대해 배웠다.
(d) 그의 가족은 해운업을 운영했다.

지문

Kidd was born in Scotland in 1655. **His father was a sailor and often told him about his adventures at sea. This inspired him to become a sailor himself.** Eventually, he became captain of the trading ship Antigua. In 1680, the Antigua tore its sail and was forced to dock in New York. There, he met and married the wealthy widow Sarah Bradley Cox Oort.

STEP 2 정답의 단서 찾기

질문의 키워드가 언급된 단락을 찾은 뒤, 해당 부분의 주변을 읽으며 정답의 단서를 찾습니다.

일전에, 현지 기업들에게 연락을 취해 샘플 상품을 요구했습니다. 이 상품들은 참석자의 호텔 객실에 둘 환영 선물의 일부가 될 것입니다. 이와 관련하여, 올해 환영 선물에 포함될 크리스피 감자칩 800봉지를 보조해주시길 부탁드립니다. 이를 대신해, 귀하의 사업과 제품 라인을 광고할 브로셔를 반드시 포함시키도록 하겠습니다.

정답

(a) His father related his sea exploits to him.
→ 질문의 키워드인 'become a sailor'가 언급된 부분에서, 키드의 아버지는 키드에게 바다에서 있었던 모험들을 들려주곤 했다는 내용이 나오고 있다.

STEP 3 정답 고르기

정답의 단서를 가장 잘 패러프레이징 한 보기를 답으로 고릅니다.

패러프레이징

told him about his adventures at sea
→ related his sea exploits to him

3 추론

- 지문의 내용을 바탕으로 또다른 사실을 추론하는 유형으로, 질문에 most likely나 probably와 같은 표현이 포함되어 있는 것이 특징입니다.
- 지문에 주어진 정답의 단서를 올바르게 패러프레이징한 보기를 답으로 고르는 세부 내용 유형과는 달리, 추론 유형에서는 지문에 정답을 고르기 위한 직접적인 단서가 없어 문제의 난이도가 비교적 높은 편입니다.
- 지문에서 질문의 키워드가 언급된 부분의 앞뒤를 읽고, 거기서 얻은 정보를 토대로 가장 적절한 추론을 한 보기를 답으로 선택합니다.
- 지문에서 언급되지 않은 정보를 토대로 정답을 고르지 않도록 주의해야 합니다.

빈출 질문 유형

What is **most likely** the reason why dogs and cats are familiar to people?
개와 고양이가 사람들에게 친숙한 이유는 무엇일 것 같은가?

How did the woman **probably** spend most of her life?
여자는 그녀의 인생 대부분을 어떻게 보냈을 것 같은가?

문제 유형 예제

문제

Q. According to the Carl Mitchell, what will **probably** result if **Westfield Mall, Inc. does not revise its offer**?

(a) Mentor Toys will not earn enough revenue.
(b) Mentor Toys might have to increase its labor cost.
(c) Mentor Toys might close down.
(d) Mentor Toys's product quality might deteriorate.

STEP 1 문제 먼저 보기

질문을 읽고 추론 문제임을 파악한 뒤 보기를 분석합니다. 질문에 제시된 키워드를 표시해 둡니다.

칼 미첼에 따르면, 웨스트필드 몰이 제안을 수정하지 않으면 어떤 결과가 나올 것 같은가?

(a) 멘토 토이즈는 충분한 수익을 얻지 못할 것이다.
(b) 멘토 토이즈는 인건비를 올려야 할지도 모른다.
(c) 멘토 토이즈가 문을 닫을 수 있습니다.
(d) 멘토 장난감의 제품 품질이 저하될 수 있습니다.

지문

I have studied your company's proposal and I am generally amenable to the conditions of your offer, except for the display rate. Perhaps you could lower it from 15% to 10% of the selling price? Our company puts a premium on the quality of our toys and the workmanship involved in making them. This is why our labor cost is higher by almost 35% as compared to other toy companies that use machines. **Your current offer leaves us with only a 2% profit margin, which is not favorable for a startup company like ours.**

Carl Mitchell

STEP 2 정답의 단서 찾기

질문의 키워드가 언급된 곳을 찾아 주변 내용을 읽으며 정답의 단서를 찾습니다. 이때 추론은 반드시 지문에서 제공하는 정보를 바탕으로 할 수 있어야 합니다.

귀사의 제안을 검토해 보니 진열비를 제외하고는 제안한 조건들이 정말로 마음에 듭니다. 진열비를 판매가격의 15퍼센트에서 10퍼센트로 낮출 수 있을까요? 당사는 장난감의 질을 중시하여 수작업이 요구됩니다. 그런 이유로 기계를 사용하는 다른 장난감 회사들에 비해 저희의 인건비는 거의 35퍼센트가 더 높습니다. 귀사의 현 제안은 저희 회사와 같은 스타트업의 형편에 맞지 않는 2퍼센트의 이윤만을 남겨줄 뿐입니다.

정답

(a) Mentor Toys will not earn enough revenue.
→ its offer(웨스트필드 몰의 제안)가 your current offer로 나오고 있는 부분을 보면, 현재의 제안으로는 이윤이 2퍼센트밖에 남지 않는다고 했다. 즉, 제안을 수정하지 않으면 멘토 토이즈는 충분한 수익을 얻지 못할 것임을 추론할 수 있다.

STEP 3 정답 고르기

지문에 언급된 정보를 토대로 가장 적절하게 추론한 보기를 답으로 고릅니다.

❹ 일치/불일치

- 지문의 특정 정보가 문제의 각 보기와 일치하는지 또는 불일치하는지 여부를 묻는 사실 확인 유형으로 출제 빈도가 가장 낮습니다. 질문에 what, which(of the following), NOT, true 등을 나오는 것을 통해 문제 유형을 파악할 수 있습니다.
- 질문의 키워드가 언급된 단락을 보면 약 네 가지의 특징이 나열되어 있으며, 이 중에서 틀린 것 또는 옳은 것을 찾을 수 있는지 묻는 문제가 출제됩니다.
- 일치 유형은 보기 중 지문의 내용과 일치하는 하나의 보기를 답으로 골라야 합니다. 반면 불일치 유형은 네 개의 보기 중 지문의 내용과 일치하지 않는 하나의 보기를 답으로 골라야 합니다.
- 지문에 나열되어 있는 특징과 각 보기를 대조하면서 오답을 하나씩 소거해 나가는 것이 효과적입니다.

빈출 질문 유형

일치

Based on the article, **what** is **true** regarding how hyenas hunt their prey?
기사에 따르면, 하이애나들이 그들의 먹잇감을 사냥하는 방법에 관해 사실인 것은 무엇인가?

Which of Hemingway's books won the Pulitzer Prize?
헤밍웨이의 책들 중 퓰리처상을 수상했던 것은 어느 것인가?

불일치

What is **NOT** a way to remove snow and ice from solar panels?
태양광 패널에 있는 눈과 얼음을 제거하는 방법이 아닌 것은 무엇인가?

Which of the following is **NOT true** about the declaration of independence?
독립선언에 관하여 다음 중 사실이 아닌 것은 어느 것인가?

문제 유형 예제

문제

Q. According to the article, what is **NOT** true about **fitness tech**?

(a) It can give one advice about exercise.
(b) It can cause one to burn more calories.
(c) It can keep track of one's heartbeats.
(d) It can measure how far one has walked.

STEP 1 문제 먼저 보기

질문을 읽고 불일치 문제 유형임을 파악하고 질문에 제시된 키워드를 표시해 둡니다. 또한 각 보기를 키워드 중심으로 분석합니다.

기사에 따르면, 피트니스 기술에 대해 사실이 아닌 것은 무엇인가?
(a) 그것은 사람에게 운동에 대한 조언을 해줄 수 있다.
(b) 그것은 사람이 칼로리를 더 많이 소모하게 할 수 있다.
(c) 그것은 사람의 심장 박동을 파악할 수 있다.
(d) 그것은 사람이 얼마나 멀리 걸었는지를 측정할 수 있다.

지문

Fitness tech includes wearable fitness trackers, smart gym equipment, and mobile apps that all serve to monitor a user's physical state. Some fitness tech is simple, like smart phone apps that count **how many steps one has taken** or how many **calories** one has consumed in the day. Other devices, like fitness trackers that perform many of the same functions as a smart watch, can also measure **heart rate** and sleep quality in addition to offering **tips** for better workouts.

STEP 2 정답의 단서 찾기

질문의 키워드가 언급되고 있는 단락을 꼼꼼히 읽으며 각 보기와 지문의 내용을 하나씩 대조해 봅니다.

피트니스 기술에는 착용 가능한 피트니스 트래커, 스마트 운동 장비, 그리고 사용자의 신체 상태를 모니터링하는 모바일 앱이 포함된다. 어떤 피트니스 기술은 하루에 얼마나 많이 걸었는지 또는 하루에 소비한 칼로리가 얼마인지를 산출하는 스마트폰 앱처럼 간단하다. 스마트 워치와 동일한 기능을 많이 수행하는 피트니스 트래커와 같은 다른 장치들은 더 나은 운동을 위한 조언을 제공할 뿐 아니라 심박수와 수면의 질도 측정한다.

정답

(b) It can cause one to burn more calories.
→ 지문에는 피트니스 기술에 대해 하루에 소비한 칼로리가 얼마인지를 산출하는 스마트폰 앱이 있다고 했지만, 그것이 사람으로 하여금 칼로리를 더 많이 소모하게 할 수 있다는 언급은 없다.

STEP 3 정답 고르기

오답을 하나씩 소거하면서 정답을 찾습니다.

패러프레이징

(a): offering → give, tips → advice
(c): measure → keep track of, heart rate → heartbeats
(d): count → measure, how many steps one has taken → how far one has walked

독해&어휘 **153**

5 어휘

- 지문에 밑줄 친 어휘와 문맥상 가장 유사한 어휘를 보기 중에서 고르는 유형으로, 해당 어휘가 지문에서 어떤 의미로 사용되고 있는지를 파악하는 것이 중요합니다.
- 해당 어휘를 대신해도 동일한 지문 흐름을 유지할 수 있는 보기를 고르는 것이 문제풀이의 핵심입니다.
- 사전적 유의어가 보기에 두 개 이상 주어지는 경우, 문맥에 가장 잘 부합하는 어휘가 답이 됩니다. 사전적 유의어가 보기에 없는 경우에는 문맥적으로 의미가 가장 통하는 어휘를 찾아 답으로 고릅니다.
- 파트별로 2문제씩 총 8문제가 출제됩니다

빈출 질문 유형

In the context of the passage, jumpstart means _____.
해당 절의 문맥에서, jumpstart는 _____를 의미한다.

In the context of the passage, resurgence means _____.
해당 절의 문맥에서, resurgence는 _____를 의미한다.

문제 유형 예제

사전적 유의어가 두 개 이상 주어지는 경우

In 1977, Rubik launched the first batches of Magic Cubes to the public in Budapest toy shops.

Q. In the context of the passage, launched means _____.

(a) started
(b) released
(c) departed
(d) introduced

→ 위 문장에서 launch는 '출시했다'의 의미로 사용되고 있으므로, 보기 중 문맥에 가장 가까운 보기인 (b) released가 정답이다. (a) started의 경우 launch가 '개시하다, 출발하다'의 의미가 있기는 하지만, 문맥상 어울리지 않아 답이 될 수 없다.

1977년에, 루빅은 부다페스트에 있는 장난감 가게에서 대중들에게 매직 큐브의 첫번째 물량을 출시했다.

해당 절의 문맥에서, launched는 _____를 의미한다.

(a) 시작했다
(b) 출시했다
(c) 출발했다
(d) 소개했다

사전적 유의어가 보기에 없는 경우

We are looking at <u>forging</u> a partnership with you via your "display and sell" offer.

Q. In the context of the passage, <u>forging</u> means _____.

(a) displaying
(b) announcing
(c) revealing
(d) strengthening

→ forge는 사전적으로 '형성하다'라는 의미로 form, create와 같은 의미를 지니지만, 주어진 문맥에서는 파트너십을 다져나간다는 뜻이므로 forge가 '강화하다'라는 의미로 쓰이고 있음을 알 수 있다. 따라서 정답은 (d) **strengthening**이다.

당사는 귀사의 "디스플레이 및 판매" 제안을 통해 귀사와의 파트너십을 구축하기를 고려하고자 합니다.

해당 절의 문맥에서, forging은 _____를 의미한다.
(a) 전시하기
(b) 발표하기
(c) 드러내기
(d) 강화하기

PART 1 인물의 일대기

Final 실전 지텔프

Part 1에서는 유명한 인물의 일대기에 대한 내용을 다룹니다. 인물 소개, 유년기, 초기 활동, 주요 업적 및 성과, 현재 근황 또는 사후 평가 등과 관련하여 문제가 출제됩니다.

문항 수	7문항 → 독해 5문항(53번~57번), 어휘 2문항(58~59번)
빈출 주제	**역사적 인물** > 발명가, 정치인, 과거의 왕 **문화/예술** > 배우, 영화감독, 가수, 소설가, 패션 디자이너 **스포츠** > 축구, 농구, 올림픽 **유명 인사** > 현대의 유명 기업 CEO, 기업가, 창업자

1 지문의 흐름과 특징

- **인물 소개** — 유명한 이유
- **어린 시절** — 태어난 곳, 영향을 끼친 인물 및 사건, 활동영역에 관심을 갖게 된 계기 등
- **초기 활동**
- **주요 업적 및 성과** — 중요한 사건, 초기 경력, 주요 활동/수상/업적 등
- **근황 또는 평가** — 말년의 근황, 인물의 죽음

1. Part 1의 본문 흐름은 시간순(유년기 → 성인 → 말년)으로 내용이 전개되며, 이때 주요 활동이 연도별로 구분될 수 있습니다. 연도는 패러프레이징 될 수 없기 때문에, 질문에 연도가 등장했다면 본문에서 나타난 해당 연도를 연결시켜 정답의 단서를 찾으면 됩니다.

2. 해당 인물의 업적이나 성과, 또는 영화, 노래, 그림의 작품명이나 다양한 등장인물들과 같은 고유명사들이 여러 개 나열되는 지문에서는 4개의 보기 중 옳은 것 또는 틀린 것을 고르는 true문제 또는 NOT문제가 출제될 수 있습니다.

2 단락별 키워드 표현 & 어휘

1 인물 소개

🎯 첫 단락에서는 인물의 간략한 소개를 바탕으로 해당 인물이 무엇으로 유명한지에 관해 묻는 문제가 자주 출제됩니다.

> **ex)** What is Daniel Radcliffe most known for?
> 다니엘 래드클리프는 무엇으로 가장 잘 알려져 있는가?
>
> **정답이 되는 핵심 키워드 표현**
>
> (be) famous/noted/notable for ~로 유명하다(유명한)
> (be) best known/recognized for ~로 가장 잘 알려져 있다(있는)
> (be) regarded/considered as ~라고 여겨지다(여겨지는)
> be an influential figure in ~에서 영향력 있는 인물이다

빈출 어휘 create 창조하다 elevate 높이다 found 세우다, 설립하다 renowned 유명한 successful 성공적인 contribution 공헌 entrepreneur 기업가

2 어린 시절

🎯 두번째 단락에서는 해당 인물의 어린 시절에 대한 내용을 바탕으로 성장 과정, 가족 관계, 영감의 대상, 진로 선택 계기, 특정 나이를 가리켜 그때 당시에 무엇을 하였는지 등에 대해 묻는 문제가 주로 출제됩니다.

> **ex)** How did Eric Ripert show his cooking skills as a child?
> 에릭 리퍼트는 어렸을 때 어떻게 요리 기술을 보였는가?
>
> **정답이 되는 핵심 키워드 표현**
>
> at the age of ~의 나이에
> start Ving ~하기 시작하다
> become interested in ~에 흥미를 갖게 되다
> be greatly influenced by ~에 의해 크게 영향을 받다
> show/develop/acquire an interest in ~에 대한 흥미를 보이다/드러내다/얻다
> pursue a career in ~의 경력을 추구하다

빈출 어휘 inspire 영감을 주다 raise 기르다 grow up 성장하다 influence 영향을 미치다 introduce 소개하다 attend 참석하다, 다니다 decide 결정하다 graduate 졸업하다 drop out 중퇴하다 talent 재능 fondness 애정

❸ 초기 활동 & 주요 업적 및 성과

 중반부 단락부터는 어린 시절을 보낸 뒤 해당 인물의 초기 활동, 주요 업적 및 성과에 대한 내용을 바탕으로 관련 내용을 묻는 문제가 주로 출제됩니다

ex) Which of Chloé Zhao's films won Academy Award for Best Director?
클로이 자오의 영화 중 어떤 것이 아카데미 감독상을 수상하였는가?

정답이 되는 핵심 키워드 표현

be well-received 호평을 받다
see potential in ~에서 잠재력을 보다
have a huge impact on ~에 엄청난 영향력을 미치다
receive an award 상을 받다

빈출 어휘
attract 끌어들이다 **release** 출시하다 **praise** 찬양하다 **earn** 얻다, 벌어들이다 **achieve** 달성하다 **improve** 향상시키다 **expand** 확장하다 **satisfy** 만족시키다 **establish** 확립하다 **complete** 완성하다 **award** 수상하다 **criticize** 비판하다

❹ 근황 또는 평가

 마지막 단락에서는 해당 인물에 대해서 현재의 평가, 말년의 근황, 사후 평가 등과 관련하여 문제가 출제됩니다.

ex) How did Mara Wilson spend her time later in life?
마라 윌슨은 말년에 그녀의 시간을 어떻게 보냈는가?

정답이 되는 핵심 키워드 표현

be rewarded for ~로 상을 받다
contribute significantly to ~에 크게 기여하다
has continued Ving/to V 계속해서 ~해오고 있다
spend 시간 Ving ~하는 데 시간을 보내다
be devoted/dedicated/committed to Ving ~하는 데에 전념하다

빈출 어휘
retire 은퇴하다 **pass away** 사망하다 **celebrate** 축하하다 **characterize** 특징짓다 **commitment** 헌신, 전념 **effort** 노력 **advancement** 발전 **struggle** 투쟁, 분투

빈출 문제 유형 엿보기

질문 키워드

ex) **What** is Woody Allen **most known for**?

American director, writer, producer, and actor Woody Allen is a divisive figure who nevertheless remains a highly-influential filmmaker in Hollywood. **He is especially known for** featuring nervous and anxiety-laden upper-class New Yorkers as central characters in his movies. Through his films' brilliant plots, he set the standard for modern romantic-comedies.

(a) having the most award-winning films in Hollywood
(b) depicting wealthy characters filled with worries
(c) adapting popular romance novels to film
(d) playing central characters in his movies

 문제풀이 공식

❶ 질문 먼저 읽기 → what ~ most known for을 통해 우디 앨런이 유명한 이유를 묻는 문제임을 확인합니다.
❷ 질문의 키워드가 본문의 especially known for로 패러프레이징된 부분에서 정답의 단서를 찾습니다.
❸ featuring nervous and anxiety-laden upper-class New Yorkers as central characters를 가장 적절하게 패러프레이징한 보기를 답으로 고르면 됩니다.

해석

예) 우디 앨런은 무엇으로 가장 잘 알려져 있는가?

미국의 감독, 작가, 프로듀서, 배우인 우디 앨런은 의견이 분분한 인물이며, 그럼에도 불구하고 할리우드에서 매우 영향력 있는 영화 제작자로 남아있다. 그는 그의 영화의 중심 인물로 불안감과 걱정으로 괴로워하는 뉴욕 상류층을 등장시키는 것으로 특히 유명하다. 그의 영화의 우수한 각색을 통해, 그는 현대 로맨틱 코미디의 기준을 마련하였다.

(a) 헐리우드에서 가장 많은 상을 받은 영화를 보유한 것
(b) 걱정으로 가득한 부자 캐릭터를 묘사한 것
(c) 인기 있는 로맨스 소설을 영화로 각색한 것
(d) 그의 영화 안에서 중심 인물 역할을 한 것

해설

해당 단락의 'He is especially known for featuring nervous and anxiety-laden upper-class New Yorkers as central characters in his movies.'에서 우디 앨런이 그의 영화의 중심 인물로 불안감과 걱정으로 괴로워하는 뉴욕 상류층을 등장시키는 것으로 특히 유명하다고 했다. 따라서 (b)가 정답이다.

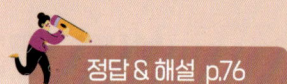

1 What is John Lewis most known for?

> **JOHN LEWIS**
>
> John Lewis was an African American politician and civil rights activist. He was an important figure in the civil rights movement and is known for helping to organize the first march from Selma to Montgomery, which later came to be called Bloody Sunday.

(a) starting the civil rights movement
(b) playing a key role in a significant demonstration

2 Why did Lewis not have much contact with white people in his community when he was a child?

> On February 21, 1940, John Robert Lewis was born near Troy, Alabama. His parents were sharecroppers, and the family grew up poor in a primarily black area with little interaction with white people. As he grew older, he noticed the effects of segregation and racism during trips to Troy with his family. On a trip to New York to visit family, he witnessed the stark contrast between segregation in the South and the integration of the North, where white and black people went to the same schools, frequented the same businesses, and shared the same social facilities.

(a) because there were few white people around
(b) because his family kept him from interacting

3 Why most likely did Lewis visit segregated diners?

> As a college student, Lewis got involved with the civil rights movement and organized sit-ins in Nashville, Tennessee, at lunch counters where African Americans were not allowed to eat. He was also part of a group that protested against segregation on buses. He was arrested many times for these and other nonviolent activities. Lewis coined the phrase "good trouble, necessary trouble" to describe his philosophy for [6]enacting change.

(a) to assert his right to occupy certain spaces
(b) to talk about his philosophy with business owners.

4 Based on the text, what probably spurred on support for voting rights?

> Along with Martin Luther King Jr., Lewis was a major civil rights activist who organized a series of marches to push for African Americans' voting rights. In 1965, on what later came to be known as Bloody Sunday, Lewis led around 600 participants across the Edmund Pettus Bridge in Selma, Alabama, where they were met by a wall of police. State troopers used tear gas and nightsticks to beat back the marchers, and troopers on horseback charged into the crowd. The images of police attacking peaceful protestors provoked outrage among the American public, and support for the voting rights bill increased substantially.

(a) the public experiencing violence for themselves
(b) people seeing nonviolent marchers attacked

5 According to the article, how was Lewis rewarded for his commitment to civil rights?

> Lewis was elected as a member of the US House of Representatives in 1986 and went on to be reelected 16 times. He was honored with many awards, including the Presidential Medal of Freedom from former President Barack Obama for his lifelong commitment to defending civil and human rights.
>
> Lewis passed away on July 17, 2020. However, his legacy has continued to inspire politicians who wish to carry on the work of encouraging civic engagement and [7]striving for equality for all.

(a) He was chosen by the president to be a representative.
(b) He received a presidential honor.

6 In the context of the passage, enacting means _____.
(a) appointing   (b) forcing   (c) accomplishing   (d) performing

7 In the context of the passage, striving means _____.
(a) fighting   (b) calling   (c) hoping   (d) voting

PART 1. Read the following biography article and answer the questions. The underlined words in the article are for vocabulary questions.

ELLEN JOHNSON SIRLEAF

Ellen Johnson Sirleaf is a Liberian politician, economist, and Nobel Laureate. Widely known as "Africa's Iron Lady," she is most notable for being the first woman elected head of state of an African country, serving as Liberia's president from 2006 to 2018.

Sirleaf was born Ellen Eugenia Johnson on October 29, 1938, in Monrovia, Liberia. Her mother was a teacher and her father was a politician who served in the national legislature. Sirleaf grew up around and was greatly influenced by the Americo-Liberian community, descendants of people from the US and elsewhere who had settled in Liberia during the nineteenth century. During Sirleaf's childhood, Americo-Liberians were the reigning elite that controlled the political, social, cultural, and economic aspects of the country.

After preparatory school, she married James Sirleaf and had four sons. She was primarily a homemaker, but she had an opportunity to travel to the US where she earned an accounting degree in 1961. After returning to Liberia, Sirleaf divorced her abusive husband and later went back to the US to study, eventually earning a master's degree in public administration from Harvard in 1971.

Sirleaf returned to Liberia to serve in the government, in time becoming Minister of Finance. In that post, she publicly criticized the country's corporations for damaging the national economy by neglecting to reinvest profits back into Liberia. After a violent military coup in 1980, Sirleaf temporarily fled Liberia and worked for various international institutions and private banking organizations. Between 1980 and 2003, amidst two civil wars, several coup attempts, and multiple general elections tainted by fraud, Sirleaf remained engaged in Liberian politics despite multiple politically motivated arrests.

In 2005, Sirleaf was elected president of Liberia, becoming Africa's first democratically elected female head of state. In 2011, just prior to being reelected for a second term as president, Sirleaf was awarded the Nobel Peace Prize for promoting the rights of women and encouraging their participation in peace-building efforts. She has also been celebrated for advancing peace, reconciliation, and social and economic development in the region.

Following her presidency, Sirleaf has remained committed to empowering women and highlighting their roles in the advancement of African nations. She has also served on various private financial boards and international committees promoting health and economic development.

1. According to the article, what is Ellen Sirleaf most known for?

   (a) being Africa's first female politician
   (b) being Liberia's first freely elected president
   (c) being the first woman elected leader of an African nation
   (d) being the first Nobel Laureate from Africa

2. What most likely had the greatest impact on Sirleaf's upbringing?

   (a) her exposure to a powerful group of citizens
   (b) the legislation her father composed
   (c) her mother's lessons on national politics
   (d) the nearby community of brand-new settlers

3. Why did Sirleaf return to America after 1961?

   (a) to continue her accounting studies
   (b) to find work in university administration
   (c) to escape from an abusive relationship
   (d) to further her knowledge of public services

4. Based on the text, what do Sirleaf's activities between 1980 and 2003 illustrate about her?

   (a) She prefers working with private corporations.
   (b) She is unafraid to criticize the military.
   (c) She is willing to compromise to avoid arrest.
   (d) She remains persistent despite political obstacles.

5. Why did Sirleaf receive the Nobel Prize?

   (a) because she led women to rebel against the government
   (b) because she empowered people once underrepresented
   (c) because she brought economic prosperity to the region
   (d) because she successfully ended a civil war

6. In the context of the passage, neglecting means _____.

   (a) forgetting
   (b) escaping
   (c) failing
   (d) stopping

7. In the context of the passage, highlighting means _____.

   (a) brightening
   (b) emphasizing
   (c) performing
   (d) repeating

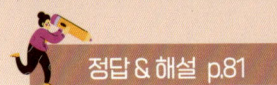

PART 1. Read the following biography article and answer the questions. The underlined words in the article are for vocabulary questions.

ERNEST HEMINGWAY

Ernest Hemingway is one of the most important authors in Western literature. His works, including *A Farewell to Arms* and *For Whom the Bell Tolls*, are some of the most influential writings of twentieth-century fiction. Considered one of America's greatest writers of all time, Hemingway won the Nobel Prize in Literature in 1954.

Ernest Miller Hemingway was born to Clarence Hemingway and Grace Hall on July 21, 1899, in Oak Park, Illinois. Young Ernest was named after his grandfather, Ernest Hall. He had a comfortable childhood and enjoyed hunting, fishing, and camping with his father. Hemingway attended Oak Park and River Forest High School and started writing for the high school newspaper at 17. This hobby eventually turned into a real journalistic pursuit as he later went on to work for the *Kansas City Star*.

In 1918, Hemingway signed on as an ambulance driver for the Red Cross during World War I in Europe. Although he was never at the forefront of the war, he experienced many horrors during his service, most of which he used as inspiration for his stories. His military career ended when he was seriously wounded by a mortar explosion and taken to the hospital to have shrapnel removed from his legs. He was then sent back to America where he resumed writing.

Hemingway began working as a correspondent for the *Toronto Star*. This pivotal career move sent him to Paris where he wrote his first novel, *The Sun Also Rises*. The book, which is about the consequences of war on a generation, was published in 1926. It earned Hemingway approval from the critics for his direct writing style. Soon, he began to get recognition as an important writer.

Hemingway later worked as a war correspondent in World War II. He then moved to Cuba where he wrote his Pulitzer Prize-winning novel, *The Old Man and the Sea*. He won the Nobel Prize for Literature two years later.

By the late 1950s, Hemingway began having difficulty organizing and completing his writing. He also became seriously ill. After a long struggle with his mental health, he died by suicide in 1961. He was survived by three ex-wives, his widow, and three children. His body of work includes 25 books, some of which were published after his death.

8 What was Ernest Hemingway doing at the age of 17?

(a) working for a Kansas City newspaper
(b) learning various outdoor skills
(c) writing for his high school newspaper
(d) enlisting as a soldier

9 Based on the article, how did Hemingway's first military service benefit him?

(a) by providing him with ideas for stories
(b) by allowing him to explore Paris
(c) by inspiring him to become a war reporter
(d) by earning him a literary prize

10 What probably did literary critics like about Hemingway's writing?

(a) his accounts of the wars
(b) his obsession with fishing
(c) his romantic stories about Paris
(d) his straightforward writing style

11 Which of Hemingway's books won the Pulitzer Prize?

(a) *The Sun Also Rises*
(b) *The Old Man and the Sea*
(c) *A Farewell to Arms*
(d) *For Whom the Bell Tolls*

12 Based on the passage, why most likely did Hemingway lose confidence in his writing later in life?

(a) He could no longer write with the same ease.
(b) His war memories became overwhelming.
(c) He received heavy criticism from the public.
(d) His personal relationships distressed him.

13 In the context of the passage, resumed means _____.

(a) stopped
(b) started
(c) developed
(d) continued

14 In the context of the passage, pivotal means _____.

(a) serious
(b) regular
(c) important
(d) risky

PART 2 잡지 기사

Final 실전 지텔프

Part 2에서는 자연, 과학, 의학, 환경 분야에서의 다양한 연구와 실험, 사회적으로 이슈화된 현상에 관한 내용을 다룹니다. 주로 연구의 결과, 배경, 특징, 시사점 및 한계와 관련하여 문제가 출제됩니다.

문항 수	7문항 → 독해 5문항(60번~64번), 어휘 2문항(65~66번)
빈출 주제	**자연** 〉 고대 화석 또는 유물의 발견, 동식물의 멸종 위기, 해양 생물의 생태계 변화 **과학** 〉 첨단기술 또는 신소재 개발, 3D 프린팅, 사람의 감정과 뇌의 화학작용 **의학** 〉 커피와 건강의 상관관계, 신약 또는 치료제 개발, 음주의 이로운 효과 **환경** 〉 도심의 나무 심기, 친환경 솔루션의 환경적 이점, 온실 효과 **사회** 〉 사회적으로 이슈화된 현상의 원인과 문제점 분석

1 지문의 흐름과 특징

- **연구 주제** — 연구/신기술/새로운 발견/현상 소개
- **연구 배경 및 과정** — 연구의 목적, 용어 설명, 실험 방법, 발견된 현상의 원인 등
- **연구 결과의 특징**
- **시사점** — 연구 결과 분석, 연구의 의의, 문제 제기 등
- **한계/추후 과제** — 연구의 한계, 해결방안, 향후 전망 제시

1. 본문 상단의 제목은 주제와 밀접한 연관이 있어 첫번째 문제의 단서가 되기도 합니다. 문제를 읽기 전에 제목을 먼저 보고 글의 전반적인 흐름을 예상해 봅니다.
   ➕ 앞에서 일반적인 통념이 소개된 뒤 but, however와 같은 역접의 표현이 나왔다면 바로 뒤에 '연구에 따르면 ~라고 한다'라는 식의 내용이 이어지며, 여기에서 정답의 단서가 나올 확률이 높습니다.

2. 위에 소개된 각 단락의 주요 흐름에서 질문의 키워드가 해당 연구에서 강조되는 특징으로 어떻게 패러프레이징되는지 파악하는 것이 중요합니다.

3. 연구 결과 또는 시사점을 토대로 기대할 수 있는 효과에 대해 추론하는 문제가 종종 출제되며, 이때 반드시 지문에 언급된 정보를 토대로 답을 유추해야 합니다.

2 단락별 키워드 표현 & 어휘

① 연구 주제

 첫번째 단락에서는 주로 연구, 신기술, 새로운 발견, 사회적 현상에 대해 소개하는 내용이 나옵니다. 이를 바탕으로 기사가 무엇에 관한 글인지를 묻는 문제가 주로 출제됩니다.

> *ex)* What is the study mainly about?
> 이 연구는 주로 무엇에 관한 것인가?
>
> **정답이 되는 핵심 키워드 표현**
>
> however, a new study suggests that 그러나, 새로운 연구는 ~을 시사한다
> a study found/reported/showed that 한 연구가 ~을 알아냈다/알렸다/보여주었다
> a team of researchers discovered that 한 연구팀이 ~을 발견했다
> scientists have found/identified that 과학자들은 ~을 알아냈다
> recent findings revealed/proposed that 최근의 연구 결과는 ~을 밝혀냈다/제안했다

빈출 어휘 assume 추정하다 prove 입증하다 influence 영향; 영향을 미치다 contribute 기여하다, 원인이 되다 conclude 결론을 내리다 perform 수행하다 publish 싣다, 게재하다 evidence 증거 factor 요인 benefit 이점

② 연구 배경 및 과정

 두번째와 세번째 단락에 걸쳐서 앞서 언급된 연구 결과에 대한 소개를 토대로 주로 연구 계기, 실험의 과정 또는 방법, 해당 연구와 관련된 용어의 개념 설명 등에 관하여 묻는 문제가 출제됩니다.

> *ex)* How did the researchers come up with the idea for the experiment?
> 연구원들은 이 실험의 아이디어를 어떻게 생각해냈는가?
>
> **정답이 되는 핵심 키워드 표현**
>
> the study focused on 그 연구는 ~에 집중했다
> the research aimed to discover 연구는 ~를 발견하는 것을 목표로 했다
> researchers observed 연구원들은 ~을 관찰했다
> researchers examined the results of 연구원들은 ~의 결과를 조사했다
> in conducting the study, the researchers compared data on 연구를 함에 있어서, 연구원들은 ~의 데이터를 비교했다.
> participants were instructed/asked/required to V 참가자들은 ~하라고 지시 받았다/요청 받았다
> be associated with ~와 관련되다

빈출 어휘 conduct (조사 등)을 하다, 실시하다 look into 조사하다 leave out 배제하다 measure 측정하다 undergo ~을 거치다 survey 설문조사를 하다 claim (사실이라고) 주장하다 endangered 멸종 위기에 처한 extinct 멸종한 opposite 반대 population 인구 proof 증거 difference 차이점 notion 개념 subject 피실험자

③ 연구 결과의 특징 & 시사점

 중반부 단락부터는 주로 연구 결과의 특징과 그로부터 도출된 시사점에 대한 내용을 바탕으로 관련 내용을 묻는 문제가 출제됩니다.

ex) What is the goal of the researchers in publishing their study?
연구를 게재함에 있어서 연구원들의 목표는 무엇인가?

정답이 되는 핵심 키워드 표현

the study was conducted in hopes of 이 연구는 ~을 희망하여 실시되었다
researchers concluded that 연구원들은 ~라고 결론을 내렸다
researchers analyzed the findings of 연구원들은 ~의 연구 결과를 분석했다
the researchers learned that 연구원들은 ~라는 것을 알게 되었다

빈출 어휘
cause 야기하다, 초래하다　lead to ~로 이어지다　pose (문제를) 제기하다　conflict 대립하다, 충돌하다　estimate 추정하다　anticipate 예상하다　indicate 나타내다　admit 인정하다　compare 비교하다　enhance 향상시키다　bestow 주다, 수여하다　related 관련된　noteworthy 주목할 만한　result 결과　statistics 통계

④ 한계/추후 과제

 마지막 단락에서는 주로 결론, 해당 연구의 한계, 향후에 극복해야 할 과제 또는 해결방안 등과 관련하여 문제가 출제됩니다.

ex) Based on the article, what conclusion can probably be drawn about caffeine?
기사에 따르면, 카페인에 관하여 어떤 결과가 도출될 수 있을 것 같은가?

정답이 되는 핵심 키워드 표현

the study did not directly prove that 이 연구는 ~를 직접적으로 증명하지 못했다
researchers were unable to determine why 연구원들은 왜 ~인지를 알아낼 수 없었다
researchers are still working on 연구원들은 아직 ~을 하고 있는 중이다
researchers are now searching for 연구원들은 현재 ~을 찾고 있는 중이다
note some downsides to ~의 몇 가지 단점을 언급하다

빈출 어휘
urge 촉구하다　advise 권고하다　address 다루다, 처리하다　require 요구하다　propose 제안하다　insist 주장하다　warn 경고하다　precisely 정확하게　response 반응　conclusion 결론

3 빈출 문제 유형 엿보기

질문 키워드

ex) **What** does the study say about **drinking alcohol and becoming obese**?

> 첫번째 단락 A recent study published in the Archives of Internal Medicine revealed that women who **drink alcohol** moderately are less likely to **gain weight** over time than non-drinkers. There have been several reports about an inverse association between alcohol consumption and body weight gain among women. However, according to Dr. Lu Wang, lead researcher of Brigham & Women's Hospital, this is the first extensive research on how alcohol consumption is related to the risk of becoming overweight among initially normal-weight women.

(a) Women who drink a lot weighed more than non-drinkers.
(b) Non-drinkers are typically overweight.
(c) Women who drink alcohol usually have a healthier diet.
(d) Moderate drinkers had lower risk of obesity.

 문제풀이 **공식**

❶ 질문 먼저 읽기 → 알코올음료와 비만에 관해 무엇을 말하는지 묻는 문제임을 확인합니다.
❷ Part 2의 첫번째 단락은 주로 주제를 묻는 문제 유형이 출제되고, 이때 A recent study ~ revealed that과 같은 키워드 표현이 사용된 부분에서 정답의 단서를 찾을 수 있습니다.
❸ women who drink alcohol moderately are less likely to gain weight over time than non-drinkers를 가장 적절하게 패러프레이징한 보기를 답으로 고르면 됩니다.

해석

예) 연구는 음주하는 것과 비만이 되는 것에 대해 무엇을 나타내는가?

> 미국 의사회 내과학학회지에 게재된 최근 한 연구는 술을 적당하게 마시는 여성들이 술을 마시지 않는 사람들보다 시간이 지남에 따라 체중이 늘어날 가능성이 더 적다는 것을 밝혀냈다. 여성들 사이의 알코올 소비와 체중 증가 사이의 역 연관성에 대한 보고가 지금까지 몇 가지가 있었다. 그러나, 브리검 여성병원의 수석 연구원인 루 왕 박사에 따르면, 이번이 알코올 소비가 어떻게 초기 정상 체중의 여성들 사이에서 과체중이 될 위험과 관련이 있는지에 대한 최초의 광범위한 연구이다.

(a) 술을 많이 마시는 여성은 비음주자보다 체중이 더 많이 나간다.
(b) 술을 마시지 않는 사람들은 일반적으로 과체중이다.
(c) 술을 마시는 여성들은 보통 더 건강한 식단을 가지고 있다.
(d) 적당하게 음주하는 사람들은 비만 위험이 낮았다.

해설

해당 단락의 'A recent study published in the Archives of Internal Medicine revealed that women who drink alcohol moderately are less likely to gain weight over time than non-drinkers.'에서 최근 한 연구가 술을 적당히 마시는 여성들이 술을 마시지 않는 사람들보다 체중이 늘어날 가능성이 더 적다는 것을 밝혀냈다고 했다. 따라서 (d)가 정답이다.

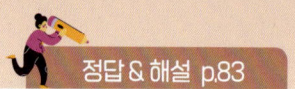

※ 1~5 : 독해, 6~7 : 어휘

1 According to the article, how are communities trying to manage the health concerns in their area?

> **URBAN FARMING MIGHT BE THE FUTURE OF AGRICULTURE**
> More food than ever is being produced, but increasingly people are finding themselves without access to healthy and affordable food items. Many communities are starting to turn to urban farming to change the health standards for their populations.

(a) by making healthcare more affordable
(b) by trying a different form of farming

2 What is a contributing factor to the fact that some people are faced with inadequate food options?

> Roughly six percent of Americans live in "food deserts," or areas where there is a shortage of nutritious food options. For many people, stores that sell fresh fruits and vegetables are located too far away, or the stores charge higher prices for healthier products. Lack of transportation and little time for food shopping and preparation also contribute to many Americans having a diet that is less than ideal. Urban farming may be the key to reversing these trends.

(a) not having enough shops in each neighborhood
(b) not having adequate parking at grocery stores

3 According to the article, why did victory gardens disappear?

> Urban farming is not new. During World War II, millions of Americans planted "victory gardens" or "war gardens" in their backyards to help provide additional food rations and to boost morale. However, once the war ended, the gardens faded away in favor of large-scale commercial farming. In recent years, as rural farmland has been bought up to accommodate the ⁶sprawl of growing cities, community gardens have been making a comeback. Many cities are setting up programs to encourage residents to utilize vacant lots or rooftops for urban gardens in order to get fresh fruits and vegetables into poorer neighborhoods.

(a) because they had no use after World War II
(b) because larger farms were being used instead

4 Why probably are urban farmers turning to vertical farming techniques?

> While urban gardens may not produce enough food for entire cities, they can help provide healthy, low-cost produce to neighborhoods suffering from low access. Additionally, with proper technology, farming can be done in [7]innovative ways. For example, vertical farming allows vegetation to be planted in stacked containers, creating a smaller footprint than traditional gardens. Urban farmers can easily purchase online the necessary equipment, such as frames, planters, and sun lamps, and start gardening in a space of just a few feet.

(a) They can grow more items in a small area.
(b) They can organize their plants more easily.

5 Based on the text, how can urban farming potentially reduce pollution?

> Urban farming also curtails the time it takes for food to move from the grower to a person's plate and slightly decreases the pollution caused by burning fossil fuel. For areas without adequate public transportation, people can more easily travel to and from the producers who provide fruits and vegetables to the community.

(a) by using no fuel to transport any of the food items
(b) by shortening the distance food has to be driven

6 In the context of the passage, sprawl means _____.
(a) variety   (b) idea   (c) spread   (d) style

7 In the context of the passage, innovative means _____.
(a) creative   (b) mechanical   (c) artistic   (d) challenging

PART 2. Read the following magazine article and answer the questions. The underlined words in the article are for vocabulary questions.

3D PRINTING TECHNOLOGY ALLOWS A 3,000-YEAR-OLD MUMMY TO SPEAK

With the use of 3D printers becoming more widespread, the technology has been used to print multistory buildings out of concrete and human organs out of living cells. The technology even made its way into the lab of an archeologist hoping to scan, print, and reanimate a 3,000-year-old mummy's vocal tract—the cavity in the body responsible for shaping a human's unique voice.

An electrical engineer used 3D printing to create a functioning replica of a human vocal tract that was capable of producing vowel sounds. Upon learning about this work, an archeologist wondered if the same technology could be applied to recreate the voice of someone from the past. The engineer and archeologist collaborated and, along with a team in the UK, published a report detailing their attempts to use the technology on an Egyptian mummy residing at the Leeds City Museum in England.

The team identified the mummy of Nesyamun, an Egyptian priest and scribe who worked at the Karnak Temple Complex over 3,000 years ago, as a suitable candidate for their project. In typical cases, the soft tissue making up the vocal tract decomposes after death. However, in Nesyamun's case, the soft tissue was embalmed and mostly intact as a result of mummification. This enabled the team to perform a digital scan of the mummy's body, generate a 3D computer model, and then print a 3D replica of the mummy's vocal tract.

With the aid of a loudspeaker and an electronic signal, the research team tested the replicated vocal tract. The resulting utterance was similar to a brief groan somewhere between the vowel sounds in the words bed and bad. The research marked the first time such technology was used to recreate a deceased person's voice.

The team acknowledged the experiment's limitations, but hoped to eventually recreate whole words and perhaps even full sentences given future modeling software. For museum curators, this represents an opportunity to potentially explain history through the literal voices of those who lived it. Fittingly, inscribed on Nesyamun's coffin is a message revealing his wish that his soul be able to speak in the afterlife.

1. What is the article mainly about?

   (a) the replication of a deceased person's voice
   (b) the communication methods of ancient people
   (c) the various ways archeologists use new technology
   (d) the removal of a mummy's vocal tract

2. How did the archaeologist come up with the idea for the experiment?

   (a) He was reading about the advantages of 3D printing.
   (b) He was inspired by another scientist's invention.
   (c) He was learning about vowel sounds in ancient languages.
   (d) He was impressed by a new museum exhibit.

3. Why most likely was Nesyamun's mummy selected to be part of the research experiment?

   (a) The anatomy critical to the experiment was well preserved.
   (b) The researchers settled on the nearest available candidate.
   (c) The priest was a significant figure of his time.
   (d) The ancient embalming process was perfectly done.

4. What exactly generated the mummy's "voice"?

   (a) a blueprint of the mummified vocal tract
   (b) a physical model of the mummified vocal tract
   (c) a digital scan of the mummified vocal tract
   (d) a computer model of the mummified vocal tract

5. Based on the article, what might the researchers do to follow up on the project?

   (a) study the evolution of human voices over time
   (b) recreate the last words spoken by dead people
   (c) resurrect the voices of famous historical figures
   (d) use the technology for more complex speech

6. In the context of the passage, residing means _____.

   (a) living
   (b) continuing
   (c) staying
   (d) settling

7. In the context of the passage, inscribed means _____.

   (a) assigned
   (b) saved
   (c) written
   (d) explained

PART 2. Read the following magazine article and answer the questions. The underlined words in the article are for vocabulary questions.

HUMMINGBIRDS MAY CHANGE SONGS TO FIND MATE

Experts have always thought that the male hummingbird learns its mating call, or "song," at a young age and continues developing that call into adulthood. Hummingbirds are among the animal groups that learn communication from their parents; most other animals are born with the knowledge of how to communicate with their kind.

The hummingbird's mating call may differ from bird to bird or by location, marking different "song neighborhoods." However, a team of scientists from New Mexico State University discovered that hummingbirds may also learn new songs and may even develop a new song type as they mature.

When looking for a mate, a male hummingbird will go to its chosen location every day and sing to declare his availability. The song is repeated two times per second. The <u>ritual</u> could continue for eight months, for up to eight hours a day. This consistency in behavior allowed the researchers to study a variety of songs and learn that changes in mating calls happen from time to time.

Another courtship trait of the male hummingbird is "tail-flicking." This serves as a warning to other males and a way to mark territory when they encounter rivals while still courting a female. In addition, they also perform a "float display," during which the male floats back and forth in front of the <u>potential</u> partner before mating. Experts believe that these visual displays are important features in the birds' mating routine.

Timothy Wright, the lead biologist for the research, offered some explanations as to why a male hummingbird may change his tune. The switch in mating calls produces different songs that can attract more females. Switching songs may also be a change of strategy in marking and keeping territory. These circumstances were still being investigated by Wright and his team. They were also looking at how a new song combined with a visual display could increase the hummingbird's chance of finding a partner.

8 What is the main topic of the magazine article?

(a) why male hummingbirds mark territory
(b) why hummingbirds change their mating calls
(c) how hummingbirds learn new calls
(d) how hummingbirds mate via floating

9 Which is NOT true about how the hummingbird develops its calls?

(a) It learns its calls from adult hummingbirds.
(b) Its calls may differ from those of other hummingbirds.
(c) It knows how to make calls from birth.
(d) Its community may have a unique call.

10 Why were the researchers able to study the male birds' mating calls?

(a) because the birds always chose the same place to mate
(b) because the birds sang their mating calls regularly
(c) because the birds did not notice the researchers
(d) because the birds sang louder than other birds

11 How does a male hummingbird warn a rival when courting a mate?

(a) by flicking its tail
(b) by repeating its call
(c) by hovering back and forth
(d) by changing its mating call

12 Based on the article, why probably could changing songs attract more mates?

(a) Female birds dislike repetitive songs.
(b) Female birds prefer skilled singers.
(c) Changing songs means the male is available.
(d) Different female birds prefer different songs.

13 In the context of the passage, ritual means _____.

(a) practice
(b) tendency
(c) recital
(d) method

14 In the context of the passage, potential means _____.

(a) unlikely
(b) strong
(c) perfect
(d) possible

PART 3 백과사전식 지문

Final 실전 지텔프

Part 3에서는 유적지, 동식물, 자연 현상, 역사적 사건, 놀이문화 또는 스포츠, 풍습이나 관습 등 다양한 분야의 소재에 관한 정보나 지식을 소개하는 백과사전식 지문이 출제됩니다. 주로 소재의 정의, 탄생배경, 특징, 현황 등과 관련하여 문제가 출제됩니다.

문항 수	7문항 → 독해 5문항(67번~71번), 어휘 2문항(72~73번)
빈출 주제	**문화** > 특정 게임, 축제, 시상식 등의 기원, 현재까지 발전해온 과정, 인기 요인 **풍습/관습** > 초기의 목적, 절차, 과거와 현재의 변화 또는 차이점 **스포츠** > 종목의 역사, 경기 방식, 규칙, 시간의 흐름에 따른 변화 과정 **역사** > 중요한 사건, 장소, 건축물 등의 탄생배경, 발달, 역사적 의의, 문화유산 등재 등 **동식물** > 동물, 곤충, 식물 등의 이름의 유래, 생김새의 이유, 성장 방식, 개체 수 현황 **자연 현상** > 자연 현상의 유명한 이유, 발생 시기, 영향력 또는 효과 **과학/의학** > 특정 전염병, 증후군, 현상 등의 유래, 원인, 대처방안

1 지문의 흐름과 특징

- **정의**: 소재의 정의, 유명한 이유
- **탄생배경**: 유래, 기원, 탄생 시기 또는 이유
- **특징 / 발달**: 명칭, 구성, 원리, 규칙, 구별되는 점, 변화를 거친 과정 또는 방법
- **현황**: 평가, 의의, 향후 전망

1. 주어진 소재가 무엇으로 유명한지, 지문에 제시된 특징들을 토대로 다른 것과 어떻게 구별되는지, 왜 그러한 특징을 가지게 되었는지, 그래서 해당 소재의 영향력이나 기여가 무엇인지 등에 관한 내용이 주된 흐름으로 나옵니다.
2. 모양, 생김새, 생성과정, 규칙이나 원리 등 소재의 종류에 따라 다양한 특징들이 세부정보로 나열되기 때문에, 단락별로 문제의 보기와 지문의 내용을 꼼꼼하게 비교하면서 풀 수 있어야 합니다.
3. initial(초기의), actually(실제로는), but/however(그러나), despite/although(~에도 불구하고)와 같이 앞뒤 내용의 반전을 나타내는 표현이 나오는 부분에서 정답의 단서가 나오는 경향이 높습니다.

2 단락별 키워드 표현 & 어휘

1 정의

 첫번째 단락에서는 지문의 소재를 소개하는 내용이 먼저 나옵니다. 제목을 통해 해당 소재의 이름을 파악할 수 있으며, 주로 소재의 정의, 유명한 이유 등에 대해 묻는 문제가 출제됩니다.

ex) What is the Academy of Motion Picture Arts and Science?
영화 예술 과학 아카데미는 무엇인가?

정답이 되는 핵심 키워드 표현

be (also/officially/originally) known for/as (또한/공식적으로/원래) ~로/~로서 알려져 있다
be considered one of the most ~ in history/of all time 역사상/역대 가장 ~한 것 중 하나로 여겨지다
be home to ~의 본고장이다, ~가 있는 곳이다
be native to ~가 원산지이다
can be found in ~에서 발견될 수 있다
refer to ~ as ... ~를 …라고 언급하다

빈출 어휘 constitute 구성하다 arise 생기다, 발생하다 influence 영향을 미치다 dub 별칭을 붙이다 identify 알아보다 resemble 닮다, 유사하다 describe 묘사하다 recognize 인정하다, 알아차리다 remarkable 놀랄 만한 extinct 멸종된 early 초기의 initial 초기의 intention 의도 custom 관습

2 탄생 배경

 해당 소재와 관련하여 명칭의 유래, 기원, 탄생하게 된 배경, 시기 또는 이유 등 지문에서 언급된 세부 내용과 일치하는 보기를 답으로 고르는 문제가 주로 출제됩니다.

ex) Why did Jobs think of creating a personal computer?
잡스는 어떻게 개인 컴퓨터를 만들 생각을 하였는가?

정답이 되는 핵심 키워드 표현

originate/derive/come from ~에서 나오다, 유래하다
be named after ~의 이름을 따서 지어지다
be credited for ~한 것으로 인정받다, 알려지다
start to become popular when ~할 때 인기를 얻기 시작하다
come up with the idea of ~할 생각을 하다, 떠올리다
be found in ~에서 발견되다

빈출 어휘 construct 건설하다, 구성하다 introduce 도입하다 hold 열다, 개최하다 appear 나타나다, 등장하다 develop 개발하다 observe 관측하다 iconic 상징적인 origin 기원 process 과정 founder 설립자 patent 특허

❸ 특징 & 발달

 중반부 단락에서는 해당 소재의 작동 원리, 여러 명칭의 설명, 관련 규칙, 시간의 흐름에 따른 발전 과정 또는 변화과정 등 소재의 특징에 관한 세부 내용을 묻는 문제가 주로 출제됩니다. 특징을 설명 하는 다양한 키워드들이 등장할 수 있어 사실 대조를 통해 정답을 고르는 true문제 또는 NOT문제 와 같은 문제유형이 출제될 수도 있습니다..

> *ex)* Based on the article, what is NOT a feature of the game?
> 기사에 따르면, 이 게임의 특징이 아닌 것은 무엇인가?

정답이 되는 핵심 키워드 표현

be composed of/consist of ~로 구성되다
be made (up) of ~로 구성되다, 만들어지다
make ~ different from other … ~를 다른 …와 다르게 만들다
be characterized by ~로 특징지어지다
be distinct from ~ because … …하기 때문에 ~와 구별되다
be divided into ~로 나뉘어지다

빈출 어휘
depict 묘사하다 form 형성하다 estimate 추정하다 trigger 촉발시키다 retain 유지하다 unique 특유의, 고유의
iconic 상징적인 intriguing 흥미로운 feature 특징, 특성 characteristic 특징, 특질 appearance 외관, 모습
phenomenon 현상 factor 요인

❹ 현황

 마지막 단락에서는 해당 소재와 관련하여 오늘날의 상황, 평가, 의의, 앞으로의 전망 등의 내용이 나옵니다. 주로 세부 내용을 묻는 문제, 지문에 언급되지 않은 내용을 유추하여 정답을 찾아야 하는 추론 문제가 출제됩니다.

> *ex)* How was the Rubik's Cube's popularity revived after two decades?
> 루빅스 큐브의 인기는 어떻게 20년 뒤에 되살아났는가?

정답이 되는 핵심 키워드 표현

be officially recognized as ~로 공식적으로 인정되다
be designated as/be declared ~로 지정되다
the popularity has resulted in 그 인기는 ~의 결과를 낳다
reach the peak of its popularity in 연도 ~에 그 인기가 절정에 이르다
spark renewed interest in ~에 대한 새로운 관심을 불러일으키다
be important in ~ as … …하기 때문에 ~에 중요하다

빈출 어휘
remain 여전히 ~이다 mention 언급하다 restore 복원하다 preserve 보존하다 commemorate 기념하다
cite 인용하다 adopt 채택하다 prompt 촉발하다 contribute 기여하다 endangered 멸종 위기에 처한
certain 확실한 tourist attraction 관광 명소

3 빈출 문제 유형 엿보기

질문 키워드

ex) Which of the following is **NOT true** about **the log cabin in America**?

> 두번째 단락 (a)Swedish settlers who came to Delaware in 1638 built the first log cabin in America. (b)German pioneers who settled in Pennsylvania built the first log cabins there around 1710. But (c)Scotch-Irish immigrants made the first wide use of logs when they moved to the "backcountry" of the Appalachian highlands after 1720. By the time of American Revolutionary War, settlers along the western frontier were building cabins from plentiful timber resources.

(a) Settlers in Delaware were the first to build cabins.
(b) Germans made their first cabins in Pennsylvania.
(c) Appalachian settlers knew how to use logs extensively.
(d) Revolutionaries exported timber to western countries.

 문제풀이 공식

❶ 질문 먼저 읽기 → 미국의 통나무집에 대해 사실이 아닌 것을 묻는 NOT 문제임을 확인합니다.
❷ 질문에서 주어진 키워드를 토대로 해당 단락을 읽어 내려가면서 보기와 지문의 내용을 대조합니다.
❸ 보기의 내용과 지문의 내용이 일치하지 않는 보기를 답으로 고릅니다.

해석

예) 다음 중 미국의 통나무집에 대해 사실이 아닌 것은 무엇인가?

> (a)1638년에 델라웨어에 온 스웨덴 정착민들은 미국에 최초의 통나무집을 지었다. (b)펜실베니아에 정착한 독일의 개척자들은 1710년경 그곳에 최초의 통나무집을 지었다. 그러나 (c)스코틀랜드계 아일랜드 이민자들은 1720년 이후에 애팔래치아 산맥의 "산간 오지"로 이주했을 때 처음으로 통나무를 폭넓게 사용했다. 미국 독립 전쟁 무렵에, 서부 전선을 따라 정착한 사람들은 풍부한 목재 자원으로 통나무집을 짓고 있었다.

(a) 델라웨어에 정착한 사람들이 처음으로 통나무집을 지었다.
(b) 독일인들은 팬실베니아에 그들의 첫 통나무집을 만들었다.
(c) 애팔래치아 산맥의 정착민들은 통나무를 광범위하게 사용하는 방법을 알고 있었다.
(d) 혁명가들은 서방 국가들에 목재를 수출했다.

해설

해당 단락의 'By the time of American Revolutionary War, settlers along the western frontier were building cabins from plentiful timber resources.'에서 미국 독립 혁명 무렵에 서부 전선을 따라 정착한 사람들은 풍부한 목재 자원으로 통나무집을 짓고 있었다고 했지만, 서방 국가들에 목재를 수출했다고는 언급된 바 없다. 따라서 지문의 내용과 다른 사실을 말하고 있는 (d)가 정답이다.

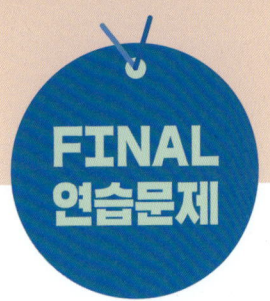
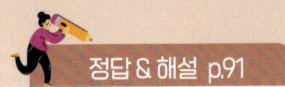

※ 1~5 : 독해, 6~7 : 어휘

1 What is the Alamo best known for?

> ### THE ALAMO MISSION
>
> The Alamo Mission, colloquially referred to as the Alamo, is a chapel-turned-fortress that is now a famous landmark in San Antonio, Texas. It is best known for being the site of the historic Battle of the Alamo.

(a) being the site of a military victory for Texas
(b) being the location of a famous clash between armies

2 Why was the mission moved from its earlier locations?

> In the eighteenth century, the Spanish government erected many Roman Catholic missions, or chapels. Among these was the Alamo, then named Mission San Antonio de Valero. Due to flooding and a hurricane that destroyed many of the buildings, the mission was relocated several times before it found its permanent location. Once there, the complex expanded, adding additional buildings to be used as storerooms and homes for residents.

(a) because bad weather wiped out some of the structures
(b) because it needed more space to expand

3 Based on the article, why most likely did the Alamo fall to Mexico?

> By the nineteenth century, the mission had become known as "the Alamo" thanks to its location near a grove of cottonwood trees, known as *álamo* in Spanish. While originally intended for use as a chapel, the Alamo was soon occupied by Spanish troops, serving as a prison and later as a hospital. In 1821, the mission was given to Mexico once the country gained independence from Spain.
>
> The Battle of the Alamo was fought at the mission from February 23 to March 6, 1836. The [6]skirmish was between roughly 200 Texans and thousands of Mexican troops during Texas's fight for independence. At the end of the 13-day battle, the Texans were defeated. A later battle was fought with a much larger army of Texans, and during the battle the phrase "Remember the Alamo" was used as a rallying cry. This final struggle ended in Mexico's defeat.

(a) The battle went on for a long time.
(b) The Texans were vastly outnumbered.

4   How did the Alamo officially become part of the United States?

> After the US annexed Texas in 1845, ownership of the Alamo was returned to the Catholic Church, which then sold it to the State of Texas in 1883. While the Alamo was used for meetings, it was not adequately maintained or restored for years. However, in 1960 the mission and its surrounding grounds were designated as a National Historic Landmark.

(a) by being sold to one of its states
(b) by being designated as a landmark

5   According to the passage, what is NOT true about the way the Alamo is currently being used?

> On July 5, 2015, the Alamo Mission was officially recognized as a UNESCO World Heritage Site. The 4.2-acre site is now a popular educational tourist destination that each year [7]welcomes over four million visitors, including many students and schools. The chapel and barracks have walk-through tours where artifacts from the mission's early history are on display.

(a) It houses a popular natural history display.
(b) It contains an exhibit of important relics.

6   In the context of the passage, skirmish means _____.
    (a) meeting   (b) combat   (c) argument   (d) contact

7   In the context of the passage, welcomes means _____.
    (a) gathers   (b) invites   (c) pleases   (d) receives

PART 3. *Read the following encyclopedia article and answer the questions. The underlined words in the article are for vocabulary questions.*

THE HANDSHAKE

The handshake is a custom practiced worldwide among people of different nationalities, cultures, and generations. Its origins can be traced back thousands of years. The gesture is performed between two individuals to mark certain social occasions and to convey particular messages. Though minor cultural variations in the performance of the handshake exist, the gesture typically begins when one extends one's open right hand, grasps the other person's hand, and then briefly shakes the clasped hands up and down.

The exact origin of the handshake is unclear, but popular belief suggests that the gesture was developed in prehistoric times as a means for unfamiliar individuals to communicate their peaceful intentions. By presenting an empty right hand, one was able to prove that one bore no weapons and intended no harm. Grasping hands and shaking up and down is believed to have been a way to dislodge and reveal any concealed weapons hidden up sleeves. Another theory suggests that, when proclaiming an oath or agreement, clasping hands was the physical embodiment of the sacred bond being committed to.

One of the earliest records of the handshake is a stone relief from the mid-ninth century BC depicting the kings of Assyria and Babylon shaking hands to seal an alliance. The custom can also be found in the eighth-century BC texts of Homer's epic poems the *Iliad* and the *Odyssey*, in which handshakes are associated with either taking a vow or showing good faith. And in ancient Greek, Etruscan, and Roman burial artwork, the deceased and their surviving family members are often shown engaged in a handshake to symbolize a final farewell or an everlasting familial bond.

The modern-day handshake, according to historians, evolved from seventeenth-century Quakers seeking to oppose the obligatory bowing, curtsying, and hat-removing gestures expected of the lower classes due to that period's prevailing notions of class hierarchy. The handshake was thought to better reflect the Quakers' belief that all people had equal standing in society. The gesture eventually gained a foothold. Today, the handshake is most commonly used as a formal greeting and parting, an expression of one's gratitude or congratulations, and a pledge toward an agreement.

1. According to the article, what effect does culture have on handshaking?

   (a) It can affect the particulars of the gesture.
   (b) It determines which hand should be used.
   (c) It can influence the basics of the action.
   (d) It changes how many people are involved.

2. Why most likely was the handshake developed?

   (a) because it was a polite way to introduce oneself
   (b) because it revealed the strength of an opponent
   (c) because it signaled the start of a physical trial
   (d) because it was a way to disarm a potential enemy

3. What do the *Iliad* and the *Odyssey* prove about handshaking?

   (a) that it was used mostly for religious rituals
   (b) that it was an established custom long ago
   (c) that it was invented during an epic journey
   (d) that it was only used by high-status people

4. Why did ancient Roman gravestones show images of people shaking hands?

   (a) to record all of the family members buried together
   (b) to depict individuals whom the deceased worshipped
   (c) to represent family relationships continuing after death
   (d) to show who will meet the deceased in the afterlife

5. How did seventeenth-century Quakers view the custom of handshaking?

   (a) as a way to challenge social hierarchy
   (b) as representative of a middle class greeting
   (c) as a way to help commoners appear wealthier
   (d) as a means to defy the royal class

6. In the context of the passage, bore mean _____.

   (a) created
   (b) produced
   (c) delivered
   (d) carried

7. In the context of the passage, reflect means _____.

   (a) imitate
   (b) demonstrate
   (c) consider
   (d) exchange

PART 3. Read the following encyclopedia article and answer the questions. The underlined words in the article are for vocabulary questions.

CURIOSITY

Curiosity is a car-sized controllable rover built and monitored by NASA's Mars Science Laboratory (MSL). The rover, which is a vehicle used to move across the surface of Mars, was launched in November 2011 and successfully landed on the red planet in August 2012. Its primary mission is to investigate parts of Mars for signs of carbon-based life forms or similar signs of life. It was also built to study Martian climate and geography in preparation for possible human exploration in the future.

In many ways, Curiosity is unlike any of the previous rovers sent to Mars. Weighing about one ton, it is equipped with the latest software that allows it to analyze the material found on the planet, like soil and rocks. This range of equipment functions as a mini-mobile laboratory that enables MSL to run tests and analyses on Mars.

Curiosity is also outfitted with different cameras that allow it to perform multiple tasks. The Mast Camera, which is raised on a pole, makes it possible for the rover to collect accurate images and for the scientists to understand the unfamiliar scenery better. Navigational cameras assist with the rover's movements. Hazard avoidance cameras are used to avoid any problematic paths that the rover might encounter while traveling. Other <u>instruments</u> like a robotic arm, radiation assessment detector, and x-ray spectrometer help scientists look at and study rock and soil samples.

Preparing to send *Curiosity* to Mars was not without problems. One difficulty was that it was too heavy for the usual landing techniques. Engineers working on the project <u>devised</u> a new way to place the rover safely on the surface of Mars. They developed a "sky crane maneuver," where *Curiosity* was slowly lowered to the ground by a rocket-mounted crane hovering in the Martian air.

NASA initially planned for the mission to last for two years but has since extended the mission indefinitely. Since its landing, *Curiosity* has calculated that ancient Mars could have supported life at the microbial level. NASA scientists are now working on ways to better preserve organic material on the planet for future studies.

8 Based on the article, what is *Curiosity*?

(a) a study on early life forms
(b) a rover sent to Mars
(c) a plan to study space
(d) a Martian experiment

9 According to the article, what makes *Curiosity* different from previous rovers dispatched to Mars?

(a) its laboratory that can accommodate more researchers
(b) its state-of-the-art program to examine materials
(c) its upgrades that avoid the failures of previous rovers
(d) its capacity to hold more soil and rock samples

10 How do the hazard avoidance cameras help in exploring Mars?

(a) by preventing the rover from having accidents
(b) by helping the rover collect rocks and soil
(c) by sending high-definition pictures to NASA
(d) by helping scientists analyze samples

11 Why was there a problem with placing *Curiosity* on Mars?

(a) because Mars does not have a good landing location
(b) because landing a rover had not been done before
(c) because it is heavier than previous rovers
(d) because it might have damaged the surface of Mars

12 Why most likely are scientists preserving Martian organic material?

(a) They want to reproduce alien life forms on Earth.
(b) They will continue studying possible life on Mars.
(c) They aim to reproduce Martian vegetation.
(d) They plan to send humans to Mars soon.

13 In the context of the passage, instruments means _____.

(a) factors
(b) forces
(c) tools
(d) utensils

14 From the context of the passage, devised means _____.

(a) created
(b) suggested
(c) searched
(d) rejected

PART 4 비즈니스 편지

Final 실전 지텔프

Part 4에서는 주로 제품이나 서비스, 고객 대응, 자녀 입학, 사업 관련 문의, 시설 이용 공지 등 실생활에서 접할 수 있는 다양한 일과 관련된 편지 지문이 제시됩니다. 발신인이 편지를 쓴 목적, 요구 사항, 향후 수신인이 해야 하는 일 등에 대한 문제가 출제되므로 편지의 목적을 중심으로 지문의 흐름을 파악하는 것이 중요합니다.

문항 수	7문항 → 독해 5문항(74번~78번), 어휘 2문항(79~80번)
빈출 주제	**직무/업무** ❯ 입사 지원, 면접, 채용 축하, 이직, 경력 개발, 연봉 협상, 협업 **학교/교육** ❯ 입학 추천서, 선생님/교수 채용, 학교/전공/교내 프로그램 소개 및 홍보 **요청/문의** ❯ 사업 자금 대출, 지원금, 후원, 행사 초대, 사업 제안, 제품/서비스 이용 문의 **홍보/구매** ❯ 업체/서비스 홍보, 문의 제품의 안내 및 구매 권유, 신규 개업 또는 이벤트 **공지/통보** ❯ 계약 승인, 가입 절차, 특정 프로세스 안내, 공사로 인한 시설 이용 변경 안내 **불만/항의** ❯ 제품/서비스 문제, 교환/환불 요구, 시설 이용 관련 민원, 컴플레인 대처

 ## 지문의 흐름과 특징

- **수신인 정보**
- **목적** ― 편지를 쓴 이유 또는 목적
- **상황 설명** ― 문제 제기, 항의, 제품/서비스/행사의 소개/홍보, 발신인의 능력/역량
- **요구/제안** ― 개선 요구, 교환/환불, 자금 후원, 행사 참여, 구매 권유, 입학/채용 권유
- **할 일/끝인사** ― 연락 수단 제공, 동봉/첨부, 자료/일정 요청, 회의 주선, 발신인의 바람
- **발신인 정보**

1. 편지의 상단과 하단에 있는 수신인과 발신인의 이름, 소속, 직책 등을 먼저 확인하세요. 둘 사이의 관계를 알아 두면 지문 독해와 문제풀이를 더욱 수월하게 할 수 있습니다.
2. 'I would like to(~하고 싶습니다)'는 Part 4에 자주 나오는 핵심 표현으로, 정답의 단서와 연결되는 빈도가 높으니 해당 표현이 나오는 부분을 특히 주의 깊게 읽어주세요.
3. 편지를 쓴 목적, 요구 사항, 동봉 이유 등에 대한 내용은 문제로 자주 출제되므로, 문제풀이에 도움이 되도록 관련 표현과 어휘를 미리 숙지해 놓으세요.

2 단락별 키워드 표현 & 어휘

1 목적

 첫번째 단락에서는 주로 발신인이 수신인에게 무슨 일로 편지를 썼는지에 대한 내용이 나오며, 첫번째 문제는 항상 이 편지를 쓴 이유 또는 목적을 묻습니다.

> **ex)** Why did Harry Landon write a letter to Kiana Ward?
> 해리 랜던은 왜 키아나 워드에게 편지를 썼는가?

정답이 되는 핵심 키워드 표현

I am writing (this letter) to ~하기 위해 (이 편지를) 씁니다
This letter is in response to your inquiry about 이 편지는 ~에 대한 귀하의 문의에 대한 답신입니다
I am pleased/I regret to inform you that 귀하에게 ~를 알려드리게 되어 기쁩니다/유감입니다
please consider allowing us to take part in 저희가 ~에 참여하도록 허락하는 것을 고려해 주십시오
express concern over an issue that has recently come up 최근에 생긴 문제에 관한 우려를 표하다
make several complaints about ~에 관해 여러 항의를 하다

빈출 어휘
announce 발표하다 **invite** 초대하다 **apply** 지원하다, 신청하다 **hold** 열다, 개최하다 **host** 주최하다 **participate** 참가하다 **decline** 거절하다 **exhibit** 전시하다; 전시회 **upcoming** 다가오는, 곧 있을 **certificate** 자격증 **credential** 자격증 **major** 전공 **candidate** 지원자 **construction** 건설 **assistance** 도움, 지원 **proposal** 제안 **issue** 문제

2 상황 설명

 두번째 단락에서는 편지를 쓴 목적을 뒷받침하기 위한 상황 설명이 나옵니다. 예컨대 입사 지원이 목적이면 왜 내가 적합한 지원자인지, 항의가 목적이면 문제를 제기하는 배경이 무엇인지와 같은 내용이 나오고, 이와 관련한 세부 내용을 묻는 문제가 출제됩니다.

> **ex)** How can the current situation at Scott's business be described?
> 스콧의 사업의 현상황에 대해 어떻게 묘사될 수 있는가?

정답이 되는 핵심 키워드 표현

I was told/informed that 저는 ~라고 들었습니다
please be reminded of ~을 상기해 두시기 바랍니다
I was disappointed to find that ~를 알게 되어 실망했습니다
we ordered ~, which will be used as ... 저희는 …에 사용될 ~을 주문했습니다
after careful consideration, we have decided to 심사숙고 끝에, 저희는 ~하기로 결정했습니다
it is almost certain that ~라는 것은 거의 확실합니다

빈출 어휘
attach 첨부하다 **reserve** 예약하다 **provide** 제공하다 **furnish** 갖추다 **refund** 환불; 환불하다 **return** 돌려주다, 반납하다 **guarantee** 보장하다 **complimentary** 무료의 **well-suited** 제격인, 잘 맞는 **expertise** 전문 지식 **delay** 지연시키다; 지연 **free of charge** 무료로

❸ 요구/제안

 주로 발신인의 제안 사항이나 요구 사항에 대한 내용을 토대로 세부 내용을 묻는 문제가 출제됩니다.

ex) How is Robinson proposing to settle the matter?
로빈슨은 문제를 어떻게 해결할 것을 제안하고 있는가?

정답이 되는 핵심 키워드 표현

I would like to ~하고 싶습니다
I am offering 저는 ~을 제안하려고 합니다
I can assure you that/I am confident that 귀하에게 ~라고 보장할 수 있습니다/~라는 것을 확신합니다
we would be grateful/we would appreciate it if you could ~해주신다면 정말 감사하겠습니다
we will give you a ~%(percent) discount if you … 만약 귀하께서 …하신다면 ~퍼센트 할인해 드리겠습니다
get/receive a full refund 전액 환불을 받다

빈출 어휘

request 요청하다; 요청 **ask for** 요청하다 **require** 요구하다 **demand** 요구하다 **propose** 제안하다
urge 촉구하다 **address** 다루다, 처리하다 **offer** 제공하다, 제안하다 **submit** 제출하다 **grant** 수여하다, 허락하다; 보조금
accommodate 수용하다 **confirm** 확인하다 **compensate** 보상하다; 보상(금) **disservice** 피해
replacement 대체품; 후임자 **permission** 허가

❹ 할 일/끝인사

 주로 끝인사, 수신인이 향후 해야 할 일, 상황에 대한 발신인의 바람 등에 대한 내용이 나옵니다. 이를 토대로 다음에 무슨 일이 있을 것인지, 편지에 무엇을 왜 동봉했는지 등의 문제가 출제됩니다.

ex) How most likely will Gilmore make up for the damage?
길모어는 피해를 어떻게 보상할 것 같은가?

정답이 되는 핵심 키워드 표현

I have enclosed/included ~ for your reference 참고하실 수 있도록 ~을 동봉해 드렸습니다
if you have any questions regarding/if you are interested in ~에 대해 질문이 있으시다면/~에 관심이 있으시다면
should you need more details of ~의 세부 사항이 더 필요하시다면
please feel free to/do not hesitate to 부담 갖지 말고/주저 말고 ~해주시기 바랍니다
we are hoping that ~을 희망하고 있습니다
meet with ~ to come up with the best … 최상의 …를 마련하기 위해 ~와 만나다

빈출 어휘

review 검토; 검토하다 **reach** 연락하다 **discuss** 논의하다 **decision** 결정 **opportunity** 기회 **resolve** 해결하다
remedy 해결하다, 개선하다 **meet** 만나다; 충족시키다 **inquiry** 문의 사항 **details** 세부 사항 **concern** 우려, 걱정
damage 피해 **resume** 이력서 **reference** 추천서, 추천인 **recommendation** 추천 **conclusion** 결론
cooperation 협력 **agreement** 합의

 **빈출 문제 유형 엿보기**

질문 키워드

ex) **What** will happen if Mrs. Moore **cancels the order**?

> If you could come into our Chantilly showroom, your salesperson, Ms. Brooks, would be pleased to place your order for a different living room set. To compensate for the inconvenience you have experienced, I have authorized Ms. Brooks to give you a 10% discount on whichever items you might order. If you would like to **cancel the order** completely, please telephone her, and we will return your $150 deposit at once.

(a) Mr. Reynolds will supply a new living room set.
(b) Ms. Brooks will give Mrs. Moore a discount.
(c) Mr. Reynolds' company will refund her deposit.
(d) Mrs. Moore will deposit her money at the showroom.

❶ 질문 먼저 읽기 → 무어 부인이 주문을 취소하면 발생할 일에 대해 묻는 문제임을 확인
❷ 질문의 cancels the order가 나오고 있는 부분에서 정답의 단서를 찾습니다.
❸ please telephone her, and we will return your $150 deposit at once를 적절하게 패러프레이징한 보기를 답으로 고르면 됩니다.

해석

예) 무어 부인이 주문을 취소하면 무슨 일이 발생할 것인가?

> 만일 부인께서 샨틸리 전시장을 방문하실 수 있게 된다면 담당 판매직원인 브룩스 씨가 기꺼이 다른 종류의 거실 세트를 주문받을 것입니다. 부인께 불편함을 드리게 된 데에 대한 죄송함으로 부인께서 주문하시는 모든 물품에 10퍼센트를 할인해 드리도록 담당 판매직원인 브룩스 씨에게 지시해 놓았습니다. 만약 주문을 취소하고 싶으실 경우 브룩스 씨에게 전화주시면 보증금 150달러를 즉시 돌려드리겠습니다.

(a) 레이놀즈 씨가 새 거실 세트를 공급할 것이다.
(b) 브룩스 씨는 무어 부인에게 할인을 해 줄 것이다.
(c) 레이놀즈 씨의 회사가 보증금을 환불해 줄 것이다.
(d) 무어 부인은 전시장에 돈을 맡길 것이다.

해설

해당 단락의 'If you would like to cancel the order completely, please telephone her, and we will return your $150 deposit at once'에서 만약 주문을 취소하고 싶으실 경우 브룩스 씨에게 전화주시면 보증금 150달러를 즉시 돌려주겠다고 했다. 따라서 (c)가 정답이다.

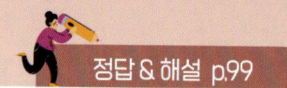

1. Why is Susanna Umpman emailing Stephen Taylor?

> TO: Stephen Taylor
> FROM: Susanna Umpman
> SUBJECT: Filing a Complaint
>
> Dear Mayor Taylor,
>
> I am emailing you today to express concern over an issue that has recently come up in my community.
>
> I'm sure you are aware of the commercial construction taking place on Mallory Lane. While many are excited by the changes and eagerly await the new shopping plaza that will bring jobs to our town, those of us closest to the construction are being [6]<u>disturbed</u> by unexpected road closures and near-constant noise pollution.

(a) to discuss some problems in her area
(b) to bring a construction project to his attention

2. How has the construction affected traffic patterns in the community?

> The road leading into my neighborhood at the corner of Mallory Lane and Rickety Drive has been narrowed to only one lane. During commuting hours when the school buses come through to pick up and drop off children, it can take double or triple the time it normally takes to get in or out of the neighborhood. This leads not only to buses being delayed in dropping kids off at school but also to people being late for work.

(a) by prolonging travel during key times
(b) by blocking the neighborhood road completely

3. What is keeping the children from sleeping?

> Additionally, the construction almost always runs beyond normal working hours. Not infrequently, the noises of bulldozers demolishing old buildings and jackhammers [7]<u>tearing</u> up the concrete can be heard late into the night. Those who try to go to bed early, particularly children and the elderly, have had their nightly routines interrupted.

(a) being woken up by early construction work
(b) hearing the sounds of equipment after bedtime

4   How do community members feel about the recent development in their area?

> I can't state enough that our community appreciates the additional businesses and the jobs they will bring to our area.

(a) They are happy for the employment opportunities.
(b) They would like the businesses to move elsewhere.

5   What most likely does Umpman hope will happen next?

> However, our hope is that this might be accomplished without so much disruption to our daily lives. We encourage you to look into these matters and work toward a solution acceptable both to the business developers and to members of our humble community.
>
> Sincerely,
>
> Susanna Umpman

(a) that the construction stops immediately
(b) that the mayor helps find a compromise

6   In the context of the passage, disturbed means _____.
(a) bothered   (b) surprised   (c) misplaced   (d) frightened

7   In the context of the passage, tearing means _____.
(a) lifting   (b) opening   (c) breaking   (d) trimming

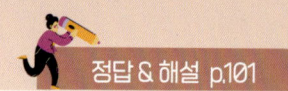

PART 4. Read the following business letter and answer the questions. The underlined words in the letter are for vocabulary questions.

Dr. Jamie Papadakis
President, Riverfront Homeowners Association Board
5000 Riverpoint Blvd.
Spokane, WA

Dear Dr. Papadakis:

I'm pleased to be writing you on behalf of the many Riverfront Condominiums residents who wish to have a playground and outdoor fitness equipment installed on the premises. To date, the minimum required 50 out of the 100 households that compose the Riverfront community have signed a petition supporting the idea, so now we wish to submit a formal request to the Homeowners Association Board for review.

My name is Sean Miller and I'm a 16-year resident of the Riverfront community. As a father of two active children ages five and nine, I absolutely understand the importance of safe outdoor playgrounds. Such spaces are essential to the physical growth and social development of children. As a retired pediatrician yourself, I presume you agree with such sentiments.

Currently, the closest playground is near Tottenham Creek, which is about 1.5 miles away and too lengthy a <u>trek</u> for most children in our community. Predictably, the children tend to play in the driveways connecting the various units. It's no surprise that there have been multiple close calls with cars pulling in and out of units, or simply passing through the complex. Similar incidents have been reported among seniors who walk around the complex for their daily exercise.

Our petition calls upon the board to install a children's play structure and adult fitness equipment in a safe and convenient area. Please find attached a detailed outline including a recommended location, <u>sensibly</u> distanced from roadway traffic.

We look forward to the board's approval.

Sincerely,

Sean Miller

Sean Miller

1 What is the purpose of the letter?

(a) to urge the president to start a petition
(b) to ask the president to sign a petition
(c) to inform the board president of a petition
(d) to demand that the president submit a petition

2 Why has Sean Miller decided to submit a formal request to the board at this time?

(a) because an incident justifying the petition recently occurred
(b) because the board only accepts requests once a year
(c) because many households demanded that he do so
(d) because he collected the necessary number of signatures

3 What makes Miller confident that he will be able to gain Jamie Papadakis's support?

(a) Papadakis's professional background
(b) the fact that they are both parents
(c) Miller's many years of residence
(d) the fact that Papadakis is president

4 When probably is Miller most concerned for the safety of the condominium's children?

(a) when a senior is exercising
(b) when a new resident moves in
(c) when a car is parking
(d) when a non-resident is present

5 How most likely will seniors living on the premises benefit from the petition being approved?

(a) They could work out away from car traffic.
(b) They could finally work out on the premises.
(c) They could stay indoors and work out.
(d) They could work out away from children.

6 In the context of the passage, trek means _____.

(a) march
(b) tour
(c) road
(d) trip

7 In the context of the passage, sensibly means _____.

(a) quietly
(b) reasonably
(c) intensely
(d) obviously

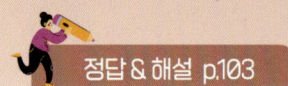

PART 4. Read the following business letter and answer the questions. The underlined words in the letter are for vocabulary questions.

Mr. Elliot Tyler
11 Lumber Road
Portland, Oregon

Dear Mr. Tyler:

Thank you for your inquiry about the Bradbury Books Anniversary Sale. I was disappointed to learn that you cannot be with us on that day. As a valued customer of Bradbury Books for years, you will be missed. Regarding your question as to whether you could have *Collected Works #4223* reserved for you, however, I regret to inform you that the general rule for special sales is, as always, "no reservations."

Books can only be procured at discounted prices on the day of the sale. As a loyal customer, you know that it has always been our policy to cater only to customers who are physically in the store during our Anniversary Sale. Therefore, while we appreciate your offer of buying the collection at a slightly higher price, we cannot alter the conditions even for a faithful customer like you.

I would like to suggest that you have a friend go into the store on the day of the sale to acquire the books on your behalf. If this is not possible, I could reserve them for you at their regular prices provided that they have not been bought during the sale. We could even have them shipped to your address for a very small shipping fee.

I am truly sorry that I cannot accommodate your request and I hope that you understand. If you have any follow-up inquiries or questions on other matters, please do not hesitate to contact us via phone or email. Thank you very much for your continued patronage of our business.

Sincerely,

Sue Richardson

Sue Richardson, Marketing Manager
Bradbury Books

8 What is the main purpose of Sue Richardson's letter to Elliot Tyler?

(a) to announce a book sale
(b) to reject his proposal of buying books
(c) to send him an inquiry letter
(d) to tell him about his books' shipment

9 What is the store policy on the anniversary sale?

(a) Only people at the store can buy at special prices.
(b) Only customers who live in the area can join the sale.
(c) Only those with reservations can buy books.
(d) Only longtime members are given access.

10 How did Tyler propose to buy the collection that was on sale?

(a) by sending a friend to buy the books for him
(b) by buying the books at a discount after the sale
(c) by paying extra for a delivery service
(d) by offering to pay more for the books

11 Which is one of Richardson's suggestions to Tyler?

(a) He could buy the books at regular prices after the sale.
(b) He could go to the sale with a friend.
(c) He could ask for the rules on sales to be changed.
(d) He could order the books online.

12 What is most likely the reason why Richardson cannot accommodate Tyler's request?

(a) She will reserve the book for other customers.
(b) She will not be tolerant of non-compliant customers.
(c) She will refuse to break existing policies.
(d) She will provide extra services only for faithful customers.

13 In the context of the passage, valued means _____.

(a) expensive
(b) appreciated
(c) popular
(d) rare

14 In the context of the passage, patronage means _____.

(a) support
(b) attention
(c) cooperation
(d) improvement

Final
실전 지텔프

Final 실전 지텔프

실전모의고사

GRAMMAR SECTION
LISTENING SECTION
READING & VOCABULARY SECTION

G-TELP

General Tests of English Language Proficiency
G-TELP

Level 2

GRAMMAR SECTION

DIRECTIONS:

The following items need a word or words to complete the sentence. From the four choices for each item, choose the best answer. Then blacken in the correct circle on your answer sheet.

Example:

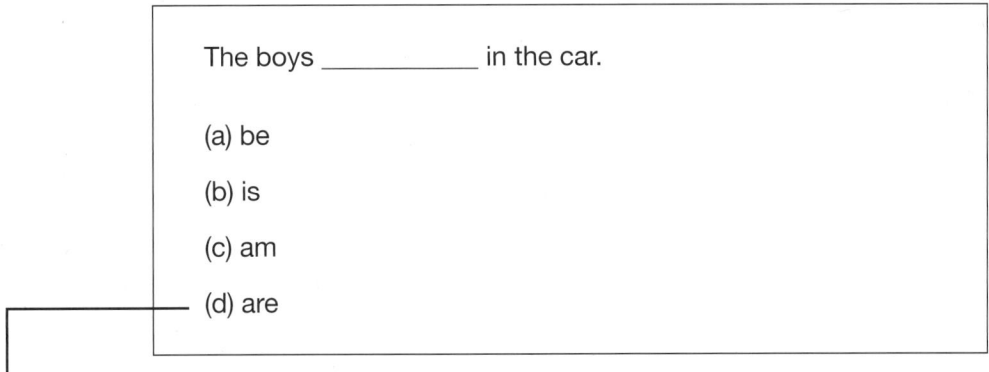

The correct answer is (d), so the circle with the letter (d) has been blackened.

NOW TURN THE PAGE AND BEGIN

1. Stephen often invites me to play basketball with our colleagues after work. The only reason I decline his invites is that I'm always really tired. Sure enough, I _____ them if I weren't so exhausted.

   (a) am joining
   (b) would join
   (c) would have joined
   (d) will be joining

2. Prohibiting food and drink inside chemistry laboratories is essential to ensuring the safety of all people working on the premises. This regulation prevents _____ accidents that can occur when chemicals are exposed to food.

   (a) to trigger
   (b) having triggered
   (c) triggering
   (d) to have triggered

3. Many Chinese women once believed that having small feet was a sign of beauty. To keep their feet from growing, they used to wrap them tightly. This custom _____ for centuries until it was banned by the government.

   (a) had been going on
   (b) goes on
   (c) would have gone on
   (d) are going on

4. Some of the world's oldest cave paintings were discovered in Chauvet Cave in 1994. Despite their age, the painted images of animals and volcanoes, _____, are still intact today.

   (a) when they were created around 33,000 years ago
   (b) that were created around 33,000 years ago
   (c) who were created around 33,000 years ago
   (d) which were created around 33,000 years ago

5. A person who is reading a novel should not skip any unfamiliar words. For a more productive read, it is advisable that one _____ these words by using context clues or by consulting a dictionary.

   (a) truly learned
   (b) will truly learn
   (c) truly learns
   (d) truly learn

6. A businessman was sentenced to at least 30 years of imprisonment because he refused to reveal the mastermind behind a billion-dollar corporate scam. Had he revealed the criminal's identity, the court _____ him a reduced sentence.

   (a) was offering
   (b) offered
   (c) would have offered
   (d) would offer

7. Friendster was one of the most popular social networking sites in the early 2000s, gaining around three million users within its first few months. _____, its popularity began to decline when Facebook entered the competition.

   (a) However
   (b) Instead
   (c) Otherwise
   (d) Finally

8. Carol's school will be holding its senior prom a week before final examinations. Since Carol will be busy studying for her exams, she _____ a dress right now to avoid the need for any last-minute shopping.

   (a) buys
   (b) has been buying
   (c) will buy
   (d) is buying

9. Hide-and-seek is a game in which one player, the seeker, closes his eyes while counting to a certain number. Meanwhile, the other players must find places _____ before the seeker begins searching for them after the countdown.

   (a) to have hidden
   (b) to hide
   (c) hiding
   (d) having hidden

10. Jake dyed his hair purple yesterday. His sister said Jake mistakenly used an unlabeled bottle of liquid, which he thought was shampoo. If only he had been more careful, he _____ this unfortunate mistake.

    (a) would have avoided
    (b) would avoid
    (c) had avoided
    (d) was avoided

11. Google has been releasing augmented reality (AR) tools since 2013. These products allow _____ computer-generated objects into real-world environments. For example, the Android ARCore lets people place AR stickers of The Avengers characters into their camera feeds.

    (a) having integrated
    (b) to integrate
    (c) integrating
    (d) to have integrated

12. Danny always finishes his homework early. He does this because his mom promises _____ him ice cream if he gets his assignment done ahead of time.

    (a) to have bought
    (b) to buy
    (c) buying
    (d) having bought

13. Since my laptop has been lagging a lot lately, Jerome suggested I remove rarely used files. I _____ them from my computer as soon as I am done copying them to an external hard drive.

    (a) deleted
    (b) have deleted
    (c) will be deleting
    (d) will have been deleting

14. Last year, my hometown voted unanimously for an animal protection act. This new law demands that the public _____ from hunting or harassing wild animals.

    (a) refrains
    (b) refrained
    (c) will refrain
    (d) refrain

15. In April 2019, a fire destroyed parts of the 850-year-old Notre Dame Cathedral, a famous landmark in Paris. Many organizations and individuals pledged money _____ rebuild the medieval church.

    (a) to help
    (b) helping
    (c) to have helped
    (d) having helped

16. When on the road, a driver must always use the turn signals to indicate which direction he or she intends to go. Using this simple device _____ significantly lessen road accidents.

    (a) can
    (b) must
    (c) shall
    (d) might

17. Natasha just finished preparing grilled jumbo shrimps in lemon butter sauce for John's birthday dinner. But she wasn't aware that he was allergic to seafood. If only John did not have food allergies, he _____ the meal.

    (a) is definitely devouring
    (b) would definitely have devoured
    (c) will definitely be devouring
    (d) would definitely devour

18. Since it was established, the National Aeronautics and Space Administration (NASA) has been launching spacecraft to explore the universe outside Earth. By 2058, the institution _____ information about space for 100 years, across hundreds of missions.

    (a) has gathered
    (b) will have been gathering
    (c) has been gathering
    (d) gathers

19. A new form of carbon promises sturdier batteries, phones, and solar cells. Named "graphene," it consists of a single layer of carbon atoms _____ in a honeycomb-like arrangement. This compound's distinct structure makes it stronger than metal.

    (a) which they are tightly bound
    (b) that are tightly bound
    (c) who are tightly bound
    (d) where they are tightly bound

20. Evans Monsignac was the last retrieved survivor from the ruins of the 2010 Haiti earthquake. He _____ rice in the market when the disaster struck, tearing down the buildings that trapped him for 27 days.

    (a) was selling
    (b) had sold
    (c) will sell
    (d) is selling

21. Halle Berry's role in *Monster's Ball* was initially offered to Angela Bassett, but she turned it down. If Bassett had accepted the part, Halle Berry _____ the first African-American to win the Academy Award for Best Actress.

    (a) will not have become
    (b) had not become
    (c) would not become
    (d) would not have become

22. American guitarist Joe Satriani sued the British rock band Coldplay in 2009 for allegedly using one of his instrumental pieces on one of their tracks. Coldplay denied _____ the artist's song, and the lawsuit eventually ended in a settlement.

    (a) plagiarizing
    (b) to have plagiarized
    (c) to plagiarize
    (d) being plagiarized

23. Mount Ararat is a snow-capped dormant volcano in Turkey that many mountaineers used to enjoy. Unfortunately, the government declared the mountain a military restricted zone in 2016 and _____ civilian access to it since then.

    (a) is restricting
    (b) would have restricted
    (c) has been restricting
    (d) restricted

24. In ancient civilizations, neither the Romans nor the Greeks named their newborns immediately. The infants were only named _____ they underwent a special ceremony carried out seven to ten days after being born.

    (a) once
    (b) so that
    (c) unless
    (d) even though

25. Mina collects the work of a little-known painter, Red Brush Tate. She proposes that if more people were to learn about Tate, he _____ as one of history's greatest artists.

   (a) would be regarded
   (b) would have been regarded
   (c) will have been regarded
   (d) had been regarded

26. Succulent plants store water in their leaves, so they don't need to be watered much. In fact, excessive moisture can actually rot their roots. To keep succulents thriving, they _____ be planted in pots that have drainage holes.

   (a) might
   (b) can
   (c) should
   (d) will

*THIS IS THE END OF THE GRAMMAR SECTION
DO NOT GO ON UNTIL TOLD TO DO SO*

LISTENING SECTION

DIRECTIONS:

The Listening Section has four parts. In each part you will hear a spoken passage and a number of questions about the passage. First you will hear the questions. Then you will hear the passage. From the four choices for each question, choose the best answer. Then blacken in the correct circle on your answer sheet.

Now you will hear an example question. Then you will hear an example passage.

Now listen to the example question.

Bill Johnson has four brothers, so the best answer is (d). The circle with the letter (d) has been blackened.

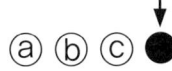

NOW TURN THE PAGE AND BEGIN

Part 1. You will hear a conversation between two people. First you will hear questions 27 through 33. Then you will hear the conversation. Choose the best answer to each question in the time provided.

27. (a) to get a routine dental checkup
    (b) to have emergency surgery
    (c) to cure some minor discomfort
    (d) to find the source of major pain

28. (a) He was working on a cruise.
    (b) He was too afraid to go to the dentist.
    (c) He was on a family vacation.
    (d) He was in the middle of a business trip.

29. (a) by lowering his physical comfort
    (b) by preventing him from drinking
    (c) by affecting his appetite
    (d) by keeping him from having fun

30. (a) to learn more about the cruise
    (b) to understand what caused his new cavity
    (c) to see if he has a food allergy
    (d) to discover the source of the pain

31. (a) drinking soda that is too sugary
    (b) chewing on food that is sticky
    (c) biting down on hard substances
    (d) forming unhealthy eating habits

32. (a) because he will be attending a conference
    (b) because the dentist has an event to go to
    (c) because he is in too much pain to wait
    (d) because the dentist needs to order supplies

33. (a) advise Fred about his weight
    (b) give Fred some pain medicine
    (c) provide a short-term solution
    (d) put in a permanent filling

Part 2. *You will hear a presentation by one person to a group of people. First you will hear questions 34 through 39. Then you will hear the talk. Choose the best answer to each question in the time provided.*

34. (a) recruiting volunteers for a festival
    (b) promoting a new observatory
    (c) opening up an educational center
    (d) expressing gratitude to donors

35. (a) to show off a new feature
    (b) to share future renovation plans
    (c) to reveal a new exhibit
    (d) to mark the end of an obstacle

36. (a) by raising membership prices
    (b) by holding more fundraisers
    (c) by selling an exciting package
    (d) by inviting more wealthy donors

37. (a) because of a rare astronomical event
    (b) because of a tour of the oldest telescope
    (c) because of a trip to a secluded island
    (d) because of an annual approach of a comet

38. (a) It has many beautiful swimming pools.
    (b) It has the world's largest rainforest.
    (c) It has a variety of outdoor activities.
    (d) It has the clearest view of the stars.

39. (a) by phone before the gala
    (b) in-person during the gala
    (c) by phone later that day
    (d) online the following day

Part 3. You will hear a conversation between two people. First, you will hear questions 40 through 45. Then you will hear the conversation. Choose the best answer to each question in the time provided.

40. (a) because they prefer all-natural foods
    (b) because they get the freshest food there
    (c) because they dislike the grocery store
    (d) because they save more money there

41. (a) a strict vegetarian diet
    (b) more healthy foods and fitness
    (c) a strict non-GM food diet
    (d) new prescription medication

42. (a) because they give her allergies
    (b) because they have not been tested
    (c) because they are not labeled
    (d) because they could cause a bad reaction

43. (a) having less expensive seeds
    (b) making more produce per plant
    (c) growing faster than average
    (d) needing less land for crops

44. (a) They are grown using many chemicals.
    (b) They have been engineered to be tastier.
    (c) They are more delicious than GM fruits.
    (d) They reduce his risk of getting diseases.

45. (a) keep eating his favorite foods
    (b) start eating GM foods again
    (c) take the lead from scientists
    (d) stop consuming GM foods

Part 4. You will hear an explanation of a process. First you will hear questions 46 through 52. Then you will hear the explanation. Choose the best answer to each question in the time provided.

46. (a) being a confident playwright
    (b) basic acting techniques
    (c) avoiding stressful situations
    (d) overcoming stage fright

47. (a) sleep as well as possible
    (b) enjoy some lively music
    (c) set an early wakeup time
    (d) eat a really good meal

48. (a) by increasing his alertness
    (b) by making his nerves worse
    (c) by giving him sugar cravings
    (d) by making him feel too full

49. (a) to focus on the upcoming performance
    (b) to build up strength for acting
    (c) to reduce anxiety prior to a show
    (d) to prevent injury while on stage

50. (a) imagine a positive outcome
    (b) say a few important lines
    (c) picture a smaller audience
    (d) practice some final bows

51. (a) They can perform with friends.
    (b) They can talk to other actors.
    (c) They can ask for feedback.
    (d) They can practice repeatedly.

52. (a) actors who are inexperienced
    (b) actors of virtually any type
    (c) actors who are unprofessional
    (d) actors of any generation

THIS IS THE END OF THE LISTENING SECTION
DO NOT GO ON UNTIL TOLD TO DO SO

READING AND VOCABULARY SECTION

DIRECTIONS:

You will now read four different passages. Each passage is followed by comprehension and vocabulary questions. From the four choices for each item, choose the best answer. Then blacken in the correct circle on your answer sheet.

Read the following example passage and example question.

Example:

> Bill Johnson lives in New York. He is 25 years old. He has four brothers and two sisters.
>
> How many brothers does Bill Johnson have?
>
> (a) one
> (b) two
> (c) three
> (d) four

The correct answer is (d), so the circle with the letter (d) has been blackened.

NOW TURN THE PAGE AND BEGIN

Part 1. Read the following biography article and answer the questions. The underlined words in the article are for vocabulary questions.

BARRY ALLEN

Barry Allen, also known as the Flash, is a fictional superhero character created by DC Comics. Best recognized for his superhuman speed, Allen uses the so-called "speed force," an extra-dimensional energy source, to move extremely fast and manipulate time. He co-founded the Justice League of America to fight unwanted threats from other worlds and universes. A reinvention of the 1940s comic book character Jay Garrick (also called the Flash), Barry Allen first appeared in a comic book in 1956.

Barry Allen was born Bartholomew Henry Allen to Henry and Nora Allen. At a <u>tender</u> age, his mother was murdered, and his father was convicted of the crime. Allen's desire to prove his father's innocence gave him a strong sense of justice. His aptitude for chemistry led to a scholarship at Sun City University where he graduated with a major in organic chemistry and a minor in criminology. Determined to gather relevant cases that might acquit his father, he pursued a career as a forensic scientist at the Central City Police Department Scientific Detection Bureau.

While Allen was working at the laboratory one night, lightning struck through a window, knocking down and electrifying a case of nearby chemicals which spilled all over his body. After surviving the chemical <u>mishap</u>, he headed home and hailed a taxi, but the driver ignored him. Allen was trying to catch up with the taxi when he suddenly noticed himself sprinting past it. It was during that moment that he realized the incident gave him quick senses and reflexes that enabled him to move faster than humanly possible.

Allen set out to use his superpowers to help people and fight crime in Central City. He designed a costume of red tights with a lightning bolt, a mask, and a small ring. He called himself "the Flash" after a superhero character from his childhood, Garrick. Aside from his speed, Allen has many other superpowers including the ability to pass through objects, throw devastating punches, and travel through time and dimensions.

He later founded the Justice League of America, along with other DC superheroes that include Batman, Superman, Green Lantern, and Wonder Woman, to help save Earth from an assortment of villains. Barry Allen's character has appeared in the TV series *The Flash* and in feature films, including *Batman vs. Superma*n and *Justice League*.

53. What is Barry Allen best known for?

   (a) being in the Justice League
   (b) his ability to move quickly
   (c) being a remake of another hero
   (d) his ability to freeze time

54. Why most likely did Allen seek work at the Central City Police Department?

   (a) to make use of his degree in chemistry
   (b) to hide his superhero identity from the public
   (c) to catch criminals by using his powers
   (d) to find a lead in his mother's death

55. How did Allen acquire his superpowers?

   (a) by coming into contact with electrified substances
   (b) by ingesting a case of top-secret chemicals
   (c) by being born to superhuman parents
   (d) by being repeatedly struck by lightning

56 When did Allen discover that he had special abilities?

   (a) when he blocked a taxi from moving
   (b) when he outran a moving vehicle
   (c) when he defended people against criminals
   (d) when he sprinted faster than a race car

57. Which of the following is NOT one of Allen's superpowers?

   (a) the power to throw destructive punches
   (b) the ability to run through solid objects
   (c) the power to make time move faster
   (d) the ability to travel into different dimensions

58. In the context of the passage, tender means _____.

   (a) fair
   (b) pure
   (c) young
   (d) warm

59. In the context of the passage, mishap means _____.

   (a) accident
   (b) failure
   (c) damage
   (d) mess

Part 2. Read the following magazine article and answer the questions. The underlined words in the article are for vocabulary questions.

ANTIBIOTICS ARE LOSING THEIR EFFECTIVENESS

Antibiotics, a common treatment for bacterial infections, are slowly losing efficacy. This was the finding in a report by the World Health Organization (WHO). The report, which combined data from 114 countries, offered a comprehensive analysis of the growing problem of drug resistance. It was also the first worldwide study on the resistance of bacteria to antibiotics.

According to the WHO report, many infections caused by bacteria—including diarrhea, pneumonia, and urinary tract infections—are becoming more difficult to treat with antibiotics. The drugs are now less effective because many types of bacteria are capable of fighting off said medications.

Resistance happens when bacteria change in structure and <u>acquire</u> ways to counter the effects of an antibiotic. As a result, the bacteria can no longer be killed by the antibiotic, and they continue to grow even when surrounded by the drug. Some bacteria may have even developed resistance to multiple types of antibiotics, limiting further chances of successful treatment.

The report raises serious concerns as antibiotic resistance is now a growing <u>threat</u> to world health. For example, when fluoroquinolones were first introduced in the 1980s, resistance to this class of medicine was almost zero. Today, however, these antibiotics have become ineffective in more than half of the patients in many countries. In the US, over two million people are infected with antibiotic-resistant bacteria yearly, and more than 35,000 of them die each year as a result. The danger increases when it is potentially fatal bacteria that develop drug resistance.

One of the reasons for the spread of resistance is the improper use of antibiotics. For example, while antibiotics specifically fight bacteria, some people take them in an attempt to treat the common cold, which is caused by a virus and thus completely unaffected by antibiotics. People can prevent the further growth of antibiotic-resistant bacteria by using antibiotics properly and only when prescribed by a doctor. Healthcare workers can also help by promoting the prevention of infections and giving antibiotics only when needed. New antibiotics are now also being developed to replace the ones that have lost their effectiveness against diseases.

60. What is the article mainly about?

    (a) the effects of antibiotics on bacteria
    (b) how to develop medicines against infections
    (c) the spread of infectious diseases
    (d) how bacteria withstand some medicines

61. What does the WHO report say about antibiotics' ability to treat infections?

    (a) They are still largely effective against bacteria.
    (b) They can cure nearly all infections.
    (c) They no longer work well in certain cases.
    (d) They are declining in production quality.

62. How are bacteria able to fight off antibiotics?

    (a) by growing much larger than before
    (b) by adapting to counteract the drugs
    (c) by surrounding the drugs for attack
    (d) by copying the properties of viruses

63. Why probably are there serious concerns about drug resistance?

    (a) because it can lead to a greater number of deaths
    (b) because there are no longer any possible solutions
    (c) because the spread is getting harder to track
    (d) because new diseases are being discovered

64. What is NOT a way to prevent resistance to antibiotics?

    (a) formulating new antibiotics
    (b) consulting with physicians
    (c) prescribing extra antibiotics
    (d) using antibiotics correctly

65. In the context of the passage, acquire means _____.

    (a) buy
    (b) give
    (c) cure
    (d) gain

66. In the context of the passage, threat means _____.

    (a) warning
    (b) danger
    (c) reality
    (d) anger

Part 3. Read the following encyclopedia article and answer the questions. The underlined words in the article are for vocabulary questions.

THE GETTYSBURG ADDRESS

The Gettysburg Address was a speech given by American President Abraham Lincoln in Gettysburg, Pennsylvania. Delivered on November 19, 1863, the speech lasted just a few minutes and consisted of less than 300 words. Nevertheless, it is considered one of the most memorable speeches in American history and is one of the most frequently recited speeches of all time.

The Gettysburg Address was given at the dedication of a cemetery for the thousands of soldiers killed at the Battle of Gettysburg during the American Civil War. Lincoln had been invited to give just a few closing words. In his short but powerful speech, the President made an inspiring plea for Americans to pay their respects to the dead soldiers by honoring the principles of liberty and equality stated in the Declaration of Independence.

The address was only one of several speeches given that day. However, it made the greatest impression by far. Lincoln was interrupted by applause many times during the speech. The address was praised by the public long after it was made. It was reprinted in newspapers throughout North America and Europe and later became known as the "Gettysburg Address."

Scholars and historians consider the Gettysburg Address a great speech for several reasons. With only 272 words in 10 sentences, it takes just over two minutes to perform and wastes no words. The words used are simple—only 15 have more than two syllables. It also has a pleasing rhythm and a striking use of language. The Gettysburg Address is so notable that the speech has taken on a greater significance in collective memory than the Battle of Gettysburg itself.

Despite its importance in American culture, the exact wording of the Gettysburg Address as it was delivered is unknown. The five known copies in Lincoln's handwriting each have a slightly different text. Newspapers of the time also published different versions of the speech. It is said that when people asked Lincoln for a personal copy of the speech, he had to refer to the different versions from newspapers because he had forgotten exactly what he had said.

67. What was the Gettysburg Address?

    (a) a speech that ended America's Civil War
    (b) a speech honoring fallen soldiers
    (c) a place where an important battle occurred
    (d) the most famous speech in the world

68. Which of the following is NOT true about the Gettysburg Address?

    (a) It was brief but effective.
    (b) It was not the only talk at the event.
    (c) It honors freedom and fairness.
    (d) It addressed an international audience.

69. Why probably does the simplicity of the Gettysburg Address contribute to its greatness?

    (a) because it makes every word of the speech meaningful
    (b) because it makes the whole speech quick to memorize
    (c) because it makes the speech the ideal length for printing
    (d) because it makes the speech more entertaining to listeners

70. What is a complication with the way the address has been documented?

    (a) Only a few copies of it remain.
    (b) It was only partially delivered.
    (c) Nobody knows its exact text.
    (d) It is slowly losing relevance.

71. Based on the article, how was Lincoln able to recall his speech afterwards?

    (a) by asking a newspaper to reprint it
    (b) by referencing drafts from his old notebooks
    (c) by referring to previously printed texts
    (d) by recreating its exact wording from memory

72. In the context of the passage, plea means _____.

    (a) request
    (b) defense
    (c) prayer
    (d) claim

73. In the context of the passage, notable means _____.

    (a) obvious
    (b) familiar
    (c) serious
    (d) famous

Part 4. Read the following business letter and answer the questions. The underlined words in the letter are for vocabulary questions.

Mr. Joseph Morgan
Hills Country Hotel
1600 West Road
Lady Lake, Florida

Dear Mr. Morgan:

I came across your website while searching for a place to hold my wedding. After perusing your site, I am considering your hotel as a possible venue for both my ceremony and reception. I would like to know if your hotel will be available on August 20 at 5 p.m.

I'm planning to have both the wedding and the dinner party as outdoor events, so I would like to use two separate gardens. My fiancé and I are anticipating 350 guests. Please let me know if my preferred setup is possible, as your website only shows an indoor hall for party venues.

I understand that all decorations will be done by your staff, and I have no problem with that. However, I've already hired a florist, and I'd want her to work with your decorators on a common theme. Also, please advise if I'll have to pay your hotel a fee should I decide to appoint an outside caterer.

Lastly, I'd like to know the terms of the overnight accommodation. I know that I will be staying in the complimentary room until the following morning, but I was also hoping to use the room starting from early morning the day of the wedding—for both my preparations and those of the wedding entourage.

I'd appreciate your prompt reply to this letter. If the time and date have already been booked, I will immediately inquire with the other venues on my list instead. Thank you very much.

Sincerely,

Stacey Rogers
Stacey Rogers

74. Why did Stacey Rogers write to Joseph Morgan?

    (a) to ask about nearby wedding venues
    (b) to reserve his hotel for her client's wedding
    (c) to inquire about his hotel's services
    (d) to know how many guests his hotel can hold

75. Where does Rogers want to have her wedding reception?

    (a) at the hotel's outdoor dining area
    (b) at an event hall in the adjacent park
    (c) at an indoor garden made for parties
    (d) at different areas outside the hotel

76. Why probably does Rogers want her florist to work with the hotel's decorators?

    (a) so that the decorations and flowers will match
    (b) so that her florist can take over decorating duties
    (c) so that the flowers will be more prominent at the event
    (d) so that her florist can train the decorators

77. What most likely is Rogers' concern about the free room being provided?

    (a) when she should check out
    (b) how long she can use the room
    (c) if it would suit her honeymoon
    (d) how many people can fit inside

78. Why would Rogers make arrangements for a different place to hold her wedding?

    (a) Her preferred spot might not be available.
    (b) The hotel imposes time limits on events.
    (c) Her first choice might not respond in time.
    (d) The hotel has an expensive booking fee.

79. In the context of the passage, appoint means _____.

    (a) nominate
    (b) install
    (c) promise
    (d) hire

80. In the context of the passage, prompt means _____.

    (a) clear
    (b) honest
    (c) quick
    (d) efficient

THIS IS THE END OF THE TEST

지텔프는 지텔프에듀

지텔프에듀에서 지텔프를 시작해야하는 이유는?

:

지텔프 공식 주관사와 함께하는 지텔프에듀의 정보를
무료로 받아볼 수 있기 때문입니다.

> **수험생들의 생생한 시험후기 확인**
> **지텔프에듀 게시판 톡톡**

- 수험생들의 실제 시험후기 / 비법 공개
- 시험 난이도 및 논란문제 확인 가능

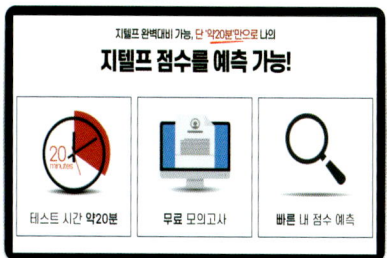

> **20분만에 지텔프 점수 예측 가능**
> **지텔프 예측 점수..나는 몇점일까?**

- 간단한 모의고사를 통해 내 점수 예측 가능
- 20분만에 점수를 확인하는 무료 모의고사 제공

> **매주 업로드 되는 지텔프 무료 자료**
> **카카오톡 플친 혜택**

- 할인 쿠폰 및 다양한 무료자료 제공
- 이벤트 및 혜택 소식을 빠르게 확인 가능

지텔프 공식 주관사와 함께하는 지텔프에듀   지텔프에듀 검색

G-TELP KOREA 수험서 한 눈에 보기

기본서

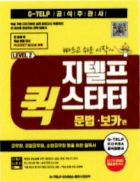   

- 지텔프 퀵스타터 문법, 보카편
- 지텔프 퀵스타터 독해편
- Final 지텔프 43+
- Final 실전 지텔프

보카

- 지텔프 보카
- 일주일 완성 퀵 지텔프 보카

실전 모의고사

 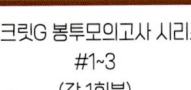   

- 시크릿G 봉투모의고사 시리즈 #1~3 (각 1회분)
- 퀵 지텔프 봉투모의고사 시리즈 1~3 (각 1회분)
- 퀵 지텔프 공식 모의고사 (3회)
- 지텔프 공식 주관사 기출유형 문제집 (7회)

등급별 공식 수험서

- 실전 문제를 통해 Part별로 완성하는 G-TELP 2급
- 실전 문제를 통해 Part별로 완성하는 G-TELP 3급
- 실전 문제를 통해 Part별로 완성하는 G-TELP 4급

스피킹 라이팅

- 퀵 지텔프 스피킹 기본서
- G-TELP Writing Test 공식수험서

비즈니스 영어

- G-TELP Business Speaking Test 공식수험서
- G-TELP Business Writing Test 공식수험서

LEVEL 2
Final 실전 지텔프

전면 개정판

해설집

Final
실전 지텔프

Final 실전 지텔프
GRAMMAR

정답과 해설

01. 시제
02. 가정법
03. 조동사
04. 준동사
05. 연결어
06. 관계사

문법 01 시제
FINAL 연습문제 p.26

1 ● had been driving

해석 토미가 그것을 깨달았을 때쯤, 그는 펑크가 난 타이어로 2시간 동안 운전을 해오던 중이었다.

해설 'by the time + 과거동사(realized)', 'for + 숫자 기간(for two hours)'은 과거완료진행시점의 단서표현. '운전하다(drive)'라는 동작이 깨달은 시점(과거)을 기준으로 그 이전부터 2시간 동안 진행되고 있음을 나타낸다.

2 ● was doing

해석 샐리는 소포가 그녀의 문 앞에 도착했을 때 숙제를 하던 중이었다.

해설 'when + 과거동사(arrived)'는 과거진행시제의 단서 표현. 소포가 문 앞에 도착했던 그 시점(과거)에 '숙제를 하다(do)'라는 동작이 동시에 진행 중이었음을 나타낸다.

3 ● is running

해석 키미는 지하철을 제 시간에 타기 위해 최대한 빨리 달리고 있는 중이다.

해설 문장에 시제의 단서가 되는 표현이 명확하게 주어지지 않았지만, as 뒤에 조동사 can이 나오고 있는 것으로 보아 현재를 나타내고 있음을 파악할 수 있어야 한다. 즉 '달리다(run)'라는 동작의 진행이 현재시점에 이루어지고 있음을 나타낸다.

4 ● is considering

해석 바로 지금, 정부는 노인들을 돕기 위한 새로운 법안을 통과시키는 것을 고려하고 있다.

해설 'right now'는 현재진행시제의 단서 표현. '고려하다(consider)'라는 동작의 진행 시점이 현재임을 나타낸다.

5 ● has been daydreaming

해석 대니가 그레이스를 처음 만났던 이래로, 그는 매일 그녀에 대한 공상에 잠겨오고 있다.

해설 'since + 과거동사(met)'는 현재완료진행시제의 단서 표현. 그레이스를 처음 만났을 때(과거)부터 현재까지 '공상에 잠기다(daydream)'라는 동작이 진행 중임을 나타낸다.

6 ● had been practicing

해석 그가 1등으로 들어오기 전에, 밥은 여름 내내 수영 대회를 위해 연습해오고 있었다.

해설 'before + 과거동사(came)'와 'all summer'는 과거완료진행시제의 단서 표현. '연습하다(practice)'라는 동작이 1등으로 들어왔던 시점(과거)을 기준으로 그 이전부터 여름 내내(all summer) 진행되고 있음을 나타낸다. all summer가 'for + 숫자 기간'처럼 기간을 나타내고 있는 문장이다.

7 ● had been cheating

해석 메이 씨는 그의 학생들이 시험에서 부정행위를 해오고 있었다는 것을 알았을 때 실망했다.

해설 when절의 동사 시제가 과거(found out)이고, '부정행위를 하다(cheat)'라는 동작이 문맥상 메이 씨가 알게 된 시점을 기준으로 그 이전부터 진행 중이었음을 나타낸다.

8 ● will have been working

해석 첫 월급을 받을 때쯤이면, 나는 이 회사에서 3주 동안 일해오는 중일 것이다.

해설 'by the time + 현재동사(get)'와 'for + 숫자 기간(for three weeks)'은 미래완료진행시제의 단서 표현. by the time절에서는 현재 동사가 미래를 대신한다. 첫 월급을 받는 시점(미래)이 되면 '일하다(work)'라는 동작이 3주 동안 진행될 것임을 나타낸다.

9. 정답 was eating

해석 마커스는 그가 음식을 너무 빨리 먹고 있었기 때문에 트림을 했다.

해설 주절의 동사 시제가 과거(burped)이고, 문맥상 트림을 했던 그 시점에 '먹다(eat)'라는 동작이 동시에 진행 중이었음을 나타낸다.

10. 정답 has been going

해석 맷은 15년 동안 매주 일요일마다 교회에 가고 있었다.

해설 'for + 숫자 기간(for fifteen years)'은 현재완료진행시제의 단서 표현. '교회에 가다(go)'라는 동작이 과거부터 현재까지 15년 동안 진행 중임을 나타낸다.

FINAL 실전문제 p.27

1 (d) 2 (a) 3 (a) 4 (c) 5 (b)
6 (a) 7 (b) 8 (a) 9 (b) 10 (a)
11 (c) 12 (a) 13 (d) 14 (b) 15 (d)
16 (a) 17 (c) 18 (a)

---

1. 과거완료진행 정답 (d)

해석 많은 업무량 때문에, 리나는 몸이 아프다고 느꼈지만 어쩔 수 없이 일을 했다. 그녀는 과장에게 그녀가 집에 가서 휴식을 취하고자 생각하기 전부터 2시간 동안 어지러움을 느껴오고 있었다고 알렸다.

해설 〈before + 과거동사〉와 〈for + 숫자 기간〉은 과거완료진행시제의 단서 표현이다. before절의 동사 시제(thought)를 통해 생각하는 시점이 과거임을 알 수 있으며, 과거 시점을 기준으로 그 이전부터(before) 2시간이라는 기간 동안(for two hours) 기준 시점까지 어지러움을 느껴오고 있는 중임을 나타내야 하므로, 빈칸에는 과거 이전(대과거)부터 과거까지 동작의 진행을 나타내는 과거완료진행시제가 가장 적절하다. 따라서 정답은 (d)이다.

어휘 heavy a. (양이나 정도가) 많은, 심한 workload n. 업무량, 작업량 force v. (어쩔 수 없이) ~하게 만들다 report v. 알리다, 전하다 dizzy a. 어지러운 rest v. 휴식을 취하다, 쉬다

2. 현재진행 정답 (a)

해석 캐리는 호평 받는 온라인 기기 리뷰어이다. 거대한 기술 브랜드의 후원을 받아, 그녀는 그녀가 평가할 최신 스마트폰을 받았다. 바로 지금, 그녀는 기기에 대한 정확한 리뷰를 만들기 위해 스마트폰의 특징들을 조사하고 있다.

해설 right now는 '바로 지금'이라는 뜻으로 현재진행 시제의 단서 표현이다. 의미상으로도 그녀는 기기에 대한 정확한 리뷰를 만들기 위해 스마트폰의 특징들을 '바로 지금 조사하고 있는 중'이라는 내용이 되어야 하므로, 정답은 (a)이다.

어휘 acclaimed a. 호평을 받는, 칭찬을 받는 gadget n. 기기, 장치 sponsor v. 후원하다 giant a. 거대한, 위대한 assess v. 평가하다 feature n. 특징, 특성 accurate a. 정확한, 정밀한

3. 현재완료진행 정답 (a)

해석 데니 핑커톤은 걷기도 전에 광고에서 연기를 했다. 기저귀와 이유식 광고에 출연한 후, 그는 꾸준히 계속 일을 찾았다. 사실, 51세의 나이에 핑커톤은 벌써 49년 동안 연기를 해오고 있다!

해설 빈칸 뒤 전치사구(for 49 years)는 '지난 49년 동안'이란 의미로 기간을 나타내므로, 과거부터 현재까지 계속 연기를 해오고 있는 중임을 나타내는 현재완료진행시제가 가장 적절하다. 따라서 정답은 (a)이다.

어휘 commercial n. (텔레비전, 라디오의) 광고 diaper n. 기저귀 steady a. 꾸준한

4. 미래완료진행 정답 (c)

해석 아침 라디오 프로그램인 〈라이즈 앤 샤인〉이 2개의 시즌을 더 연장했다. 새로운 계약이 끝날 때까지, 그 프로는 거의 30년 동안 방영되어 오고 있을 것이다. 그럼에도 불구하고, 청취자들은 프로그램이 질리지 않는다!

해설 〈by + 미래 시점〉과 〈for + 숫자 기간〉은 미래완료진행시제의 단서 표현이다. 새로운 계약이 끝나는 시점이 되면(by the end of the new contract) 그 시점까지 거의 30년이라는 기간 동안(for almost three decades) 그 프로가 방영되고 있을 것이라는 내용이므로, 특정 미래 시점까지 일이나 동작이 기간을 두고 진행되고 있음을 나타낼 때 쓰는 미래완료진행시제가 가장 적절하다. 따라서 정답은 (c)이다.

어휘 renew v. 연장하다, 갱신하다 contract n. 계약 decade n. 10년 cannot get enough v. 질리지 않다, 싫증이 나지 않다

5. 과거진행   정답 (b)

해설 소피아는 일찍 집에 갈 수 있도록 퇴근 후에 바로 버스 정류장으로 갈 계획이었다. 그러나, 버스 정류장으로 걸어가고 있던 동안에, 그녀는 그녀를 저녁식사에 초대했던 옛 동료를 만났다.

해설 while을 사용하여 과거의 동시상황을 나타내는 경우, 특정 과거 시점을 기준으로 반대쪽 절에는 일이나 동작의 진행을 나타내는 과거진행시제가 나와야 한다. 주절의 동사(met)가 과거 시점이므로, while절의 빈칸에는 과거진행시제가 적절하다. 따라서 정답은 (b)이다. 빈칸 문장에는 met이 이미 과거 시점으로 주어져 있기 때문에 단순과거시제인 (c)는 빈칸에 적절하지 않다.

어휘 former a. 이전의, 과거의 colleague n. (같은 직장이나 직종에 종사하는)동료

6. 미래진행   정답 (a)

해설 창조예술디자인대학(SCAD)은 로요마 대학교 포럼을 개최하게 되어 기대된다. SCAD는 다음 달 포럼이 시작되면 "디지털 시대의 데이트 에티켓"을 주제로 행사를 개최할 것이다.

해설 next month는 '다음 달에'의 뜻으로 미래진행시제의 단서 표현이다. 포럼이 시작되는 미래 시점에 행사를 개최할 것이라는 내용이므로, 앞으로 벌어질 미래의 한 시점에 진행되고 있을 동작이나 상태를 나타낼 때 쓰이는 미래진행시제가 가장 적절하다. 따라서 정답은 (a)이다.

어휘 host v. 개최하다, 주최하다 theme n. 주제, 테마

7. 현재진행   정답 (b)

해설 민디는 피겨 스케이팅을 TV로 보는 것이 정말 흥미로웠기 때문에 피겨 스케이팅에 관심을 보였다. 그녀는 심지어 석 달 전부터 레슨을 받기 시작했다. 현재, 그녀는 첫 대회를 앞두고 마지막 수업에 참석하고 있다.

해설 currently는 '현재'라는 뜻으로 현재진행시제의 단서 표현이다. 의미상으로도 첫 대회를 앞두고 마지막 수업에 '현재 참석하고 있는 중'이라는 내용이 되어야 하므로, 정답은 (b)이다.

어휘 attend v. 참석하다, 다니다 competition n. 대회, 시합

8. 과거완료진행   정답 (a)

해설 에이미의 친척들은 그녀가 반에서 졸업생 대표가 된 것을 축하했다. 그들이 몰랐던 것은 그녀는 학교 의사가 너무 강박적으로 공부하는 것을 그만두라고 요청한 후에야 치료되었던 두통에 시달려 오고 있었다는 것이다.

해설 시제의 단서 표현이 명확하게 주어져 있지 않으므로 앞뒤 문맥을 파악하여 답을 골라야 한다. 문맥상 두통에 시달렸던 것이 먼저이고, 치료된 것은 그 다음에 발생한 일이다. 이때 치료되는 시점(were only treated)이 과거이므로, 두통에 시달린 상황은 치료되는 시점의 이전, 즉 과거 이전부터 계속되었던 것이 된다. 따라서 과거 이전(대과거)부터 치료된 시점(과거)까지 동작의 진행을 나타내는 과거완료진행시제인 (a)가 정답이다.

어휘 relative n. 친척 valedictorian n. 졸업생 대표(졸업식에서 고별사를 하는 수석 졸업생) suffer v. 시달리다, 고통받다 obsessively ad. 강박적으로, 집요하게

9. 현재완료진행   정답 (b)

해설 슌 리엔은 빨래와 설거지를 거의 끝냈다. 하지만 그녀의 남동생은 도와주기 위해 손가락 하나 까딱하지 않았다. 그는 지난 4시간 동안 텔레비전을 봐오고 있다!

해설 ⟨for + 숫자 기간⟩은 현재완료진행시제의 단서 표현이다. 빈칸 뒤 전치사구(for the last four hours)는 '지난 4시간 동안'의 의미이므로, 과거부터 현재까지 텔레비전을 보고 있는 중임을 나타내는 현재완료진행시제가 가장 적절하다. 따라서 정답은 (b)이다.

어휘 laundry n. 빨래, 세탁 lift v. 들어 올리다

10. 미래진행   정답 (a)

해설 도나는 전화로 남편이 승진했다는 것을 들은 후 그를 축하해 주었다. 기념하기 위해, 그녀는 그가 가장 좋아하는 식사를 요리할 것이고 그가 집에 왔을 때 그들이 가장 좋아하는 와인을 열 것이라고 말했다.

해설 시간의 부사절인 when절의 동사는 현재시제가 미래를 대신한다. 즉 해당 문장에서 그가 집에 오는 시점이 미래(comes)이며, 그가 집에 올 때 와인을 여는 시점도 미래이므로, 미래 시점에 진행되고 있을 동작이나 상태를 나타낼 때 쓰이는 미래진행시제가 가장 적절하다. 따라서 정답은 (a)이다.

어휘 promote v. 승진시키다, 진급시키다 celebrate v. 기념하다, 축하하다

11. 과거진행   정답 (c)

해설 내 친구 미셸은 우리 학교 노래자랑에 참가할 계획이 없었다. 그녀는 단지 복도에서 그녀가 가장 좋아하는 노래를 부르고 있었는데, 그 때 우리 반 선생님이 그녀의 노래를 듣고 미셸에게 대회에 참가하라고 재촉했다.

해설 when을 사용하여 과거의 동시상황을 나타내는 경우, 특정 과거 시점을 기준으로 반대쪽 절에는 일이나 동작의 진행을 나타내는 과거진행시제가 나와야 한다. when절의 동사(heard, urged)가 과거 시점이므로, 주절의 빈칸에는 과거진행시제가 가장 적절하다. 따라서 정답은 (c)이다. 빈칸 문장에는 heard와 urged가 이미 과거 시점으로 주어져 있기 때문에 단순과거시제인 (b)는 빈칸에 적절하지 않다.

어휘 enter v. 참가하다, 출전하다 hallway n. 복도 urge v. 재촉하다, 강력히 권고하다

12. 미래완료진행   정답 (a)

해설 데니스는 어렸을 때부터 줄곧 작가가 되는 것을 꿈꿨다. 그는 마침내 소설을 완성할 즈음이면, 20년 이상 소설을 써 오고 있을 것이라고 추정한다.

해설 ⟨by the time + 현재동사⟩와 ⟨for + 숫자 기간⟩는 미래완료진행시제의 단서 표현이다. 문맥상으로도 그가 마침내 소설을 완성할 때쯤이면(by the time he finally finishes his novel) 그가 20년이 넘는 기간 동안(for more than twenty years) 소설을 써오고 있을 것이라는 내용이 가장 적절하므로, 특정 미래 시점까지 일이나 동작이 기간을 두고 진행되고 있음을 나타낼 때 쓰는 미래완료진행시제가 가장 적절하다. 따라서 정답은 (a)이다.

어휘 ever since conj. (그 이후로) 줄곧 estimate v. 추정하다, 추산하다

13. 현재완료진행   정답 (d)

해설 클레어는 학자금 대출을 갚기 시작할 수 있도록 졸업 후 보수가 높은 직장을 목표로 했다. 운 좋게도, 그녀는 좋은 직장을 구해서, 일을 시작했을 때부터 매달 대출을 줄여오고 있다.

해설 ⟨since + 과거동사⟩는 현재완료진행시제의 단서 표현이다. 그녀가 일을 시작한 시점이 과거(started)이고, 그 때부터 현재까지 매달 대출을 줄여오고 있는 중임을 나타내야 하므로, 과거에 시작한 동작이나 상태가 현재에도 진행 중일 때 사용하는 현재완료진행시제가 가장 적절하다. 따라서 정답은 (d)이다.

어휘 aim v. 목표로 하다 pay back v. (돈을) 갚다, 상환하다 student loan n. 학자금 대출

14. 현재진행   정답 (b)

해설 폴은 그의 삶 대부분 동안 건포도를 피한 후, 건포도를 매우 좋아하는 법을 배울 것이라고 결코 생각하지 않았다. 그는 지금 여섯 번째 건포도 쿠키를 먹고 있는데, 어떻게 그의 여자친구가 쿠키를 완벽하게 굽는 방법을 배웠는지 궁금해한다.

해설 보기에 현재진행시제의 단서 표현인 now(지금)가 있으므로, 빈칸에는 현재진행시제를 답으로 넣어야 한다. 따라서 정답은 (b)이다.

어휘 raisin n. 건포도 wonder v. 궁금해하다, 궁금하다

15. 과거완료진행   정답 (d)

해석 마침내, 밀러 박사가 필립스버그 병원의 심장학과 과장으로 임명되었다. 그는 충분히 자격이 있는 승진을 하기 전에 담당 외과의사로 20년 동안 일해오고 있었다.

해설 <before + 과거동사>와 <for + 숫자 기간>은 과거완료진행시제의 단서 표현이다. before절의 동사 시제(got)를 통해 승진을 한 시점이 과거임을 알 수 있으며, 과거 시점을 기준으로 그 이전부터(before) 20년이라는 기간 동안(for 20 years) 기준 시점까지 담당 외과의사로 일해오고 있는 중임을 나타내야 하므로, 빈칸에는 과거 이전(대과거)부터 과거까지 동작의 진행을 나타내는 과거완료진행시제가 가장 적절하다. 따라서 정답은 (d)이다.

어휘 designate v. 임명하다, 지명하다 cardiology n. 심장(병)학 attending surgeon n. 담당 외과의사 deserve v. 자격이 있다, ~을 받을 만하다 promotion n. 승진, 진급

16. 미래진행   정답 (a)

해석 언니가 이번 주 토요일에 졸업할 것이기 때문에, 우리 가족은 그녀가 가장 좋아하는 해산물 식당에 4인용 테이블을 예약했다. 우리는 졸업식이 끝나자마자 그곳으로 축하하러 갈 것이다.

해설 시간의 부사절인 as soon as절의 동사는 현재시제가 미래를 대신한다. 즉 해당 문장에서 졸업식이 끝나는 시점이 미래(ends)이며, 졸업식이 끝나자마자 축하를 하기 위해 그 곳으로 가고 있는 시점도 미래이므로, 미래 시점에 진행되고 있을 동작이나 상태를 나타낼 때 쓰이는 미래진행시제가 가장 적절하다. 따라서 정답은 (a)이다.

어휘 reserve v. 예약하다

17. 과거진행   정답 (c)

해석 2017년에, 허리케인 하비가 휴스턴의 거리를 침수시켜 임신한 여성을 그녀의 아파트에 가두었다. 그녀와 그녀의 남편은 가정 분만을 준비하고 있었는데, 그때 그들이 구조되어서 가장 가까운 병원으로 호송되었다.

해설 when을 사용하여 과거의 동시상황을 나타내는 경우, 특정 과거 시점을 기준으로 반대쪽 절에는 일이나 동작의 진행을 나타내는 과거진행시제가 나와야 한다. when절의 동사(were rescued, escorted)가 과거 시점이므로, 주절의 빈칸에는 과거진행시제가 적절하다. 따라서 정답은 (c)이다.

어휘 flood v. 침수시키다, 물에 잠기다 trap v. 가두다 pregnant a. 임신한 home birth n. 가정분만 rescue v. 구조하다, 구출하다 escort v. 호송하다, 호위하다

18. 현재완료진행   정답 (a)

해석 내 사촌은 놀면서 슈퍼 히어로 액션 피규어들을 모으는 것을 좋아한다. 성장하면서, 그는 자신의 관심사를 기회로 삼아냈다. 내가 마지막으로 확인했던 바로는, 그는 현재 거의 10년 동안 그의 장난감 가게를 운영해오고 있다.

해설 <for + 숫자 기간>은 현재완료진행시제의 단서 표현이다. 빈칸 뒤 전치사구(for almost a decade now)는 '지금까지 거의 10년 동안'의 의미이므로, 과거부터 현재까지 장난감 가게를 운영해오고 있는 중임을 나타내는 현재완료진행시제가 가장 적절하다. 따라서 정답은 (a)이다.

어휘 capitalize on v. 기회로 삼다, ~을 활용하다 interest n. 관심사, 흥미거리 manage to v. ~을 해내다, 가까스로 ~하다 decade n. 10년

문법 02 가정법
FINAL 연습문제 p.36

1 • wouldn't have

해석 만약 그가 대통령이라면, 우리는 요즘 경제적인 문제를 많이 겪지 않을 텐데.

해설 'if + 과거동사(were)'는 가정법 과거의 단서 표현이므로, 주절의 동사 자리에는 'would + 동사원형'이 들어가야 한다.

2 • would have gone

해석 만약 존이 집안일을 좀 더 일찍 끝냈다면, 그는 친구의 생일 파티에 갔을 텐데.

해설 'if + 과거완료동사(had finished)'는 가정법 과거완료의 단서 표현이므로, 주절의 동사 자리에는 'would + have p.p.'가 들어가야 한다.

3 • could have made

해석 만약 우리가 일찍 출발하기만 했더라면, 우리는 놀이공원에 제 시간에 도착했을 텐데.

해설 'if only + 과거완료동사(had left)'는 가정법 과거완료의 단서 표현이므로, 주절의 동사 자리에는 'could + have p.p.'가 들어가야 한다.

4 • would probably fall

해석 만약 우리가 이 얇은 얼음 위로 스케이트를 탄다면, 우리는 아마도 얼음을 뚫고 떨어질 텐데.

해설 'if + 과거동사(were)'는 가정법 과거의 단서 표현이므로, 주절의 동사 자리에는 'would + 동사원형'이 들어가야 한다.

5 • would be prepared

해석 만약 밀라가 날씨를 확인한다면 그녀는 다가오는 폭풍에 대비할 텐데.

해설 'if + 과거동사(checked)'는 가정법 과거의 단서 표현이므로, 주절의 동사 자리에는 'would + 동사원형'이 들어가야 한다.

6 • could have joined

해석 만약 그가 말했던 만큼 많이 연습했다면, 그는 대학 농구 대표팀에 합류했을 텐데.

해설 'if + 과거완료동사(had practiced)'는 가정법 과거완료의 단서 표현이므로, 주절의 동사 자리에는 'could + have p.p.'가 들어가야 한다.

7 • would not have gotten

해석 만약 마가렛이 교통법규를 지켰다면 그녀는 속도위반 딱지를 받지 않았을 텐데.

해설 주절의 뒤에 'if + 주어 + had p.p.'가 도치된 형태인 'had + 주어 + p.p.(followed)'가 나오고 있다. 이는 가정법 과거완료의 단서 표현이므로, 주절의 동사 자리에는 'would + have p.p.'가 들어가야 한다.

8 • might not have overbaked

해석 만약 내가 그 컵케이크를 주의 깊게 지켜 보기만 했더라면, 내가 그것들을 너무 오래 굽지 않았을 텐데.

해설 'if only + 과거완료동사(had been watching)'는 가정법 과거완료의 단서 표현이므로, 주절의 동사 자리에는 'might + have p.p.'가 들어가야 한다.

9 • would be

해석 만약 우리가 그때 그 택시를 잡았었다면, 우리는 지금 현재 영화관에 있을 텐데.

해설 'if + 과거완료동사(had caught)'는 가정법 과거완료의 단서 표현이지만, 주절에 현재를 가리키는 부사인 right now(바로 지금)가 있으므로 혼합가정법 공식을 적용한다. 따라서 주절의 동사 자리에는 가정법 과거를 나타내는 'would + 동사원형'이 들어가야 한다.

would not have been shocked

해석 만약 학생들이 제대로 공부했다면, 그들은 기말고사에 충격을 받지 않았을 텐데.

해설 문두에 'if + 주어 + had p.p.'가 도치된 형태인 'had + 주어 + p.p.(studied)'가 나오고 있다. 이는 가정법 과거완료의 단서 표현이므로, 주절의 동사 자리에는 'would + have p.p.'가 들어가야 한다.

FINAL 실전문제   p.37

1 (b)	2 (c)	3 (b)	4 (a)	5 (a)
6 (a)	7 (b)	8 (d)	9 (a)	10 (d)
11 (d)	12 (b)	13 (a)	14 (c)	15 (b)
16 (b)	17 (b)	18 (c)		

1. 가정법 과거완료   정답 (b)

해석 앨리스는 그녀의 고객이 두 개의 광고 프로젝트를 완료하기 위해 빡빡한 일정을 제시했기 때문에 하루 종일 잠을 자지 못했다. 만약 그녀의 고객이 그녀에게 미리 후하게 지불하지 않았다면, 그녀는 그 프로젝트를 수락하지 않았을 것이다.

해설 가정법 과거완료를 묻는 문제로, if절의 동사 시제가 과거완료(had not paid)이므로 주절의 빈칸에는 〈would/could/might + have p.p.〉 형태의 동사가 들어가야 한다. 따라서 정답은 (b)이다.

어휘 client n. 고객, 의뢰인 complete v. 완료하다, 끝마치다 generously ad. 후하게, 아낌없이 beforehand ad. 미리, 사전에

2. 가정법 과거완료   정답 (c)

해석 베티는 그녀의 컴퓨터가 갑자기 고장났을 때 저장하지 않고 몇 시간 동안 시를 쓰고 있었다. 만약 그녀가 글을 쓰면서 제대로 저장을 했다면, 소중한 시를 잃지 않았을 것이다.

해설 가정법 과거완료를 묻는 문제로, if절의 동사 시제가 과거완료(had saved)이므로 주절의 빈칸에는 〈would/could/might + have p.p.〉 형태의 동사가 들어가야 한다. 따라서 정답은 (c)이다.

어휘 saving n. 저장 suddenly ad. 갑자기, 급작스럽게 crash v. (컴퓨터가) 작동이 안 되다, 고장 나다 properly ad. 제대로, 적절히 precious a. 소중한, 귀중한

3. 가정법 과거   정답 (b)

해석 스콧은 아내를 위한 기념일 선물을 사는 것을 자주 잊는다. 당연하겠지만, 이는 둘 사이에 갈등을 유발한다. 만약 내가 스콧이라면, 달력에 그들의 기념일 날짜를 표시해서 선물 사는 것을 잊지 않을 것이다.

해설 가정법 과거를 묻는 문제로, if절의 동사가 과거(were)이므로 주절의 빈칸에는 〈would/could/might + 동사원형〉 형태의 동사가 들어가야 한다. 따라서 정답은 (b)이다.

어휘 frequently ad. 자주, 흔히 unsurprisingly ad. 당연하겠지만, 놀랄 것도 없이 tension n. 갈등, 긴장 mark v. 표시하다

4. 가정법 과거   정답 (a)

해석 꿀벌은 가장 개체수가 많은 꽃가루 매개자 중 하나이다. 그들은 한 식물에서 다른 식물로 꽃가루를 옮김으로써 식물들이 번식하도록 돕는다. 만약 이 곤충들이 멸종하게 된다면, 그들이 수분하는 식물들은 번식하지 못할 것이다.

해설 가정법 과거를 묻는 문제로, if절의 동사가 과거(were)이므로 주절의 빈칸에는 〈would/could/might + 동사원형〉 형태의 동사가 들어가야 한다. 따라서 정답은 (a)이다.

어휘 populous a. 개체수가 많은, 인구가 많은 pollinator n. 꽃가루 매개자 reproduce v. 번식하다 transfer v. 옮기다, 이동하다 insect n. 곤충 extinct a. 멸종된 pollinate v. 수분하다

5. 가정법 과거   정답 (a)

해석 어제, 모니카는 대통령의 도착에 대비해 요리를 하도록 배정받았다. 만약 내가 그 임무를 맡게 된다면, 나는 어떤 불행한 사고도 피하기 위해 대통령에게 알레르기가 있을 수 있는 음식들을 조사해 볼 것이다.

해설 가정법 과거를 묻는 문제로, if절의 동사가 과거(were)이므로 주절의 빈칸에는 〈would/could/might + 동사원형〉 형태의 동사가 들어가야 한다. 따라서 정답은 (a)이다.

어휘 assign v. 배정하다, 맡기다   arrival n. 도착   research v. 조사하다, 연구하다   allergic a. 알레르기가 있는   unfortunate a. 불행한, 불운한   accident n. 사고

6. 가정법 과거완료   정답 (a)

해석 존은 뒷마당에 농구 후프를 설치하기 시작했는데 그 때 비가 왔다. 그래서, 그는 대신에 결국 컴퓨터 게임을 했다. 만약 비가 오지 않았다면, 그는 벌써 농구 후프 조립을 마쳤을 것이다.

해설 가정법 과거완료를 묻는 문제로, if절의 동사 시제가 과거완료(had not rained)이므로 주절의 빈칸에는 〈would/could/might + have p.p.〉 형태의 동사가 들어가야 한다. 따라서 정답은 (a)이다.

어휘 set up v. 설치하다   backyard n. 뒷마당   end up ~ing v. 결국 ~하다   assemble v. 조립하다

7. 가정법 과거   정답 (b)

해석 로라는 곱슬곱슬하고 정돈이 어려운 머리를 싫어한다. 만약 그녀가 스트레이트 파마를 한다면, 그녀는 매일 아침 둥근 브러시와 드라이어로 머리를 매만지며 그렇게 많은 시간을 보낼 필요가 없을 것이다.

해설 가정법 과거를 묻는 문제로, if절의 동사가 과거(were)이므로 주절의 빈칸에는 〈would/could/might + 동사원형〉 형태의 동사가 들어가야 한다. 따라서 정답은 (b)이다. would 다음에 have to가 동사원형으로 쓰인 것이므로 would have 까지만 보고 가정법 과거 완료(would have p.p.)로 착각하지 않도록 주의해야 한다.

어휘 frizzy a. (머리털 등이) 가늘고 곱슬곱슬한   smooth out v. 매끈하게 하다, 반듯하게 매만지다

8. 가정법 과거완료   정답 (d)

해석 브랜든 로이는 퇴행성 무릎 장애 때문에 29세의 나이에 은퇴했던 전 NBA 선수이다. 만약 그가 그러한 무릎 문제가 생기지 않았다면, 그는 그렇게 어린 나이에 농구를 그만두지 않았을 것이다.

해설 가정법 과거완료를 묻는 문제로, if절의 동사 시제가 과거완료(hadn't developed)이므로 주절의 빈칸에는 〈would/could/might + have p.p.〉 형태의 동사가 들어가야 한다. 따라서 정답은 (d)이다.

어휘 retire v. 은퇴하다, 퇴직하다   degenerative a. 퇴행성의   disorder n. 장애

9. 가정법 과거   정답 (a)

해석 아스가르드 학교의 한 교사들은 학생들에게 학교 축제에 참석하라고 재촉한다. 그들은 만약 학생들이 그러한 행사들을 무시한다면, 학교가 제공하고 있는 모든 재미있는 활동들을 놓칠 것이라고 말한다.

해설 가정법 과거를 묻는 문제로, if절의 동사가 과거(were)이므로 주절의 빈칸에는 〈would/could/might + 동사원형〉 형태의 동사가 들어가야 한다. 따라서 정답은 (a)이다.

어휘 urge v. 재촉하다, 강력히 권고하다   disregard v. 무시하다, 묵살하다   miss out v. (참여하지 않음으로써 유익하거나 즐거운 것을) 놓치다

10. 가정법 과거   정답 (d)

해석 우리 태양계의 행성들은 그것의 거대한 크기와 찬란한 빛 때문에 태양으로부터 빛과 열을 얻는다. 만약 태양이 수축한다면, 지구는 인간의 생명을 유지할 수 없을 것이다.

해설 가정법 과거를 묻는 문제로, if절의 동사 시제가 과거(was)이므로 주절의 빈칸에는 〈would/could/might + 동사원형〉 형태의 동사가 들어가야 한다. 따라서 정답은 (d)이다.

어휘 enormous a. 거대한, 막대한 brilliant a. 찬란한, 눈부신 glow n. 빛, 불빛 sustain v. 살아가게 하다, 존재하게 하다

11. 가정법 과거   정답 (d)

해석 지난 10년 동안, 미국 공항의 항공 혼잡이 증가하여 더 많은 항공편이 지연되었다. 만약 대신 더 많은 여행객들이 다른 교통수단을 고려한다면, 지연된 항공편의 수는 특히 가장 큰 공항들에서 감소할 것이다.

해설 가정법 과거를 묻는 문제로, if절의 동사가 과거(considered)이므로 주절의 빈칸에는 〈would/could/might + 동사원형〉 형태의 동사가 들어가야 한다. 따라서 정답은 (d)이다.

어휘 aviation n. 항공 congestion n. 혼잡 transportation n. 교통수단

12. 가정법 과거완료   정답 (b)

해석 프랑스 소설가 아망틴 루실 오로르 뒤팽은 1800년대에 여성 작가들이 급여가 적었기 때문에 "조지 샌드"라는 필명을 사용했다. 만약 그 당시에 여자들이 남자들과 똑같이 벌었다면, 그녀는 자신의 본명을 자랑스럽게 사용했을 것이다.

해설 가정법 과거완료를 묻는 문제로, if절의 동사 시제가 과거완료(had earned)이므로 주절의 빈칸에는 〈would/could/might + have p.p.〉 형태의 동사가 들어가야 한다. 따라서 정답은 (b)이다.

어휘 pseudonym n. 필명, 가명 earn v. 돈을 벌다 proudly ad. 자랑스럽게

13. 가정법 과거   정답 (a)

해석 직장 맞은편에 새로 생긴 카페는 커피와 케이크가 맛있지만, 나에게는 분위기가 조금 칙칙하다. 만약 내가 주인이라면, 나는 분위기를 더 활기차게 만들기 위해 가게의 조명을 바꿀 것이다.

해설 가정법 과거를 묻는 문제로, if절의 동사가 과거(were)이므로 주절의 빈칸에는 〈would/could/might + 동사원형〉 형태의 동사가 들어가야 한다. 따라서 정답은 (a)이다.

어휘 workplace n. 직장, 근무지 ambiance n. (장소의)분위기 dull a. 칙칙한, 흐릿한 owner n. 주인, 소유주

14. 가정법 과거완료 (도치)   정답 (c)

해석 이란의 한 요리사들이 가장 긴 샌드위치 세계 기록을 깨기 위해 노력했다. 만약 사람들이 공식적으로 측정되기 전에 음식을 먹지 않았다면, 그것은 그 당시에 기록된 가장 긴 샌드위치가 되었을 것이다.

해설 가정법 과거완료 구문에서 if절이 도치되어 있는 문장이다(if the crowd had not consumed~ → Had the crowd not consumed~). if절의 동사가 과거완료(had not consumed)이므로 주절의 빈칸에는 〈would/could/might + have p.p.〉 형태의 동사가 들어가야 한다. 따라서 정답은 (c)이다.

어휘 endeavor v. 노력하다, 시도하다 consume v. 소모하다, 먹다, 마시다 measure v. 측정하다

15. 가정법 과거완료 (도치)   정답 (b)

해석 다니엘은 면접을 본 일자리에 대한 불합격 통지서를 받았다. 경영진이 중국어를 할 수 있는 지원자를 선호하기 때문에 대학에서 중국어를 배웠더라면 그 직업을 가질 수 있었을 것이라고 그는 생각했다.

해설 가정법 과거완료 구문에서 if절이 도치되어 있는 문장이다(if he had learned~ → had he learned~). if절의 동사가 과거완료(had learned)이므로 주절의 빈칸에는 〈would/could/might + have p.p.〉 형태의 동사가 들어가야 한다. 따라서 정답은 (b)이다.

어휘 rejection letter n. 불합격 통지서 mandarin n. 표준 중국어 management n. 경영진, 운영진 candidate n. 지원자, 응시자

16. 가정법 과거완료　　　정답 (b)

해석 에드거와 그의 그룹 친구들은 그룹 프로젝트를 위한 포스터 보드를 만드는 데 몇 주를 보냈다. 만약 발표 당일 에드거가 그것을 집에 두고 오지 않았더라면, 그 그룹은 더 높은 성적을 받았을 것이다.

해설 가정법 과거완료를 묻는 문제로, if절의 동사가 과거완료(hadn't left)이므로 주절의 빈칸에는 〈would/could/might + have p.p.〉 형태의 동사가 들어가야 한다. 따라서 정답은 (b)이다.

어휘 receive v. 받다　grade n. 성적, 학점

17. 가정법 과거　　　정답 (b)

해석 패티는 그녀의 가장 친한 친구인 존에게 정말 고마워한다. 그는 그녀가 힘들고 외로울 때면 언제든지 항상 그녀를 위해 곁에 있어 준다. 만약 그녀가 그를 잃는다면, 그녀는 분명히 엄청난 상실감을 느낄 것이다.

해설 가정법 과거를 묻는 문제로, if절의 동사가 과거(were)이므로 주절의 빈칸에는 〈would/could/might + 동사원형〉 형태의 동사가 들어가야 한다. 따라서 정답은 (b)이다.

어휘 appreciate v. 고마워하다　lonely a. 외로운, 쓸쓸한　immense a. 엄청난, 어마어마한

18. 가정법 과거완료　　　정답 (c)

해석 1963년, 린든 B. 존슨은 존 F. 케네디의 암살 다음 날 저녁에 거의 총에 맞을 뻔했다. 만약 그 당시 부통령이었던 존슨도 피살되었다면, 하원 의장이 대통령직을 맡았을 것이다.

해설 가정법 과거완료를 묻는 문제로, if절의 동사 시제가 과거완료(had been killed)이므로 주절의 빈칸에는 〈would/could/might + have p.p.〉 형태의 동사가 들어가야 한다. 따라서 정답은 (c)이다.

어휘 assassination n. 암살　vice president n. 부통령　speaker of the house n. 하원 의장　presidency n. 대통령직

문법 03 조동사
FINAL 연습문제　p.48

1　● can

해석 관객들은 어떻게 발레리나들이 무대에서 그렇게 놀라운 동작들을 수행할 수 있는지 궁금해한다.

해설 문맥상 관객들이 궁금해하는 것은 발레리나들의 의무가 아니라 그들의 기술 또는 능력이다. 따라서 '발레리나들이 동작들을 수행해야 한다'와 같이 의무나 당위성(should)보다는 '수행할 수 있다'와 같이 능력(can)을 나타내는 것이 문맥상 가장 적절하다.

2　● will

해석 어머니가 아프기 때문에, 오늘은 호세가 학교에 있는 그의 동생들을 데리러 갈 것이다.

해설 어머니가 아프다는 것이 이유가 되어 동생들을 데리러 가는 행위를 하는 것이므로, '데리러 갈지도 모른다'와 같이 불확실한 추측(may)보다는 '데리러 갈 것이다'와 같이 주어의 의지(will)를 나타내는 것이 문맥상 가장 적절하다.

3　● must

해석 반려견 주인들은 반려견 산책을 시킬 때 반드시 뒤처리를 해야 한다.

해설 '반려견을 산책 시킬 때 반려견의 뒤처리를 할 수 있다'와 같이 견주들의 능력(can)보다는 '뒤처리를 해야 한다'와 같이 견주들이 의무(must)를 나타내는 것이 문맥상 가장 적절하다.

4　● might

해석 시애틀 여행을 위해 우산을 챙기는 것은 좋은 생각일지도 모른다.

해설 '우산을 챙기는 것이 좋은 생각이어야 한다'와 같이 강제적인 의무(must)보다는 '좋은 생각일지도 모른다'와 같이 추측(might)을 나타내는 것이 문맥상 가장 적절하다.

5 • should

해설 만약 당신이 시험을 잘 보고 싶다면, 당신은 매일 공부해야 한다.

해설 앞에 '시험을 잘 보고 싶다면'이라는 의미의 조건절(if절)이 나오고 있으므로, '매일 공부할지도 모른다'와 같이 불확실한 추측(might)보다는 '매일 공부해야 한다'와 같이 의무나 당위성(should)을 나타내는 것이 문맥상 가장 적절하다.

6 • try

해설 우리 사장님은 직원 행복도를 높이기 위해 회사에서 일 6시간 근무를 시도할 것을 제안하셨다.

해설 'propose + that'은 should 생략 유형의 단서 표현. that절의 동사 자리에는 동사원형이 들어가야 한다.

7 • not touch

해설 직원들은 박물관 방문객들에게 작품을 만지지 말라고 충고한다.

해설 'advise + that'은 should 생략 유형의 단서 표현. that절의 동사 자리에는 동사원형이 들어가야 한다.

8 • brush

해설 치과의사들은 사람들에게 하루에 두 번 이상은 이를 닦는 것을 권한다.

해설 'recommend + that'은 should 생략 유형의 단서 표현. that절의 동사 자리에는 동사원형이 들어가야 한다.

9 • not go

해설 저희는 여러분에게 아픈 동안 크고 붐비는 행사에 가지 말아 주시기를 요청 드립니다.

해설 'ask + that'은 should 생략 유형의 단서 표현. that절의 동사 자리에는 동사원형이 들어가야한다.

10 • be fixed

해설 일부 직원들은 그 엘리베이터가 즉시 수리되어야 한다고 촉구한다.

해설 'urge + that'은 should 생략 유형의 단서 표현. that절의 동사 자리에는 동사원형이 들어가야한다.

FINAL 실전문제 p.49

1 (a)	2 (b)	3 (b)	4 (d)	5 (b)
6 (c)	7 (c)	8 (b)	9 (b)	10 (b)
11 (c)	12 (c)	13 (d)	14 (b)	15 (a)
16 (c)	17 (a)	18 (a)		

1. 조동사 문맥 찾기 정답 (a)

해설 샘은 항상 잠재적인 비즈니스 고객들을 만나는 사람이었기 때문에 어쩔 수 없이 비싼 옷들과 액세서리들을 사야 한다고 느꼈다. 그는 자신이 부자임을 보여줬기 때문에 그의 고객들이 그를 더 진지하게 받아들일 것이라고 생각했다.

해설 빈칸 앞 문장에서 샘은 항상 잠재적인 비즈니스 고객들과 마주하는 사람이었기 때문에 어쩔 수 없이 비싼 옷들과 액세서리들을 사야 한다고 느꼈다는 내용이 나오고 있으므로, 문맥상 '재산이 많다는 것을 보여준다면 고객들이 그를 더 진지하게 받아들일 것이라고 생각했다'의 의미가 되어야 한다. 이와 같이 예정(~할 것이다)의 의미를 내포하기 위해서는 조동사 'would'가 가장 적절하므로, 정답은 (a)이다. 참고로 주절의 동사 시제가 과거(thought)이므로, that절의 조동사와 시제를 일치시키는 것이 적절하다.

어휘 be obliged to v. 어쩔 수 없이 ~하게 하다 potential a. 잠재적인, 가능성이 있는 seriously ad. 진지하게, 진심으로 present v. 보여주다, 나타내다 wealthy a. 재산이 많은, 부유한

2. 조동사 should 생략   정답 (b)

해석 지진은 예고 없이 발생하기 때문에 지진 대비가 안전에 핵심이다. 공용 공간 위에 있는 무거운 물체들과 깨지기 쉬운 물건들, 높은 캐비닛과 같은 잠재적인 위험 요소에 대비해 집을 점검해야 하는 것이 중요하다.

해설 vital(필수적인)과 같이 주장, 명령, 제안, 요구를 나타내는 형용사 뒤에 that절이 나오면, that절의 동사 자리에는 '~해야 한다'의 의미로 〈should + 동사원형〉에서 should가 생략된 동사원형만이 가능하다. 따라서 정답은 (b)이다.

어휘 earthquake n. 지진 preparedness n. 대비, 준비 unannounced a. 예고 없이, 미리 알리지 않은 inspect v. 점검하다, 검사하다 hazard n. 위험 (요소) fragile a. 깨지기 쉬운, 부서지기 쉬운

3. 조동사 should 생략   정답 (b)

해석 대상포진은 붉은 물집과 따가운 감각을 유발하는 피부 감염이다. 의사들은 사람들이 고통스러운 질병에 걸릴 위험을 줄이기 위해 대상포진 백신을 접종해야 한다고 권장한다.

해설 suggest(제안하다)와 같이 주장, 명령, 제안, 요구를 나타내는 동사 뒤에 that절이 나오면, that절의 동사 자리에는 '~해야 한다'의 의미로 〈should + 동사원형〉에서 should가 생략된 동사원형만이 가능하다. 따라서 정답은 (b)이다.

어휘 shingles n. 대상포진 infection n. 감염 blister n. 물집, 수포 stinging a. 따가운, 찌르는, 쏘는 sensation n. 감각, 느낌 contract v. (병에) 걸리다 painful a. (몸이) 고통스러운, 아픈 disease n. 질병, 병, 질환

4. 조동사 문맥 찾기   정답 (d)

해석 밤에 스마트폰을 사용하는 것은 그들의 화면이 많은 파란 빛을 방출하기 때문에 보통 권장되지 않는다. 이러한 배출은 인간의 몸이 수면 주기에 들어갈 수 있도록 준비하는 호르몬인 멜라토닌을 생산하는 것을 방해할 수 있다.

해설 빈칸 앞 문장에서 밤에 스마트폰을 사용하는 것을 권장하지 않는 이유로 스마트폰의 화면이 파란 빛을 방출하기 때문이라는 내용이 나오고 있으므로, 문맥상 '이러한 배출은 인간의 몸이 수면 주기에 들어갈 수 있도록 준비하는 호르몬인 멜라토닌을 생산하는 것을 방해할 수 있다'와 같이 문제의 발생 가능성을 나타낼 수 있는 내용이 되어야 한다. 가능성(~할 수 있다)의 의미를 내포하기 위해서는 조동사 'can'이 가장 적절하므로, 정답은 (d)이다.

어휘 discourage v. 권장하지 않다, 낙담 시키다 emit v. 방출하다, 내다 emission n. (빛, 열, 가스 등의) 배출 hamper v. 방해하다

5. 조동사 should 생략   정답 (b)

해석 검진은 헌혈자들에게 중요하다. 의사들은 헌혈자들의 혈액이 헌혈하기에 좋은 상태가 되도록 하기 위해 헌혈하기 전에는 적어도 3시간 동안 어떠한 기름진 음식이라도 먹지 말아야 한다고 강력하게 권한다.

해설 recommend(권하다)와 같이 주장, 명령, 제안, 요구를 나타내는 동사 뒤에 that절이 나오면, that절의 동사 자리에는 '~해야 한다'의 의미로 〈should + 동사원형〉에서 should가 생략된 동사원형만이 가능하다. 따라서 정답은 (b)이다.

어휘 screening n. (질병, 결격 사유 등을 찾기 위한) 검사, 검진 blood donor n. 헌혈자 fatty a. 기름진, 지방이 많은 ensure v. 반드시 ~하게하다, 보장하다

6. 조동사 문맥 찾기   정답 (c)

해석 당신은 "부력 실험"을 통해 달걀 한 묶음의 신선도를 테스트할 수 있다. 물에 뜨는 달걀은 썩어서 먹기에 안전하지 않은 반면, 가라앉는 달걀은 신선하다고 여겨진다. 그것들은 버려져야 한다.

해설 빈칸 앞 문장에서 물에 뜨는 달걀은 썩어서 먹기에 안전하지 않은 반면, 가라앉는 달걀은 신선하다고 여겨진다고 하므로, 문맥상 '썩은 달걀은 반드시 버려져야 한다'는 의미가 되어야 한다. 이와 같이 강제적 의무(반드시 ~해야 한다)의 의미를 내포하기 위해서는 조동사 'must'가 가장 적절하다. 따라서 정답은 (c)이다.

어휘 freshness n. 신선도 batch n. 묶음, 집단 float n. 부력 sink v. 가라앉다, 빠지다 rotten a. 썩은, 부패한 discard v. 버리다, 폐기하다

7. 조동사 should 생략 　　정답 (c)

해석 물은 전류의 흐름을 제한하지 않으며, 이는 물을 좋은 전기 전도체로 만든다. 따라서, 전기 콘센트는 감전을 피하기 위해 어느 수원(水源)으로부터든지 멀리 떨어뜨려 놓는 것이 중요하다.

해설 vital(필수적인)과 같이 주장, 명령, 제안, 요구를 나타내는 형용사 뒤에 that절이 나오면, that절의 동사 자리에는 '~해야 한다'의 의미로 〈should + 동사원형〉에서 should가 생략된 동사원형만이 가능하다. 따라서 정답은 (c)이다.

어휘 restrict v. 제한하다, 한정하다 flow n. 흐름 electric current n. 전류 conductor n. (전기나 열의) 전도체 outlet n. 콘센트 water source n. 수원(水源), 물 공급원

8. 조동사 should 생략 　　정답 (b)

해석 지난 달보다 전기세가 20%나 더 올랐다. 비용을 줄이기 위해, 아버지는 우리 각자가 텔레비전과 컴퓨터 사용을 위해 만든 새로운 규칙을 엄격하게 따라야 한다고 요구하고 있다.

해설 demand(요구하다)와 같이 주장, 명령, 제안, 요구를 나타내는 동사 뒤에 that절이 나오면, that절의 동사 자리에는 '~해야 한다'의 의미로 〈should + 동사원형〉에서 should가 생략된 동사원형만이 가능하다. 따라서 정답은 (b)이다.

어휘 previous a. 지난, 이전의 cut back v. 줄이다, 축소하다, 삭감하다 expense n. 요금, 비용 strictly ad. 엄격하게 usage n. 사용, 사용량

9. 조동사 문맥 찾기 　　정답 (b)

해석 기원전 500년경 그리스의 대리석 부조 조각상은 팀 스포츠에 대한 가장 초기의 묘사 중 하나를 보여준다. 이 고대 스포츠는 '케레티제인'이라고 알려져 있는데, 이는 그리스의 초기 필드하키 형태였을 수도 있다.

해설 빈칸 앞 문장에서 과거에(기원전 500년경) 그리스의 대리석 부조 조각상은 팀 스포츠에 대한 가장 초기의 묘사 중 하나를 보여줬다는 내용이 나오고 있다. 문맥상 "케레티제인'이라는 고대 스포츠가 그리스의 필드 하키의 초기 형태였을 수도 있다'와 같이 그때 당시에 이랬을 것이라는 가능성이나 추측을 나타낼 수 있는 내용이 되어야 한다. 불확실한 가능성 또는 추측(~할 수도 있다)의 의미를 내포하기 위해서는 조동사 'could'가 가장 적절하므로, 정답은 (b)이다. 참고로 과거 시점에서 본 미래, 가정법, 과거의 습관을 나타낼 때 사용하는 would는 문맥상 어색하므로 (c)는 오답이다.

어휘 marble n. 대리석 relief n. 부조(입체적으로 조각하는 조형기법) sculpture n. 조각상, 조각품 depiction n. 묘사, 서술 ancient a. 고대의

10. 조동사 should 생략 　　정답 (b)

해설 릭이 온라인 쇼핑 사이트에서 주문했던 배낭은 8일 전에 도착하기로 되어 있었다. 불만스러워했던 그는 온라인 매장의 직통 번호에 전화를 걸어 택배가 가능한 한 빨리 배달되어야 한다고 요구했다.

해설 demand(요구하다)와 같이 주장, 명령, 제안, 요구를 나타내는 동사 뒤에 that절이 나오면, that절의 동사 자리에는 '~해야 한다'의 의미로 〈should + 동사원형〉에서 should가 생략된 동사원형 (b)와 (d)가 가능하다. 이때, 소포는 배달하는 것이 아니라 배달되어야 하기 때문에 수동태를 사용해야 하므로 정답은 (b)다.

어휘 be supposed to v. ~하기로 되어 있다 frustrated a. 불만스러워하는 hotline n. 직통 전화

11. 조동사 문맥 찾기   정답 (c)

해석 교근 또는 턱 근육은 압력을 가할 수 있는 능력을 바탕으로 인체에서 가장 강한 근육이다. 그 근육은 200파운드나 되는 큰 힘으로 턱을 닫을 수 있다!

해설 빈칸 앞 문장에서 교근 또는 턱 근육은 압력을 가할 수 있는 '능력'을 바탕으로 인체에서 가장 강한 근육이라는 설명이 나오고 있다. 문맥상으로도 '200파운드나 되는 힘으로 턱을 닫을 수 있다'와 같이 근육의 능력을 나타낼 수 있는 의미가 되어야 한다. 능력(~할 수 있다)의 의미를 내포하기 위해서는 조동사 'can'이 가장 적절하므로, 따라서 정답은 (c)이다.

어휘 masseter n. 교근, 저작근   jaw n. 턱   exert v. (영향력을) 가하다, 미치다   force n. 힘

12. 조동사 should 생략   정답 (c)

해석 공기청정기는 꽃가루와 먼지와 같은 알레르기성 질환의 원인이 되는 항원을 제거함으로써 실내 공기의 질을 향상시킬 수 있다. 공기로 전염되는 알레르기가 있는 사람은 집에 공기청정기를 설치해야 하는 것이 권장된다.

해설 advise(권고하다)와 같이 주장, 명령, 제안, 요구를 나타내는 동사 뒤에 that절이 나오면, that절의 동사 자리에는 '~해야 한다'의 의미로 〈should + 동사원형〉에서 should가 생략된 동사원형만이 가능하다. 따라서 정답은 (c)이다.

어휘 air purifier n. 공기청정기   indoor a. 실내의   eliminate v. 제거하다, 없애다   allergen n. 알레르기성 질환의 원인이 되는 항원, 알레르겐   pollen n. 꽃가루   dust n. 먼지   airborne a. 공기로 전염되는, 공기로 운반되는

13. 조동사 문맥 찾기   정답 (d)

해석 다나는 출장을 갈 때 호텔을 예약하는 대신 때때로 빈 아파트에 머무르는 것을 선택하기도 한다. 가령 그녀가 다음 주에 우리 자매 회사를 방문하게 된다면 다른 아파트를 찾을지도 모른다고 생각한다.

해설 빈칸 앞 문장에서 다나는 출장갈 때 가끔 빈 아파트에 머무르는 것을 선택한다는 내용이 나오고 있으므로, 문맥상 '가령 그녀가 자매 회사로 방문하게 된다면 (머무를 수 있는) 다른 아파트를 찾을지도 모른다'와 같이 약한 추측을 나타낼 수 있는 의미가 되어야 한다. 약한 추측(~일지도 모른다)의 의미를 내포하기 위해서는 조동사 'might'가 가장 적절하므로, 정답은 (d)이다.

어휘 opt to v. ~하는 것을 선택하다, ~하기로 선택하다   vacant a. 비어 있는   suppose v. 가정하다, 추측하다   sister company n. 자매 회사(모회사가 같은 회사끼리 부르는 명칭)

14. 조동사 should 생략   정답 (b)

해석 볼티모어의 고속도로 인근의 대형 산불로 짙은 안개가 끼면서 운전자들이 잘 보이지 않게 됐다. 당국은 그 후 사상자를 낼 지도 모르는 사고들을 막기 위해 운전자들이 속도를 줄여야 한다고 지시했다.

해설 command(명령하다)와 같이 주장, 명령, 제안, 요구를 나타내는 동사 뒤에 that절이 나오면, that절의 동사 자리에는 '~해야 한다'의 의미로 〈should + 동사원형〉에서 should가 생략된 동사원형만이 가능하다. 따라서 정답은 (b)이다.

어휘 giant a. 대형의, 거대한   freeway n. 고속도로   thick a. 짙은, 자욱한   fog n. 안개   authority n. 당국   command v. 지시하다, 명령하다   casualty n. 사상자, 피해자

15. 조동사 문맥 찾기   정답 (a)

해석 일반적인 믿음과는 달리, 신체 세포는 사람이 먹자마자 음식으로부터 영양분을 흡수할 수 없다. 대신, 세포들이 영양소를 더 작은 물질들로 활용할 수 있기 전에 먼저 음식이 용해되고 소화되어야 한다.

해설 빈칸 앞 문장에서 신체 세포는 사람이 먹자마자 음식으로부터 영양분을 흡수할 수 없다는 내용이 나오고 있으므로, 세포가 음식을 영양소로 이용하려면 먼저 음식이 용해되고 소화되어야 하는 과정이 필요하다는 문맥으로 이어져야 한다. 즉 '세포들이 그것들을 더 작은 물질들로 활용할 수 있기 전에 먼저 음식이 용해되고 소화되어야 한다'와 같이 강제적인 의무를 나타낼 수 있는 의미가 되어야 하므로, 의무(~해야 한다)의 의미를 내포하는 조동사 'must'가 가장 적절하다. 따라서 정답은 (a)이다.

어휘 absorb v. 흡수하다 nutrient n. 영양분, 영양소 dissolve v. 용해되다, 녹다 digest v. 소화하다, 소화시키다 utilize v. 활용하다, 이용하다 substance n. 물질

16. 조동사 should 생략   정답 (c)

해석 우리 문학 교수님은 우리에게 시를 해석하는 방법에 대해 가르쳐 주실 때 매우 엄격하다. 그는 우리가 더 좋은 견해를 완전히 이해할 수 있도록 각 시를 다섯 번 이상 읽어야 한다고 요구한다.

해설 demand(요구하다)와 같이 주장, 명령, 제안, 요구를 나타내는 동사 뒤에 that절이 나오면, that절의 동사 자리에는 '~해야 한다'의 의미로 〈should + 동사원형〉에서 should가 생략된 동사원형만이 가능하다. 따라서 정답은 (c)이다.

어휘 literature n. 문학 strict a. 엄격한, 엄한 interpret v. 해석하다, 이해하다 poem n. 시 grasp v. 완전히 이해하다, 파악하다

17. 조동사 문맥 찾기   정답 (a)

해석 빈스의 어머니는 그가 어른의 감독 없이 여행하는 것을 허락하지 않는다. 그녀는 그에게 멀리 떨어진 여름 캠프에 가도록 권유하기보다는, 대신에 지역 축구 리그에 참가하라고 항상 말하곤 했다.

해설 빈칸 앞 문장에서 빈스의 어머니는 그가 어른의 동반자 없이 멀리 여행하는 것을 허락하지 않는다는 내용이 나오고 있으므로, 문맥상 '빈스에게 여름캠프보다 지역 축구 리그에 참가하라고 말하곤 했다'는 문맥으로 이어져야 한다. 조동사 'would'는 과거의 습관(~하곤 했다)의 의미를 내포하므로, 정답은 (a)이다.

어휘 allow v. 허락하다 supervision n. 감독 encourage v. 장려하다, 권유하다 participate v. 참가하다, 참여하다 instead ad. 대신에

18. 조동사 문맥 찾기   정답 (a)

해석 물리학은 모든 행동에 대해 작용 반작용이 있다고 가정한다. 이것은 삶의 선택에도 적용될 수 있다. 각각의 행동을 철저히 따져 보는 것은 불가능하지만, 우리는 중요한 결정에 대해서는 매우 심사숙고해야 한다.

해설 빈칸 앞 문장에서 물리학은 모든 행동에 대해 작용 반작용이 있으며 이것은 삶의 선택에도 적용될 수 있다는 내용이 나오고 있다. 문맥상 '각각의 행동을 철저히 따져 보는 것은 불가능하지만, 우리는 중요한 결정에 대해서는 매우 심사숙고해야 한다'와 같이 당위성을 나타낼 수 있는 의미가 되어야 한다. 의무/당위성(~해야 한다)의 의미를 내포하기 위해서는 조동사 'should'가 가장 적절하므로, 정답은 (a)이다.

어휘 physics n. 물리학 postulate v. 가정하다, 상정하다 equal and opposite reaction n. 작용 반작용 think through v. ~을 철저히 따져 보다 reflect v. 심사숙고하다, 깊이 생각하다

문법 04 준동사
FINAL 연습문제   p.62

1   passing

해석 이 과정의 학점을 취득하는 것은 예정된 4개의 시험을 모두 통과하는 것을 포함한다.

해설 involve는 동명사를 목적어로 취한다.

2   to travel

해석 존슨 가족은 올해 여름 휴가로 자메이카를 여행하기로 결정했다.

해설 decide는 to부정사를 목적어로 취한다.

3   to check in

해석 방문객들은 입장하기 전에 보안 데스크에서 체크인하는 것이 요구된다.

해설 require는 to부정사를 목적격 보어로 취한다. (require 목적어 to부정사 → be required to부정사)

4 ● taking

해석 만약 당신이 나른함을 느끼신다면, 저는 에너지를 얻기 위해 휴식을 취하는 것을 조언합니다.

해설 advise는 동명사를 목적어로 취한다.

5 ● having

해석 우리 엄마는 어머니날에 등산화를 갖는 것을 고마워하실 게 분명하다.

해설 appreciate는 동명사를 목적어로 취한다.

6 ● to sign

해석 직원들에게 이번 새 계약서에 서명하라고 동의하게 하는 것은 어려울 것이다.

해설 agree는 to부정사를 목적어로 취한다.

7 ● Watching

해석 텔레비전을 보는 것은 주말에 하기에 가장 좋아하는 일이다.

해설 빈칸이 문장의 동사 is의 앞 주어 자리에 있으므로 동명사가 정답이다.

8 ● to take

해석 패라는 이동 중에 사진을 찍기 위해 새 핸드폰을 샀다.

해설 빈칸 앞에 완전한 절이 나오고, 빈칸 이하는 '~사진을 찍기 위해'의 의미로 앞 내용에 대한 목적을 나타내야 한다. 따라서 빈칸에는 부사적 용법을 하는 to부정사가 들어간다.

9 ● getting

해석 사라는 그녀의 엄마가 긴 출장을 마치고 집에 돌아오면 흥분하지 않을 수 없다.

해설 can't help -ing는 '~하지 않을 수 없다'의 의미로 쓰이는 관용표현이다.

10 ● to put

해석 제리는 저녁 식사 후에 남은 음식을 냉장고에 넣을 것을 항상 잊어버린다.

해설 남은 음식을 냉장고에 넣어야 하는데 항상 잊어버리고 안 넣는다는 문맥이므로, 빈칸에는 forget의 목적어로 '~할 것을 잊다'의 의미로 쓰이는 to부정사가 들어간다.

FINAL 실전문제 p.63

1 (c)	2 (a)	3 (a)	4 (a)	5 (d)
6 (a)	7 (d)	8 (c)	9 (b)	10 (d)
11 (a)	12 (c)	13 (d)	14 (d)	15 (c)
16 (d)	17 (a)	18 (c)		

1. to부정사를 목적어로 취하는 동사 정답 (c)

해석 1800년대 이후 다른 주와 나라에서 온 많은 사람들이 캘리포니아로 이주했다. 아마도 사람들이 그곳에 정착하는 것을 선택하는 주된 이유 중 하나는 성장하는 취업 시장이 있다는 것이다.

해설 동사 'choose'는 to부정사를 목적어로 취하기 때문에, 정답은 (c)이다. to부정사의 완료형인 to have p.p.는 해당 절보다 시제가 앞설 때 사용되므로 (a)는 정답이 될 수 없다.

어휘 migrate v. 이주하다, 이동하다 settle v. 정착하다 job market n. 취업 시장

2. 동명사를 목적어로 취하는 동사 정답 (a)

해석 로빈슨 일가가 함께 나가 유대를 쌓은 지 오랜 시간이 지났다. 그것이 그들이 놀이공원을 방문하기로 결정한 이유이다. 로빈슨가 아이들 모두가 회전목마와 롤러코스터를 타는 것을 즐겼다.

해설 동사 'enjoy'는 동명사를 목적어로 취하기 때문에, 정답은 (a)이다. 동명사의 완료형인 having p.p.는 해당 절보다 시제가 앞설 때 사용되므로 (b)는 정답이 될 수 없다.

어휘 bond v. 유대를 쌓다, 유대감을 형성하다 carousel n. 회전목마

3. 동명사를 목적어로 취하는 동사   정답 (a)

해석 몇 년 전, 〈이자벨의 아이스크림〉에서 요거트 아이스크림 판매가 감소하기 시작했다. 오늘 아침, 이자벨라는 그녀의 회사가 요거트 아이스크림을 생산하는 것을 중단하고 대신 유제품이 함유되지 않은 새로운 아이스크림을 제공할 것이라고 발표했다.

해설 동사 'discontinue'는 동명사를 목적어로 취하기 때문에, 정답은 (a)이다. 동명사의 완료형인 having p.p.는 해당 절보다 시제가 앞설 때 사용되므로 (c)는 정답이 될 수 없다.

어휘 announce v. 발표하다, 알리다 discontinue v. (생산을) 중단하다 offer v. 제공하다, 내놓다 dairy-free a. 유제품이 함유되지 않은

4. to부정사를 목적격 보어로 취하는 동사   정답 (a)

해석 러시아 대통령인 블라디미르 푸틴은 코니라는 이름의 검은색 래브라도 리트리버를 데리고 있곤 했다. 그 개는 항상 주인의 곁에 있었고 심지어 임원 회의에 참석하고 세계 지도자들을 반기는 것이 허락되었다.

해설 동사 'allow'는 to부정사를 목적격 보어로 취하기 때문에, 정답은 (a)이다. to부정사의 진행형인 to be -ing는 해당 절의 시점에서 동작이나 상태가 진행중일 때 사용되므로 (d)는 정답이 될 수 없다.

어휘 attend v. 참석하다 greet v. 반기다, 환영하다

5. 동명사를 목적어로 취하는 동사   정답 (d)

해석 카트리나는 여전히 언젠가 그녀 자신이 여배우가 되기를 꿈꾸는 전문 메이크업 아티스트이다. 사실, 그녀는 연예인들의 화장을 할 때마다 특별한 대우를 받는 사람이 되는 것을 상상한다.

해설 동사 'imagine'은 동명사를 목적어로 취하기 때문에, 정답은 (d)이다. 동명사의 완료형인 having p.p.는 해당 절보다 시제가 앞설 때 사용되므로 (c)는 정답이 될 수 없다.

어휘 professional a. 전문적인, 전문가의 receive v. (대우를) 받다 treatment n. 대우, 처우 celebrity n. 연예인, 유명 인사

6. to부정사의 부사적 용법   정답 (a)

해석 "얼룩말 기린"으로도 알려진 오카피는 콩고의 토착종인 초식성 포유류이다. 이 동물들은 먹이를 먹을 때 나무의 싹과 잎들을 따기 위해 18인치 길이의 혀를 사용한다.

해설 to부정사가 부사적 용법으로 쓰일 때에는 완전한 절 뒤에서 '~하기 위해'로서 목적을 나타내는 기능을 한다. 빈칸 앞에서 '이 동물들은 18인치 길이의 혀를 사용한다'는 완전한 절이 나오며, '나무에서 싹과 잎들을 따기 위해'라는 목적이 이어지는 것이 가장 적절하므로 정답은 (a)이다.

어휘 herbivorous a. 초식성의 mammal n. 포유류, 포유동물 endemic a. 토착종의, 풍토적인 tongue n. 혀 pluck v. 따다, 꺾다 bud n. 싹 feed v. 먹이를 먹다

7. to부정사의 형용사적 용법   정답 (d)

해석 히트 쇼인 〈퍼지 프렌즈〉의 팬들은 그 쇼가 온라인 방송을 중단할 것이라는 소문에 놀랐다. 하지만, 넷비전은 이 인기 프로그램을 1년 더 방영할 판권을 획득했다는 것을 확인했다.

해설 빈칸은 명사 'the rights'를 뒤에서 수식하며, 의미상으로도 '방영할 판권'이 되어야 하므로 to부정사의 형용사적 용법이 가장 적절하다. 따라서 (d)가 정답이다.

어휘 be alarmed by v. ~에 놀라다 stream v. 방송하다, 방영하다 confirm v. 확인하다, 사실임을 보여주다 acquire v. 획득하다, 얻다 rights n. (작품, 영화 등에 대한) 판권, 지적 재산권

8. 동명사를 목적어로 취하는 동사 정답 (c)

해석 몰리의 가족은 예술가가 되기로 한 그녀의 결정을 찬성하지 않는다. 그들은 그녀가 절대 생계를 꾸릴 수 없을 것이라고 주장한다. 그들이 뭐라고 하든, 몰리는 예술을 표현하는 것을 멈추지 않을 것이다.

해설 동사 'stop'은 동명사를 목적어로 취하기 때문에, 정답은 (c)이다. 동명사의 완료형인 having p.p.는 해당 절보다 시제가 앞설 때 사용되므로 (d)는 정답이 될 수 없다. 또한 동사 'stop' 뒤에 to부정사가 오면 부사적 용법으로 '~하기 위해서'라고 해석되므로 문맥상 어색하기 때문에 (b)도 정답이 될 수 없다.

어휘 approve v. 찬성하다, 괜찮다고 생각하다 insist v. 주장하다, 고집하다

9. to부정사를 목적어로 취하는 동사 정답 (b)

해석 보행기는 유아들이 어린 시절 동안 걷는 데 있어서 도움을 주는 장치이다. 하지만, 미국소아과학회는 이러한 기기들이 유아들에게 잠재적인 건강상의 위협이 되기 때문에 금지하기를 원한다.

해설 동사 'want'는 to부정사를 목적어로 취하기 때문에, 정답은 (b)이다. to부정사의 완료형인 to have p.p.는 해당 절보다 시제가 앞설 때 사용되므로 (a)는 정답이 될 수 없다.

어휘 baby walker n. 보행기 assist v. 도움이 되다 infant n. 유아, 아기 pediatrics n. 소아과(학) ban v. 금지하다, 금하다 potential a. 잠재적인

10. 동명사의 주어 역할 정답 (d)

해석 연구에 따르면, 강박적인 구매는 보상과 관련된 뇌 화학 물질인 '도파민'의 생성과 관련되어 있다. 쇼핑은 우리가 새로운 것들을 얻을 수 있게 해주기 때문에, 쇼핑 중독자들은 돈을 쓰는 것이 보람 있는 경험인 것처럼 느낀다.

해설 동사 'believe' 뒤에 주어 + 동사를 포함한 목적절이 이어지고 있으며, 'money'를 포함한 빈칸은 목적절 내 주어 역할을 하고 있다. 위 문장에서 주어 역할을 하며 'money'를 목적어로 취하도록 하기 위해서는 동명사가 위치해야 한다. 따라서 정답은 (d)이다.

어휘 compulsive a. 강박적인, 조절이 힘든 chemical n. 화학 물질 associate with v. ~와 관련되다 reward n. 보상 attain v. 얻다, 획득하다 shopaholic n. 쇼핑 중독자

11. to부정사의 부사적 용법 정답 (a)

해석 응급처치 과정에서 자주 사용되는 재료들 중 하나는 붕대이다. 그것은 치유를 촉진하기 위해 신체에서 부상을 당한 부위 주변에 조심스럽게 감싸진다. 이 재료는 또한 상처가 감염되는 것을 막아준다.

해설 to부정사가 부사적 용법으로 쓰일 때에는 완전한 절 뒤에서 '~하기 위해'로서 목적을 나타내는 기능을 한다. 빈칸 앞에서 '그것들은 신체에서 부상을 당한 부위 주변에 조심스럽게 감싸진다'는 완전한 절이 나오며, '치유를 촉진하기 위해'라는 목적이 이어지는 것이 가장 적절하므로 정답은 (a)이다.

어휘 material n. (물건의)재료 first aid n. 응급 처치 procedure n. 과정, 절차 bandage n. 붕대 wounded a. 부상을 입은, 다친 promote v. 촉진하다, 고취하다 infect v. 감염시키다

12. 동명사를 목적어로 취하는 동사 정답 (c)

해석 최근에, 로버트는 너무 게을러서 숙제를 하지 않았다. 사실, 그는 내일까지인 과학 프로젝트를 끝내는 것을 계속 미루었다. 그는 오직 엄마에게 혼날 때만 공부를 했다.

해설 동사 'keep'은 동명사를 목적어로 취하기 때문에, 정답은 (c)이다. 동명사의 완료형인 having p.p.는 해당 절보다 시제가 앞설 때 사용되므로 (d)는 정답이 될 수 없다.

어휘 lazy a. 게으른 delay v. 미루다, 연기하다 scold v. 혼내다, 꾸짖다

13. 동명사를 목적어로 취하는 동사 정답 (d)

해석 개인 부채 비율이 증가하고 있는 한 가지 이유는 우리가 필요하지 않은 것들을 너무 많이 구매하기 때문이다. 재정적인 책임으로 돌아가는 방법을 찾기 위해, 우리는 우리의 분수에 넘치는 제품을 사는 것을 참아야 한다.

해설 동사 'resist'은 동명사를 목적어로 취하기 때문에, 정답은 (d)이다. 동명사의 완료형인 having p.p.는 해당 절보다 시제가 앞설 때 사용되므로 (b)는 정답이 될 수 없다.

어휘 rate n. 비율 debt n. 부채, 빚 purchase v. 구매하다 financial a. 재정의, 금융의 resist v. 거부하다, 저항하다, 참다

14. to부정사 정답 (d)

해석 아버지는 아무리 재미없어 보일지라도 늘 새로운 것을 배우라고 하셨다. 어렸을 때부터, 그는 삶이 나에게 던지는 어떤 장애물도 마주할 준비를 해야 한다는 것을 내 안에 배어들게 했다.

해설 동사 'prepare'는 to부정사를 목적어로 취하기 때문에, 정답은 (d)이다. to부정사의 완료형인 to have p.p.는 해당 절보다 시제가 앞설 때 사용되므로 (b)는 정답이 될 수 없다.

어휘 mundane a. 재미없는, 일상적인 ingrain v. <습관·생각 등을> 스며(배어)들게 하다 obstacle n. 장애물

15. 동명사를 목적어로 취하는 동사 정답 (c)

해석 많은 사람들은 자본이 있으면 사업을 운영하는데 충분하다고 생각한다. 진실은 이것이 상황의 절반에 불과하다는 것이다. 사업을 운영하는 것은 시장의 변동과 패턴을 연구하는 것 또한 필요하다.

해설 동사 'require'은 동명사를 목적어로 취하기 때문에, 정답은 (c)이다. 동명사의 완료형인 having p.p.는 해당 절보다 시제가 앞설 때 사용되므로 (a)는 정답이 될 수 없다.

어휘 capital n. 자본, 자본금 run v. 운영하다, 경영하다 equation n. 상황, 문제 fluctuation n. 변동, 오르내림

16. 동명사를 목적어로 취하는 동사 정답 (d)

해석 성공적인 카페 체인점이 되기 전에, 스타벅스는 오직 커피 원두와 커피 장비만을 판매했다. 하지만, 하워드 슐츠가 1987년에 그 회사를 인수했을 때, 그는 오늘날 수많은 사람들이 홀짝이며 즐기는 전문 음료 메뉴를 도입했다.

해설 동사 'enjoy'는 동명사를 목적어로 취하기 때문에, 정답은 (d)이다. 동명사의 완료형인 having p.p.는 해당 절보다 시제가 앞설 때 사용되므로 (a)는 정답이 될 수 없다.

어휘 equipment n. 장비, 용품 specialty n. 전문 countless a. 수많은, 무수한 sip v. (음료를) 홀짝이다, 조금씩 마시다

17. to부정사를 목적격 보어로 취하는 동사 정답 (a)

해석 풍등은 떨어진 등을 삼키거나 전선에 얽히게 될 지도 모르는 몇몇 동물들에게 큰 위협을 제기한다. 이것이 동물보호단체들이 풍등 활동에 참가하지 말고 더 안전한 대안을 찾도록 사람들을 독려하는 이유이다.

해설 동사 'encourage'는 to부정사를 목적격 보어로 취하기 때문에, 정답은 (a)이다.

어휘 sky lantern n. 풍등 pose v. (위협, 문제 등을) 제기하다 ingest v. 삼키다, 먹다 entangle v. 얽어 매다, 꼼짝 못하게 하다 participate v. 참가하다, 참여하다 alternative n. 대안, 선택 가능한 것

18. to부정사의 부사적 용법 정답 (c)

해석 잠자리는 매우 효율적인 사냥꾼이어서 근처에 있는 곤충들의 90에서 95퍼센트를 잡을 수 있다. 그렇게 하기 위해, 잠자리는 발로 공격하기 전에 먹이가 가까이 오기를 기다리면서 공중에서 움직이지 않는다.

해설 빈칸 앞의 문장 구조가 완전한 절인 것으로 보아, 빈칸에는 수식어 역할을 할 수 있는 보기를 답으로 넣어야 한다. to부정사는 '~하기 위해'의 의미로 부사적 용법이 가능하므로, 정답은 (c)이다. 참고로 동명사는 문장에서 주어, 목적어, 보어 역할을 할 수 있지만 부사 역할은 불가능하므로 답이 될 수 없다.

어휘 dragonfly n. 잠자리 efficient a. 효율적인, 유능한 insect n. 곤충 stationary a. 움직이지 않는, 정지된 prey n. 먹이, 사냥감 attack v. 공격하다

문법 05 연결어
FINAL 연습문제 p.72

1 ● Therefore

해석 해리슨이 드디어 16살이 되었다. 그러므로, 그는 이제 운전면허를 취득할 수 있는 대상이 된다.

해설 '드디어 16살이 되었다'라는 앞 문장이 원인이 되어 뒤에 '운전면허 취득 대상이 된다'라는 결과로 이어지고 있다.

2 ● Furthermore

해석 항공사는 승객 안전을 확실히 하기 위해 승무원을 교육하도록 요구 받는다. 뿐만 아니라, 그들은 조종사에게 비행 중 안전 관행에 대해 계속 인지시켜야 한다.

해설 '안전'이라는 하나의 주장에 대해 앞에서 '항공사는 승무원을 교육해야 한다'라는 앞 내용에 이어서 '조종사에게도 안전에 대해 인지시켜야 한다'라는 새로운 내용이 열거식으로 이어지고 있다.

3 ● For example

해석 부모들은 아이들에게 다양한 기술을 가르친다. 예를 들면, 자전거를 타는 것은 많은 사람들이 어린 시절에 배우는 것입니다.

해설 '아이들이 배우는 다양한 기술'이라는 앞 문장의 이해를 돕기 위한 구체적인 예시로 '어린 시절에 자전거 타는 것'이라는 내용이 이어지고 있다.

4 ● Naturally

해석 프란시스는 항상 다른 사람들을 돕는 것을 좋아한다. 자연스럽게, 그는 간호사가 되었다.

해설 '다른 사람들을 돕는 것을 좋아한다'라는 앞 문장이 원인이 되어 뒤에 '간호사가 되었다'라는 결과로 이어지고 있다.

5 ● Nevertheless

해석 제니는 마라톤 도중에 피곤함을 느끼기 시작했다. 그럼에도 불구하고, 그녀는 가까스로 결승선을 통과해냈다.

해설 '마라톤 도중에 피곤함을 느꼈다'라는 앞 문장을 통해 예상되는 결과와 반대되는 '가까스로 결승선을 통과해냈다'라는 내용이 뒤에 이어지고 있다.

6 ● Although

해석 제이크는 재능 있는 축구 선수이기는 했지만, 그는 프로가 되기에는 충분하지 않았다.

해설 '재능 있는 축구선수'라는 앞 문장을 통해 예상되는 결과와 반대되는 '프로가 되기에 충분하지 않았다'라는 내용이 뒤에 이어지고 있다.

7 ● while

해석 줄리엣은 빈센트가 소파에 앉아 TV를 보고 있던 동안 기타를 연습하고 있었다.

해설 문맥상 빈센트가 TV를 보고 있던 시점에 줄리엣이 기타를 연습하는 행동이 동시에 이루어지고 있으므로 '~하는 동안'의 의미로 시간을 나타내는 접속사인 while이 빈칸에 적절하다.

8 ● so

해석 나는 배가 너무 고팠고, 그래서 햄 샌드위치를 만들 것이다.

해설 '배가 고팠다'라는 앞 내용이 원인이 되어 '샌드위치를 만들 것이다'라는 결과로 이어지는 흐름이므로 '그래서'의 의미로 쓰이는 등위 접속사인 so가 빈칸에 적절하다.

9 ● in case

해석 여러분은 사고가 날 경우에 대비해서 항상 안전벨트를 착용해야 합니다.

해설 '안전벨트를 착용해야 한다'라는 행위는 '사고가 날 경우 대비해서' 하는 것이므로, '~하는 경우에 대비해서'의 의미로 조건을 나타내는 접속사인 in case가 빈칸에 적절하다.

10. Because of

해석 바깥의 토네이도 때문에, 우리는 지하에 숨어야 한다.

해설 빈칸 뒤에는 절이 아닌 명사구(the tornado outside)가 나오고 있으므로, 전치사인 Because of가 빈칸에 적절하다.

FINAL 실전문제 p.73

1 (d)	2 (d)	3 (b)	4 (d)	5 (c)
6 (a)	7 (c)	8 (b)	9 (d)	10 (a)
11 (a)	12 (c)	13 (b)	14 (d)	15 (c)
16 (b)	17 (a)	18 (d)		

1. 접속부사 — 정답 (d)

해석 미국 식품의약국(FDA)은 일반 대중이 이용할 수 있게 만들어진 모든 식품과 의약품을 승인해야 한다. 그러므로, FDA는 신제품을 시장에 출시하기 전에 FDA의 기준에 충족하는지를 점검한다.

해설 문맥상 '모든 제품을 승인해야 한다'는 것이 원인이 되어 '제품이 출시되기 전에 FDA의 기준을 충족하는지를 점검한다'는 결과로 이어지는 것이므로, '그러므로'의 의미로 인과 관계를 나타낼 때 쓰이는 접속부사인 (d)가 정답이다.

어휘 Food and Drug Administration n. 미국 식품의약국 approve v. 승인하다 available a. 이용할 수 있는, 구할 수 있는 standard n. 기준 release v. 출시하다, 공개하다 generally ad. 일반적으로 nevertheless ad. 그럼에도 불구하고 otherwise ad. 그러지 않으면 therefore ad. 그러므로

2. 접속부사 — 정답 (d)

해석 영국의 단거리 육상선수 데릭 레드몬드는 1992년 올림픽에서 400m 단거리 경기에 출전하던 중 심각한 허벅지 부상을 입었다. 그럼에도 불구하고, 데릭은 아버지의 도움으로 트랙 한 바퀴를 끝까지 완주했다.

해설 빈칸 앞에서 '선수가 심각한 허벅지 부상을 입었다'는 부정적인 내용이 나오는데, 빈칸 뒤에서는 '아버지의 도움으로 트랙을 끝까지 돌았다'는 긍정적인 결과로 이어지고 있으므로, '그럼에도 불구하고'의 의미로 앞의 문장을 통해 예상되는 결과와 반대되는 내용이 나올 때 쓰이는 접속부사인 (d)가 정답이다.

어휘 sprinter n. 단거리 선수, 스프린터 suffer v. (부상을) 입다, 당하다 severe a. 심각한, 극심한 thigh n. 허벅지, 넓적다리 injury n. 부상 compete v. 출전하다, 참가하다 sprint n. 단거리 경기 finish v. 끝내다, 완료하다 lap n. (육상대회에서 트랙의) 한 바퀴 assistance n. 도움, 지원 in the first place ad. 우선, 애초에 in the meantime ad. 그러는 동안 nevertheless ad. 그럼에도 불구하고

3. 접속사 — 정답 (b)

해석 구름은 땅에서 물이 공기 중에 증발할 때 형성되는 작은 물방울들로 구성되어 있다. 이 물방울들은 매우 가볍지만, 너무 오랫동안 모이면, 그들 중 일부는 결국 비가 되어 떨어진다.

해설 빈칸 앞에서는 '물방울들이 매우 가볍다'는 긍정적인 내용이 나오는데, 빈칸 뒤에서는 '물방울들이 너무 오랫동안 모이면 결국 비가 되어 떨어진다'는 내용이 이어지고 있다. 원래는 가벼워서 안 떨어지지만 오랫동안 모이면 무거워져서 떨어진다는 문맥이므로, '그러나'의 의미로 역접 관계를 나타낼 때 쓰이는 접속사인 (b)가 정답이다.

어휘 be composed of v. ~로 구성되어 있다 droplet n. 작은 (물)방울 evaporate v. (액체가) 증발하다 gather v. 모이다, 모으다 ultimately ad. 결국, 궁극적으로 because conj. ~때문에 but conj. 그러나 until conj. ~할 때까지 when conj. ~할 때

4. 접속사   정답 (d)

해석 「제로니모 스틸턴」은 편집자 쥐의 삶에 관한 베스트셀러 아동 도서 시리즈이다. 비록 이 책은 상상 속에 나오는 모험들을 묘사하고 있지만, 실제로는 인생의 도전들을 극복하는 방법에 대한 교훈을 줄 수 있다.

해설 빈칸 절에서는 '책이 상상 속 모험들을 묘사한다'는 내용이 나오는데, 주절에서는 '실제 인생의 도전들을 극복하는 방법에 대한 교훈을 준다'는 내용이 이어지고 있다. 상상 속 모험과 인생의 도전이라는 두 내용이 서로 반대되고 있으므로, '비록 ~일지라도'의 의미로 역접 관계를 나타낼 때 쓰이는 접속사인 (d)가 정답이다. 참고로 however는 부사절 접속사로 쓰일 때 '아무리 ~해도'라는 의미로 쓰이는데 문맥상 어색하므로 (b)는 답이 될 수 없다.

어휘 depict v. 묘사하다, 그리다   fanciful a. 상상 속에 나오는, 공상의   impart v. (정보, 지식 등을) 주다, 전하다   overcome v. 극복하다   because conj. ~때문에   however conj. 아무리 ~해도   unless conj. 만약 ~하지 않으면   although conj. ~이기는 하지만, ~에도 불구하고

5. 접속사   정답 (c)

해석 로버트는 내일 아침 여동생의 결혼식을 위해 싱가포르로 간다. 그는 비행기 연착이 걱정되기 때문에 일찍 출발할 계획이며, 여동생의 결혼식 날을 한순간도 놓치고 싶지 않다.

해설 문맥상 '비행기 연착이 걱정된다'는 것이 이유가 되어 '그가 일찍 출발할 계획이다'라는 흐름으로 이어지는 것이므로, '~때문에'의 의미로 이유를 나타낼 때 쓰이는 접속사인 (c)가 정답이다.

어휘 delay n. 연착, 지연   big day n. 결혼식 날, 중요한 날   though conj. ~이기는 하지만, ~에도 불구하고   until conj. ~할 때까지   because conj. ~때문에   once conj. 일단 ~하면

6. 접속부사   정답 (a)

해석 과학자들은 지구 온난화가 특정 동물들의 이동 패턴에 영향을 미친다는 것을 발견했다. 예를 들어, 뱀상어는 1980년대에 이동했던 것보다 여름에 북쪽으로 수백 마일 더 멀리 이동한다.

해설 빈칸 바로 뒤에 콤마(,)가 있으므로 접속사인 (d)는 오답으로 소거한다. 빈칸 앞에서 '지구 온난화가 동물들의 이동 패턴에 영향을 미친다'는 내용이 나오고, 그에 대한 구체적인 예시가 빈칸 뒤의 '뱀상어는 1980년대에 이동했던 것보다 여름에 북쪽으로 수백 마일 더 멀리 이동한다'라는 내용을 통해 나오고 있으므로, '예를 들면'의 의미로 예시를 나타낼 때 쓰이는 접속부사인 (a)가 정답이다.

어휘 migratory a. 이동하는, 이주하는   certain a. 특정한, 어떤   tiger shark n. 뱀상어   farther ad. (거리·시간상으로) 더 멀리   for example ad. 예를 들면   still ad. 아직도   in conclusion ad. 결론적으로   although conj. ~이기는 하지만, ~에도 불구하고

7. 접속사   정답 (c)

해석 마를린은 면접 시간에 맞추기 위해 서두르고 있었다. 회사로 가던 길에, 그녀는 발을 헛디뎌 발목을 삐었지만, 그녀는 마치 아프지 않았던 것처럼 계속해서 달렸다.

해설 빈칸 앞에서는 '그녀는 발목이 삐었다'는 내용이, 빈칸 뒤에서는 '그녀는 아프지 않았다'는 내용이 나오면서 서로 반대되고 있다. 문맥상 '발목을 삐어서 실제로는 아플 텐데 마치 아프지 않은 사람처럼 계속해서 달렸다'는 내용이 되어야 하므로, '마치 ~인 것처럼'의 의미로 가정을 나타낼 때 쓰이는 접속사인 (c)가 정답이다.

어휘 be in a rush v. 서두르다   stumble v. 발을 헛디디다, 발이 걸리다   ankle n. 발목   be in pain v. 아파하다, 괴로워하다   even though conj. ~에도 불구하고   unless conj. 만약 ~하지 않으면   as though conj. 마치 ~인 것처럼   before conj. ~하기 전에

8. 접속사   정답 (b)

해석 기증자의 부족으로 인해, 과학자들은 도움이 필요한 인간들에게 중요한 장기들을 제공하기 위해 동물들에 의지해왔다. 최근에, 유전학자들은 인간 수혜자가 돼지의 심장을 받아들일 수 있도록 돼지의 DNA를 접합하였다.

해설 빈칸 앞에 '유전학자들이 돼지의 DNA를 접합하였다'는 내용이 나오고, 빈칸 뒤의 '인간 수혜자가 돼지의 심장을 받아들일 수 있다'는 내용이 돼지의 DNA 접합에 대한 목적이 되므로, '~할 수 있도록'의 의미로 목적을 나타낼 때 쓰이는 접속사인 (b)가 정답이다.

어휘 donor n. 기증자, 기부자 turn to v. 의지하다 organ n. (인체 내의) 장기, 기관 geneticist n. 유전학자 splice v. 접합하다, 잇다, 붙이다 recipient n. 수혜자, 받는 사람 unless conj. 만약 ~하지 않으면 so that conj. ~할 수 있도록 as if conj. 마치 ~인 것처럼

9. 접속부사   정답 (d)

해석 테크볼은 전통적인 탁구를 변형한 2014년에 발명된 스포츠이다. 구체적으로 말하면, 선수들은 큰 공을 앞뒤로 움직이기 위해 라켓 대신 자신의 몸을 사용한다.

해설 빈칸 앞에서 '테크볼은 전통적인 탁구를 변형한 새로운 스포츠이다'라는 내용이 나오고, 그에 대한 추가적인 설명이 빈칸 뒤의 '선수들이 라켓 대신 자신의 몸을 이용하여 큰 공을 움직인다'라는 내용을 통해 나오고 있으므로, '구체적으로 말하면'의 의미로 앞 내용에 대해 부연 설명할 때 쓰이는 접속부사인 (d)가 정답이다.

어휘 invent v. 발명하다 put a twist on v. ~을 변형하다 table tennis n. 탁구 paddle n. (탁구) 라켓 back and forth ad. 앞뒤로, 왔다 갔다 likewise ad. 마찬가지로 unfortunately ad. 불행히도 granted ad. 그렇기는 해도

10. 접속부사   정답 (a)

해석 19세기의 유명 미국인 요리사인 조지 크럼은 종종 감자칩을 발명한 최초의 사람으로 여겨진다. 그러나, 가장 초기의 조리법은 사실 그의 "발명" 이전에 30년 넘게 쓰여진 영어 요리책에서 유래되었다.

해설 빈칸 앞에서는 '조지 크럼이 감자칩을 발명한 최초의 요리사로 여겨진다'는 내용이 나오는데, 빈칸 뒤에서는 '가장 초기의 레시피는 그의 발명 이전에 영어 요리책에서 유래되었다'는 내용이 이어지고 있다. 최초에 대한 앞뒤 내용이 서로 반대되고 있으므로, '그러나'의 의미로 역접 관계를 나타낼 때 쓰이는 접속부사가 가장 적절하다. 따라서 정답은 (a)이다.

어휘 famed a. 아주 유명한, 저명한 be credited as v. ~로 여겨진다, 인정받는다 recipe n. 조리법 invention n. 발명, 발명품 however ad. 그러나 regardless ad. 그와는 관계없이 naturally ad. 자연스럽게 furthermore ad. 뿐만 아니라

11. 접속사   정답 (a)

해석 텔아비브의 연구원들은 식물들이 잘리거나 물을 빼앗겼을 때 소리를 낸다는 것을 발견하기 위해 특별한 마이크를 사용했다. 그러나 그 연구는 동료 평가를 거치지 않았으며, 이는 그 연구가 검증될 수 있도록 다른 과학자들이 반복해야 한다는 것을 의미한다.

해설 빈칸 앞에 '다른 과학자들이 연구를 반복해야 한다'는 내용이 나오고, 빈칸 뒤의 '그것(연구)이 검증될 수 있다'는 내용이 연구를 반복하는 것에 대한 목적을 나타내고 있다. so (that) ~ can은 '~할 수 있도록'의 의미로 목적을 나타낼 때 쓰이므로, 정답은 (a)이다.

어휘 emit v. (빛, 열, 가스, 소리 등을) 내다, 내뿜다 deprive of v. ~을 빼앗다 peer reviewed a. 동료 평가를 거친 repeat v. 반복하다, 되풀이하다 verify v. 검증하다, 확인하다 so conj. 그래서 unless conj. 만약 ~하지 않으면 as conj. ~함에 따라, ~때문에 lest conj. ~하지 않도록

12. 접속부사   정답 (c)

해석 그녀의 모든 반 친구들은 킴벌리가 항상 최고의 성적을 받기 때문에 공부를 매우 열심히 한다고 추측한다. 그와는 반대로, 그녀는 공부를 거의 하지 않는데, 그녀는 단지 시험을 보는 데 소질이 있을 뿐이다.

해설 빈칸 앞에서는 '킴벌리가 공부를 열심히 할 것이라고 추측한다'는 내용이 나오는데, 빈칸 뒤에서는 '그녀는 공부를 거의 하지 않는다'는 내용이 이어지고 있다. 킴벌리가 공부를 하는 것에 대한 앞뒤의 내용이 서로 상반되고 있으므로, '그와는 반대로'의 의미로 서로 대조되는 내용을 나타낼 때 쓰이는 접속부사인 (c)가 정답이다.

어휘 assume v. 추측하다, 가정하다   studious a. 공부를 열심히 하는, 학구적인   hardly ad. 거의 ~아니다   knack n. 소질, 재주, 요령   for instance ad. 예를 들면   also ad. 또한   on the contrary ad. 그와는 반대로

13. 접속부사   정답 (b)

해석 계절성 정서장애는 추운 달에 발생하며 슬픔과 기운이 없는 상태를 초래하는 우울증의 한 형태이다. 다행히도, 사람들은 광치료로 이 질병과 싸울 수 있다.

해설 빈칸 앞에서는 '계절성 정서장애는 추운 달에 발생하는 우울증의 한 형태이다'는 내용이 나오고 있고, 빈칸 뒤에서는 '다행히 밝은 빛 치료로 질병과 싸울 수 있다'는 내용이 이어져야 하므로, '다행히도'의 의미로 좋은 상황으로의 반전을 나타낼 때 쓰이는 접속부사가 가장 적절하다. 따라서 정답은 (b)이다.

어휘 seasonal affective disorder n. 계절성 정서장애   depression n. 우울증   sadness n. 슬픔   combat v. 싸우다, 퇴치하다   disease n. 질병, 병, 질환   bright light therapy n. 광치료(우울증, 수면장애 등을 치료하기 위해 밝은 빛을 사용하는 요법)   after all ad. 어쨌든   fortunately ad. 다행히도   in brief ad. 간단히 말해서   similarly ad. 마찬가지로

14. 접속부사   정답 (d)

해석 비록 가끔씩 아무 생각 없이 간식을 먹는 것은 건강에 영향을 미치지 않을지 몰라도, 너무 많은 칼로리를 섭취하는 것은 부정적인 영향을 미칠 수 있다. 그러므로, 전문가들은 사람들이 지루할 때가 아니라 실제로 배고플 때에만 먹는 것을 제안한다.

해설 문맥상 '너무 많은 칼로리를 섭취하면 부정적인 효과를 받을 수 있다'는 것이 원인이 되어 '전문가들은 실제로 배고플 때에만 간식을 먹는 것을 제안한다'는 결과로 이어지는 것이므로, '그러므로'의 의미로 인과 관계를 나타낼 때 쓰이는 접속부사인 (d)가 정답이다.

어휘 occasional a. 가끔씩   mindless a. 아무 생각이 없는, 특별한 이유가 없는   snacking n. 간식을 먹는 것, 간단한 식사   ingest v. (음식을) 섭취하다, 먹다   adverse a. 부정적인, 불리한   expert n. 전문가   at length ad. 상세히   otherwise ad. 그러지 않으면   in summary ad. 요약하면

15. 접속부사   정답 (c)

해석 롤플레잉 게임(RPG)은 개인이 게임 내 캐릭터의 운명을 통제하는 것이 필요하다. 예를 들어, RPG 플레이어들은 금을 좇고, 용과 싸우거나, 게임의 스토리와 결과를 바꿀 수 있는 다른 결정들을 내릴 수 있다.

해설 빈칸 바로 뒤에 콤마(,)가 있으므로 접속사인 (a), (b)는 오답으로 소거한다. 빈칸 앞에서 'RPG 게임에서는 개인이 게임 내 캐릭터의 운명을 통제해야 한다'는 내용이 나오고, 그에 대한 구체적인 예시가 빈칸 뒤의 '금을 좇고, 용과 싸우거나, 게임의 스토리와 결과를 바꿀 수 있는 다른 결정들을 내릴 수 있다'라는 내용을 통해 나오고 있으므로, '예를 들면'의 의미로 예시를 나타낼 때 쓰이는 접속부사인 (c)가 정답이다.

어휘 fate n. 운명, 숙명   chase v. (돈, 성공 등을) 좇다, 추구하다   decision n. 결정, 판단   alter v. 바꾸다, 고치다   outcome n. 결과   though conj. 비록 ~이기는 하지만, ~에도 불구하고   before conj. ~하기 전에   for instance ad. 예를 들면   however ad. 그러나

16. 접속사 정답 (b)

해석 1800년대 초에, 많은 미국인들은 토마토를 두려워했고 그것들을 "독성이 있는 사과"라고 불렀다. 비록 토마토와 토마토 케첩은 한때 위험하다고 여겨졌지만, 1860년대에 이르러서는 결국 둘 다 가정의 주식이 되었다.

해설 빈칸 절에서는 '토마토와 토마토 케첩이 한때 위험하다고 여겨졌다'는 내용이 나오는데, 주절에서는 '1860년대에 결국 가정의 주식이 되었다'는 내용이 이어지고 있다. 위험하다고 여겨졌던 것과 가정용 주식이 되었다는 두 내용이 서로 반대되고 있으므로, '비록 ~이긴 하지만'의 의미로 역접 관계를 나타낼 때 쓰이는 접속사인 (b)가 정답이다.

어휘 fear v. 두려워하다, 무서워하다 refer to v. ~을 부르다, 지칭하다 poisonous a. 독성이 있는, 유독한 household a. 가정의 staple n. 주식(자주 먹는 음식) when conj. ~할 때 though conj. 비록 ~이지만, ~에도 불구하고 unless conj. 만약 ~하지 않으면 because conj. ~때문에

17. 접속사 정답 (a)

해석 두 살배기 조는 그의 언니 리사를 아주 좋아하며 거의 항상 그녀의 곁에 나타난다. 사실, 리사가 방을 나가려고 할 때마다 조가 그녀의 뒤에서 뒤뚱거리며 따라가는 것을 볼 수 있다.

해설 앞 문장에서 '항상 그녀의 곁에 나타난다'고 했으므로, 문맥상 '리사가 방을 나가려고 할 때마다 조가 따라다니는 것을 볼 수 있다'의 내용으로 이어지는 것이 가장 적절하다. whenever이 '~할 때마다'의 의미로 시간의 부사절을 이끌 때 쓰이므로, 정답은 (a)이다.

어휘 adore v. 아주 좋아하다 waddle v. (오리처럼) 뒤뚱뒤뚱 걷다 keep up v. 따라가다 whenever conj. ~할 때마다 until conj. ~할 때까지 before conj. ~전에 although conj. 비록 ~이기는 하지만, ~에도 불구하고

18. 접속부사 정답 (d)

해석 패트리샤의 대학교에서는, 허용되는 최대 휴학 기간이 3학기이다. 다가오는 이번 학기에, 그녀는 다시 등록해야 한다. 그러지 않으면, 그녀는 학교에서 행정상 퇴학당할 것이다.

해설 빈칸 앞에서는 '다가오는 학기에 패트리샤가 다시 등록해야 한다'는 내용이 나오는데, 빈칸 뒤에서는 '그녀는 학교에서 퇴학할 것이다'는 내용이 이어지고 있다. 문맥상 다시 등록하지 않으면 학교에서 퇴학당할 것이라는 의미가 되어야 하므로 '그렇지 않으면'의 의미로 앞에서 주장하는 대로 하지 않았을 때 예상되는 결과를 나타낼 때 쓰이는 접속부사인 (d)가 정답이다.

어휘 permitted a. 허용되는 leave of absence n. 휴학, 휴가, 휴직 semester n. 학기 enroll v. 등록하다, (이름을) 명부에 올리다 administratively ad. 행정상으로, 관리 면에서 remove v. 퇴학시키다, 쫓아내다, 해고하다 in addition ad. 게다가 regardless ad. 그와는 관계없이 as an illustration ad. 일례로 otherwise ad. 그러지 않으면

문법 06 관계사
FINAL 연습문제 p.80

1. who brought a cup of hot latte

해석 짐은 그의 사무실로 뜨거운 라떼 한 컵을 가져다 주었던 여자를 알고 싶어했다.

해설 선행사(the woman)가 사람이므로, 'who + 불완전한 절'이 이어져야 한다.

2. which overlooks a large lake

해석 그 집에는 도시의 큰 호수가 내려다보이는 테라스가 있습니다.

해설 선행사(a patio)가 사물이므로, 'which + 불완전한 절'이 이어져야 한다. 참고로 what은 앞에 선행사가 없어야 한다.

3 ● which is topped with ice cream

해석 위에 아이스크림을 얹은 우리 초콜릿 케이크는 맛에 대한 칭찬을 많이 자주 받는다.

해설 선행사(Our chocolate cake)가 사물이므로, 'which + 불완전한 절'이 이어져야 한다. that은 빈 칸 앞에 콤마(,)가 없어야 한다.

4 ● who has been late

해석 그 사장은 이번 달에 여러 번 지각을 해왔던 빅토리아와 대화를 나눌 것이다.

해설 선행사(Victoria)가 사람이므로, 'who + 불완전한 절'이 이어져야 한다.

5 ● that stood out the most

해석 리암은 면접 동안에 가장 눈에 띄었던 지원자들 중 한 명이다.

해설 선행사(the applicants)가 사람이므로, 'that + 불완전한 절'이 이어져야 한다. 참고로 that은 사람과 사물 모두 선행사로 받을 수 있다.

6 ● whom she should talk to

해석 그녀의 성적에 대해 얘기해야 할 그녀의 교수님이 오늘 자리에 안 계신다.

해설 선행사(Her professor)가 사람이고, 주어진 보기를 보면 관계대명사 뒤에 목적어가 없는 불완전한 절이 나오고 있으므로, 관계대명사는 whom이 적절하다.

7 ● where my wife and I had dinner

해석 이곳은 1주년 기념으로 아내와 내가 저녁을 먹었던 식당이다.

해설 선행사(the restaurant)가 장소를 나타내는 명사이므로, 'where + 완전한 절'이 이어져야 한다.

8 ● which will soon be released

해석 곧 출시될 그 스마트 워치의 색상은 파란색이 살짝 들어간 검정색을 띠고 있다.

해설 선행사(the new smartwatch)가 사물이므로, 'which + 불완전한 절'이 이어져야 한다. that은 빈 칸 앞에 콤마(,)가 없을 때 가능하다.

9 ● who will go to Emma's birthday party

해석 나는 토요일에 엠마의 생일 파티에 갈 손님들의 명단을 만들고 있다.

해설 선행사(guests)가 사람이고, 주어진 보기를 보면 관계대명사 뒤에 주어가 없는 불완전한 절이 나오고 있으므로, 관계대명사는 who가 적절하다.

10 ● that willingly helps me

해석 신디는 항상 내가 어려울 때마다 기꺼이 나를 도와주는 사람이었다.

해설 선행사(a person)가 사람이므로, 'that + 불완전한 절'이 이어져야 한다. 참고로 that은 사람과 사물 모두 선행사로 받을 수 있다.

FINAL 실전문제 p.81

1 (c)	2 (c)	3 (c)	4 (a)	5 (d)
6 (c)	7 (d)	8 (c)	9 (d)	10 (b)
11 (a)	12 (d)	13 (d)	14 (c)	15 (c)
16 (a)	17 (a)	18 (d)		

1. 주격관계대명사 who — 정답 (c)

해석 〈어드리프트〉는 태평양에서의 실제 사건들을 바탕으로 한 2018년 드라마 영화이다. 그것은 광활한 바다 한가운데 홀로 좌초된 채 **41일 동안 살아남았던 미국인 선원** 타미 애슈크래프트의 이야기를 담고 있다.

해설 빈칸은 앞 선행사 an American sailor(미국인 선원)을 부연 설명하며 의미를 제한해야 한다. 선행사가 사람이므로 주격 관계대명사 who 혹은 목적격 관계대명사 whom이 들어갈 수 있는데, 해당 절에서는 '41일 동안 살아남았던' 미국인 선원이라는 내용이 되어야 하므로 주격 관계대명사 who가 적절하다. 따라서 (c)가 정답이다.

어휘 Pacific Ocean n. 태평양 sailor n. 선원, 뱃사람 strand v. 좌초되다, (보트, 고래, 물고기 등이 육지로 밀려와) 다시 물로 돌아가지 못하게 하다 vast a. 광활한, 방대한

2. 목적격관계대명사 which 정답 (c)

해석 자선가로서, 프레디는 종종 다른 자선단체에 돈을 기부하고 받을 자격이 있는 학생들에게 장학금을 수여한다. 그는 그가 부모로부터 물려받았던 자신의 재산이 진정으로 경제적 지원이 필요한 사람들에게 더 잘 쓰인다는 것을 오랫동안 인식해 왔다.

해설 빈칸은 콤마(,) 사이에서 앞 선행사 his wealth(그의 재산)를 부연 설명해야 한다. 선행사가 사물이며, 보기 모두 관계대명사 뒤에 목적어가 없는 불완전한 문장이 나오고 있으므로 목적격 관계대명사 what, which, that이 들어갈 수 있다. 이때, 관계대명사 that은 콤마 뒤에 나올 수 없으며, what은 선행사를 수식할 수 없다. 따라서 (c)가 정답이다.

어휘 philanthropist n. 자선가, 독지가 frequently ad. 종종, 자주 donate v. 기부하다, 기증하다 charity n. 자선 단체, 구호 단체 grant scholarship v. 장학금을 수여하다 worthy a. ~을 받을 자격이 있는, ~을 받을 만한 inherit v. 물려받다, 상속받다 financial a. 경제적인, 재정의

3. 주격관계대명사 who 정답 (c)

해석 지미와 그의 친구는 그의 뒷마당에서 야구를 하고 있었다. 공을 친 그의 친구가 공을 너무 세게 힘껏 쳐서 이웃집 창문에 부딪혔다. 그 집주인이 무슨 일이 일어났는지 확인했을 때, 지미의 친구는 겁에 질려 도망쳤다.

해설 빈칸은 앞 선행사 His friend(그의 친구)를 부연 설명하며 의미를 제한해야 한다. 선행사가 사람이므로 주격 관계대명사 who 혹은 소유격 관계대명사 whose가 들어갈 수 있는데, 해당 절에서는 '공을 친' 그의 친구라는 내용이 되어야 하므로 주격 관계대명사 who가 적절하다. 따라서 (c)가 정답이다.

어휘 backyard n. 뒷마당 smash v. 힘껏 치다, 때리다 crash into v. ~에 부딪히다, ~와 충돌하다 run off v. 도망치다, 서둘러 떠나다

4. 주격관계대명사 who 정답 (a)

해석 모튼 하켓은 미국 팝송에서 가장 길게 지속된 음으로 기록을 보유하고 있다. 노르웨이 밴드 아하의 보컬리스트로 역사를 쓴 하켓은 2000년에 'Summer Moved On'이라는 곡에서 최소 20초 동안 하나의 음을 계속 유지했다.

해설 빈칸은 콤마(,) 사이에서 앞 선행사 Harket을 부연 설명해야 한다. 선행사가 사람이므로 주격 관계대명사 who, that 혹은 소유격 관계대명사 whose가 들어갈 수 있는데, 관계대명사 that은 콤마 뒤에 나올 수 없으며 해당 절에서는 '노르웨이 밴드 아하의 보컬리스트로 역사를 쓴' 하켓이라는 내용이 되어야 하므로 주격 관계대명사 who가 적절하다. 따라서 (a)가 정답이다.

어휘 hold v. (음이 일정 시간 동안) 계속 유지되다, 계속되게 하다 note n. 음, 음표 sustained a. 지속된, 일관된 vocalist n. (팝, 재즈 밴드의)보컬리스트 Norwegian a. 노르웨이의

5. 주격관계대명사 who 정답 (d)

해석 우리 가족은 오직 밤 동안에만 갓 태어난 남동생의 필요에 관심을 기울일 수 있다. 부모님이 직장에서 바쁘신 동안, 나는 항상 학교에 있다. 그것이 우리가 그를 돌보기 위해 우리의 신뢰를 받는 이웃이기도 했던 제니를 고용했던 이유이다.

해설 빈칸은 앞 선행사 Jenny를 부연 설명하며 의미를 제한해야 한다. 선행사가 사람이므로 주격 관계대명사 who 혹은 소유격 관계대명사 whose가 들어갈 수 있는데, 해당 절에서는 '우리의 신뢰를 받는 이웃이기도 했던' 가정부라는 내용이 되어야 하므로 주격 관계대명사 who가 적절하다. 따라서 (d)가 정답이다.

어휘 attend to v. ~에 관심을 기울이다, 신경을 쓰다 newborn a. 갓 태어난 hire v. (사람을) 고용하다 housekeeper n. 가정부 trusted a. 신뢰를 받는, 믿을 만한

6. 주격관계대명사 which 정답 (c)

해석 오직 경험이 많은 등산가들만 에베레스트 등반을 시도해야 한다. 모든 산 중에서 고도가 가장 높은 **에베레스트 산**은 발생 가능한 눈사태, 산소 부족, 동상으로 인해 세계에서 가장 위험한 곳 중 하나이다.

해설 빈칸은 콤마(,) 사이에서 앞 선행사 Mount Everest(에베레스트 산)를 부연 설명해야 한다. 선행사가 사물이므로 관계대명사 that 혹은 which가 들어갈 수 있는데, 관계대명사 that은 콤마 뒤에 나올 수 없으므로 주격 관계대명사 which가 적절하다. 따라서 (c)가 정답이다.

어휘 attempt v. 시도하다, 애써 해보다 climb v. 등반하다, 오르다 elevation n. 고도, 해발 높이 avalanche n. 눈사태 oxygen n. 산소 deprivation n. 부족, 박탈 frostbite n. 동상

7. 주격관계대명사 which 정답 (d)

해석 세계관광기구에 따르면, 프랑스는 2017년에 세계에서 가장 많이 방문한 나라였다. 그 해 약 8,700만 명의 관광객이 방문했던 **이 나라**는 미술관과 꾸뛰르 패션 하우스로 많은 관광객들을 끌어 모으고 있다.

해설 빈칸은 콤마(,) 사이에서 앞 선행사 The country(이 나라)를 부연 설명해야 한다. 선행사가 사물이므로 주격 관계대명사 that 혹은 which가 들어갈 수 있는데, 관계대명사 that은 콤마 뒤에 나올 수 없으므로 주격 관계대명사 which가 적절하다. 따라서 (d)가 정답이다.

어휘 million n. 100만 attract v. 끌어 모으다, 끌어들이다

8. 주격관계대명사 who 정답 (c)

해석 조약은 각 대표들이 서명한 두 개 이상의 정당 간의 서면 계약이다. 조약이 발효될 수 있기 전에, 보통 현대 공화국에서 대통령인 **국가 원수**에 의해 먼저 승인되어야 한다.

해설 빈칸은 콤마(,) 뒤에서 앞 선행사 the head of the state(국가 원수)를 부연 설명하며 앞 내용을 수식해야 한다. 선행사가 사람이므로 주격 관계대명사 that 혹은 who가 들어갈 수 있는데, 관계대명사 that은 콤마 뒤에 나올 수 없으므로 주격 관계대명사 who가 적절하다. 따라서 (c)가 정답이다.

어휘 treaty n. 조약 contract n. 계약, 약정 political party n. 정당 respective a. 각각의, 각자의 take effect v. (법률, 규칙 등이) 발효되다, 시행되다 approve v. 승인하다 president n. 대통령 republic n. 공화국

9. 주격관계대명사 who 정답 (d)

해석 프랭크 로이드 라이트는 자연과 조화를 이루는 건물들을 창조한 것으로 알려진 다작의 건축가였다. 상징적인 구겐하임 미술관을 설계했던 **라이트**는 70년 경력에 걸쳐 1000점 이상의 건축 작품들을 만들었다.

해설 빈칸은 콤마(,) 사이에서 앞 선행사 Wright를 부연 설명해야 한다. 선행사가 사람이므로 주격 관계대명사 that, who와 목적격 관계대명사 whom이 들어갈 수 있는데, 관계대명사 that은 콤마 뒤에 나올 수 없으며 목적격 관계대명사 whom 뒤에는 완전한 문장이 나올 수 없으므로 주격 관계대명사 who가 적절하다. 따라서 (d)가 정답이다.

어휘 prolific a. 다작하는 architect n. 건축가 harmony n. 조화, 화합 iconic a. 상징적인, ~의 상징이 되는 architectural a. 건축학의

10. 주격관계대명사 that 정답 (b)

해석 정통 사프란은 수확 과정이 어렵기 때문에 파운드당 5,000달러 이상의 비용이 들 수 있다. 불행하게도, 그 식물을 수확하는 **노동자들**은 힘든 일에도 불구하고 높은 임금을 받지 못한다.

해설 빈칸은 앞 선행사 the workers(노동자들)를 부연 설명하며 의미를 제한해야 한다. 선행사가 사람이므로 주격 관계대명사 who, that 혹은 목적격 관계대명사 whom이 들어갈 수 있다. 이때, 주격 관계대명사 who 뒤에는 완전한 문장이 나올 수 없으며, 목적격 관계대명사 whom 뒤에는 주어가 없는 불완전한 문장이 나올 수 없으므로 주격 관계대명사 that이 적절하다. 따라서 (b)가 정답이다.

어휘 authentic a. 정통의, 진짜인, 정확한 upward a. 이상의, 증가하고 있는 harvest v. 수확하다, 거둬들이다 process n. 과정, 절차 wage n. 임금, 급료 laborious a. (많은 시간과 노력을 요하는) 힘든

11. 목적격관계대명사 that 정답 (a)

해석 인간의 눈은 많은 상호 연결된 구성 요소들을 가진 복잡한 기관이다. 비록 모든 부분들이 그 기능에 필수적이지만, 빛이 통과하는 주요 부분은 망막이라고 불린다.

해설 빈칸은 앞 선행사 the main section(주요 부분)을 부연 설명하며 의미를 제한해야 한다. 선행사가 사물이므로 목적격 관계대명사 that 혹은 which가 들어갈 수 있는데, 관계대명사 which는 목적어가 없는 불완전한 문장이 와야 하므로 목적격 관계대명사 that이 적절하다. 따라서 (a)가 정답이다.

어휘 organ n. 기관, 장기 interconnected a. 상호 연결된, 상관된 component n. (구성) 요소, 부품 functioning n. 기능, 작용 retina n. (눈의) 망막

12. 주격관계대명사 who 정답 (d)

해석 보컬로이드(Vocaloid)는 인공적이지만 인간의 소리를 만들어 내는 기술을 사용하는 음성 합성 소프트웨어이다. 청록색 양갈래 머리를 한 여성 보컬로이드 캐릭터인 하츠네 미쿠가 인기에 대한 하나의 주된 이유로 여겨진다.

해설 빈칸은 콤마(,) 사이에서 앞 선행사 Hatsune Miku를 부연 설명해야 한다. 선행사가 사람이므로 주격 관계대명사 that 혹은 who가 들어갈 수 있는데, 관계대명사 that은 콤마 뒤에 나올 수 없으므로 주격 관계대명사 who가 적절하다. 따라서 (d)가 정답이다.

어휘 synthesize v. (전자 장치를 이용하여 소리, 음악 등을) 합성하다 artificial a. 인공적인, 인위적인 female a. 여성의, 여자인 turquoise a. 청록색의 pigtail n. 양갈래 머리 popularity n. 인기

13. 관계부사 where 정답 (d)

해석 애더슨 씨와 그의 아내는 주간 데이트 밤을 위한 계획을 세우고 있다. 그의 아내는 그들이 유명한 음악가의 히트곡이 밤새 연주될 지역 술집의 바비 다린의 밤에 참석하기를 제안했다.

해설 선행사인 the local bar가 장소를 나타내는 명사이므로 장소를 선행사로 수식할 때 사용하는 관계부사 where이 들어가야 한다. 따라서 (d)가 정답이다.

어휘 bar n. 술집 downtown ad. 시내에

14. 주격관계대명사 which 정답 (c)

해석 스텔라는 온라인 소매점에서 새로운 플리스 담요를 주문했지만 품질에 불만을 느꼈다. 그녀는 촉감이 거칠었던 담요가 즉시 반품되어야 한다고 결정했다.

해설 빈칸은 콤마(,) 사이에서 앞 선행사 the blanket(담요)를 부연 설명해야 한다. 선행사가 사물이므로 주격 관계대명사 that 혹은 which가 들어갈 수 있는데, 관계대명사 that은 콤마 뒤에 나올 수 없으므로 주격 관계대명사 which가 적절하다. 따라서 (c)가 정답이다.

어휘 fleece n. 플리스(양털같이 부드러운 직물) blanket n. 담요 retailer n. 소매점, 소매상 dissatisfy v. 불만을 느끼게 하다, 불평을 갖게 하다 rough a. (표면이) 거친, 고르지 않은 return v. 반품하다, 돌려보내다, 반납하다

15. 주격관계대명사 who 정답 (c)

해석 스티브 어윈은 그의 외향적인 성격과 두려움 없는 열정으로 알려진 야생동물 보호론자이자 텔레비전 유명인사였다. '악어 사냥꾼'으로도 알려졌던 어윈은 많은 이들에게 사랑받았지만 2006년 비극적이게도 노랑가오리 사고로 사망했다.

해설 빈칸은 콤마(,) 사이에서 앞 선행사 Irwin을 부연 설명해야 한다. 선행사가 사람이므로 목적격 관계대명사 whom과 주격 관계대명사 that, who가 들어갈 수 있는데, 관계대명사 that은 콤마 뒤에 나올 수 없으며 whom 뒤에는 주어가 없는 불완전한 문장이 나올 수 없으므로 주격 관계대명사 who가 적절하다. 따라서 (c)가 정답이다.

어휘 wildlife n. 야생동물 conservationist n. 보호론자, 환경 보호 활동가 personality n. 유명인 outgoing a. 외향적인, 사교적인 nature n. 성격, 본성, 천성 fearless a. 두려움이 없는, 용감한 enthusiasm n. 열정, 열의 belove v. ~을 사랑하다 tragically ad. 비극적으로, 지참하게 stingray n. 노랑가오리(긴 꼬리 끝에 맹독성 가시가 있음)

16. 주격관계대명사 who   정답 (a)

해석 연구는 블랙커피를 선호하는 것이 유전 암호의 일부일 지도 모른다는 것을 보여주었다. 과학자들은 카페인이 풍부한 음식과 음료들을 선호하는 **사람들**이 카페인을 빨리 대사 시키도록 만드는 유전자를 가지고 있다고 생각한다.

해설 빈칸은 앞 선행사 people(사람들)을 부연 설명하며 의미를 제한해야 한다. 선행사가 사람이므로 주격 관계대명사 who, that 혹은 목적격 관계대명사 whom이 들어갈 수 있다. 이때, (c)의 prefer은 감정 및 심리를 나타내는 동사로서 진행형으로 사용되지 않으며, 목적격 관계대명사 whom 뒤에는 완전한 문장이 나올 수 없으므로 주격 관계대명사 who가 적절하다. 따라서 (a)가 정답이다.

어휘 prefer v. 선호하다, ~을 더 좋아하다 genetic a. 유전의, 유전학의 gene n. 유전자 predispose v. ~하게 만들다, ~하는 성향을 갖게 하다 metabolize v. 대사 작용을 하다

17. 주격관계대명사 that   정답 (a)

해석 마이클 농장의 곡물 꾸러미는 지난 2주 동안 열려 있었고 반이 사라진 채 발견되었다. 포대에 발톱 자국이 나타나 있기 때문에, 그는 그의 음식을 훔친 것에 책임이 있는 **동물**을 찾고 있다.

해설 빈칸은 앞 선행사 the animal(동물)을 부연 설명하며 의미를 제한해야 한다. 선행사가 사물이므로 주격 관계대명사 that 혹은 which가 들어갈 수 있는데, 주격 관계대명사 which 뒤에는 완전한 문장이 나올 수 없으므로 주격 관계대명사 that이 적절하다. 따라서 (a)가 정답이다.

어휘 grain n. 곡물, (곡식의) 낱알 claw n. (동물의) 발톱 mark n. 자국, 흔적 responsible a. 책임이 있는, 책임을 져야 할 steal v. 훔치다, 도둑질하다

18. 주격관계대명사 which   정답 (d)

해석 인류 역사상 가장 치명적인 폭발 중 하나는 베이징의 왕공창 참사였다. 유성 폭발의 결과로 추정되는 **그 폭발**은 전해지는 바에 따르면 2만명 이상이 사망했고, 결국 명나라의 종말로 이어졌다.

해설 빈칸은 콤마(,) 사이에서 앞 선행사 The blast(그 폭발)를 부연 설명해야 한다. 선행사가 사물이므로 주격 관계대명사 that 혹은 which가 들어갈 수 있는데, 관계대명사 that은 콤마 뒤에 나올 수 없으므로 주격 관계대명사 which가 적절하다. 따라서 (d)가 정답이다.

어휘 deadliest a. 치명적인, 생명을 앗아가는 explosion n. 폭발, 폭파 calamity n. 참사, 재앙, 재난 blast n. 폭발 meteor n. 유성, 별똥별 reportedly ad. 전해지는 바에 따르면, 소문에 의하면 dynasty n. 시대, 왕조

Final
실전 지텔프

Final 실전 지텔프
Listening

정답과 해설

PART 1. 일상대화
PART 2. 상품 발표와 홍보
PART 3. 장단점 비교하기
PART 4. 과정/절차 소개

청취 PART 1
FINAL 연습문제 p.99

여: 안녕, 스티븐. 너를 마지막으로 본 지가 오래되었네. [27] 이제 막 첫 아이를 낳았다고 들었어. 축하해!

남: [27] 다시 보게 돼서 좋다, 리사. 맞아, 우리는 첫 아이를 낳았고, 그녀는 어제로 한 달이 됐어.

여: 좋을 때다! 내 첫 아이를 낳았을 때가 기억나네. 내 남편과 나는 우리가 무엇을 하고 있었는지 전혀 몰랐었지. 그리고 심지어 우리가 셋째를 낳았을 때조차도, 우리는 여전히 매일 새로운 것을 배우고 있었어.

남: 정말? 내 아내와 나는 같은 일을 겪고 있어! [28] 아기가 밤새 울어서 우리는 잠을 제대로 못 잘 때가 있어.

여: 나도 그런 밤들을 보냈던 게 기억나. 너는 아직 아침에는 일을 해야 해서 정말 힘들겠다.

남: 응, 확실히 힘들어. [29] 그래서, 너는 그 잠 못 이루는 밤들은 어떻게 지냈어?

여: [29] 음, 내 남편과 나는 누가 아기를 돌볼지 계획을 세웠어. 우리는 돌아가면서 돌본 후에 각자 쉴 수 있는 시간을 가졌어.

남: 이해가 되네. 하지만, 너도 알다시피, 네 아이를 돌보는 것보다 더 보람 있는 일은 없잖아. [30] 사실, 바로 얼마 전에, 내가 그녀를 보면서 얼굴을 찌푸렸을 때, 우리 아기가 처음으로 나를 보고 웃었어.

여: 앞으로 몇 달 안에 아기가 처음으로 기어가는 걸 보고, 첫 걸음을 내딛거나, 처음 말을 하는 걸 보면 더 많은 것을 느낄 거야.

남: 나는 그 순간들이 너무 기다려져. [31] 내 아내와 나는 아직도 이 육아 문제 전체에 적응하고 있어. 우리 둘 다 모든 업무로 스트레스를 많이 받고 있고, 단지 아기를 돌보기 위해 최선을 다하고 있어.

여: [31] 나도 공감해. 심지어 내 아이들이 조금 나이가 많아진 지금조차도, 아이들을 돌보기 위해 단지 쉬지 않고 일해왔던 것처럼 느낄 때가 가끔 있어.

남: 그게 더 어려워진다는 말이야?

여: 글쎄, 아무리 어려워지더라도, 그럴 가치가 있어. 약속해.

남: 정말 그러길 바라. 요즘 아내와 나는 아기 때문에 정신이 없어. 우리는 주로 그녀에게 집중하기 때문에 서로를 위한 시간이 없어.

여: 그건 지극히 정상이야. 이전에는, 너와 네 아내는 오직 자기 자신만 생각했잖아. 이제 너는 아기가 있기 때문에, 너의 많은 관심은 그 까다롭고 사랑스러운 작은 것에 의해 얻어지게 돼!

남: 그럼, 우리가 상황을 개선하기 위해 무엇을 할 수 있을까?

여: [32] 내가 너에게 해줄 수 있는 가장 큰 추천은 항상 서로 소통하는 거야. 예를 들어, 저녁을 먹으면서 네 아내에게 그녀의 하루에 대해 꼭 물어보는 거지.

남: 이게 얼마나 중요한지 잊기 쉽지. 우리는 항상 이야기하곤 했어.

여: 넌 여전히 할 수 있어, 스티븐. 이건 많은 부부들이 겪는 일이야. 너는 심지어 아기들이 주위에 있을지라도 오직 서로 소통하는 것만 기억해야 해.

남: 오늘 너를 우연히 만나서 나는 기뻐, 리사. 너는 나에게 생각할 거리를 많이 줬어.

여: 도움이 될 수 있어서 기뻐, 스티븐. [33] 하루빨리 너의 아기를 만날 수 있기를 진심으로 바라.

남: 정말로, 이번 주 토요일에 오지 않을래? 우리 모두 우리 집에서 점심을 먹을 수 있어.

여: 정말 좋은 것 같아!

27
해석 최근에 스티븐에게 무슨 일이 일어났는가?

(a) 그는 그의 아이의 생일을 축하했다.
(b) 그는 그의 첫 아이를 낳았다.
(c) 그는 그의 셋째 아이를 낳았다.
(d) 그의 아이가 1살이 되었다.

28
해석 왜 스티븐과 그의 아내는 밤에 잠을 자기 어려운가?

(a) 그들은 그들의 아기에 대해 더 배우고 싶어한다.
(b) 아기의 울음소리가 그들을 깨어 있게 한다.
(c) 그들은 아기가 자는 것을 보는 것을 좋아한다.
(d) 그들의 아기는 건강이 좋지 않다.

29
해석 리사는 어떻게 그 부부가 그들의 잠 못 이루는 밤들을 편안하게 보낼 수 있다고 제안하는가?

(a) 동시에 아기를 돌봄으로써
(b) 아기가 울고 있을 때조차도 자면서
(c) 아기를 교대로 돌봄으로써
(d) 엄마가 아기를 돌보게 함으로써

30
해석 스티븐이 일전에 경험했던 중요한 사건은 무엇이었는가?

(a) 그의 아기가 그에게 처음으로 미소를 지어 주었다.
(b) 그는 아기가 그녀의 첫 걸음을 내딛는 것을 보았다.
(c) 그의 아기가 처음으로 그에게 기어서 올라갔다.
(d) 그는 아기의 첫 번째 말을 들었다.

31
해석 왜 리사는 스티븐과 그의 아내의 힘든 일에 공감할 수 있다고 말하는가?

(a) 그녀가 자신의 아이들을 기르는 것에 대해 보상 받지 못한다고 느끼기 때문에
(b) 그녀는 또한 좋은 부모가 되는 법을 모르기 때문에
(c) 그녀는 또한 처음 부모이기 때문에
(d) 그녀는 여전히 양육의 어려움에 직면해 있기 때문에

32
해석 리사에 따르면, 어떻게 스티븐과 그의 아내가 여전히 서로 잘 지낼 수 있는가?

(a) 식사 동안 서로의 하루에 대해 이야기함으로써
(b) 아기에게 관심을 덜 기울임으로써
(c) 아기와 함께 저녁을 먹으러 나감으로써
(d) 서로에게 더 많은 개인적인 시간을 줌으로써

33
해석 스티븐은 이번 토요일에 무엇을 할 것 같은가?

(a) 리사의 집으로 가기
(b) 리사를 아기에게 소개하기
(c) 리사의 막내를 만나기
(d) 리사와 점심을 먹으러 가기

FINAL 실전문제 1   p.104

27 (c)   **28** (b)   **29** (a)   **30** (a)   **31** (d)
32 (b)   **33** (c)

27. What is Ryan impressed with?
28. According to Lucy, what is Nook Tang famous for?
29. Why are the dishes that Nook Tang sells high-priced?
30. Why most likely is Lucy surprised that the restaurant received a French Crown?

31. How does Nook Tang prepare the food she sells?
32. Why is Nook Tang not planning to open another restaurant?
33. What will Ryan and Lucy do after their conversation?

M: Hello, Lucy! That hotdog you're eating looks yummy!
남: 안녕, 루시! 네가 먹고 있는 그 핫도그 맛있어 보인다!

F: Oh hi, Ryan! Yes, this hotdog is as good as street food gets.
여: 오 안녕, 라이언! 응, 이 핫도그는 길거리 음식만큼이나 맛있어.

M: I'd like to try one. Hey, I saw a documentary about the world's street food last night, and 27) I was really impressed with the story of a lady who runs a famous street-side restaurant in Bangkok, Thailand.
남: 하나 먹어보고 싶네. 야, 내가 어젯밤에 전세계의 길거리 음식에 대한 다큐멘터리를 봤는데, 27) 태국 방콕에서 유명한 골목 식당을 운영하는 여성의 이야기에 정말 감명받았어.

F: That's interesting. I've tried Thai food before, and I liked it. Who is this lady, and what's special about the street food she sells?
여: 재미있네. 나는 예전에 태국 음식을 먹어본 적이 있는데, 맛있었어. 이 여성은 누구이고, 그녀가 파는 길거리 음식은 무엇이 특별해?

M: Her name is Nook Tang. Her restaurant is quite ordinary with plastic tables and chairs placed out on the street. But the dishes she serves are amazing!
남: 그녀의 이름은 눅탕이야. 그녀의 식당은 길거리에 놓인 플라스틱 테이블과 의자로 꽤 평범해. 하지만 그녀가 제공하는 음식들은 놀라워!

F: Hmmm… I think I've read about Nook Tang before. Isn't she the young cook with the funny mask?
여: 흠… 나 예전에 눅탕에 대해서 읽어본 적 있는 것 같아. 그녀는 우스꽝스러운 마스크를 쓴 젊은 요리사 아니야?

M: That's right! Nook Tang wears a mask while cooking to protect her face from splashes of hot oil.
남: 맞아! 눅탕은 뜨거운 기름 방울들이 얼굴로 튀는 것을 막기 위해 요리할 때 마스크를 착용해.

F: I think that's really cool! 28) I don't remember much about her, but I believe she is famous for her mango pancakes.
여: 정말 멋진 것 같아! 28) 나는 그녀에 대해 많이 기억하지는 못하지만, 그녀가 망고 팬케이크로 유명한 것 같은데.

M: That's one of her most popular dishes. She also serves traditional Thai street food such as chicken noodles and curry dishes. And her menu includes a dish with a curious name: "drunken noodles with seafood"!
남: 그것은 그녀의 가장 인기 있는 요리들 중 하나야. 그녀는 또한 닭고기 국수와 카레 요리 같은 태국 전통 길거리 음식도 제공해. 그리고 그녀의 메뉴에는 "술 취한 해산물 국수"라는 별난 이름의 요리가 있어!

F: Really? Does the dish make people drunk?
여: 정말? 그 요리는 사람들을 취하게 하는 거야?

M: Nope. Its ingredients don't even include alcohol. Some say the name came from the dish being a good cure for a hang-over.
남: 아니. 그것의 재료에는 심지어 알코올조차도 들어 있지 않아. 몇몇 사람들은 그 요리가 숙취 해소에 좋다고 해서 붙여진 이름이라고 하더라.

F: I see… By the way, street food is supposed to be affordable. How can Nook Tang prepare good food for low prices?
여: 그렇구나… 그나저나, 길거리 음식은 가격이 적당해야 하잖아. 어떻게 눅탕이 저렴한 가격에 좋은 음식을 준비할 수 있을까?

M: Actually, her dishes aren't very affordable. Her mango pancakes can cost more than ten dollars.
남: 사실, 그녀의 요리는 아주 저렴하지는 않아. 그녀의 망고 팬케이크는 10달러가 넘거든.

F: That's a bit pricey for street food!
여: 길거리 음식 치고는 좀 비싼데!

M: ²⁹⁾**That's because she only buys the best ingredients and uses them in generous amounts. So, people just keep visiting her place despite the high prices.** Even tourists from all over the world just have to try her food.

남: ²⁹⁾그건 그녀가 최고의 재료들만 구입해서 넉넉한 양을 사용하기 때문이야. 그래서, 사람들은 비싼 가격에도 불구하고 그녀의 가게를 계속 찾아와. 전 세계에서 온 관광객들조차도 그녀의 음식을 먹어봐야 한다니까.

F: Well, has she received any award yet?
여: 음, 그녀는 아직 어떤 상도 못 받았어?

M: Yes, and it's nothing less than a French Crown! She's one of the only street-side restaurants to ever receive this honor.
남: 받았는데, 그건 다름아닌 프랑스 왕관이야! 그녀는 이 영예를 얻은 유일한 길거리 식당 중 하나야.

F: ³⁰⁾**Wow, that's surprising! I didn't even know that French Crowns were awarded to street vendors.** Her business ranks right up there with the world's most excellent restaurants.
여: ³⁰⁾와, 놀랍다! 프랑스 왕관이 노점상에 주는 상인지도 몰랐어. 그녀의 사업은 세계에서 가장 뛰어난 식당들만큼의 위치에 있구나.

M: Right. ³¹⁾**Another amazing thing is Nook Tang still cooks the dishes practically on her own.** Her assistants only prepare the ingredients.
남: 맞아. ³¹⁾또 다른 놀라운 점은 눅탕이 여전히 실제로 그녀 혼자 요리를 한다는 거야. 그녀의 보조들은 오직 재료만 준비해.

F: She must really love her work to be able to do all the cooking for such a busy restaurant. Does she only have one location?
여: 그녀는 그렇게 바쁜 식당에서 모든 요리를 할 수 있어서 그녀의 일을 정말 좋아하나 봐. 그녀는 오직 한 지점만 가지고 있어?

M: Yes, but many people think she should expand her business. Her restaurant has become so famous that there's always a long line of people waiting to order. ³²⁾**However, she says that one restaurant is so much hard work that she couldn't possibly open another.**

남: 응, 하지만 많은 사람들이 그녀가 사업을 확장해야 한다고 생각해. 그녀의 식당은 너무 유명해져서 항상 주문하려고 기다리는 사람들이 길게 줄을 서거든. ³²⁾하지만, 그녀는 하나의 식당이 너무 힘들어서 다른 지점을 열 수가 없다고 말해.

F: That's too bad. I was hoping that she might come to our city one day. I'd like to try her pancakes!
여: 아쉽다. 나는 언젠가 그녀가 우리 시에 오기를 바랐는데. 나 그녀의 팬케이크를 먹어보고 싶다!

M: Me, too! Ha-ha! ³³⁾**Let's grab some from that food truck over there, Lucy. They only cost two dollars each.**
남: 나도! 하하! ³³⁾저기 있는 푸드트럭에서 잠깐 뭐 좀 먹자, 루시. 그것들은 한 개에 2달러밖에 안 해.

F: Let's go, Ryan!
여: 가자, 라이언!

| 어휘 |

street food n. 길거리 음식 be impressed with v. ~에 감명받다 run v. 운영하다 street-side restaurant n. 골목 식당 interesting a. 흥미로운 try v. 시도하다; 먹어 보다 sell v. 팔다 quite ad. 꽤 ordinary a. 평범한 serve v. 제공하다 funny a. 우스꽝스러운 protect v. 막다 splash n. 방울 dish n. 그릇; 요리 traditional a. 전통적인 noodle n. 국수 include v. 포함하다, ~도 있다 curious a. 궁금한, 별난 drunken a. 술에 취한 seafood n. 해산물 ingredient n. 재료 cure n. 치료제 hang-over n. 숙취 be supposed to v. ~하기로 되어 있다 affordable a. 적당한 prepare v. 준비하다 price n. 가격 cost v. (비용이) ~이다(들다) pricey a. 값비싼 generous a. 넉넉한 amount n. 양 despite prep. ~에도 불구하고 tourist n. 관광객 receive v. 받다 award n. 상 honor n. 영광, 영예 surprising a. 놀라운 street vendor n. 노점상 rank v. (순위에) 위치하다 excellent a. 뛰어난 amazing a. 놀라운 still ad. 여전히 practically ad. 실제로 assistant n. 보조 be able to v. ~할 수 있다 location n. 위치; 지점 expand v. 확장하다 famous a. 유명한 order v. 주문하다 possibly ad. 아마 grab v. 잡다; 먹다

27. 주제 정답 (c)

해석 라이언은 무엇에 감명을 받았는가?

(a) 세계의 다양한 길거리 음식
(b) 태국에서 판매되는 길거리 음식의 품질
(c) 태국 길거리 음식 상인의 이야기
(d) 루시가 먹고 있는 핫도그의 맛

해설 라이언은 태국 방콕에서 유명한 골목 식당을 운영하는 여성의 이야기를 다룬 다큐멘터리를 보고 감명받았다(I was really impressed with the story of a lady who runs a famous streetside restaurant in Bangkok, Thailand.)고 했으므로, (c)가 정답이다.

어휘 variety of a. 다양한 quality n. 품질, 질

28. 세부 내용 정답 (b)

해석 루시에 따르면 눅탕은 무엇으로 유명하다고 하는가?

(a) 그녀의 저렴한 식당 가구
(b) 그녀의 망고 팬케이크
(c) 그녀의 알코올이 스며든 국수
(d) 그녀의 우스꽝스러운 고글

해설 루시가 눅탕이 망고 팬케이크로 유명한 것 같다(I believe she is famous for her mango pancakes.)고 기억하고 있으므로, (b)가 정답이다.

어휘 furnishing n. 가구, 비품 infused a. 스며든, 우러난

29. 세부 내용 정답 (a)

해석 왜 눅탕이 파는 요리들은 가격이 비싼가?

(a) 그녀는 질 좋은 재료들을 사용한다.
(b) 그녀는 독창적인 레시피를 사용한다.
(c) 그녀의 요리에는 효능이 있다.
(d) 대부분의 관광객들은 비싼 음식을 선호한다.

해설 눅탕이 최고의 재료들만 구입해서 사용하기 때문에(That's because she only buys the best ingredients and uses them in generous amounts.) 요리의 가격이 비싸다고 했으므로, (a)가 정답이다.

어휘 original a. 독창적인 healing property n. 효능, 약효 prefer v. 선호하다, ~을 좋아하다 expensive a. 비싼, 돈이 많이 드는

30. 추론 정답 (a)

해석 왜 루시는 그 식당이 프랑스 왕관을 받은 것에 놀란 것 같은가?

(a) 그 식당은 화려한 장소에 있지 않다.
(b) 그 식당은 많은 관광객을 접대하지 않는다.
(c) 그 단체는 길거리 노점상을 표창한 적이 없다.
(d) 그 단체는 인기 있는 식당들은 검토하지 않는다.

해설 루시가 프랑스 왕관을 노점상에도 주는 상인지 몰랐다(I didn't even know that French Crowns were awarded to street vendors.)고 했으므로, 문맥상 눅탕의 식당은 길거리에 있는, 즉 화려한 장소에 있지 않은 곳임에도 불구하고 프랑스 왕관을 받은 것에 놀랐다고 추론할 수 있다. 따라서 (a)가 정답이다.

어휘 fancy a. 화려한 organization n. 단체, 조직, 기구

31. 세부 내용 정답 (d)

해석 눅탕은 그녀가 파는 음식을 어떻게 준비하는가?

(a) 그녀의 직원들이 요리하는 동안 그들을 감독함으로써
(b) 재료를 준비하는 것을 도움으로써
(c) 그녀의 아이들이 요리를 하게 함으로써
(d) 주로 혼자서 요리를 함으로써

해설 눅탕이 실제로 혼자 요리를 한다(Another amazing thing is Nook Tang still cooks the dishes practically on her own.)고 했으므로, (d)가 정답이다.

어휘 supervise v. 감독하다, 지휘하다 employee n. 직원 assist v. 돕다 prepare v. (음식을)준비하다, 마련하다 by oneself ad. 혼자서, 홀로

32. 세부 내용   정답 (b)

해석 눅탕은 왜 다른 식당을 열 계획이 없는가?

(a) 수익성이 별로 없기 때문에
(b) 너무 힘든 일을 요구하기 때문에
(c) 인기를 잃기 시작하기 때문에
(d) 그녀는 자신의 미래를 확보하고 있기 때문에

해설 눅탕이 하나의 식당도 너무 힘들어서 다른 지점을 열 수 없다(she says that one restaurant is so much hard work that she couldn't possibly open another.)고 말했으므로, (b)가 정답이다.

어휘 profitable a. 수익성이 있는, 이득이 되는 popularity n. 인기 secure v. 확보하다, 획득하다

33. 추론   정답 (c)

해석 대화 후에 라이언과 루시는 무엇을 할 것인가?

(a) 태국으로 여행 가는 것을 계획하기
(b) 망고를 파는 식당 찾기
(c) 이동식 식당에서 팬케이크 먹기
(d) 시장에서 태국 음식 사기

해설 눅탕의 팬케이크를 먹어보고 싶다는 루시에게 라이언이 푸드트럭에서 한 개에 2달러인 것을 먹자(Let's grab some from that food truck over there, Lucy. They only cost two dollars each.)고 이야기하는 부분을 통해 대화 후 둘은 푸드트럭, 즉 이동식 식당에서 팬케이크를 먹을 것임을 추론할 수 있다. 따라서 (c)가 정답이다.

어휘 mobile a. 이동식의, 이동하는 eatery n. 식당, 음식점

FINAL 실전문제 2   p.105

27 (c)   **28** (a)   **29** (b)   **30** (a)   **31** (d)
32 (b)   **33** (c)

27. What are Jim and Fiona mainly talking about?
28. Why most likely does Jim like watching detective series?
29. According to Fiona, what is the boy on the survival show doing?
30. According to Fiona, how are science-fiction and fantasy series similar?
31. What is the plot of Fiona's favorite fantasy show?
32. According to the conversation, when did Jim feel inspired to dance?
33. What most likely will Fiona do tonight?

F: ²⁷⁾ Hi Jim! What are you watching? You seem totally absorbed in it.

여: ²⁷⁾ 안녕 짐! 뭘 보고 있어? 너는 그것에 완전히 빠져 있는 것 같아.

M: ²⁷⁾ Hey Fiona. It's the newest detective TV series that premiered last month. The story's well-written. You should watch it!

남: ²⁷⁾ 안녕, 피오나. 이건 지난달에 처음 방영했던 최신 탐정 드라마야. 그 이야기는 잘 쓰여 있거든. 너도 봐야 해!

F: Oh, that one? I've heard a lot of great reviews. By the way, I didn't know you were into detective shows.

여: 아, 그거? 좋은 평들을 많이 들었어. 그나저나, 나는 네가 탐정 프로그램을 좋아하는 줄은 몰랐네.

M: ²⁸⁾ I enjoy watching them a lot because of the mysteries and twists. I find it exciting how the plots unfold and how the main character solves the case.

남: ²⁸⁾ 나는 미스터리와 반전 때문에 프로그램을 보는 것을 즐겨. 줄거리가 어떻게 전개되고 주인공이 사건을 어떻게 해결하는지가 흥미진진하다고 생각해.

F: I know what you mean. I love the suspense. Sometimes I even pretend that I'm the detective and try to guess who did it. Ha-ha.

여: 무슨 말인지 알겠다. 나는 그 긴장감이 너무 좋아. 가끔은 심지어 내가 형사인 척하면서 누가 그랬는지 맞춰 보기도 해. 하하.

M: Oh, I do the same thing. You seem fond of TV series too. Are you watching anything in particular these days?

남: 오, 나도 그래. 너도 드라마를 좋아하는 것 같네. 요즘 뭐 특별히 보고 있는 거 있어?

F: I'm currently watching a show about a young boy who survives a plane crash and gets stuck on an island by himself.

여: 나는 지금 비행기 추락 사고에서 살아 남아 섬에 혼자 갇히게 된 어린 소년에 관한 프로그램을 보고 있어.

M: Oh, a survival story?

남: 오, 생존 이야기?

F: Yeah. 29) **It shows how the boy learns ways to find food, water, and shelter so he can stay alive.**

여: 맞아. 29) 그건 그 소년이 어떻게 음식, 물, 피난처를 찾는지를 배워서 그가 살아남을 수 있었는지를 보여줘.

M: 29) **We can definitely learn a lot from survival plots.** Maybe that's why some science-fiction series feature survival themes.

남: 29) 우리는 확실히 생존 줄거리로부터 많은 것들을 배울 수 있겠네. 아마도 그게 일부 공상과학 시리즈들이 생존 주제를 다루는 이유일 거야.

F: Really? I don't watch science-fiction shows much. I find storylines about spaceships and aliens too technical, which can get boring.

여: 정말? 나는 공상과학 프로그램은 별로 안 봐. 우주선과 외계인에 대한 줄거리가 너무 기술적이고, 그런 것이 지루해질 수 있다고 생각하거든.

M: Is that so? 30) **I think the possibility of different planets and alien races allows the scriptwriter to create a more interesting universe.**

남: 그런가? 30) 나는 다른 행성들과 외계 인종들이 존재할 가능성이 대본 작가에게 더 흥미로운 우주를 만들 수 있게 해준다고 생각해.

F: 30) **Hmmm... In that sense, I think they are like fantasy series. I really enjoy watching fantasy because it makes me feel part of a completely different world.**

여: 30) 흠... 그런 면에서는, 나는 그것들이 판타지 시리즈 같다고 생각해. 나는 판타지를 보는 것을 정말 좋아하는데, 왜냐하면 그것은 나를 완전히 다른 세계의 일부인 것처럼 느끼게 해주기 때문이야.

M: I love fantasy shows too! There's just something magical about them. Every time I watch an episode, something eventful will surely happen. 31) **What's your favorite one so far, Fiona?**

남: 나도 판타지 프로그램들 정말 좋아해! 그들에게는 뭔가 마법 같은 것이 있지. 한 회를 볼 때마다, 뭔가 다사다난한 일이 반드시 일어날 거니까. 31) 지금까지 가장 좋아하는 프로그램이 뭐야, 피오나?

F: 31) **There's one I watched last year about a young orphan who can read people's minds. She keeps her ability a secret, and uses it to discover who she really is.**

여: 31) 사람들의 마음을 읽을 수 있는 어린 고아에 대한 내가 작년에 봤던 프로그램이 있어. 그녀는 자신의 능력을 비밀로 하고, 자신이 진정으로 누구인지 알아내기 위해 그것을 사용해.

M: Intriguing plot. Speaking of knowing who one really is, do you perhaps watch biography shows?

남: 아주 흥미로운 줄거리네. 진정으로 누구인지 아는 것에 대해 말인데, 혹시 전기 프로그램 봐?

F: To be honest Jim, I haven't watched any.

여: 솔직히 짐, 난 한 번도 본 적 없어.

M: You might find them interesting as well. 32) **I recently watched a biography of an accomplished dancer.** Learning about his struggles to become a dancer, the emotions behind his performances, and how he finally achieved his dreams was eye-opening! 32) **Just watching his story inspired me to dance too.**

남: 너도 흥미롭다고 생각할 지도 몰라. ³²⁾나는 최근에 뛰어난 댄서의 전기를 봤지. 댄서가 되기 위한 그의 고군분투, 공연 뒤의 감정, 그리고 어떻게 그가 마침내 꿈을 이루었는지에 대해 알게 된 것은 매우 놀라웠거든! ³²⁾그의 이야기를 보는 것만으로도 나도 춤을 추고 싶게 하더라.

F: I can see why. Since these are real stories of actual people, viewers feel connected to the person featured in the show. It also gives one hope that if this particular person can achieve so much, so can you.

여: 왜 그런지 알겠다. 이것들은 실제 사람들의 진짜 이야기들이기 때문에, 시청자들은 그 프로그램에 등장하는 사람과 연결되어 있다고 느껴. 그것은 또한 한 사람에게 만약 이 특정한 사람이 그렇게 많은 것을 해낼 수 있다면, 너도 할 수 있다는 희망을 줘.

M: Exactly. Just like how historical fiction can touch its viewers.

남: 맞아. 시대극이 시청자들에게 감동을 줄 수 있는 것처럼 말이야.

F: Oh, historical fiction shows bore me. They make me feel like I'm back in school.

여: 아, 시대극 프로그램들은 나를 지루하게 만들어. 그것들은 내가 학교로 돌아간 것처럼 느끼게 해.

M: ³³⁾**Actually, Fiona, I saw a historical show that you might enjoy! It's about Viking warriors. There's lots of drama as well as action and adventure. It's definitely not boring!**

남: ³³⁾사실, 피오나, 네가 좋아할 만한 시대극을 봤어! 바이킹 전사들에 관한 거야. 액션과 모험뿐만 아니라 극적인 사건도 많이 있지. 확실히 지루하지 않아!

F: ³³⁾**That sounds like fun, Jim. Let me know the title and I'll try it out tonight.**

여: ³³⁾재밌겠다, 짐. 제목을 알려주면 오늘 밤에 시청해 볼게.

어휘

totally ad. 완전히, 전적으로 absorb in v. 빠지다, 몰두하다 detective n. 탐정 TV series n. 드라마 premiere v. 처음 방영하다, 처음 방송되다 be into v. ~을 좋아하다, ~에 관심이 많다 twist n. (이야기·상황의 예상 밖의) 반전, 전환 plot n. 줄거리, 구성 unfold v. 전개되다, (이야기가) 펼쳐지다 solve v. (문제, 곤경을) 해결하다, 타결하다 suspense n. 긴장감, 서스펜스 pretend v. ~인 척하다, ~것처럼 굴다 fond of a. ~을 좋아하는 in particular ad. 특별히, 특히 crash n. (항공기) 추락 사고 get stuck v. 갇히다, 꼼짝 못하게 되다 shelter n. 피난처 alive a. 살아 있는 definitely ad. 확실히, 분명히 feature v. 다루다, 특징으로 삼다 theme n. 주제, 테마 storyline n. (소설, 연극, 영화 등의) 줄거리 spaceship n. 우주선 alien n. 외계인, 우주인 race n. 인종, 종족 scriptwriter n. (영화, 방송극) 대본 작가 eventful a. 다사다난한, 파란만장한 orphan n. 고아 discover v. (존재를) 알아내다, 발견하다 intriguing a. 아주 흥미로운 biography n. 전기, 일대기 accomplished a. (기량이) 뛰어난, 재주가 많은 struggle n. 고군분투, 투쟁 achieve v. ~을 해내다, 이루다 eye-opening a. 놀랄 만한 touch v. 감동을 주다, 마음을 움직이다 historical fiction n. 시대극 bore v. 지루하게 만들다, 따분하게 만들다

27. 주제   정답 (c)

해석 짐과 피오나는 주로 무엇에 대해 이야기하고 있는가?

(a) 인기 있는 드라마
(b) 최근에 개봉한 영화
(c) 다양한 드라마 장르
(d) 대본 작가가 되는 방법

해설 처음에 피오나가 짐에게 뭘 보고 있는지 묻자(What are you watching?) 짐은 지난달에 처음 방영한 최신 탐정 드라마를 보고 있다(It's the newest detective TV series that premiered last month.)고 대답하고, 이후에 공상과학, 전기, 시대극과 같은 여러 장르들이 대화 동안 언급된다. 결국 이들이 주로 이야기하고 있는 것은 다양한 드라마 장르이므로, 정답은 (c)이다.

어휘 released a. 개봉한, 공개된

28. 추론   정답 (a)

해석 짐은 왜 탐정 시리즈를 보는 것을 좋아하는 것 같은가?

(a) 줄거리가 종종 예상하기 어렵기 때문에
(b) 사건을 해결하는 것이 쉽기 때문에
(c) 탐정이 되는 경험을 하게 해주기 때문에
(d) 모든 장면이 긴장감이 넘치기 때문에

해설 문제의 like watching detective series가 enjoy watching them으로 패러프레이징된 부분에 답의 단서가 있다. 짐이 탐정 프로를 즐겨 보는 이유로 언급하고 있는 미스터리와 반전(mysteries and twists)은 예상하기 어려운(unexpected) 줄거리라고 바꿔 말할 수 있으므로, 정답은 (a)이다.

어휘 unexpected a. 예상하기 어려운, 예기치 않은
suspenseful a. 긴장감이 넘치는

29. 세부 내용   정답 (b)

해석 피오나에 따르면, 서바이벌 프로에 나오는 소년은 무엇을 하고 있는가?

(a) 그는 그의 친구들이 살아남도록 돕고 있다.
(b) 그는 자신을 돌보고 있다.
(c) 그는 섬을 탈출하려 하고 있다.
(d) 그는 비행기 조종을 배우고 있다.

해설 피오나가 말한 생존 프로그램은 한 소년이 어떻게 음식, 물, 피난처를 찾아 살아남는지(It shows how the boy learns ways to find food, water, and shelter so he can stay alive.)를 다루는데 이를 통해 그 소년은 스스로를 돌보고 있음을 알 수 있다. 따라서 (b)가 정답이다.

어휘 escape v. 탈출하다, 달아나다

30. 세부 내용   정답 (a)

해석 피오나에 따르면, 공상과학과 판타지 시리즈는 어떻게 비슷한가?

(a) 상상력을 자극한다.
(b) 다사다난하지 않은 줄거리를 가지고 있다.
(c) 현실적인 배경을 탐험한다.
(d) 외계인을 주인공으로 사용한다.

해설 짐이 공상과학 시리즈는 다른 행성과 외계 인종이 존재할 가능성으로 흥미로운 우주를 만들 수 있게 해준다(I think the possibility of different planets and alien races allows the scriptwriter to create a more interesting universe.)고 하는데, 이에 피오나는 그런 면에서 판타지 시리즈와 비슷하다며 판타지 시리즈는 다른 세계의 일부인 것처럼 느끼게 해준다(In that sense, I think they are like fantasy series. I really enjoy watching fantasy because it makes me feel part of a completely different world.)고 말한다. 이를 통해 공상과학은 다른 행성과 외계인 같이 우주에 대한 상상력을, 판타지 시리즈는 또 다른 세계에 있는 듯한 상상력을 자극하는 줄거리로 구성되기에 두 장르 모두 상상력을 자극한다는 부분에서 비슷하다고 추론할 수 있다. 따라서 (a)가 정답이다.

어휘 stimulate v. 자극하다, 관심을 불러 일으키다 explore v. 탐험하다, 탐사하다 realistic a. 현실적인, 현실성 있는
setting n. (연극, 소설 등의) 배경

31. 세부 내용   정답 (d)

해석 피오나가 가장 좋아하는 판타지 프로그램의 줄거리는 무엇인가?

(a) 외동의 삶
(b) 잃어버린 아이를 찾고 있는 한 사람
(c) 부모를 찾고 있는 입양아동
(d) 특별한 힘을 가진 한 소녀

해설 무슨 판타지 프로그램이 제일 좋았냐는 짐의 질문에 피오나는 사람들의 마음을 읽을 수 있는 어린 고아에 대한 프로그램이 제일 좋았다(There's one I watched last year about a young orphan who can read people's minds.)며, 그 프로그램은 그녀가 자신의 능력을 숨기고 존재를 알아가는(She keeps her ability a secret, and uses it to discover who she really is.) 이야기라고 말하는 부분을 통해 피오나가 가장 좋아하는 판타지 프로그램의 줄거리는 사람의 마음을 읽는 특별한 힘을 가진 한 고아 소녀에 관한 것임을 알 수 있다. 따라서 (d)가 정답이다.

어휘 only child n. 외동(딸, 아들) look for v. 찾다, 구하다
adopted a. 입양된 seek v. (~을 발견하기 위해) 찾다

32. 세부 내용 정답 (b)

해석 대화에 따르면, 짐은 언제 춤을 추고 싶다고 느꼈는가?

(a) 그가 연극 예술가에 관한 영화를 봤을 때
(b) 그가 댄서의 삶에 대한 프로그램을 본 후
(c) 그가 피오나와 춤 추는 것을 끝내자마자
(d) 피오나가 그에게 그녀가 가장 좋아하는 댄스 프로그램에 대해 말했을 때

해설 짐이 최근 뛰어난 댄서의 다큐멘터리를 봤는데(I recently watched a biography of an accomplished dancer.), 그 이야기를 보는 것만으로도 춤을 추고 싶다(Just watching his story inspired me to dance too.)고 했으므로 (b)가 정답이다.

어휘 as soon as conj. ~하자마자, ~하자 곧

33. 추론 정답 (c)

해석 피오나는 오늘 밤 무엇을 할 것 같은가?

(a) 그녀의 역사 수업을 위해 공부하기
(b) 짐과 텔레비전을 보기
(c) 역사를 소재로 한 프로그램을 보기
(d) 액션 영화를 보기

해설 짐이 피오나에게 피오나가 좋아할 만한 바이킹 전사들에 관한 시대극을 봤고, 액션과 모험뿐만 아니라 드라마도 많이 있어서 지루하지 않다고 했고(Actually, Fiona, I saw a historical show that you might enjoy! It's about Viking warriors. There's lots of drama as well as action and adventure. It's definitely not boring) 그에 대해 피오나는 재밌겠다며 제목을 알려주면 오늘 시청한다고 하므로(That sounds like fun, Jim. Let me know the title and I'll try it out tonight.) (c)가 정답이다.

어휘 history n. 역사

청취 PART 2
FINAL 연습문제 p.111

안녕하세요, 여러분! 〈오메가 슈즈〉 제품 설명회에 참석해 주셔서 감사합니다. 34) 오늘은 저희가 가장 최신이며 가장 혁신적인 스포츠 신발을 출시할 것이기 때문에 매우 중요한 날입니다. 최초의 출시되는 스스로 끈이 묶여지는 신발인 알파 레이스입니다.

이제, 여러분은 질문할 지도 모릅니다, 우리가 왜 알파 레이스 신발을 만들었는가?

운동선수들은 프로 선수든 아니든 경기 중 신발 끈이 느슨해지면 신발 끈을 몇 번이고 다시 묶어야 하는 경우가 종종 있습니다. 신발 끈을 다시 묶는 행위는 시간을 다 써버리고 운동선수의 경기에 지장을 줄 수 있습니다. 35) 그래서, 저희는 해결책을 생각해냈습니다. 끈이 스스로 묶여지는 신발 말이죠.

알파 레이스 신발은 35) 챔피언 선수, 주말에 격렬한 운동을 몰아서 하는 주말 전사, 그리고 일상적인 스포츠 팬들로부터 피드백을 받았던 많은 시제품들로부터 개발되었습니다. 이는 저희가 신발의 기능과 모양을 어떤 사용자도 완벽하게 맞출 수 있도록 해주었습니다.

그렇다면, 신발은 어떻게 작동할까요? 정말 간단합니다. 여러분이 해야 할 것은 그냥 신발을 짠 하고 신기만 하는 것입니다! 35) 신발이 저절로 조여질 것입니다. 신발 안에는 여러분의 발을 감지할 센서들이 있습니다. 이 센서들이 신발 끈에 연결될 것이며, 그리고 나서 신발 끈은 여러분에게 완벽하게 맞도록 자동으로 조여질 것입니다.

36) 만약 여러분이 취향에 따라 신발이 너무 꽉 끼거나 너무 헐거워졌다고 느낀다면, 여러분이 해야 할 일은 신발 끈 아래에 있는 타원형의 가죽 조각인 신발 혀 위의 버튼을 누르는 것입니다. 더 꽉 끼려면 더하기 버튼을, 느슨하게 하려면 빼기 버튼을 누릅니다. 여러분이 선호하는 핏이 무엇이든, 알파 레이스는 당신을 보호해 줍니다.

여러분이 어떻게 작동되는지 궁금하실 경우를 대비하여, 신발에는 10시간 동안 지속되는 충전식 내장 배터리가 있습니다. ³⁷⁾신발 옆면에는 배터리가 얼마나 남았는지 사용자에게 알려주는 불빛 표시기가 있습니다. 배터리가 부족하다면, 제품과 함께 제공되는 무선 충전 패드 위에 신발을 올려놓기만 하면 충전됩니다.

여러분은 배터리와 스스로 끈이 묶여지는 기능을 만드는 메커니즘 때문에 신발의 무게에 대해 우려하실 지도 모릅니다, 그렇죠? 자, 알파 레이스 신발은 시중에서 가장 가벼운 신발 중 하나이기 때문에 걱정하지 마세요. 저희는 신발이 착용하는 데 부담이 되지 않도록 하기 위해 신발이 가볍게 하도록 각별한 주의를 기울였습니다.

신발은 또한 쿠션이 잘 되어있고 편안합니다. 저희는 어떤 운동을 하시는 동안이라도 발이 아프지 않도록 근육과 관절 압착점에 부드러운 쿠션을 배치했습니다. 편안함을 가져다주는 것뿐만 아니라, 이것은 또한 운동 성과를 증가시킬 수 있습니다.

알파 레이스 신발은 우리의 새로운 토탈드라이 기술 또한 특징으로 삼고 있습니다. ³⁸⁾운동을 하면서 땀을 흘리는 것은 불가피하며, 신발에는 전기 부품들이 있기 때문에 여러분은 이것이 문제가 될 수 있다고 생각하실 지도 모릅니다. 하지만, 저희는 신발의 안팎을 방수 처리하여 해결책을 마련했습니다.

마지막으로, 저희는 일부 구매자들이 단지 신발을 캐주얼하게 사용하길 원할 것임을 알고 있기 때문에, 그 신발을 평상시에도 신을 수 있을 만큼 충분히 스타일리시 하도록 하기 위해 세계적으로 유명한 패션 디자이너들을 고용했습니다.

300달러만 내면 당신만의 스스로 끈이 묶여지는 신발을 가질 수 있습니다. ³⁹⁾알파 레이스 신발은 6월 1일부터 저희 소매점에서 독점 판매될 예정이지만, 오늘 예약 구매하시면 25% 할인해 드립니다. 더 궁금하신 사항이 있으시면, 연설 후에 저를 찾아오세요.

해석 주로 무엇에 대한 이야기인가?

(a) 스스로 조절이 되는 신발
(b) 신발 끈이 필요 없는 신발
(c) 누구에게나 맞게 변화될 수 있는 신발
(d) 세척될 필요가 없는 신발

해석 알파 레이스 신발은 아마도 경기 중 선수의 경기력을 향상시키기 위해 무엇을 할 것인가?

(a) 운동선수가 언제 신발끈을 느슨하게 묶어야 하는지 알려준다.
(b) 느슨해지는 끈을 자동으로 조여준다.
(c) 운동선수가 신발을 신고 벗을 수 있도록 도와준다.
(d) 신발끈의 필요성을 없앤다.

해석 알파 레이스 신발의 핏을 어떻게 조절할 수 있는가?

(a) 조절 가능한 버전을 주문해서
(b) 신발을 벗었다가 다시 신어서
(c) 더하기 또는 빼기 버튼을 눌러서
(d) 내장 센서들을 프로그래밍해서

해석 왜 신발 옆면에 빛표시등이 달려있는가?

(a) 신발이 너무 느슨하거나 꽉 끼는지를 나타내기 위해
(b) 신발이 여전히 작동한다는 것을 보여주기 위해
(c) 신발의 배터리 상태를 표시하기 위해
(d) 스스로 끈이 묶여지는 기능의 상태를 알려 주기 위해

해석 왜 알파 레이스 신발이 방수가 될까?

(a) 신발의 전기 부품 손상을 방지하기 위해
(b) 운동선수들은 보통 신발을 젖게 하기 때문에
(c) 사용자의 발에 땀이 나는 것을 방지하기 위해
(d) 운동선수들은 방수 신발을 선호하기 때문에

해석 고객이 신발 할인을 받으려면 어떻게 해야 하는가?

(a) 연설 후에 신어보기
(b) 어느 가게에서 그것들을 구입하기
(c) 두 가지 스타일로 사기
(d) 출시일 전에 주문하기

FINAL 실전문제 1   p.116

34 (b)   **35** (c)   **36** (a)   **37** (c)   **38** (d)
39 (d)

34. What is the talk mainly about?
35. What is a reason for calling Spanish a "romantic language"?
36. What makes Spanish words easy to pronounce?
37. Based on the talk, which probably shows that Spanish is a popular language?
38. How can knowing the language be useful when touring a Spanish-speaking country?
39. When can learning Spanish have an economic advantage?

Hello, everyone. I am from the Segovia Language Institute, the most prestigious Spanish language school in Los Angeles County, California. Would you like to learn another language, but cannot make up your mind which one to choose?

안녕하세요, 여러분. 저는 캘리포니아 로스앤젤레스 카운티에서 가장 명망 높은 스페인어 학교인 세고비아 어학원에서 나왔습니다. 다른 언어를 배우고 싶지만, 어떤 언어를 선택해야 할지 결정하지 못하셨나요?

34) **When considering a foreign language to learn, you have to make sure that it has several important features. It should be beautiful, easy to learn, and practical. The Spanish language has all these features and more! Here are just some of the reasons for learning Spanish:**

34) 외국어 배우기를 고려할 때, 여러분은 그것이 몇 가지 중요한 특징들을 가지고 있는지 확인해야 합니다. 그것은 아름답고, 배우기 쉬워야 하며, 실용적이어야 하죠. 스페인어는 이러한 모든 특징들과 그 이상을 가지고 있습니다! 스페인어를 배우는 이유들 중 몇 가지를 말씀드리겠습니다.

Spanish is beautiful. The Castilian tongue is classified as a Romance language because it originated from Latin, the language of the Romans. Moreover, 35) **Spanish can be considered a truly romantic language because the speech it produces is ideal for expressing feelings.**

스페인어는 아름답습니다. 표준 스페인어는 로마의 언어인 라틴어에서 유래했기 때문에 로망스어로 분류됩니다. 게다가, 35) 스페인어는 그것이 만들어내는 화법이 감정들을 표현하는 데 이상적이기 때문에 진정으로 낭만적인 언어로 여겨질 수 있습니다.

Spanish is pleasant to listen to. Its consonant sounds are softer and its vowel sounds are longer, making speech flow more gracefully. Spanish also applies beautiful intonation and stress patterns that result in an almost musical language.

스페인어는 듣기에 즐겁습니다. 자음 소리가 훨씬 부드럽고 모음 소리가 더 길어서 말투가 더 우아하게 흐르게 합니다. 스페인어는 또한 거의 음악적인 언어로 귀결되는 아름다운 억양과 강세 패턴들이 적용됩니다.

The language is easy to learn. Except for a few letters, the English and Spanish languages share the same alphabet, which makes reading and writing Spanish relatively simple. Moreover, 36) **you won't have much difficulty saying Spanish words because they are pronounced almost exactly as written.**

그 언어는 배우기 쉽습니다. 몇 글자를 제외하고는 영어와 스페인어가 같은 알파벳을 공유하는데, 이는 스페인어를 읽고 쓰는 것을 비교적 간단하게 합니다. 게다가, 36) 스페인어 단어들은 쓰여지는 대로 거의 정확하게 발음되기 때문에 여러분은 스페인어를 말하는 데 큰 어려움이 없을 것입니다.

There are already many English words that were derived from Spanish, such as *cafeteria*, hospital, and favor. And I'm sure you're already familiar with popular Spanish expressions including gracias and *muy bien*. No hay problema, right?

이미 'cafeteria', 'hospital', 'favor'과 같이 스페인어에서 파생된 영어 단어들이 많이 있습니다. 그리고 저는 여러분이 이미 'gracias'와 'muy bien'을 포함하여 대중적인 스페인어 표현들에 익숙하다고 확신합니다. 그렇죠?

Spanish is a popular language. With more than four hundred million people speaking it as a native tongue, Spanish is the world's second most widely spoken language. 37) **In the U.S. alone, more than forty million people speak the language, so in many areas you're likely to meet a Spanish-speaking person every day.**

스페인어는 많은 사람들이 공유하는 언어입니다. 4억 명 이상의 사람들이 모국어로 사용하고 있는 스페인어는 세계에서 두 번째로 널리 사용되는 구어입니다. 37) 미국에서만, 4천만 명 이상의 사람들이 이 언어를 사용하고 있기 때문에, 많은 지역에서 여러분은 매일 스페인어를 사용하는 사람을 만날 가능성이 있습니다.

Wouldn't it be fun to exchange pleasantries with your Hispanic neighbors in their own tongue? Wouldn't you like to impress your Latino friends by speaking with them in *Español*? There are plenty of opportunities to speak Spanish in your community.

히스패닉 이웃들과 그들의 언어로 인사말을 주고받는 것은 재미있지 않을까요? 라틴계 친구들과 '스페인어'로 말하면서 깊은 인상을 주고 싶지 않으신가요? 여러분의 지역사회에는 스페인어를 말할 기회가 많습니다.

38) **Traveling abroad? Speaking Spanish can enhance your touring experience.** There are many beautiful places to visit in Spanish-speaking countries such as Spain in Europe, and Mexico and Argentina in Latin America. Why get stuck with your fellow English speakers in your tour group? 38) **Get an authentic cultural experience by chatting with the locals like a native!**

38) 해외로 여행을 가시나요? 스페인어로 말하는 것은 여러분의 여행 경험을 향상시킬 수 있습니다. 유럽의 스페인, 그리고 라틴 아메리카의 멕시코와 아르헨티나와 같은 스페인어를 사용하는 국가들에는 방문할 아름다운 장소들이 많이 있습니다. 왜 여러분의 투어 그룹에서 여러분의 동료 영어 사용자들과 붙어 있으신가요? 38) 현지인들과 현지인처럼 수다 떨며 진정한 문화 체험을 해보세요!

Spanish can enrich your appreciation of the arts. Hispanic artists have produced some of the world's most beautiful literature and music. You cannot expect to immediately understand advanced Spanish as a learner, but there are many materials for beginners that you can read for practice.

스페인어는 예술에 대한 감상을 풍부하게 할 수 있습니다. 히스패닉 아티스트들은 세계에서 가장 아름다운 문학과 음악 일부를 만들어냈습니다. 여러분이 학습자로서 상급 스페인어를 바로 이해하기를 기대할 수는 없지만, 여러분이 연습용으로 읽을 수 있는 초보자용 자료들이 많이 있습니다.

As for Spanish music, learn the language and finally understand what the popular Spanish songs, such as *Eres Tu*, *Guantanamera*, and even La Bamba, are all about!

스페인 음악의 경우, 언어를 배워서 〈에레스 뚜〉, 〈관따나메라〉, 그리고 심지어 〈라 밤바〉와 같은 인기 있는 스페인 노래들이 모두 무엇에 대한 것인지 마침내 이해하세요!

Speaking Spanish also has economic advantages. Many of the world's developed as well as fast-developing nations speak Spanish. [39] **If you want to get employed or do business in these countries, it will be a lot easier to do so if you speak the tongue.**

스페인어를 구사하는 것은 경제적인 이점들도 있습니다. 빠르게 발전하는 개발도상국들뿐만 아니라 전세계의 많은 선진국들이 스페인어를 사용합니다. [39] 만약 여러분이 이런 국가들에서 취업을 하고 싶거나 사업을 하고 싶다면, 여러분이 그 언어를 구사할 경우 훨씬 수월할 것입니다.

So, learn Spanish and enrich your life. Our language institute can help you learn *Español* the fun and easy way! For more information about the courses we offer, call us or visit our website.

그러니 스페인어를 배우고 인생을 풍요롭게 하세요. 저희 어학원은 여러분이 스페인어를 재미있고 쉽게 배울 수 있도록 도와드립니다! 당사가 제공하는 강좌에 대한 자세한 내용은 당사로 전화하시거나 웹사이트를 방문하세요.

Well, that's all everybody. Have a good day, and *muchas gracias*!

자, 여기까지입니다. 좋은 하루 되시고, 정말 감사합니다!

어휘

language institute n. 어학원 **prestigious** a. 명망 높은, 일류의 **make up one's mind** v. 결정하다, 마음을 정하다 **practical** a. 실용적인, 유용한 **Castilian** a. 표준 스페인어 (카스티야)의 **tongue** n. 언어 **classify** v. 분류하다, 구분하다 **originate from** v. ~에서 유래하다, 비롯되다 **ideal** a. 이상적인, 가장 알맞은 **express** v. 표현하다, 나타내다 **pleasant** a. 즐거운, 기분 좋은 **consonant** n. 자음 **vowel** n. 모음 **gracefully** ad. 우아하게, 기품 있게 **intonation** n. 억양 **stress** n. (발음의)강세 **relatively** ad. 비교적 **pronounce** v. 발음하다 **be derived from** v. ~에서 파생되다, 유래되다 **be familiar with** v. ~에 익숙하다 **expression** n. 표현(어구) **spoken language** n. 구어 **exchange** v. 주고받다, 나누다 **pleasantry** n. (사교적인)인사말 **impress** v. 깊은 인상을 주다, 감명을 주다 **enhance** v. 향상시키다, 높이다 **get stuck** v. (하기 싫은 사람이나 일에)붙어있다, 꼼짝 못하다 **fellow** n. 동료, 친구 **authentic** a. 진정한, 진짜인 **native** n. 현지인, 토착민 **enrich** v. 풍부하게 하다, 질을 높이다 **appreciation** n. 감상, 감탄 **literature** n. 문학 **advanced** a. 상급의, 고급의 **material** n. 자료 **beginner** n. 초보자 **economic** a. 경제적인, 경제의 **developed nation** n. 선진국 **developing nation** n. 개발도상국

34. 주제 정답 (b)

해석 연설은 주로 무엇에 대한 것인가?

(a) 다양한 언어를 가르치는 학교
(b) 특정 언어를 배우는 것의 이점
(c) 스페인의 명문 어학원
(d) 외국어를 배우는 방법에 대한 팁

해설 화자는 다른 언어를 배우고 싶지만 어떤 언어를 선택해야 할 지를 결정하지 못했다면 배우고 싶은 언어의 특징을 확인해야 하는데(When considering a foreign language to learn, you have to make sure that it has several important features), 스페인어가 이러한 특징들을 가지고 있다며(The Spanish language has all these features and more!) 스페인어를 배우는 이유를 설명하겠다고 말하고 있다. 이를 통해 화자는 청중에게 특정 언어, 그 중 스페인어를 배우는 것에 대한 이점에 대해 연설하고 있다는 것을 알 수 있다. 따라서 (b)가 정답이다.

어휘 **multiple** a. 다양한, 여러, 많은
prestigious a. 명망 있는

35. 세부 내용 정답 (c)

해석 스페인어를 "낭만적인 언어"라고 부르는 이유는 무엇인가?

(a) 강한 강세 패턴으로 말을 만들어 낸다.
(b) 로마인들이 구사한다.
(c) 감정을 전달하는 데 이상적이다.
(d) 그것은 말할 때 노래처럼 들린다.

해설 스페인어의 화법이 감정들을 표현하는 데 이상적이기 때문에 낭만적인 언어로 여겨질 수 있다(Spanish can be considered a truly romantic language because the speech it produces is ideal for expressing feelings.)고 했으므로, (c)가 정답이다.

어휘 **sentiment** n. 감정, 정서

36. 세부 내용　　　　　　　　　　정답 (a)

해석 무엇이 스페인어 단어들을 발음하기 쉽게 만드는가?

(a) 그것들은 쓰여지는 대로 거의 정확하게 말해진다.
(b) 그것들은 영어 단어들과 정확히 같은 철자가 쓰여진다.
(c) 그것들은 영어에서 유래되었다.
(d) 그것들은 영국 억양으로 발음된다.

해설 스페인어 단어들은 쓰여지는 대로 거의 정확하게 발음되기 때문에 스페인어를 말하는 데 큰 어려움이 없을 것(you won't have much difficulty saying Spanish words because they are pronounced almost exactly as written.)이라고 했으므로, (a)가 정답이다.

어휘 spell v. (어떤 단어의) 철자를 쓰다, 말하다
accent n. 억양, 악센트

37. 추론　　　　　　　　　　정답 (c)

해석 연설에 따르면, 스페인어가 많은 사람들이 공유하는 언어임을 보여주는 것은 무엇일까?

(a) 세계에서 가장 널리 사용되는 언어가 된 것
(b) 미국 가정에서 필수 언어가 된 것
(c) 미국에서 스페인어를 할 수 있는 사람들이 많이 있다는 것
(d) 스페인어로 번역된 많은 영어 노래를 가지고 있다는 것

해설 스페인어는 세계에서 두 번째로 널리 사용될 정도로 많은 사람들이 공유하는 언어인데, 미국에서만 4천명 이상이 스페인어를 사용하고 있다(In the U.S. alone, more than forty million people speak the language). 이를 통해 스페인어가 많은 사람들이 공유하는 언어임을 보여주는 지표는 미국만 해도 스페인어를 할 수 있는 사람들이 많이 있다는 것임을 추론할 수 있다. 따라서 (c)가 정답이다. 스페인어는 세계에서 가장 널리 사용되는 언어가 아니라 두 번째로 널리 사용되는 언어이므로 (a)는 오답이다.

어휘 widely ad. 널리, 폭넓게
translate v. 번역하다, 통역하다

38. 세부 내용　　　　　　　　　　정답 (d)

해석 스페인어를 사용하는 국가를 여행할 때 그 언어를 아는 것이 어떻게 유용할 수 있는가?

(a) 다른 관광객들과 스페인어로 대화함으로써
(b) 스페인 문학을 통해 그 나라에 대해 알게 됨으로써
(c) 현지인인 것처럼 보이게 함으로써
(d) 스페인어로 현지인들과 대화할 수 있게 됨으로써

해설 스페인어를 사용하는 국가를 여행할 때, 스페인어로 말하면 여행 경험을 향상시킬 수 있다(Speaking Spanish can enhance your touring experience.)며 현지인들과 스페인어로 수다를 떨며 진정한 문화 체험을 해보라(Get an authentic cultural experience by chatting with the locals like a native!)고 말한다. 이를 통해 스페인어를 사용하는 국가를 여행할 때 스페인어를 알면 현지인들과 대화할 수 있게 되어 여행 경험을 향상시키는 데 유용하다는 것을 알 수 있다. 따라서 (d)가 정답이다.

어휘 appear to v. ~인 것처럼 보이게 하다　resident n. (특정 지역)주민, 거주자　converse v. (~와)대화를 나누다

39. 세부 내용　　　　　　　　　　정답 (d)

해석 언제 스페인어를 배우는 것이 경제적인 이점을 가질 수 있는가?

(a) 미국에 있는 라틴계 사람들과 사업하는 것을 계획할 때
(b) 스페인 상업예술가가 되고자 할 때
(c) 히스패닉 국가에서 영어를 가르치는 것을 계획할 때
(d) 히스패닉 국가에서 생계를 도모할 때

해설 스페인어를 사용하는 국가들에서 취업이나 사업을 하고 싶을 때, 스페인어를 사용하면 경제적인 이점을 얻을 수 있다(If you want to get employed or do business in these countries, it will be a lot easier to do so if you speak the tongue.)고 했다. 이를 통해 스페인어를 사용하는 국가, 즉 히스패닉 국가에서 취업이나 사업으로 생계를 도모할 때 스페인어를 배우면 경제적인 이점을 가질 수 있다는 것을 알 수 있다. 따라서 (d)가 정답이다.

어휘 advantage n. 이점, 장점 Latino n. 라틴계 사람들 aspire v. 갈망하다 commercial a. 상업의 seek v. 도모하다, 추구하다 livelihood n. 생계(수단)

FINAL 실전문제 2 p.117

34. (d) 35. (a) 36. (c) 37. (b) 38. (b)
39. (d)

34. What is the purpose of the talk?
35. How can using wireless earphones let one enjoy quality sound?
36. According to the speaker, why do wired earphones restrict one's movements?
37. How can wireless earphones help one stay connected?
38. What is the last benefit that the speaker shared?
39. Based on the talk, how most likely can the audience buy wireless earphones at a lesser price?

Good day everyone and welcome to SoundTech Nation's Annual Seminar! Today, I'll be discussing some of the hottest advancements in audio device technology.

안녕하세요 여러분, 사운드 테크 네이션의 연례 세미나에 오신 것을 환영합니다! 오늘, 저는 오디오 장치 기술에서 가장 인기 있는 발전들 몇 가지에 대해 이야기하려고 합니다.

Have your earphones ever gotten pulled out of your ears because the wires got caught in your fingers? How many times have you had to untangle your wired earphones before and after use? We know how frustrating and time-consuming this can be. Fortunately, wireless earphones are now here!

여러분의 손가락에 선이 끼어서 이어폰이 귀에서 빠진 적이 있으신가요? 사용 전후에 엉킨 유선 이어폰을 몇 번이나 풀어야 하셨나요? 저희는 이것이 얼마나 답답하고 시간이 많이 걸리는 일인지 알고 있습니다. 다행히도, 이제 여기에 무선 이어폰이 있습니다!

Wireless earphones look like your typical earphones, but without the cables. They connect to smart devices through wireless technology. More than changing your listening experience, these small, well-designed accessories will also add convenience to your life.

무선 이어폰은 일반적인 이어폰처럼 생겼지만, 선이 없습니다. 그것들은 무선 기술을 통해 스마트 기기에 연결합니다. 여러분의 듣는 경험을 바꾸는 것 외에도, 이 작고 잘 디자인된 액세서리들은 또한 여러분의 삶에 편리함을 더해줄 것입니다.

[34)] **Here are some of the benefits you'll experience when you start using wireless earphones:**

[34)] 다음은 여러분이 무선 이어폰을 사용하기 시작할 때 경험할 몇 가지 이점들입니다.

One: They let you enjoy high-quality music. Many doubt the quality of music wireless earphones provide. Just because their wires have been "cut," doesn't mean the same for the quality of music they provide. [35)] **In fact, quality wireless earphones are engineered with noise-isolation design and bass-boosting technology.** So you're sure to hear the music crystal clear when using wireless earphones.

첫째, 고품질의 음악을 즐길 수 있게 해줍니다. 많은 사람들은 무선 이어폰이 제공하는 음악의 질을 의심합니다. 단지 그들의 선이 "잘려졌다"고 해서, 그들이 제공하는 음악의 질에 대해 동일하다는 것을 의미하지는 않습니다. [35)] 사실, 양질의 무선 이어폰은 소음 차단 디자인과 베이스음 극대화 기술로 제작되었습니다. 그래서 여러분은 분명 무선 이어폰을 사용할 때 분명히 노래가 아주 선명하게 들릴 것입니다.

Two: They let you move freely. Many like to listen to music while doing other things, like exercising, cooking, or cleaning the house. [36] **However, wired earphones, which typically have cables that only run about one meter long, could prevent you from doing all these. Most of the time, if not always, the wires will get caught in something or you'll be forced to restrict your movements.**

둘째, 자유롭게 움직일 수 있게 해줍니다. 많은 사람들은 운동, 요리, 집 청소와 같은 다른 일들을 하면서 음악을 듣는 것을 좋아합니다. [36] 그러나, 일반적으로 약 1미터 길이의 선을 가지고 있는 유선 이어폰은 이 모든 것을 하지 못하게 할 수 있습니다. 항상은 아니더라도 대부분, 선이 무엇인가에 걸리거나 어쩔 수 없이 여러분의 움직임을 방해할 것입니다.

When using wireless earphones, you're able to move around and your earphones will stay in place. You'll have the ultimate mobility to do as you please. And, if you want to turn up the volume or pause a song, all you have to do is to lightly tap your touch-sensitive wireless earphones. Certain touch movements will allow you to pause, stop, or switch songs. The same goes for adjusting volume settings. This way, you can dance to your favorite tunes as you sweep the floor or mix a salad!

무선 이어폰을 사용하면, 여러분은 자유롭게 움직일 수 있고 이어폰은 제자리에 계속 있을 것입니다. 여러분은 여러분이 원하는 대로 할 수 있는 최고의 기동성을 갖게 될 것입니다. 그리고, 볼륨을 높이거나 노래를 일시 정지하고 싶다면, 터치식 무선 이어폰을 가볍게 두드리기만 하면 됩니다. 특정 터치 동작들로 노래를 일시 정지, 정지 또는 바꿀 수 있을 것입니다. 볼륨 설정 조절도 마찬가지입니다. 이렇게 하면, 바닥을 쓸거나 샐러드를 섞으면서 여러분이 가장 좋아하는 노래에 맞춰 춤을 출 수 있습니다!

Three: They allow you to stay connected. As we've mentioned, [37] **wireless earphones are connected to your smart devices, like your phones, via wireless technology. This means you can use your earphones not just to listen to music, but to communicate as well. Even if your phone is in your pocket or bag, you'll know when you have a call. And when you do, you don't even have to take your phone out.**

셋째, 연결된 상태를 유지할 수 있게 해줍니다. 우리가 언급했듯이, [37] 무선 이어폰은 무선 기술을 통해 여러분의 핸드폰과 같은 스마트 기기에 연결됩니다. 이는 여러분이 이어폰을 음악을 듣는 데만 사용할 수 있는 것이 아니라, 연락을 주고받기 위해서도 사용할 수 있다는 것을 의미합니다. 심지어 핸드폰이 주머니나 가방에 있더라도, 전화가 오는 것을 알게 될 것입니다. 그리고 그럴 때, 여러분은 휴대폰을 꺼낼 필요도 없습니다.

Once a call comes in, the song playing automatically pauses and with a tap on your wireless earphones, you'll immediately be connected to your caller. Wireless earphones are equipped with built-in microphones. You won't miss important communications and you'll certainly have clear phone conversations too.

전화가 오면, 노래가 자동으로 일시 정지되고 무선 이어폰을 두드리면 바로 전화를 건 사람에게 연결될 것입니다. 무선 이어폰에는 내장 마이크가 갖춰져 있습니다. 여러분은 중요한 연락을 놓치지 않을 것이고 분명한 전화 통화도 할 것입니다.

Four: They are for more than just listening to music. [38] **Apart from your phone, it's also possible to connect your wireless earphones to other devices.** Sync them to your TV or computers so you can watch your favorite shows or movies with high-quality sound! Even if you watch at full volume, you don't have to worry about bothering other people in the room.

넷째, 그것들은 단지 음악을 듣는 것 그 이상을 위한 것입니다. [38] 휴대폰 외에도, 무선 이어폰을 다른 기기에 연결할 수도 있습니다. 여러분이 좋아하는 프로그램이나 영화를 고품질의 사운드로 시청할 수 있도록 TV나 컴퓨터에 동기화하세요! 음량을 최대로 관람해도, 방에 있는 다른 사람들에게 폐를 끼칠 염려를 할 필요가 없습니다.

[39] **To help you experience the perks of using wireless earphones first-hand, we're offering big discounts on a variety of models from premier brands. So, be sure to check out our booth by the entrance after this talk.**

[39] 여러분이 무선 이어폰을 직접 사용할 수 있는 특전을 경험할 수 있도록, 저희는 최고급 브랜드의 다양한 기종들을 대폭 할인해 드립니다. 따라서, 이 연설 후에 입구 옆에 있는 저희 부스를 꼭 확인해주세요.

어휘

hottest a. 가장 인기 있는 advancement n. 발전, 진보 finger n. 손가락 untangle v. (엉킨 것을) 풀다 frustrating a. 좌절감을 주는, 불만스러운 time-consuming a. (많은) 시간이 걸리는 wireless a. 무선의 typical a. 일반적인, 보통의 doubt v. 의심하다, 믿지 않다 engineer v. (설계해서) 제작하다 noise-isolation n. 소음 차단 prevent A from B v. A가 B하지 못하게 하다, 막다 force v. (어쩔 수 없이) ~하게 만들다 restrict v. (자유로운 움직임을) 방해하다 in place ad. 제자리에 (있는) ultimate a. 최고의, 궁극적인 mobility n. 기동성, 이동성 please v. 원하다, ~하고 싶다 turn up v. (소리를) 높이다, 키우다 pause v. 일시 정지하다, 잠시 멈추다 lightly ad. 가볍게, 부드럽게 switch v. 바꾸다, 전환하다 adjust v. 조절하다, 조정하다 tune n. 노래, 곡 sweep v. 쓸다, 청소하다 communicate v. 연락을 주고받다 caller n. 전화를 건 사람 be equipped with v. ~을 갖추고 있다 built-in a. 내장된 apart from prep. ~외에도, ~뿐만 아니라 sync(synchronize) v. 동기화하다, 동시에 발생하게 하다 bother v. 폐를 끼치다, 신경 쓰이게 하다 perk n. 특전 first-hand ad. 직접, 바로 premier a. 최고의, 제1의 entrance n. 입구, 문

34. 주제 정답 (d)

해석 이 연설의 목적은 무엇인가?

(a) 새로 출시된 이어폰을 판매하기 위해
(b) 유선 이어폰의 이점에 대해 이야기하기 위해
(c) 이어폰을 제공하는 새로운 브랜드를 소개하기 위해
(d) 무선 이어폰 사용의 장점에 대해 논의하기위해

해설 화자는 오디오 장치 기술에서 가장 인기 있는 발전들 몇 가지 중 무선 이어폰을 주제로 하여, 무선 이어폰을 사용하기 시작할 때 경험할 몇 가지 이점들(Here are some of the benefits you'll experience when you start using wireless earphones:)을 설명하고 있다. 이를 통해 이 연설은 무선 이어폰 사용의 장점에 대한 논의를 목적으로 한다는 것을 알 수 있다. 따라서 (d)가 정답이다.

어휘 launched a. 출시된, 공개된 pros n. 장점

35. 세부 내용 정답 (a)

해석 어떻게 무선 이어폰을 사용하는 것이 질 좋은 소리를 즐길 수 있게 하는가?

(a) 극대화된 베이스음이 있는 음악으로 만듦으로써
(b) 음악을 외부의 소음과 결합시킴으로써
(c) 노래의 배경음악을 없앰으로써
(d) 노래의 음량을 자동으로 증가시킴으로써

해설 무선 이어폰은 베이스음을 극대화하는 기술이 탑재되어 있어(quality wireless earphones are engineered with noise-isolation design and bass-boosting technology.) 고품질의 음악을 즐길 수 있으며 음악 소리가 선명하게 들리도록 해준다고 했으므로, (a)가 정답이다.

어휘 combine v. 결합하다 external a. 외부의, 밖의 cancel out v. 없애다, 소거하다

36. 세부 내용 정답 (c)

해석 화자에 따르면, 왜 유선 이어폰은 움직임을 방해하는가?

(a) 선을 풀기 어렵기 때문에
(b) 선이 쉽게 손상되기 때문에
(c) 선의 길이가 제한되어 있기 때문에
(d) 선이 종종 너무 길기 때문에

해설 유선 이어폰은 선의 길이가 약 1미터로 제한되어 있어(wired earphones, which typically have cables that only run about one meter long, could prevent you from doing all these.), 선이 무엇인가에 걸리거나 움직임을 방해할 것(you'll be forced to restrict your movements.)이라고 했으므로 (c)가 정답이다.

어휘 length n. 길이

37. 세부 내용   정답 (b)

해석 어떻게 무선 이어폰이 당신과 연결된 상태를 유지하도록 도울 수 있는가?

(a) 자동으로 인터넷에 연결된다.
(b) 수신 전화에 응답하는 데 사용될 수 있다.
(c) 인스턴트 메시지 응용 프로그램과 동기화될 수 있다.
(d) 연락처 목록에 전화를 걸 수 있는 응용 프로그램이 내장되어 있다.

해설 무선 이어폰은 무선 기술을 통해 스마트 기기와 연결되며, 사람들은 이와 같이 연결된 상태를 통해 연락을 주고받을 수 있는데(This means you can use your earphones not just to listen to music, but to communicate as well.), 그 예시로 전화가 오는 것을 알게 되어 전화가 오면 바로 받을 수 있다는 것(Once a call comes in, the song playing automatically pauses and with a tap on your wireless earphones, you'll immediately be connected to your caller.)을 설명하고 있다. 이를 통해 무선 이어폰은 수신 전화에 응답하는 데 사용되면서 한 사람과 연결된 상태를 유지하도록 도울 수 있다는 것을 알 수 있다. 따라서 (b)가 정답이다.

어휘 incoming call n. 수신 전화   application n. 응용 프로그램

38. 세부 내용   정답 (b)

해석 화자가 공유한 마지막 이점은 무엇인가?

(a) 무선 이어폰은 내장 마이크가 있다는 것
(b) 무선 이어폰은 다양한 기기와 함께 사용될 수 있다는 것
(c) 무선 이어폰은 TV 프로그램을 녹화하는데 사용될 수 있다는 것
(d) 무선 이어폰은 음악을 듣는데 사용될 수 있다는 것

해설 화자는 마지막 네 번째 이점으로, 무선 이어폰은 다른 기기에도 연결할 수 있다(it's also possible to connect your wireless earphones to other devices.)고 했으므로 (b)가 정답이다.

어휘 record v. 녹화하다

39. 추론   정답 (d)

해석 연설에 따르면, 어떻게 청중들이 무선 이어폰을 더 저렴한 가격에 구매할 수 있을 것 같은가?

(a) 온라인에서 선 주문함으로써
(b) 화자와 흥정함으로써
(c) 유명 브랜드에서 주문함으로써
(d) 행사장에서 구매함으로써

해설 화자가 무선 이어폰의 다양한 기종들을 대폭 할인해 드린다며, 연설 이후 입구 옆에 있는 부스를 꼭 확인하라(we're offering big discounts on a variety of models from premier brands. So, be sure to check out our booth by the entrance after this talk.)고 했다. 이를 통해 청중들이 행사장을 방문하면 무선 이어폰을 더 저렴한 가격에 구매할 가능성이 높다는 것을 추론할 수 있다. 따라서 (d)가 정답이다.

어휘 lesser a. 더 저렴한, 더 적은   pre-order v. 선 주문하다   bargain v. 흥정하다, 협상하다   well-known a. 유명한, 잘 알려진

청취 PART 3
FINAL 연습문제   p.123

남: 안녕, 젠! [40] 너희 집을 지을 큰 부지를 샀다고 들었어.

여: 오 안녕, 로이! 맞아. 우리 남편이랑 나는 완벽한 장소를 찾았어. 빨리 집이라고 부를 수 있는 곳이 생겼으면 좋겠어. 하지만, 여전히 문제가 있어.

남: 뭔데?

여: 그게, [40] 아이들을 위해 수영장을 만들고 싶은데, 수영장을 실내에 지을 지 실외에 지을 지 결정을 못 하고 있어.

남: 흠, 그렇구나. 아마도 우리는 각각의 선택에 대한 장단점을 논의할 수 있을 것 같아. 실내 수영장이 있으면 어떤 장점이 있니?

여: 글쎄, [41] 내가 실내 수영장에 대해 정말 좋아하는 이유는 관리하기가 쉽다는 거야. 매일 청소할 필요도 없고, 수영장 안으로 이물질이 떨어질 위험도 거의 없을 거야. 실내 수영장을 선택하면 나뭇잎이나 나뭇가지에 대해 걱정할 필요가 없겠지.

남: 매일 수영장을 청소하는 것은 피곤할 거야. 그리고 나는 실내 수영장은 일년 내내 사용될 수 있다는 것을 어디선가 읽었어. 네가 수영장을 지을 공간은 온도 조절이 가능할 것이어서, 계절에 관계없이 사용할 수 있어.

여: 맞아. 그 공간은 날씨에 크게 영향을 받지 않을 것이기 때문에 겨울, 여름, 봄, 혹은 가을일지라도 수영을 할 수 있어.

남: 멋지다, 젠, 하지만 실내 수영장을 짓는 데는 몇 가지 단점도 있을 거야.

여: 맞아, 음, 한 가지 단점은 실내 수영장을 짓는 것이 매우 비싸다는 거야! 한 시공업체에서는 공사비로 3만 달러를 제시했어.

남: 으엑, 꽤 많네!

여: 내 말이. [42] 그리고 수영장 구역에 환기 장치를 설치하는 것에 대한 문제도 있어. 화학 가스가 실내에 갇히지 않도록 공기를 신중히 걸러야 할 거야.

남: 응, 확실히. 수영장에 염소를 넣게 될 텐데 냄새가 심할 수 있어. 말할 것도 없이, 독성이 있을 지도 모르지. 그러면, 야외 수영장의 장점은 뭘까?

여: 첫째로, 건설하는 데 비용이 훨씬 더 저렴해. 그들은 나한테 야외 수영장에 대해 8천 달러의 견적을 줬어. 훨씬 저렴해!

남: 그래, 그건 큰 차이야. 그리고 [43] 또 다른 장점은 네가 넓은 부지에 짓기 때문에 수영장의 모양과 크기를 선택할 수 있다는 것이라고 생각해.

여: 맞아, 로이. 우리가 원하는 대로 수영장을 디자인할 수 있어.

남: 하지만, 야외 수영장의 단점은 일년 내내 사용할 수는 없다는 거야. 만약 눈이 오거나 폭풍우가 몰아친다면, 너희 가족은 실내에 갇히게 될 테지.

여: 그러게 말이야. 겨울에 수영장을 이용하는 건 말도 안 돼. [44] 야외 수영장이 있는 것의 또 다른 단점은 수영장이 햇빛에 노출되기 때문에 녹조가 자라기 쉽다는 거야.

남: 녹조? 아, 그 끈적끈적한 녹색 물질 말하는 거구나. 일단 수영장 바닥에 녹조가 생기면, 수영장이 미끄럽고 사용하기에 안전하지 않을 수 있어.

여: 좋은 지적이야. 수영장을 완전히 깨끗하게 청소하지 않으면 사용할 수 없을 것 같아.

남: 그러게, 결정을 내리기가 쉽지 않겠네. 우리의 대화가 너의 선택에 도움이 되었기를 바라.

여: 정말 도움이 많이 됐어. [45] 일 년 내내 걱정 없이 쓸 수 있는 게 좋을 것 같아. 그만한 값어치가 있는 것 같아. 도와줘서 고마워, 로이.

남: 천만에, 젠. 나는 네가 새로운 수영장을 즐겼으면 좋겠어.

40
해석 젠과 그녀의 남편은 왜 수영장을 갖기를 원하는가?
(a) 그들은 큰 뒷마당이 있기 때문에
(b) 그들은 새로운 곳으로 이사하기 때문에
(c) 그들은 여분의 돈을 저축했기 때문에
(d) 아이를 가질 생각을 하고 있기 때문에

41
해석 왜 젠은 실내 수영장을 청소하는 것이 더 쉬울 것이라고 생각하는가?
(a) 기온이 일년 내내 똑같을 것이기 때문이다.
(b) 1년 내내 사용될 수 있기 때문이다.
(c) 이물질이 흩날릴 것 같지 않기 때문이다.
(d) 자주 사용되지는 않을 것이기 때문이다.

42
해석 실내 수영장의 유독 가스는 어떻게 제거될 수 있는가?
(a) 화학 물질을 수영장에 넣음으로써
(b) 수영장 청소부를 고용함으로써
(c) 수영장을 안전하게 만들기 위해 추가 비용을 지불함으로써
(d) 화학 가스를 걷어냄으로써

43
해석 왜 로이는 젠의 야외 수영장이 모든 모양과 크기로 디자인될 수 있다고 말하는가?
(a) 그녀는 수영장을 위해 많은 돈을 쓸 것이기 때문에
(b) 야외 공간이 많이 필요하지 않기 때문에
(c) 수영장을 짓는 데 비용이 많이 들지 않기 때문에
(d) 그녀의 부지는 공간이 충분할 것이기 때문에

44
해석 젠에 따르면, 야외 수영장은 왜 녹조가 자라기 쉬운가?
(a) 그 수영장은 햇빛을 많이 받는다.
(b) 녹조는 수영장이 자주 사용되지 않을 때 더 빨리 자란다.
(c) 녹조는 얼어붙은 물에서 빠르게 자라는 경향이 있다.
(d) 수영장은 매일 청소할 필요가 없다.

45
해석 대화 후에 젠은 무엇을 할 것인가?
(a) 그녀는 수영장 건설을 미룰 것이다.
(b) 그녀는 야외 수영장을 선택할 것이다.
(c) 그녀는 실내 수영장을 선택할 것이다.
(d) 그녀는 대신 해변에 갈 것이다.

FINAL 실전문제 1 p.128

40 (b) 41 (c) 42 (d) 43 (a) 44 (b)
45 (c)

---

40. Why is Beth knowledgeable about house painting?
41. How can painting the living room himself help Reggie save money?
42. Based on the conversation, what could be a drawback of Reggie painting the room himself?
43. According to Beth, what could be an outcome of hiring a contractor to paint the living room?
44. According to Beth, why will hiring a professional to paint the room be expensive?
45. What has Reggie probably decided to do after the conversation?

M: Oh, Beth! I'm glad to see you. Can you help me with something?
남: 오, 베스! 만나서 반갑다. 뭘 좀 도와줄 수 있니?

F: Sure, Reggie! What do you need my help for?
여: 물론이지, 레지! 뭐 하는데 내 도움이 필요한 거야?

M: Well, I'm planning to have my living room repainted. I want to try painting it myself, but I'm also thinking of hiring a professional to do the painting instead. 40) **You know things about house painting because you're an interior designer, right?**
남: 음, 나는 거실을 다시 페인트칠할 계획이거든. 내가 직접 칠해보고 싶지만, 페인트칠을 하는 데 전문가를 고용해서 대신 칠할 생각도 하고 있어. 40) 너는 인테리어 디자이너라 집 페인트칠하기에 대해 잘 알지?

F: That's right. Let's see… Why don't we discuss the advantages and disadvantages of each option so you can make up your mind?
여: 맞아. 어디 보자… 네가 결정을 내릴 수 있도록 각 옵션의 장단점을 논의해보는 건 어때?

M: That sounds great! Let's start with the advantages of painting my living room myself.
남: 좋은 생각이야! 거실을 직접 페인트칠할 때의 장점부터 시작해 보자.

F: Okay. I've tried that with some of my rooms at home, 41) **and one advantage is you can save quite a bit of money. Obviously, you won't have to pay a contractor to do the job.**
여: 좋아. 나도 집에 있는 내 방 몇 개에 시도해봤는데, 41) 한 가지 장점은 돈을 꽤 절약할 수 있다는 거야. 너무 뻔하게도, 그 일을 하기 위해 하청업자에게 돈을 지불하지 않아도 돼.

M: Yes. All I have to pay are paint and the painting materials, which I can easily find at the local hardware store. Also, I was thinking of doing the painting myself because I'd like to do something creative.
남: 맞아. 페인트와 페인트 자재들만 사면 되는데, 동네 철물점에서 쉽게 구할 수 있어. 또한, 나는 창의적인 것을 해보고 싶어서 페인트칠을 직접 해볼 생각이었어.

F: That's a good thought. You could apply all sorts of designs to your living room, and if you do it right, you'd get a sense of accomplishment. But a disadvantage of doing the paint job yourself is that it can be tiring.
여: 그거 좋은 생각이네. 거실에 온갖 종류의 디자인을 해볼 수 있고, 네가 제대로 하면 성취감을 느낄 수 있을 거야. 하지만 페인트 작업을 직접 하는 것의 단점은 피곤할 수 있다는 거야.

M: I know. I will have a lot of preparation to do before painting. Moreover, painting the walls will be hard enough, but working the ceiling will be even more difficult!
남: 나도 알아. 페인트칠하기 전에 준비해야 할 게 많을 것 같아. 게다가, 벽을 페인트칠하는 것은 충분히 힘들겠지만, 천장에 칠하는 것은 훨씬 더 어려울 거야!

F: That's true. Then you'll have to clean up afterward. 42) **Another downside is that your paint job may not turn out as well as you expected. You may fail to apply appropriate coating to the walls, and your lines may not turn out to be clean.**
여: 맞아. 그럼 너는 그 후에 청소도 해야 할 테지. 42) 또 다른 단점은 페인트 작업이 네가 기대했던 것만큼 잘 되지 않을 수도 있다는 거야. 벽에 적절한 코팅을 바르지 못할 수도 있고, 라인들도 깔끔하지 않을 수도 있지.

M: 43) **I admit that an advantage of letting a professional paint my living room is that the results could be more satisfying.** The room would look great, and I could be sure of a long-lasting paint job.
남: 43) 전문가가 내 거실에 페인트칠을 맡기는 것의 장점은 결과가 더 만족스러울 수 있다는 것은 인정해. 방도 멋져 보일 거고, 페인트 작업물도 오래 지속될 수 있을 거야.

F: [43)] **Correct. Moreover, a skilled painter can finish the job much more quickly.** An expert could finish painting your entire living room in the amount of time it would take you to paint a single wall!

여: [43)] 맞아. 게다가, 숙련된 도장공은 그 일을 훨씬 더 빨리 끝낼 수 있어. 전문가는 네가 하나의 벽을 칠하는 데 걸리는 시간에 거실 전체를 칠하는 것을 끝낼 수 있고!

M: Well, that's a possibility, ha-ha! So, what are the disadvantages of hiring a contractor to paint my living room?

남: 음, 그럴 수도 있겠네, 하하! 그래서, 내 거실을 페인트칠하기 위해 하청업자를 고용하는 것의 단점은 뭐가 있을까?

F: [44)] **That option will be more expensive. If you hire a professional to paint your living room, it could cost up to seven hundred dollars if your room is just of average size. And that's just for labor.**

여: [44)] 그 방법은 비용이 더 많이 들 거야. 거실을 페인트칠하는 전문가를 고용한다면, 네 방이 평균 크기의 방이라고 가정했을 때 700달러까지 들 수 있어. 그리고 그건 단지 노동만을 위한 거야.

M: That means I'll have to pay for the painting materials separately.

남: 그 말은 페인트 자재 값을 별도로 지불해야 한다는 뜻이겠네.

F: Right. Another downside of having someone else paint your living room is that it could compromise your privacy. You may not like the idea of a stranger working in your house for a day or two.

여: 맞아. 다른 사람이 거실을 페인트칠하게 하는 것의 또 다른 단점은 너의 사생활이 침해될 수 있다는 거야. 너는 낯선 사람이 너희 집에서 하루나 이틀 동안 일하는 게 마음에 들지 않을 수도 있어.

M: Yeah. I work from home, and it may feel awkward to move about my house when someone I don't really know is around.

남: 맞아. 나는 재택근무를 하는데, 잘 모르는 사람이 주변에 있으면 집 안을 돌아다니는 게 어색할 지도 모르겠네.

F: Exactly! Well, now that we've discussed the pros and cons of each option, have you decided what to do?

여: 맞아! 자, 이제 각 옵션의 장단점에 대해 논의했는데, 어떻게 할지 결정했어?

M: I think I have. [45)] **I want to get the painting job done right the first time around. It may cost me more, but at least I can be assured of good quality.** Thanks a lot for the help, Beth.

남: 그런 것 같아. [45)] 나는 처음으로 페인트칠을 제대로 하고 싶어. 비용이 더 들지는 몰라도, 적어도 좋은 품질은 보장받을 수 있으니까. 도와줘서 고마워, 베스.

F: You're welcome, Reggie.

여: 천만에, 레지.

ㅣ어휘ㅣ

professional n. 전문가 **make up one's mind** v. 결정을 내리다, 마음을 정하다 **obviously** ad. 너무 뻔하게도, 분명히 **contractor** n. 하청업자 **material** n. 재료 **hardware store** n. 철물점 **creative** a. 창의적인, 창조적인 **apply** v. (페인트·크림 등을) 바르다 **accomplishment** n. 성취감, 업적 **preparation** n. 준비 **ceiling** n. 천장 **afterward** ad. 나중에, 그 뒤에 **expect** v. 기대하다, 예상하다 **appropriate** a. 적절한 **satisfy** v. 만족시키다, 충족시키다 **long-lasting** a. 오래가는, 지속적인 **expert** n. 전문가 **possibility** n. 가능함, 가능성 **average** a. 평균의, 보통의, 일반적인 **labor** n. 노동, 근로 **separately** ad. 별도로, 따로따로 **downside** n. 단점, 불리한 면 **compromise** v. 침해되다, 손상되다 **privacy** n. 사생활 **awkward** a. (기분이) 어색한 **assure** v. 보장하다, 장담하다

40. 세부 내용 정답 (b)

해석 베스는 왜 집 페인트칠하기에 대해 아는 것이 많은가?

(a) 그녀는 화가로 일하고 있다.
(b) **그녀는 디자인 일을 하고 있다.**
(c) 그녀는 페인트 가게를 운영한다.
(d) 그녀는 인테리어 디자인을 공부한다.

해설 레지가 베스에게 너는 인테리어 디자이너라 집 페인트칠하기에 대해 잘 알지 않냐고(You know things about house painting because you're an interior designer, right?) 물어보는 대목에서 베스가 디자인 일을 하고 있음을 알 수 있다. 따라서 (b)가 정답이다.

어휘 knowledgeable a. 아는 것이 많은, 정통한

41. 세부 내용 　　　　　　　　　정답 (c)

해설 레지가 거실을 직접 칠하는 것은 어떻게 돈을 절약하는데 도움이 될 수 있는가?

(a) 값싼 페인팅 재료들을 살 수 있게 됨으로써
(b) 창의적인 전문가를 고용하지 않아도 됨으로써
(c) 페인트칠 서비스에 대한 비용을 내지 않아도 됨으로써
(d) 방을 디자인 없이 칠할 수 있게 됨으로써

해설 거실을 직접 페인트칠하면 하청업자에게 비용을 지불하지 않아도 되기 때문에(you won't have to pay a contractor to do the job) 돈을 절약할 수 있다고 했으므로, (c)가 정답이다.

어휘 consultant n. 전문가, 상담가, 컨설턴트

42. 세부 내용 　　　　　　　　　정답 (d)

해설 대화에 따르면, 레지가 직접 방을 칠하는 것의 문제점은 무엇인가?

(a) 그는 재료를 먼저 준비하는 것을 잊어버릴 지도 모른다.
(b) 그는 선을 만드는데 잘못된 페인트를 사용할지도 모른다.
(c) 그는 너무 피곤해서 그 일을 끝낼 수 없을지도 모른다.
(d) 그는 보람 있는 결과를 얻지 못할 수도 있다.

해설 레지가 방을 직접 칠하는 것의 단점으로 기대했던 만큼 잘 되지 않을 수도 있다(You may fail to apply appropriate coating to the walls, and your lines may not turn out to be clean.)고 했으므로, 기대한 만큼 보람 있는 결과를 얻지 못할 수 있다는 것이 문제점임을 알 수 있다. 따라서 (d)가 정답이다.

어휘 drawback n. 문제점, 결점　prepare v. 준비하다
rewarding a. 보람 있는, 보람 찬　result n. 결과, 결실

43. 세부 내용 　　　　　　　　　정답 (a)

해설 베스에 따르면, 거실을 페인트칠하기 위해 하청업자를 고용하면 어떤 결과가 초래될 수 있는가?

(a) 빠르고 만족할 만한 페인트 작업
(b) 하청업자를 만족시키는 일
(c) 급하고 이류적인 솜씨
(d) 청소해야 할 엉망인 상태가 더 많은 작업 구역

해설 전문가가 페인트칠을 하면 결과가 더 만족스럽고(my living room is that the results could be more satisfying), 또한 작업도 빨리 끝낼 수 있다(a skilled painter can finish the job much more quickly)고 했으므로, (a)가 정답이다.

어휘 outcome n. 결과　competent a. 만족할 만한, 능숙한

44. 세부 내용 　　　　　　　　　정답 (b)

해설 베스에 따르면, 방을 칠하기 위해 전문가를 고용하는 것은 왜 비싼가?

(a) 전문직 근로자들은 시간을 들인다.
(b) 숙련된 노동력은 비용이 더 많이 든다.
(c) 거실이 너무 넓다.
(d) 그 가격에는 페인팅 재료들이 포함되어 있다.

해설 전문가를 고용하면 평균 크기의 방이라고 가정했을 때 700달러까지 들 수 있다(That option will be more expensive. If you hire a professional to paint your living room, it could cost up to seven hundred dollars if your room is just of average size)는 예시를 들며 비용이 많이 들 것이라고 했으므로, 숙련된 전문가의 노동력은 비용이 더 많이 든다는 것을 알 수 있다. 따라서 (b)가 정답이다.

어휘 expensive a. 비싼, 돈이 많이 드는
include v. 포함하다

45. 추론   정답 (c)

해석 대화 후 레지는 무엇을 하기로 결정했을까?

(a) 친한 사람에게 거실에 페인트칠을 부탁하기
(b) 먼저 그의 집의 작은 부분에 페인트칠을 해보기
(c) 그의 거실을 페인트칠할 전문가를 고용하기
(d) 그의 거실에 직접 페인트칠을 하기

해설 처음부터 제대로 된 페인트 칠을 하고 싶다며, 비용이 더 들더라도 품질을 보장받고 싶다고(I want to get the painting job done right the first time around. It may cost me more, but at least I can be assured of good quality.) 했으므로, 전문가를 고용할 것임을 추론할 수 있다. 따라서 (c)가 정답이다.

어휘 decide v. 결정하다   hire v. 고용하다

FINAL 실전문제 2   p.129

40 (b)   41 (a)   42 (c)   43 (d)   44 (a)
45 (c)

---

40. Why does Sarah want to speak with Max?
41. How can using social media at work improve the mood of employees?
42. Based on the conversation, when would employees' social media posts be damaging to the company?
43. According to the conversation, why would employees want to keep their professional and personal lives separate?
44. How could banning social media at work decrease employee morale?
45. What most likely has Sarah decided to do?

M: Hi Sarah! I came as soon as I got your message. How can I help?
남: 안녕하세요 사라! 당신의 메시지를 받자마자 왔어요. 제가 어떻게 도와 드리면 될까요?

F: Hey Max, thanks for coming. Well, the other day, [40] I saw some employees checking their social media accounts while at work. It got me thinking whether I should allow or ban such practice.
여: 안녕하세요 맥스, 와줘서 감사해요. 음, 요전 날, [40] 저는 몇몇 직원들이 일하는 동안 소셜 미디어 계정을 확인하는 것을 봤어요. 그런 관행을 허용해야 할지, 금지해야 할지 고민하게 됐어요.

M: I see. And, as the manager, you feel it's your duty to make sure the employees are optimizing their working hours.
남: 그렇군요. 그리고, 관리자로서, 직원들이 근무 시간을 최적화하도록 하는 것이 당신의 의무라고 느끼실 거예요.

F: Exactly. Since you're the HR supervisor, maybe you can enlighten me on this matter.
여: 바로 그거예요. 당신은 인사부장이기 때문에, 이 문제에 대해 저를 가르쳐주실 수 있을 것 같아요.

M: Sure. Let's start with the advantages of allowing social media at work. First, it can improve information discovery. Employees can easily stay updated on industry trends, which is crucial in your line of work.
남: 물론이죠. 직장에서 소셜 미디어를 허용하는 것의 장점부터 시작해 봅시다. 첫째, 정보 탐색을 개선할 수 있어요. 직원들은 업계 동향에 대한 최신 정보를 쉽게 파악할 수 있는데, 이는 당신의 업무에 매우 중요하죠.

F: That's true. They can also provide information to their clients through their social media accounts. [41] Another benefit is that it can boost their mood. Checking social media can be a break from their work.
여: 맞아요. 그들은 또한 소셜 미디어 계정을 통해 고객들에게 정보를 제공할 수 있어요. [41] 또 다른 장점은 그들의 기분을 북돋울 수 있다는 거예요. 소셜 미디어를 확인하는 것은 그들의 업무에서 벗어나 휴식이 될 수 있죠.

M: Yes. It could help rest and refresh their minds. However, allowing social media at work could also backfire. Employees can get distracted, and if that happens, they might make mistakes when posting things online or chatting with someone.

남: 네, 휴식과 기분 전환에 도움이 될 거예요. 그러나 직장에서 소셜 미디어를 허용하는 것은 또한 역효과를 낳을 수 있어요. 직원들은 주의가 산만해질 수 있고, 그렇게 되면, 온라인에 글을 올리거나 누군가와 채팅을 할 때 실수를 할 지도 모르죠.

F: Now that you've mentioned it, some scenarios come to my mind—like, a message or an announcement that has typos or grammatical errors.

여: 언급해 주셨으니, 몇 가지 시나리오가 떠오르네요. 예를 들어, 오타나 문법적인 오류가 있는 메시지나 발표 같은 것 말이에요.

M: 42) **Or worse, someone may accidentally upload pictures or videos that are against company policy. If that happens, it could damage the company's reputation.**

남: 42) 더 심하게는, 누군가가 실수로 회사 방침에 어긋나는 사진이나 동영상을 업로드할 수도 있어요. 그렇게 되면, 회사의 명예가 실추될 수 있죠.

F: I agree. Another disadvantage would be the technical risks. There are a lot of viruses being spread on social media. If those get into our system, it can harm our business processes.

여: 동의하는 바예요. 또 다른 단점은 기술적 위험이에요. 소셜 미디어에는 많은 바이러스가 퍼지고 있어요. 만약 그것들이 우리 시스템에 침투한다면, 우리의 비즈니스 프로세스에 해를 끼칠 수 있어요.

M: Good point, Sarah. How about banning social media at work? 43) **One pro is that it allows the employees to keep their personal and professional lives separate.**

남: 좋은 지적이네요, 사라. 직장에서 소셜 미디어를 금지하는 것은 어떨까요? 43) 한 가지 장점은 직원들이 개인적인 삶과 직업적인 삶을 분리하도록 해준다는 것이에요.

F: Right. We won't have to worry about overstepping our boundaries— 43) **details about our lives and work will remain private.** This is very important for many employees and for the company.

여: 맞아요. 우리는 선을 넘어서는 것에 대해 걱정할 필요가 없어요. 43) 우리의 삶과 일에 대한 세부 사항은 비공개로 유지될 것이에요. 이것은 많은 직원들과 회사에게 매우 중요하죠.

M: Precisely. Another advantage is that there will be more available Internet bandwidth for everyone. This means you'll be sure that resources are being maximized for work-related activities.

남: 정확해요. 또 다른 장점은 모든 사람이 사용할 수 있는 인터넷 대역폭이 더 많아질 것이라는 점이에요. 즉, 업무 관련 활동을 위해 자원이 극대화되고 있다는 것을 확신할 수 있죠

F: That'll certainly be a load off my shoulders. However, there are some downsides to banning social media at work. One thing I'm looking into is that it might decrease our employee morale.

여: 그럼 확실히 제 어깨가 가벼워질 거예요. 하지만, 직장에서 소셜 미디어를 금지하는 것에는 몇 가지 단점이 있죠. 제가 조사하고 있는 한 가지는 금지하는 것이 직원들의 사기를 떨어뜨릴 수 있다는 거예요.

M: That's possible. They might think you don't have faith in them to balance their work responsibilities and personal interests.

남: 그럴 수도 있어요. 그들은 당신이 그들의 일에 대한 책임과 개인적인 관심의 균형을 맞출 믿음이 없다고 생각할지도 모르죠.

F: 44) **It might send a message that I'm treating them like children.** And I'm really worried about that.

여: 44) 제가 그들을 어린애처럼 취급하고 있다는 메시지를 보낼 지도 몰라요. 그리고 저는 그것이 정말 걱정되고요.

M: I understand. Hmmm… Another disadvantage is that it can be difficult for the company to attract young employees.

남: 그렇군요. 흠… 또 다른 단점은 회사가 젊은 직원들을 유치하기 어려울 수 있다는 것이에요.

F: That makes sense. Younger generations use social media for learning, entertainment, and just about everything these days. If we can't attract young employees, it might affect the growth of the company.

여: 말이 되네요. 젊은 세대들은 요즘은 학습, 오락, 그리고 거의 모든 것에 소셜 미디어를 사용해요. 우리가 만약 젊은 직원을 유치하지 못하면, 회사의 성장에 영향을 미칠 지도 모르죠.

M: Exactly. Well, I think we've covered the pros and cons of each option. Have you decided what you're going to do?

남: 맞아요. 음, 각 옵션의 장단점을 다뤘다고 생각해요. 당신은 이제 무엇을 할지 결정했나요?

F: Hmmm… I guess so. 45) I think, as a manager, one of the best things I can do is to make our employees feel valued. They should know that we have confidence in their abilities, and we appreciate all their hard work. And when they feel appreciated, it can help maintain or even boost their productivity.

여: 흠… 그런 것 같아요. 45) 관리자로서, 제가 할 수 있는 가장 최선의 것 중 하나는 직원들에게 가치를 느끼게 하는 것이라고 생각해요. 그들은 우리가 그들의 능력에 확신을 갖고 있으며 그들의 모든 노력을 인정한다는 것을 알아야 해요. 그리고 그들이 인정받는다고 느낄 때, 생산성을 유지하거나 향상시키는 데 도움이 될 수 있어요.

M: Well said, Sarah.

남: 전적으로 동의해요, 사라.

F: Thanks for all your help, Max!

여: 도와줘서 고마워요, 맥스!

| 어휘 |

employee n. 직원, 고용인 **account** n. 계정 **allow** v. (무엇을 하도록) 허용하다, 허락하다 **ban** v. 금지하다 **duty** n. 의무 **optimize** v. 최적화하다, ~을 최대한 좋게 만들다 **HR supervisor** n. 인사부장 **enlighten** v. 가르치다, 깨우치다 **improve** v. 개선되다, 나아지다, 향상시키다 **discovery** n. 탐색, 발견 **crucial** a. 중요한, 중대한 **line of work** n. 업무 **backfire** v. 역효과를 낳다 **mention** v. 말하다, 언급하다 **policy** n. 방침, 정책 **reputation** n. 명예, 평판, 명성 **harm** v. 해를 끼치다, 손상시키다 **overstep** v. 선을 넘다, 도를 넘다 **boundary** n. 선, 경계, 한계 **bandwidth** n. 대역폭 **precisely** ad. 정확히, 꼭, 정확하게 **decrease** v. 떨어뜨리다 **morale** n. 사기, 의욕 **faith** n. 믿음 **attract** v. 유치하다, 마음을 끌다, 끌어 모으다 **confidence** n. 확신, 자신감 **appreciate** v. 인정하다, 고마워하다, 진가를 알아보다 **maintain** v. 유지하다 **productivity** n. 생산성

40. 대화 소재 정답 (b)

해석 왜 사라가 맥스와 말하고 싶어하는가?

(a) 그녀의 직원이 가지고 있는 문제를 논의하기 위해
(b) 직장에서 소셜 미디어를 사용하는 것에 대한 그의 조언을 구하기 위해
(c) 소셜 미디어 회사에 대한 그의 의견을 듣기 위해
(d) 소셜 미디어 계정을 만드는 방법을 배우기 위해

해설 몇몇 직원들이 일하는 동안 소셜 미디어를 하는 것을 보고 그것을 허용할지 금지할지(I saw some employees checking their social media accounts while at work. It got me thinking whether I should allow or ban such practice.)에 대한 고민을 나누고 싶어함을 알 수 있다. 따라서 (b)가 정답이다.

어휘 advice n. 조언, 충고

41. 세부 내용 정답 (a)

해석 직장에서 소셜 미디어를 사용하는 것이 직원들의 기분을 어떻게 개선할 수 있는가?

(a) 업무로부터 그들의 마음을 쉬게 해줌으로써
(b) 그들이 전문적인 관계를 유지할 수 있도록 함으로써
(c) 업계 동향에 대한 최신 정보를 제공함으로써
(d) 고객과의 잘못된 의사소통을 피할 수 있도록 도와줌으로써

해설 소셜 미디어는 업무에서 벗어나 휴식이 되게 하여 직원들의 기분을 북돋아 줄 수 있다(Another benefit is that it can boost their mood. Checking social media can be a break from their work.)고 했으므로, (a)가 정답이다.

어휘 client n. 고객

42. 세부 내용   정답 (c)

해석 대화 내용에 따르면, 직원들의 소셜 미디어 게시물은 언제 회사에 피해를 줄 것인가?

(a) 직원이 아닌 사람들에게 보여지면
(b) 온라인에서 유행하고 나면
(c) 실수가 있는 경우
(d) 대용량 비디오 파일이 포함된 경우

해설 직원이 실수로 회사 방침에 어긋나는 사진이나 동영상을 업로드하게 되면 회사의 명예가 실추될 수 있다(someone may accidentally upload pictures or videos that are against company policy. If that happens, it could damage the company's reputation.)고 했으므로, 소셜 미디어 게시물에 회사 방침과 어긋나는 등의 실수가 있는 경우 회사에 피해를 끼칠 수 있다는 것을 알 수 있다. 따라서 (c)가 정답이다.

어휘 contain v. 있다, 포함하다, 수용하다 include v. 포함하다, 함유하다

43. 세부 내용   정답 (d)

해석 대화에 따르면, 직원들은 왜 그들의 직업적인 삶과 개인적인 삶을 분리하기를 원하는가?

(a) 그들은 동료들을 좋아하지 않는다.
(b) 그들은 과로를 피할 수 있습니다.
(c) 그들은 일에 대해 생각하는 것을 좋아하지 않는다.
(d) 그들은 그들의 사생활을 지킬 수 있다.

해설 소셜 미디어를 금지하면 직원들이 개인적인 삶과 직업적인 삶을 분리할 수 있게 해주는데, 이는 직원들의 삶과 일에 대한 세부 사항은 비공개로 유지되게 해준다(details about our lives and work will remain private. This is very important for many employees and for the company.)고 했다. 즉, 직원들은 그들의 사생활을 지키기 위해 직업적인 삶과 개인적인 삶을 분리하기를 원한다는 것을 알 수 있다. 따라서 (d)가 정답이다.

어휘 overwork v. 과로하다

44. 세부 내용   정답 (a)

해석 직장에서 소셜 미디어를 금지하는 것이 어떻게 직원들의 사기를 떨어뜨릴 수 있는가?

(a) 회사가 그들을 신뢰하지 않는다고 느끼게 함으로써
(b) 소셜 미디어 사용을 규제하도록 함으로써
(c) 젊은 직원들만 소셜 미디어를 사용하도록 허용함으로써
(d) 소셜 미디어를 사용하지 않는 직원들만 고용함으로써

해설 소셜 미디어 사용을 금지하면 직원들을 어린애 취급하고 있다는 메시지를 보낼 지도 모르는데(It might send a message that I'm treating them like children.), 이와 같은 메시지는 회사가 그들을 신뢰하지 않는다고 느끼게 할 수 있기 때문에 직원들의 사기를 떨어뜨릴 수 있음을 알 수 있다. 따라서 (a)가 정답이다.

어휘 regulate v. 규제하다, 통제하다, 단속하다

45. 추론   정답 (c)

해석 사라는 무엇을 하기로 결정한 것 같은가?

(a) 직원 생산성을 높이기 위해 다른 계획을 세우기
(b) 직원들이 직장에서 소셜 미디어를 사용하는 것을 금지하기
(c) 직원들에게 사무실에서 소셜 미디어를 사용하게 하기
(d) 맥스가 사무실에서 소셜 미디어 사용을 감독하도록 하기

해설 관리자로서 사라가 할 수 있는 가장 최선의 일 중 하나는 직원들에게 가치를 느끼게 하는 것(I think, as a manager, one of the best things I can do is to make our employees feel valued.)이라고 결론 내린 것을 보아, 직원들에게 사무실에서 소셜 미디어를 사용하게 할 것임을 추론할 수 있다. 따라서 (c)가 정답이다.

어휘 productivity n. 생산성

PART 4
FINAL 연습문제 p.135

안녕하세요 여러분. 연례 엘킨스 소비자 박람회에 오신 것을 환영합니다. 여러분 대부분은 특히 배터리를 충전할 전기 콘센트가 근처에 없을 때, 기기의 배터리 수명에 문제가 생겼던 적이 있으실 겁니다. 그래서, [46)]오늘은 충전이 불가능할 때 노트북 배터리를 연장하는 방법에 대한 몇 가지 조언을 공유하려고 합니다.

첫 번째 조언은 [47)]노트북 화면을 어둡게 하는 것입니다. 노트북의 화면, 또는 화면의 백라이트가 배터리 충전량을 가장 많이 소모시킵니다. 많은 노트북에는 노트북 화면의 전력 소모를 줄여주는 기능이 내장되어 있지만, 여전히 많은 양의 충전량을 사용합니다.

[47)]배터리를 최대화하기 위해서는, 화면의 내용을 편안하게 볼 수 있을 정도로 화면 밝기를 낮추세요. 이렇게 하면, 여러분의 노트북의 배터리 수명을 30분 이상 늘릴 수 있습니다.

두 번째 조언은 노트북의 전원 설정을 변경하는 것입니다. 대부분의 노트북에는 절전 기능이 있습니다. 이 설정은 노트북의 전원 옵션에서 찾을 수 있습니다. 만약 여러분의 컴퓨터가 고성능 또는 일반 전원 모드인 경우, [48)]배터리 충전을 절약할 수 있도록 저전력 모드로 설정하세요.

세 번째 조언은 노트북의 와이파이와 블루투스를 비활성화하는 것입니다. 이러한 기능을 끄면 배터리 소모량을 줄일 수 있습니다. [49)]이는 와이파이와 블루투스를 켜둔 채로 두면 노트북이 연결할 장치를 검색하게 될 것이고, 이로 인해 많은 전력이 소모되기 때문입니다.

그러나, 인터넷에서 무언가를 검색해야 할 경우 와이파이 연결이 필요할 수 있기 때문에 이 방법은 특히 어려울 수 있습니다. 만약 여러분이 와이파이 연결이 반드시 필요하다면, 와이파이를 켜서 작업을 완료하고 작업이 완료될 때 꺼주세요.

[50)]네 번째 조언은 노트북에서 사용하지 않는 주변 장치들을 분리하는 것입니다. 즉, 마우스 및 플래시 드라이브와 같은 모든 USB 장치를 USB 포트에서 분리해야 합니다. 이러한 주변 장치를 노트북에 연결하면 배터리가 소모되기 때문입니다.

여러분은 언제든지 노트북의 트랙패드를 사용하여 노트북 화면의 내용을 탐색할 수 있습니다. 또한 필요한 파일을 외장 저장 장치로 직접 옮기는 것 대신에 노트북의 내장 저장 장치에 복사할 수 있습니다.

다섯 번째 조언은 노트북의 소리를 끄는 것입니다. [51)]알림음은 많은 에너지를 필요로 하지 않는 것처럼 보이지만, 이러한 소리에 의해 사용되는 전력은 합산되어 노트북 배터리를 상당량 소모합니다.

마지막으로 알려드릴 조언은 노트북 메모리를 관리하는 것입니다. 열려 있는 창과 응용 프로그램들이 많을수록, 더 많은 전력이 사용된다는 것을 기억하세요. 사용하지 않는 창과 응용 프로그램들은 반드시 닫으세요.

일부 응용 프로그램들은 다른 응용 프로그램들보다 더 많은 전력을 사용합니다. 만약 여러분이 어떤 응용 프로그램이 배터리 충전을 가장 많이 사용하는지 잘 모를 경우, [52)]노트북의 작업 관리자를 통해 메모리가 가장 많이 필요로 하는 프로그램들, 즉 배터리 충전을 가장 많이 사용하는 것을 확인할 수 있습니다. 그것들이 컴퓨터 작동에 영향을 미치지 않으면, 전원을 끄세요.

이제 됐습니다. 방금 말씀드린 조언을 따라 배터리를 충전하지 않고도 노트북이 하루의 대부분을 지속할 수 있도록 하세요.

해석 연설의 주제는 무엇인가?
(a) 완벽한 노트북을 선택하는 방법
(b) 노트북의 배터리 수명을 연장하는 방법
(c) 노트북을 사용할 때 예상되는 사항
(d) 노트북을 충전할 때 수행할 작업

47

해석 화자에 따르면, 왜 노트북 화면의 밝기가 감소해야 하는가?

(a) 그것은 배터리 충전량을 많이 소모한다.
(b) 그것은 화면의 수명을 보존할 것이다.
(c) 노트북에는 절전 기능이 없다.
(d) 효과적 이려면 화면이 어두워야 한다.

48

해석 배터리 수명을 절약하기 위해 노트북의 전원 옵션을 어떻게 수정해야 하는가?

(a) 전원 모드를 변경하지 않아서
(b) 전원 모드를 정상 설정으로 유지해서
(c) 고성능 모드로 전환해서
(d) 전력을 적게 사용하는 모드로 전환해서

49

해석 연설에 따르면, 왜 노트북의 와이파이와 블루투스를 꺼야 하는가?

(a) 그것들이 안전하지 않은 연결을 하는 것을 막기 위해
(b) 노트북의 성능을 더 빠르게 하기 위해
(c) 그것들이 다른 장치들을 검색하는 것을 막기 위해
(d) 사용자가 외부 소스로 연결하는 것을 막기 위해

50

해석 네 번째 조언에 따르면, 노트북이 언제 더 많은 전력을 소비할 것 같은가?

(a) 노트북의 USB 포트에 연결된 장치가 없는 경우
(b) 사용 중인 파일이 노트북에 복사되는 경우
(c) 마우스 대신 트랙패드를 사용하는 경우
(d) USB 플래시 드라이브에 저장된 파일을 사용하는 경우

51

해석 화자가 노트북의 알림음에 대해 뭐라고 말하는가?

(a) 전력 방전에도 기여한다.
(b) 어떠한 전력도 소비하지 않는다.
(c) 진정으로 사용자를 생산적으로 만들지 않는다.
(d) 주요 노트북 기능들이다.

52

해석 노트북의 메모리를 관리하는 것은 무엇을 의미하는가?

(a) 사용 중인 창을 개인의 필요에 맞추는 것
(b) 노트북의 메모리를 업그레이드하는 것
(c) 배터리를 가장 많이 소모하는 응용 프로그램들을 닫는 것
(d) 모든 응용 프로그램들이 실행되도록 유지하는 것

FINAL 실전문제 1 p.140

46 (d) 47 (b) 48 (a) 49 (d) 50 (b)
51 (a) 52 (c)

46. What is the speaker mainly talking about?
47. How can a person maintain his or her enthusiasm for work?
48. What makes it advisable to deal with the difficult tasks early in the day?
49. What could be an outcome of working on multiple tasks at once?
50. According to the speaker, why should one take a break from work?
51. What is a major cause of not being able to concentrate at work?
52. Based on the talk, how most likely can taking a short nap be helpful?

Good morning, ladies and gentlemen. There are times when we find it difficult to get things done at work because we're having a hard time concentrating on tasks. This doesn't necessarily mean that you are losing the skills and commitment you used to have for your job. 46) **Having difficulty focusing at work can happen to anybody, and there are several ways to prevent it.**

신사 숙녀 여러분, 안녕하세요. 우리는 업무에 집중하기가 힘들어 직장에서 일을 처리하기 어렵다고 생각할 때가 있습니다. 이것이 꼭 여러분이 직업에 대해 가지고 있던 기술과 책무를 잃고 있다는 것을 의미하지만은 않습니다. 46) 직장에서 집중하는 데 어려움을 겪는 것은 누구에게나 일어날 수 있으며, 그것을 막을 수 있는 몇 가지 방법들이 있습니다.

So, here are some tips on how to keep yourself focused at work.

그래서, 여기 직장에서 스스로 집중을 유지하는 몇 가지 조언이 있습니다.

The first tip is to keep your enthusiasm. One reason for being unable to concentrate is that you might lose interest as time goes by. No matter how challenging your job is, doing the same tasks for years on end can sometimes get boring.

첫 번째 조언은 열정을 유지하는 것입니다. 집중하지 못하는 한 가지 이유는 시간이 지남에 따라 흥미를 잃을 수 있기 때문입니다. 아무리 여러분의 일이 도전적이더라도, 같은 일을 몇 년 동안 계속하는 것은 때때로 지루해질 수 있습니다.

47) **Renew your focus at work by reminding yourself of the things that you find rewarding about your job.** These could include the sense of accomplishment you get for a job well done and the company-sponsored incentives you receive for excellent work.

47) 여러분이 직장에서 보람을 느끼는 것들을 스스로에게 상기시킴으로써 직장에서 여러분의 집중력을 새롭게 하세요. 여기에는 일을 잘 해낸 것에서 얻는 성취감과 우수한 업무에 대해 여러분이 받는 회사 지원 인센티브가 포함될 수 있습니다.

The second tip is to prioritize your tasks. We sometimes tackle the easier tasks at the start of our workday, thinking that we will accomplish more this way. However, working on small tasks first can make you feel already tired when you have to deal with the more demanding jobs later. That's when you could start to lose focus.

두 번째 조언은 업무의 우선순위를 정하는 것입니다. 우리는 때때로 근무를 시작할 때 더 쉬운 일들을 처리하고, 이렇게 하면 더 많은 일을 해낼 수 있을 것이라 생각합니다. 하지만, 작은 업무들을 먼저 하는 것은 나중에 더 힘든 일을 처리해야 할 때, 여러분을 이미 피곤하게 만들 수 있습니다. 그때 여러분의 집중력이 떨어지기 시작할 수 있고요.

Schedule your most difficult tasks at the start of your workday. 48) **The first hour is when you have the most energy, and is therefore the time when you can concentrate on the difficult tasks more effectively.**

근무를 시작하는 시점에 가장 어려운 업무를 계획하세요. 48) 처음 한 시간은 여러분이 에너지를 가장 많이 가지고 있을 때이고, 따라서 어려운 업무들에 더 효과적으로 집중할 수 있는 시간입니다.

The third tip is to work on one thing at a time. Not everyone has a talent for multitasking. 49) **Trying to tackle several jobs all at the same time could lead to one task distracting from another, which divides your attention and affects your concentration.** Work on one task at a time so you can focus more energy on it and come up with more satisfying outcomes.

세 번째 조언은 한 번에 하나씩 작업하는 것입니다. 모든 사람들이 멀티태스킹에 재능이 있는 것은 아닙니다. 49) 동시에 여러 가지 일을 몽땅 처리하려고 하면 한 가지 일이 다른 일로부터 산만해질 수 있는데, 이는 여러분의 주의를 분산시키고 집중력에 영향을 줄 수 있습니다. 더 많은 에너지를 쏟을 수 있고 더 만족스러운 결과를 도출해낼 수 있도록 한 번에 한 가지 일에 집중하십시오.

The fourth tip is to take a break. However, intent you are on finishing your work quickly, a time comes when you can't focus anymore. There's a limit to the amount of time the mind can apply full attention on a task. Working for long periods of time could get tiring and make your mind wander.

네 번째 조언은 휴식을 취하는 것입니다. 하지만, 여러분이 일을 빨리 끝내고자 하는 전념해서 더 이상 집중할 수 없는 때가 옵니다. 정신이 하나의 일에 온전히 집중할 수 있는 시간의 양에는 한계가 있습니다. 오랜 시간 일하다 보면 피곤해지고 정신을 딴 데로 돌리게 할 수 있습니다.

To prevent fatigue from keeping you out of focus, take short breaks every sixty minutes of continuous work. Go for a short walk, have a coffee, or get a snack. 50) **Disengaging from your work for a while can give your mind time to recharge and renew its focus.**

피로로 인해 집중력이 흐트러지는 것을 방지하기 위해, 계속해서 일하는 60분마다 짧은 휴식을 취하세요. 산책하러 가거나, 커피를 마시거나, 간식을 드세요. 50) 잠시 동안 여러분의 일에서 벗어나면 여러분의 마음에 집중력을 재충전하고 다시 새롭게 할 시간을 줄 수 있습니다.

Finally, get enough sleep. 51) **A major reason for lacking focus at work is insufficient sleep.** It's very difficult to concentrate on a task if you are dozing off. Meanwhile, you can work at maximum levels if you are infused with energy brought about by enough sleep.

마지막으로, 충분한 수면을 취하세요. 51) 업무 집중력을 떨어뜨리는 주요 원인은 수면 부족입니다. 여러분이 졸고 있다면 일에 집중하기가 매우 어렵습니다. 한편, 충분한 수면으로 인한 에너지가 주입된다면 최대 수준으로 일할 수 있습니다.

When you feel drowsy at work for lack of sleep the night before, don't fight it off. 52) **Catch a ten- to twenty-minute nap during your break, which is enough to refocus your attention on work and boost your performance.** Avoiding a nap can only result in you plodding at work aimlessly throughout the day.

전날 밤 잠이 부족해서 직장에서 졸릴 때에는, 참지 마세요. 52) 쉬는 동안 10분에서 20분 정도 낮잠을 자면, 이는 업무에 다시 집중하고 여러분의 성과를 높이기에 충분합니다. 낮잠을 피하는 것은 하루 종일 목적 없이 일을 느릿느릿 하는 결과를 낳을 수 있습니다.

That's it, everybody. Just follow the tips I've given and you can maximize your productivity by being able to fully concentrate at work. Thank you very much for listening.

여기까지입니다, 여러분. 제가 알려드린 조언만 따르시면 업무에 완전히 집중하도록 함으로써 생산성을 극대화할 수 있습니다. 들어주셔서 대단히 감사합니다.

l 어휘 l

concentrate on v. ~에 집중하다 **task** n. 업무, 일 **not necessarily** ad. 반드시 ~은 아닌 **commitment** n. 책무, 약속(한 일) **enthusiasm** n. 열정, 열의 **interest** n. 흥미, 관심 **as time goes by** ad. 시간이 지남에 따라 **challenging** a. 도전적인, 도전 의식을 북돋우는 **on end** ad. (어떤 기간 동안) 계속 **renew** v. 새롭게 하다, 재개하다 **remind** v. 상기시키다 **rewarding** a. 보람 있는 **accomplishment** n. 성취 **get for** v. ~로서 얻다 **prioritize** v. 우선순위를 정하다 **tackle** v. 처리하다, 다루다 **deal with** v. ~을 다루다 **demanding** a. 힘든, 부담이 큰 **workday** n. 근무 **at a time** ad. 한 번에 **talent** n. 재능, 재주 **at the same time** ad. 동시에 **distract** v. 정신이 산만하게 하다, 집중이 안 되게 하다 **divide** v. 분산시키다, 나누다 **affect** v. 영향을 미치다 **come up with** v. ~을 생각해 내다, 마련하다 **satisfying** a. 만족스러운, 만족감을 주는 **outcome** n. 결과 **take a break** v. 잠시 휴식을 취하다 **intent** a. ~에 전념하는 **wander** v. 다른 데로 쏠리다, 팔리다 **fatigue** n. 피로 **continuous** a. 계속해서, 지속해서 **disengage** v. 벗어나다, 이탈하다 **recharge** v. 재충전하다 **insufficient** a. 부족한, 불충분한 **doze off** v. (특히 낮에) 졸다, 잠이 들다 **infuse** v. 영향을 미치다, 스며들다 **drowsy** a. 졸리는 **fight off** v. 참다, 이겨내다 **nap** n. 낮잠, 잠깐 잠 **boost** v. 높이다, 신장시키다 **plod** v. (특히 힘들거나 지루한 일을) 느릿느릿 해 나가다 **aimlessly** ad. 목적 없이

46. 주제   정답 (d)

해석   화자는 주로 무엇에 대해 이야기하고 있는가?

(a) 일을 더 쉽게 만드는 방법
(b) 한 가지 작업에 집중하는 방법
(c) 주의를 산만하게 하지 않는 방법
(d) 일에 집중하는 방법

해설 화자는 직장에서 집중하는데 어려움을 겪는 것은 누구에게나 일어날 수 있으며, 그것을 막을 수 있는 몇 가지 방법들이 있다(Having difficulty focusing at work can happen to anybody, and there are several ways to prevent it.)며 연설을 시작한다. 이를 통해, 직장에서 집중하는 방법에 대해 이야기한다는 것을 알 수 있다. 따라서 (d)가 정답이다.

어휘 distraction n. 주의를 산만하게 하는 것, 집중을 방해하는 것 concentrate v. 집중하다

47. 세부 내용 정답 (b)

해설 어떻게 일에 대한 열정을 유지할 수 있는가?

(a) 더 흥미로운 업무들로 바꿈으로써
(b) 일을 만족스럽게 하는 것을 상기함으로써
(c) 성과 인센티브를 요구함으로써
(d) 매년 새로운 일련의 업무들을 요청함으로써

해설 직장에서 보람을 느끼는 것들을 스스로에게 상기시킴으로써 열정을 유지할 수 있다(Renew your focus at work by reminding yourself of the things)고 했으므로, (b)가 정답이다.

어휘 maintain v. 유지하다, 지키다 switch v. 바꾸다, 전환하다 recall v. 상기하다, 기억해 내다 gratifying a. 만족스러운, 기쁜

48. 세부 내용 정답 (a)

해설 무엇이 어려운 업무들을 아침 일찍 처리하는 것을 바람직하게 하는가?

(a) 업무를 위한 가장 최상의 상태일 때이다.
(b) 일에 집중하지 않아도 될 때이다.
(c) 사소한 업무들은 아침 일찍 하기 어렵다.
(d) 어려운 업무들은 끝내는 데 하루 종일 걸린다.

해설 근무를 시작하는 시점에 가장 어려운 업무를 계획하라고 언급하면서, 처음 한 시간은 가장 많은 에너지를 가지고 있을 때이기에 업무에 효과적으로 집중할 수 있다(The first hour is when you have the most energy, and is therefore the time when you can concentrate on the difficult tasks more effectively.)고 했으므로 (a)가 정답이다.

어휘 advisable a. 바람직한, 권할 만한 minor a. 사소한, 별로 중요하지 않은

49. 세부 내용 정답 (d)

해설 한 번에 여러 가지 일들을 수행했을 때 어떤 결과가 나올 수 있는가?

(a) 업무에 집중할 수 있는 능력을 향상시키는 것
(b) 우수한 결과로 많은 일들을 완수하는 것
(c) 멀티태스킹 기술을 연마하는 것
(d) 여러 일들을 좋지 않은 결과로 완료하는 것

해설 동시에 여러 가지 일을 처리하려고 하면 한 가지 일이 다른 일로부터 산만해질 수 있는데, 이는 여러분의 주의를 분산시키고 집중력에 영향을 줄 수 있다(Trying to tackle several jobs all at the same time could lead to one task distracting from another, which divides your attention and affects your concentration.)고 했으므로, 한 번에 여러 가지 일들을 수행했을 때 좋지 않은 결과로 완료하게 될 것이다. 따라서 (d)가 정답이다.

어휘 outcome n. 결과 multiple a. 여러 가지의, 많은 at once ad. 한 번에, 동시에 complete v. 완수하다, 끝마치다 superior a. 우수한, 우세한 hone v. (기술을) 연마하다

50. 세부 내용 정답 (b)

해설 화자에 따르면, 왜 일에서 벗어나 휴식을 취해야 하는가?

(a) 개인적인 습관을 즐기기 위해
(b) 마음에 새로운 활력을 주기 위해
(c) 다른 업무들에 집중하기 위해
(d) 정신을 딴 데로 돌리기 위해

해설 잠시 동안 일에서 벗어나면 마음에 집중력을 재충전하고 다시 새롭게 할 시간을 줄 수 있다(Disengaging from your work for a while can give your mind time to recharge and renew its focus.)고 했으므로 (b)가 정답이다.

어휘 habit n. 습관, 버릇 refresh v. 새로운 활력을 주다, 기운나게 하다

51. 세부 내용   정답 (a)

해석 직장에서 집중하지 못하는 주요 원인은 무엇인가?

(a) 충분한 수면을 취하지 못하는 것
(b) 수면 유도 작업에 노력을 기울이는 것
(c) 집에서 잠을 과도하게 자는 것
(d) 일보다는 자는 것을 선호하는 것

해설 업무의 집중력을 떨어뜨리는 주요 원인은 수면 부족(A major reason for lacking focus at work is insufficient sleep.)이라고 했으므로, (a)가 정답이다.

어휘 concentrate v. 집중하다, 전념하다   sufficient a. 충분한

52. 추론   정답 (c)

해석 연설에 따르면, 짧은 낮잠을 자는 것이 어떻게 도움이 될 것 같은가?

(a) 일에 대한 내성을 높임으로써
(b) 수면장애를 극복하게 함으로써
(c) 수행 능력을 높임으로써
(d) 더 긴 시간을 일하도록 도움으로써

해설 쉬는 동안 10분에서 20분 정도의 낮잠을 자면 업무에 대한 집중도와 성과를 높이기에 충분하다(Catch a ten- to twenty-minute nap during your break, which is enough to refocus your attention on work and boost your performance.)고 했으므로, 짧은 낮잠이 업무의 수행능력을 높이는 데 도움이 된다는 것을 추론할 수 있다. 따라서 (c)가 정답이다.

어휘 tolerance n. 관용, 내성   disorder n. 장애, 이상   raise v. 높이다, 올리다

FINAL 실전문제 2   p.141

46 (d)   **47** (a)   **48** (b)   **49** (d)   **50** (b)
51 (c)   **52** (a)

46. What is the talk mainly about?
47. How can a story captivate its readers right away?
48. Why should writers outline their story plot?
49. What most likely will happen if a main character is well developed?
50. How can a writer keep readers intrigued with the story?
51. What kind of conflict would probably keep a person reading through a story?
52. Why is an effective finale important?

    Many would agree that short stories, even with their limited number of words, are powerful. That's why authors are often highly respected, even hundreds of years after their works have been published. But, let me tell you, the power to write a captivating short story is one that we all can have.

    많은 사람들은 제한된 단어 수에도 불구하고 단편 소설이 영향력이 높다는 것에 동의할 것입니다. 그것이 바로 작가들이 그들의 작품이 출판된 지 수백 년이 지난 뒤에도 종종 매우 존경받는 이유입니다. 하지만, 제가 말씀드리건대, 매혹적인 단편 소설을 쓰는 힘은 우리 모두가 가질 수 있는 것입니다.

    [46)] **Here are tips to help you write a good short story:**
    [46)] 여기 여러분이 좋은 단편 소설을 집필하는데 도움이 되는 조언들이 있습니다.

    [47)] **Tip #1: Establish your premise.** The premise is the core thought or emotion of a short story. Establishing it from the beginning can help develop the story. One example is, "Forgiving frees a person." From this, you can come up with different plots that will revolve around forgiveness. Perhaps the main character in your story is wronged by another person? [47)] **Interesting premises will have readers instantly hooked to the story.**

[47)] 1번 조언: 여러분의 전제를 수립하세요. 전제는 단편 소설의 핵심 사상이나 감정입니다. 처음부터 전제를 수립하는 것이 이야기를 전개하는 데 도움이 될 수 있습니다. 한 가지 예는, "용서는 사람을 자유롭게 한다."입니다. 이로부터, 여러분은 용서를 중심으로 할 다양한 줄거리들을 생각해낼 수 있습니다. 혹시 당신의 이야기 속 주인공이 다른 사람에게 오해를 받고 있는 건 아닐까요? [47)] 흥미로운 전제들은 독자들이 그 이야기에 즉시 빠져들게 할 것입니다.

Tip #2: Outline your plot. The plot is the storyline or what happens throughout your story. How you set up the introduction, turning points, climax, and resolution can make or break your story. [48)] **By outlining the plot, you'll achieve connection and unity throughout your short story.**

2번 조언: 줄거리의 개요를 서술하세요. 줄거리는 줄거리 또는 여러분의 이야기 전반에 걸쳐 일어나는 것입니다. 도입부, 전환점, 절정, 그리고 결론을 어떻게 설정하느냐가 여러분의 이야기를 만들거나 망칠 수 있습니다. [48)] 줄거리의 개요를 서술함으로써, 여러분은 단편 소설 전반에 걸쳐 연결성과 통합을 달성할 것입니다.

Tip #3: [49)] **Know your character. You'll have more to say about someone you've known for a long time than a person you just met today.** The same goes for fictional characters. In short stories, there's usually one main character that drives the story. So, [49)] **the more you develop your main character, the more you can effectively write about his or her story.**

3번 조언: [49)] 등장인물을 파악하세요. 오늘 만났던 사람보다 오래 알고 지낸 사람에 대해 할 말이 더 많을 거예요. 가상의 등장인물들도 마찬가지입니다. 단편 소설에는 일반적으로 이야기를 이끄는 한 명의 주인공이 있습니다. 그래서, [49)] 여러분이 주인공을 더 발전시킬수록, 여러분은 그 혹은 그녀의 이야기에 대해 더 효과적으로 쓸 수 있습니다.

[50)] **Maybe the lead character had a happy childhood until he lost his parents in a tragic event? Maybe he has a secret that he'll do anything to protect?** Remember that your readers have to get to know your lead within a certain word count. And you can't achieve that if you, the character's creator, don't even know who he or she is.

[50)] 어쩌면 주인공은 비극적인 사건으로 부모님을 잃기 전까지 행복한 어린 시절을 보냈던 것은 아닐까요? 어쩌면 그가 가진 비밀을 지키기 위해서 무엇이든 해야 했던 것은 아닐까요? 독자들은 특정한 단어 수 내에서 여러분의 진행을 알아야 한다는 것을 기억하세요. 그리고 등장인물의 창조자인 여러분이 그 혹은 그녀가 누군지도 모른다면 여러분은 그것을 달성할 수 없습니다.

Tip #4: Set up the conflict. When your protagonist goes up against another individual, nature, society, or even himself, it creates tension that will keep your readers intrigued. They'll want to know how the lead will handle the problem and, eventually, how the story will end.

4번 조언: 갈등을 조성하세요. 여러분의 주인공이 다른 개인, 자연, 사회, 심지어 자기 자신과도 맞서 싸울 때, 갈등은 긴장감을 조성하여 독자를 계속 매우 흥미롭게 만들 것입니다. 그들은 주인공이 문제를 어떻게 처리하고 결국에는 이야기가 어떻게 끝날지 알고 싶어할 것입니다.

For example, what if the lead character falls in love with the same person who caused his parents' downfall? It's a plus if the source of conflict is something relatable. [51)] **If readers have encountered the same problem, or if they believe they might have to deal with something similar one day, it will keep them glued to the next pages of your story.**

예를 들어, 주인공이 그의 부모를 몰락시킨 사람과 사랑에 빠지면 어떻게 될까요? 갈등의 원인이 공감대를 형성하는 것이라면 그것은 장점이 됩니다. [51)] 독자들이 같은 문제에 직면했거나 언젠가 비슷한 문제를 다뤄야 할 수도 있다고 생각한다면, 그것은 독자들을 계속해서 여러분 이야기의 다음 페이지를 보게 만들 것입니다.

Tip #5: Develop a strong ending. For readers and writers alike, nothing's more disappointing than a brilliantly written short story with a weak finale. [52)] **The ending is often the part people remember most from a story, so make sure it's something worth remembering.** Avoid predictable and common endings. Why work on a unique short story just to end it with something everyone knows already, right?

5번 조언: 강력한 결말을 만드세요. 독자와 작가 모두에게, 화려하게 쓰여진 단편 소설이 빈약한 대단원으로 끝나는 것보다 더 실망스러운 것은 없습니다. [52]결말은 종종 이야기에서 사람들이 가장 많이 기억하는 부분이므로, 반드시 기억에 남을 가치가 있도록 해야 합니다. 뻔하고 흔한 결말을 피하세요. 왜 그저 모든 사람이 이미 알고 있는 것으로 끝내기 위해 독특한 단편 소설을 만드나요, 그렇죠?

You may want to reveal a twist at the end, leaving your audience reeling. It can be open-ended, as long as it ties up the story's plot so your readers won't be left hanging. If you're in doubt, ask, "Does it make sense based on the earlier scenes?"

여러분은 마지막에 반전을 드러내어, 독자들의 마음을 어지럽게 하고 싶을지도 모릅니다. 독자들이 결말에 연연하지 않도록 이야기의 줄거리를 잘 연결하기만 하면, 그것은 열린 결말이어도 됩니다. 만약 여러분이 잘 모르겠으면, "그것이 앞의 장면으로 봤을 때 이해가 되는가?"라고 물어보세요.

With these tips, you can create a short story that can be read in an hour, but will be remembered for eternity. Happy writing, wordsmiths!

이러한 조언들로, 여러분은 한 시간 안에 읽힐 수 있지만 영원토록 기억될 단편 소설을 창작할 수 있습니다. 즐거운 글쓰기 되세요, 글쟁이 여러분!

| 어휘 |

author n. 작가, 저자 **highly** ad. 매우, 대단히 **respect** v. 존경하다 **publish** v. 출판하다, 발행하다 **captivating** a. 매혹적인, 마음을 사로잡는 **establish** v. 수립하다 **premise** n. (주장의) 전제 **core** a. 핵심적인, 가장 중요한 **forgiving** n. 용서 **come up with** v. ~을 생각해 내다, 떠올리다 **plot** n. 줄거리, 구성 **revolve** v. (주제가) ~을 중심으로 하다 **forgiveness** n. 용서 **instantly** ad. 즉시, 즉각 **hook** v. 빠져들다 **outline** v. 개요를 서술하다 **resolution** n. 해결, (이야기의) 결론 **unity** n. 통합, 통일 **fictional** a. 가상의 **childhood** n. 어린 시절 **tragic** a. 비극적인 **set up** v. 조성하다, 준비하다 **conflict** n. 갈등, 충돌 **protagonist** n. 주인공 **go up against** v. ~에 맞서다, 도전하다 **tension** n. 긴장감 **intrigued** a. 아주 흥미로워 하는, 궁금해 하는 **handle** v. 처리하다, 다루다 **fall in love** v. 사랑에 빠지다 **downfall** n. 몰락 **relatable** a. 공감대를 형성하는, 연결되어 있다고 느끼는 **encounter** v. 직면하다, 맞닥뜨리다 **keep A glued to** v. A가 계속해서 ~을 보게 만들다 **deal with** v. ~을 다루다 **disappointing** a. 실망스러운, 기대에 못 미치는 **brilliantly** ad. 화려하게, 찬란히 **finale** n. 대단원, 피날레 **predictable** a. 너무 뻔한, 예측 가능한 **common** a. 흔한 **reveal** v. 드러내다, 밝히다 **twist** n. 반전, (예상 밖의) 전개 **reel** v. 마음이 어지럽다, 크게 동요하다 **tie up** v. 얽어 매다 **leave (someone) hanging** v. (누군가를) 기다리게 하다 **be in doubt** v. 불확실해 하다 **make sense** v. 이해가 되다, 의미가 통하다 **eternity** n. 영원, 영겁 **wordsmith** n. 글쟁이, 글을 잘 쓰는 사람

46. 주제 정답 (d)

해석 연설은 주로 무엇에 대한 것인가?

(a) 책을 출판하는 방법
(b) 유명한 작가의 이야기
(c) 효과적인 문체
(d) 단편 소설을 창작하는 조언들

해설 좋은 단편 소설을 집필하는 데 도움이 되는 조언들(Here are tips to help you write a good short story)을 이야기하고 있으므로, (d)가 정답이다.

어휘 writing style n. 문체

47. 세부 내용 정답 (a)

해석 어떻게 이야기가 독자들을 즉각적으로 사로잡을 수 있는가?

(a) 이야기를 전제부터 수립해서
(b) 짧고 읽기 쉽게 해서
(c) 짜임새 있는 줄거리를 만들어서
(d) 다양한 줄거리를 다뤄서

해설 첫번째 조언으로 이야기의 전제를 수립하라(Tip #1: Establish your premise.)며, 흥미로운 전제는 독자들을 이야기에 빠져들게 한다(Interesting premises will have readers instantly hooked to the story.)고 했으므로, (a)가 정답이다.

어휘 captivate v. ~을 사로잡다, 매혹하다 right away ad. 바로, 즉시 organized a. 짜임새 있는, 정리된 tackle v. 다루다, 처리하다

48. 세부 내용   정답 (b)

해석 왜 작가들이 그들의 줄거리의 개요를 서술해야 하는가?

(a) 독자들이 이야기의 결말을 예측할 수 있게 해주기 때문에
(b) 순조로운 이야기의 흐름을 만드는 것을 돕기 때문에
(c) 독자들이 등장인물과 쉽게 동질감을 느낄 것이기 때문에
(d) 이야기가 다른 방식으로 해석될 수 있기 때문에

해설 줄거리의 개요를 서술함으로써, 단편 소설 전반에 걸쳐 연결성과 통합을 달성한다(By outlining the plot, you'll achieve connection and unity throughout your short story)고 했는데, 이는 이야기의 흐름이 순조롭게 되도록 돕는다고 할 수 있다. 따라서 (b)가 정답이다.

어휘 smooth a. 순조로운, 매끄러운 flow n. 흐름 identify with v. ~와 동질감을 갖다, 동일시하다 interpret v. 해석하다, 이해하다

49. 추론   정답 (d)

해석 주인공이 잘 발전된다면 무슨 일이 일어날 것 같은가?

(a) 독자들은 그 등장인물이 진짜라고 믿을 것이다.
(b) 이야기의 결말은 쉽게 짐작될 것이다.
(c) 그 등장인물의 결정은 놀랍지 않을 것이다.
(d) 독자들은 그들이 그 등장인물을 안다고 느낄 것이다.

해설 오늘 만났던 사람보다 오래 알고 지낸 사람에 대해 할 말이 더 많듯(You'll have more to say about someone you've known for a long time than a person you just met today.) 등장인물을 성장시킬수록 등장인물의 이야기에 대해 더 효과적으로 쓸 수 있고(the more you develop your main character, the more you can effectively write about his or her story), 이는 독자들로 하여금 그들이 등장인물을 안다고 느끼게 할 수 있음을 추론할 수 있다. 따라서 (d)가 정답이다.

어휘 effortlessly ad. 쉽게, 노력하지 않고 unsurprising a. 놀랍지 않은

50. 세부 내용   정답 (b)

해석 어떻게 작가는 독자들이 그 이야기에 흥미를 갖도록 할 수 있는가?

(a) 그들이 주인공을 즉시 알게 함으로써
(b) 이야기의 중심이 되는 문제를 생각해 냄으로써
(c) 주인공이 좋은 사람이라고 설정함으로써
(d) 할 수 있는 한 많은 도전들을 포함함으로써

해설 주인공과 관련된 이야기의 중심이 되는 문제(Maybe the lead character had a happy childhood until he lost his parents in a tragic event? Maybe he has a secret that he'll do anything to protect?)들을 생각해 냄으로써 독자들이 이야기에 흥미를 갖도록 할 것임을 알 수 있다. 따라서 (b)가 정답이다.

어휘 pivotal a. 중심이 되는 establish v. 밝히다, 규명하다 lead n. 주인공

51. 추론   정답 (c)

해석 어떤 종류의 갈등이 사람이 이야기를 죽 읽게 할 것 같은가?

(a) 독자들이 익숙지 않은 갈등
(b) 소수의 독자들만이 이해할 수 있는 갈등
(c) 독자들이 경험해온 갈등
(d) 절대 실제로 일어날 수 없는 갈등

해설 독자들이 같은 문제에 직면했거나 언젠가 비슷한 문제를 다뤄야 할 수도 있다면 독자들이 계속 이야기를 읽을 것(If readers have encountered the same problem, or if they believe they might have to deal with something similar one day)이라고 했으므로, 독자들이 경험해온 종류의 갈등이 이야기를 읽게 할 것임을 추론할 수 있다. 따라서 (c)가 정답이다.

어휘 read through v. 죽 읽다 unfamiliar a. 익숙지 않은, 잘 모르는

52. 세부 내용   정답 ⓐ

해석 왜 효과적인 대단원이 중요한가?

ⓐ 이 부분이 독자들에게 쉽게 잊혀지지 않기 때문에
ⓑ 이 부분은 보통 독자들에 의해 간과되기 때문에
ⓒ 이 부분이 다른 이야기들과 종종 같기 때문에
ⓓ 이 부분이 쉽게 수정될 수 없기 때문에

해설 결말은 종종 사람들이 가장 많이 기억하는 부분 중 하나(The ending is often the part people remember most from a story, so make sure it's something worth remembering.)이므로 강력하고 효과적인 결말이 중요하다는 것을 알 수 있다. 따라서 ⓐ가 정답이다.

어휘 overlook v. 간과하다, 못 보고 넘어가다
revise v. 수정하다, 변경하다

Final
실전 지텔프

Final 실전 지텔프

Reading & Vocabulary

정답과 해설

Part 1. 인물의 일대기
Part 2. 잡지 기사
Part 3. 백과사전식 지문
Part 4. 비즈니스 편지

독해 PART 1
FINAL 연습문제 p.160

[1~5 : 독해]

1

해석 존 루이스는 무엇으로 가장 잘 알려져 있는가?

> **존 루이스**
>
> 존 루이스는 아프리카계 미국인 정치인이자 시민권 운동가였다. 그는 시민권 운동의 중요한 인물이었으며 이후에 피의 일요일이라고 불리게 된 셀마에서 몽고메리까지의 첫번째 행진을 조직하는 데 도움을 준 것으로 알려져 있다.

(a) 시민권 운동을 시작한 것
(b) 중요 시위에서 핵심 역할을 한 것

해설 존 루이스가 시민권 운동의 중요한 인물이었다는 본문의 내용이 중요 시위에서 핵심 역할을 한 것으로 패러프레이징되어 있는 (b)가 정답이다.

🔖 **패러프레이징**
important figure 중요 인물 ➔ key role 핵심 역할

2

해석 왜 루이스는 어렸을 때 그의 지역사회에서 백인과 많이 접촉하지 않았는가?

> 1940년 2월 21일, 존 로버트 루이스는 앨라배마주 트로이 근처에서 태어났다. 그의 부모는 소작인이었고, 가족은 백인들과의 교류가 거의 없는 흑인들 위주의 거주지역에서 가난하게 자랐다. 나이가 들어감에 따라, 그는 가족과 함께 트로이 여행을 다니는 동안 분리와 인종차별의 효과에 주목했다. 가족을 방문하기 위해 뉴욕으로 갔을 때, 그는 남부의 분리와 백인과 흑인이 같은 학교에 다니고, 같은 가게를 자주 다니며, 같은 복지 시설을 공유하는 북부의 통합 사이의 극명한 대조를 목격했다.

(a) 주변에 백인들이 거의 없었기 때문에
(b) 그의 가족이 그를 교류하지 못하게 막았기 때문에

해설 질문의 키워드 contact가 interaction으로 패러프레이징된 부분을 보면, 루이스의 가족은 백인과의 교류가 거의 없는 흑인들 위주의 거주지역에서 가난하게 자랐다고 했으므로, (a)가 정답이다.

🔖 **패러프레이징**
little interaction with white people 백인과의 교류가 거의 없음 ➔ few white people around 주변에 백인들이 거의 없음

3

해석 루이스는 왜 분리 식당들을 방문했을 것 같은가?

> 대학생 시절에, 루이스는 시민권 운동에 관여했으며 테네시주 내슈빌에서는 아프리카계 미국인들이 식사가 허용되지 않았던 간이식당에서 연좌 농성을 조직했다. 그는 또한 버스에서의 분리에 항의하는 단체의 일원이었다. 그는 이러한 활동들과 그 외의 비폭력 활동들로 여러 번 체포되었다. 루이스는 변화를 이뤄내기 위한 자신의 철학을 설명하기 위해 "좋은 문제, 필요한 문제"라는 문구를 만들었다.

(a) 특정 공간을 점유할 권리를 주장하기 위해
(b) 사업주들과 그의 철학에 대해 이야기하기 위해

해설 질문의 키워드 segregated diners에 관한 내용을 추론하는 문제로, diners가 lunch counters로 패러프레이징된 부분을 보면 루이스는 대학생 시절 시민권 운동에 관여했으며 아프리카계 미국인들이 식사가 허용되지 않았던 간이식당에서 연좌 농성을 조직했다고 했다. 이를 통해 시민권 운동의 일환으로 인종의 구분과 차별 없이 식당에서 식사가 허용되도록 주장하기 위해 분리 식당을 방문했던 것으로 추론할 수 있으므로, (a)가 정답이다.

4

해석 본문에 따르면, 무엇이 투표권에 대한 지지에 박차를 가했을 것 같은가?

> 마틴 루터 킹 주니어와 함께, 루이스는 아프리카계 미국인들의 투표권을 추진하기 위해 일련의 행진들을 조직한 주요 시민권 운동가였다. 후에 피의 일요일로 알려지게 된 날인 1965년에, 루이스는 약 600

명의 참가자들이 앨라배마주 셀마에 있는 에드먼드 페터스 다리를 건너도록 이끌었는데, 그 곳에서 그들은 경찰의 벽에 맞닥뜨렸다. 주 경찰관들은 시위대를 쫓아내기 위해 최루탄과 곤봉을 사용했고, 말을 탄 경찰관들은 군중 속으로 돌진했다. 평화적인 시위자들을 공격하는 경찰의 모습은 미국 대중들 사이에서 분노를 유발했고, 투표권 법안에 대한 지지도가 상당히 증가했다.

ⓐ 직접적으로 폭력을 겪은 일반 시민들
ⓑ 비폭력 시위대가 공격당하는 것을 본 사람들

해설 질문의 키워드 voting rights에 관한 내용을 추론하는 문제로, 평화적인 시위자들을 공격하는 경찰의 모습이 미국 대중들 사이에서 분노를 유발하여 투표권 법안에 대한 지지도가 상당히 증가했다고 했다. 이를 통해 비폭력 시위대가 공격당하는 것을 본 사람들이 투표권에 대한 지지를 보냈음을 추론할 수 있으므로, ⓑ가 정답이다.

🔖 **패러프레이징**
peaceful protestors 평화적인 시위자들
→ nonviolent marchers 비폭력 시위대

5

해석 기사에 따르면, 루이스는 시민권에 대한 헌신으로 어떻게 보상을 받았는가?

루이스는 1986년 미 하원의원으로 선출되어 16번 재선되었다. 그는 시민권과 인권을 수호하는 데 일생을 바쳐 헌신한 덕에 버락 오바마 전 대통령으로부터 대통령 자유 훈장을 포함하여 포함하여 많은 상을 수여 받았다.
루이스는 2020년 7월 17일 세상을 떠났다. 하지만, 그의 유산은 시민 참여를 장려하고 모두를 위한 평등을 위해 분투하는 일을 계속하고자 하는 정치인들에게 계속해서 영감을 주었다.

ⓐ 그는 대통령에 의해 대표로 선출되었다
ⓑ 그는 대통령상을 받았다.

해설 질문의 키워드 commitment가 언급된 부분을 보면, 루이스는 시민권과 인권을 수호하는 데 일생을 바쳐 헌신한 덕에 버락 오바마 전 대통령으로부터 대통령 자유 훈장을 받았다고 했으므로, ⓑ가 정답이다.

🔖 **패러프레이징**
was honored with (공로를 인정받아) ~을 받다
→ received 받다

[6~7 : 어휘]

6

해석 해당 절의 문맥에서, enacting은 _____를 의미한다.

ⓐ 배정하다   ⓑ 강제하다
ⓒ 이뤄내다   ⓓ 연기하다

🔖 **패러프레이징**
enact 제정하다 → accomplish 이뤄내다, 달성하다

7

해석 해당 절의 문맥에서, striving은 _____를 의미한다.

ⓐ 싸우다   ⓑ 부르다
ⓒ 희망하다 ⓓ 투표하다

🔖 **패러프레이징**
strive 분투하다 → fight 싸우다

FINAL 실전문제 1   p.162

1 (c)　**2** (a)　**3** (d)　**4** (d)　**5** (b)
6 (c)　**7** (b)

엘렌 존슨 설리프

　　엘렌 존슨 설리프는 라이베리아의 정치인, 경제학자, 그리고 노벨상 수상자이다. ¹⁾"아프리카 철의 여인"으로 널리 알려진 그녀는 아프리카 국가의 국가 원수로 선출된 최초의 여성으로 가장 유명하며, 2006년부터 2018년까지 라이베리아의 대통령직을 역임했다.

　　설리프는 1938년 10월 29일 라이베리아 몬로비아에서 엘렌 유제니아 존슨으로 태어났다. 그녀의 어머니는 교사였고 그녀의 아버지는 국회 입법부에서 근무했던 정치인이었다. ²⁾설리프는 19세기 동안 라이베리아에 정착했던 미국과 다른 나라 출신의 사람들의 후손인 아메리코-라이베리안 공동체를 보고 자랐으며 이에 크게 영향을 받았다. 설리프의 어린 시절 동안, 아메리코-라이베리안들은 국가의 정치, 사회, 문화, 경제 부문을 통제했던 지배적인 엘리트집단이었다.

　　사립 고등학교를 졸업한 후, 그녀는 제임스 설리프와 결혼하여 4명의 아들을 두었다. 그녀는 주로 주부였지만, 그녀는 미국으로 갈 기회가 있었고 그곳에서 1961년에 회계학 학위를 취득했다. ³⁾라이베리아로 돌아온 후, 설리프는 학대하는 남편과 이혼하고 이후에 공부를 하기 위해 미국으로 돌아갔는데, 결국 1971년에 하버드에서 행정학 석사 학위를 받았다.

　　설리프는 정부에서 일하기 위해 라이베리아로 복귀했으며, 이윽고 재무장관이 되었다. 그 직책에서, 그녀는 국가의 기업들이 이윤을 라이베리아에 재투자하는 것을 ⁶⁾등한시함으로써 국가 경제에 타격을 입힌 점을 공개적으로 비판했다. 1980년 폭력적인 군사 쿠데타 이후, 설리프는 일시적으로 라이베리아를 떠나 여러 국제기구와 민간은행조직에서 일했다. 1980년과 2003년 사이에, 두 번의 내전, 몇 차례의 쿠데타 시도, ⁴⁾그리고 부정으로 얼룩진 여러 총선거 가운데, 설리프는 정치적 동기에 의한 여러 번의 체포에도 불구하고 여전히 라이베리아 정치에 종사하고 있었다.

　　2005년에, 설리프는 라이베리아의 대통령으로 선출되어 아프리카 최초로 민주적으로 선출된 여성 국가원수가 되었다. ⁵⁾2011년에는, 대통령으로서 두번째 임기로 재선되기 직전에, 설리프는 여성들의 권리 증진과 평화 구축 노력에 그들의 참여를 장려한 것으로 노벨평화상을 수상받았다. 그녀는 또한 지역의 평화, 조화, 그리고 사회 및 경제 발전을 촉진시킨 것으로도 찬사를 받았다.

　　대통령 임기 이후, 설리프는 여성들에게 힘을 실어주고 아프리카 국가들의 발전에 대한 그들의 역할을 ⁷⁾강조하는 데 전념해왔다. 그녀는 또한 건강 및 경제 발전을 촉진하는 다양한 민간 금융 위원회와 국제 위원회에서 활동해왔다.

어휘

politician n. 정치인　**economist** n. 경제학자　**laureate** n. 수상자　**widely** ad. 널리　**notable** a. 유명한, 주목할 만한　**elect** v. 선출하다　**legislature** n. 입법부　**serve** v. 일하다, 근무하다　**grow up around** v. ~을 보고 자라다　**greatly** a. 크게, 대단히　**influence** n. 영향　**reigning** a. 지배적인, 널리 퍼져 있는　**aspect** n. 측면, 양상　**preparatory school** n. 사립 고등학교　**homemaker** n. 주부　**opportunity** n. 기회　**accounting** n. 회계(학)　**degree** n. 학위　**abusive** a. 폭력적인, 학대하는　**eventually** ad. 결국　**administration** n. 행정　**Minister of Finance** n. 재무장관　**publicly** ad. 공개적으로　**criticize** v. 비판하다　**corporation** n. 기업　**damage** n. 손상　**neglect** v. 방치하다, 등한시하다　**reinvest** v. 재투자하다　**temporarily** ad. 일시적으로, 임시로　**international** a. 국제적인　**violent** a. 폭력적인　**military coup** n. 군사 쿠데타　**attempt** n. 시도　**taint** v. (평판 등을) 더럽히다, 오점을 남기다　**engaged** a. 종사하는, 몰두하는　**politically** ad. 정치적으로　**arrest** n. 체포　**democratically** ad. 민주적으로　**female** a. 여성의　**prior to** prep. ~전에　**reelect** v. 재선하다　**award** v. 수상하다　**promote** v. 촉진하다, 고취하다　**right** n. 권리　**encourage** v. 장려하다　**participation** n. 참가　**celebrate** v. 축하하다, 기념하다, 찬양하다　**reconciliation** n. 화해　**development** v. 발달, 성장, 개발　**region** n. 지역　**presidency** n. 대통령 직　**commit** v. 전념하다, 헌신하다　**empower** v. 권한을 주다, 힘을 실어주다　**committee** n. 위원회

1. 세부 내용   정답 (c)

해석 기사에 따르면, 엘렌 설리프는 무엇으로 가장 유명한가?

(a) 아프리카 최초의 여성 정치인이 된 것
(b) 라이베리아 최초로 자유선거로 선출된 대통령인 것
(c) 아프리카 국가의 지도자로 선출된 최초의 여성인 것
(d) 아프리카 출신의 첫 노벨상 수상자가 된 것

해설 첫번째 단락에서 질문의 키워드 most known for이 most notable for로 패러프레이징된 부분을 보면, 설리프는 아프리카 국가의 국가 원수로 선출된 최초의 여성(she is most notable for being the first woman elected head of state of an African country)으로 2006년부터 2018년까지 라이베리아의 대통령직을 역임한 것(serving as Liberia's president from 2006 to 2018)으로 가장 유명하다고 했다. 따라서 정답은 (c)이다.

📖 패러프레이징
head of state of an African country 아프리카 국가의 국가 원수 ➡ leader of an African nation 아프리카 국가의 지도자

어휘 elect v. 선출하다   laureate n. 수상자

2. 추론   정답 (a)

해석 설리프의 양육에 가장 큰 영향을 준 것은 무엇인 것 같은가?

(a) 강력한 시민 집단에의 노출
(b) 아버지가 구성한 입법부
(c) 국가 정치에 관한 어머니의 교훈
(d) 새로운 정착민들의 근처 공동체

해설 첫질문의 키워드 upbringing에 관한 내용을 추론하는 문제로, 두번째 단락에서 설리프는 아메리코-라이베리안 공동체를 보고 자랐으며 이에 크게 영향을 받았다(Sirleaf grew up around and was greatly influenced by the Americo-Liberian community, descendants of people from the US and elsewhere)는 내용이 나오고 있다. 이어서 아메리코-라이베리아인들이 설리프의 유년기 시절에는 지배적인 엘리트집단이었다(During Sirleaf's childhood, Americo-Liberians were the reigning elite)고 언급되는 부분까지 고려하면, 설리프의 양육에 가장 큰 영향을 미친 것은 그녀가 강력한 시민 집단에 노출된 것임을 추론할 수 있으므로, 정답은 (a)이다.

💡 오답체크
(d): 아메리코-라이베리아인들이 미국과 다른 나라에서 이주해 온 것은 사실이나 정착 시기는 19세기이므로, 설리프가 태어난 1938년 이후의 시점에 이들이 새로운 정착민들이라 보기는 어렵다.

📖 패러프레이징
greatly influenced 크게 영향을 받은
➡ exposure 노출
reigning 지배적인 ➡ powerful 강력한

어휘 impact n. 영향   upbringing n. 양육   exposure n. 노출   compose v. 구성하다   lesson n. 교훈   nearby a. 근처의   brand-new a. 새로운   settler n. 정착민

3. 세부 내용   정답 (d)

해석 설리프는 1961년 이후에 왜 미국으로 돌아왔는가?

(a) 회계학 공부를 계속하기 위해서
(b) 대학 행정 분야의 일자리를 찾기 위해서
(c) 학대적 관계로부터 벗어나기 위해서
(d) 공공 서비스에 대한 지식을 발전시키기 위해

해설 세번째 단락에 질문의 키워드 return to America가 went back to the US로 패러프레이징된 부분을 보면, 공부를 하기 위해 미국으로 돌아갔는데, 결국 1971년에 하버드에서 행정학 석사 학위를 받았다(eventually earning a master's degree in public administration from Harvard in 1971)고 했다. 따라서 정답은 (d)이다.

📖 패러프레이징
earning a master's degree in public administration 행정학 석사 학위를 받다 ➡ further her knowledge of public services 공공 서비스에 대한 지식을 발전시키다

어휘 accounting n. 회계학   administration n. 행정   escape v. 탈출하다   abusive a. 폭력적인, 학대하는   further v. 발전시키다

4. 세부 내용   정답 (d)

해석 본문에 따르면, 1980년과 2003년 사이의 설리프의 활동은 그녀에 대해 무엇을 설명하는가?

(a) 그녀는 민간기업들과 일하는 것을 선호한다.
(b) 그녀는 군대를 비판하는 것을 두려워하지 않는다.
(c) 그녀는 체포를 피하기 위해 기꺼이 타협한다.
(d) 그녀는 정치적 장애물에도 불구하고 끈질기게 버틴다.

해설 네번째 단락에 질문의 키워드 between 1980 and 2003가 언급된 부분을 보면, 1980년과 2003년 사이에, 두 번의 내전, 몇 차례의 쿠데타 시도, 그리고 부정으로 얼룩진 여러 총선거 가운데, 설리프는 정치적 동기에 의해 여러 번 체포를 당했음에도 불구하고 여전히 라이베리아 정치에 종사하고 있었다(Sirleaf remained engaged in Liberian politics despite multiple politically motivated arrests)고 했다. 따라서 정답은 (d)이다.

패러프레이징
politically motivated arrests 정치적 동기에 의한 체포 ➜ political obstacles 정치적 장애물

어휘 Illustrate v. 설명하다 prefer v. 선호하다 unafraid a. 두려워하지 않는 criticize v. 비판하다 compromise v. 타협하다 persistent a. 집요한, 끈질긴 obstacle n. 장애물

5. 세부 내용   정답 (b)

해석 설리프는 왜 노벨상을 받았는가?

(a) 그녀가 여성들이 정부에 반항하도록 이끌었기 때문에
(b) 그녀가 한 때 영향력이 부족했던 사람들에게 힘을 실어주었기 때문에
(c) 그녀는 그 지역에 경제적 번영을 가져다 주었기 때문에
(d) 그녀는 내전을 성공적으로 끝냈기 때문에

해설 다섯번째 단락에 질문의 키워드 Nobel Prize가 언급된 부분을 보면, 설리프는 여성들의 권리 증진과 평화 구축 노력에 그들의 참여를 장려한 것으로 노벨평화상을 수상 받았다(Sirleaf was awarded the Nobel Peace Prize for promoting the rights of women and encouraging their participation in peace-building efforts)고 했다. 따라서 정답은 (b)이다.

오답체크
(c): 본문에 설리프가 지역의 평화, 조화, 그리고 사회 및 경제 발전을 촉진시킨 것으로도 찬사를 받았다는 내용이 나오고 있지만, 그것으로 노벨상을 받았다는 언급은 없었다.

어휘 accounting n. 회계학 administration n. 행정 escape v. 탈출하다 abusive a. 폭력적인, 학대하는 further v. 발전시키다

6. 어휘   정답 (c)

해석 해당 절의 문맥에서, neglecting은 _____를 의미한다.

(a) 잊다
(b) 탈출하다
(c) 실패하다
(d) 멈추다

해설 해당 어휘가 포함된 문장(by neglecting to reinvest profits back into Liberia)은 '라이베리아에 이윤을 재투자하는 것을 등한시함으로써'라는 뜻이다. 즉, neglect의 '등한시하다, 소홀히 하다'라는 뜻이 지문의 흐름상 해야 할 일을 하지 않았다는 것을 의미하므로, '실패하다'라는 의미가 주어진 문맥에 가장 적절하다. 따라서 정답은 (c)이다.

7. 어휘   정답 (b)

해석 해당 절의 문맥에서, highlighting은 _____를 의미한다.

(a) 밝아지게 하다
(b) 강조하다
(c) 수행하다
(d) 반복하다

해설 해당 어휘가 포함된 문장(highlighting their roles in the advancement of African nations)은 '아프리카 국가들의 발전에 대한 그들의 역할을 강조하다'라는 뜻이다. 즉, highlight가 '강조하다'라는 뜻으로 사용되었으므로, 정답은 (b)이다.

FINAL 실전문제 2   p.164

8 (c)　**9** (a)　**10** (d)　**11** (b)　**12** (a)
13 (d)　**14** (c)

어니스트 헤밍웨이

어니스트 헤밍웨이는 서양 문학에서 가장 중요한 작가 중 한 명이다. 《무기여 잘 있거라》와 《누구를 위하여 종은 울리나》를 포함한 그의 작품들은 20세기 소설의 가장 영향력 있는 작품들 중 하나이다. 역대 미국의 가장 위대한 작가 중 한 명으로 여겨지는 헤밍웨이는 1954년에 노벨문학상을 수상했다.

어니스트 밀러 헤밍웨이는 1899년 7월 21일에 일리노이주 오크 파크에서 클래런스 헤밍웨이와 그레이스 홀 사이에서 태어났다. 어린 어니스트는 그의 할아버지인 어니스트 홀의 이름을 따라 이름이 지어졌다. 그는 편안한 어린 시절을 보냈으며 아버지와 함께 사냥, 낚시, 캠핑을 즐겼다. ⁸⁾헤밍웨이는 오크 파크 리버 포레스트 고등학교를 다녔고 17살에 고등학교 신문을 위한 글을 쓰기 시작했다. 이 취미는 그가 이후에 "캔자스 시티 스타"지에서 일하게 됨에 따라 결국 진정한 기자의 일로 바뀌었다.

1918년에, 헤밍웨이는 제1차 세계 대전 동안 적십자사의 구급차 운전 기사로 복무를 하기로 계약했다. ⁹⁾비록 그가 전쟁의 최전선에 서진 않았지만, 그는 복무하는 동안 많은 끔찍한 것들을 경험했고, 그 중 대부분을 그의 이야기를 위한 영감으로 사용했다. 그의 군 경력은 박격포 폭발로 중상을 입어 다리에서 파편을 제거하기 위해 병원으로 이송되면서 끝이 났다. 그러고 나서 그는 미국으로 보내져 그 곳에서 글쓰기를 ¹³⁾재개했다.

헤밍웨이는 "토론토 스타"지의 특파원으로 일하기 시작했다. 이 ¹⁴⁾중추적인 경력 전환은 그를 파리로 보냈고 그 곳에서 그의 첫 소설인 《태양은 다시 떠오른다》를 집필했다. 한 세대에 미치는 전쟁의 결과에 관한 이 책은 1926년에 출판되었다. ¹⁰⁾그것은 헤밍웨이의 직설적인 문체로 평론가들로부터 인정을 얻었다. 곧, 그는 중요한 작가로 인식을 얻기 시작했다.

헤밍웨이는 이후 제2차 세계 대전에서 종군기자로 일했다. ¹¹⁾그는 그 후 쿠바로 건너가 퓰리처상 수상작인 《노인과 바다》를 집필했다. 그는 2년 뒤에 노벨문학상을 수상했다.

¹²⁾1950년대 후반까지, 헤밍웨이는 그의 글을 조직하고 완성하는 데 어려움을 겪기 시작했다. 그는 또한 심각한 병에 걸렸다. 정신 건강과의 오랜 투병 끝에, 그는 1961년에 자살로 생을 마감하였다. 그의 유족으로는 세 명의 전처, 미망인, 그리고 세 명의 자녀가 있었다. 그의 작품에는 25권의 책이 포함되어 있는데, 그 중 일부는 그의 사후에 출판되었다.

| 어휘 |

author n. 작가　**literature** n. 문학　**influential** a. 영향력 있는　**writing** n. 글, 작품　**consider** v. 고려하다; 여기다, 간주하다　**be named after** v. ~의 이름을 따서 이름을 짓다　**comfortable** a. 편안한　**childhood** n. 어린 시절, 유년기　**hunting** n. 사냥　**attend** v. 참석하다, 다니다　**eventually** ad. 결국　**turn into** v. ~가 되다, ~로 바뀌다　**journalistic** a. 저널리스트의, 기자의　**pursuit** n. 일, 활동, 추구　**ambulance** n. 구급차　**Red Cross** n. 적십자　**forefront** n. 맨 앞, 최전선, 선봉　**experience** v. 겪다, 경험하다　**horror** n. 공포, 끔찍한 일　**service** n. 근무, 복무　**inspiration** n. 영감　**seriously** ad. 심각하게　**wounded** a. 부상을 입은　**mortar** n. 박격포　**explosion** n. 폭발　**shrapnel** n. (포탄의) 파편　**remove** v. 제거하다　**resume** v. 재개하다　**correspondent** n. 특파원, 기자　**pivotal** a. 중추적인, 중요한　**consequence** n. 결과　**generation** n. 세대　**publish** v. 출간하다, 출판하다　**approval** n. 승인, 인정　**critic** n. 비평가, 평론가　**direct** a. 직접적인　**recognition** n. 인정, 인식, 알아봄　**have difficulty -ing** v. ~하는 데 어려움을 겪다　**organize** v. 정리하다, 구성하다, 조직하다　**complete** v. 완료하다, 끝마치다　**struggle** n. 투쟁, 분투, 몸부림　**mental** a. 정신의, 마음의　**suicide** n. 자살　**be survived by** v. 유족으로 ~가 있다　**widow** n. 미망인, 과부　**include** v. 포함하다

8. 세부 내용   정답 (c)

해석 어니스트 헤밍웨이는 17살에 무엇을 하고 있었는가?

(a) 캔자스 시티 신문사에서 일하기
(b) 다양한 야외 기술을 배우기
(c) 고등학교 신문을 위해 글쓰기
(d) 사병으로 입대하기

해설 질문의 키워드 17살이 언급된 두번째 단락을 보면, 헤밍웨이는 오크 파크 리버 포레스트 고등학교를 다녔고 17살에 고등학교 신문을 위한 글을 쓰기 시작했다(started writing for the high school newspaper at 17)고 했으므로, 정답은 (c)이다.

어휘 **various** a. 다양한　**outdoor skill** n. (생존을 위한) 야외 기술　**enlist** v. 입대하다

9. 세부 내용 정답 (a)

해석 기사에 따르면, 헤밍웨이의 첫 군복무는 어떻게 그에게 도움이 되었는가?

(a) 그에게 이야기를 위한 발상을 제공함으로써
(b) 그가 파리를 탐험하도록 허락함으로써
(c) 그가 종군기자가 되도록 영감을 줌으로써
(d) 그에게 문학상을 얻어다 줌으로써

해설 세번째 단락에 질문의 키워드 military service가 during his service로 패러프레이징된 부분을 보면, 그는 복무하는 동안 많은 끔찍한 것들을 경험했고, 그 중 대부분을 그의 이야기를 위한 영감으로 사용했다(most of which he used as inspiration for his stories)고 했다. 따라서 정답은 (a)이다.

패러프레이징
inspiration for his stories 그의 이야기를 위한 영감
➡ ideas for stories 이야기를 위한 발상

어휘 benefit v. ~에게 도움이 되다 provide v. 제공하다 explore v. 탐험하다 inspire v. 영감을 주다 earn v. 얻다 literary a. 문학의

10. 추론 정답 (d)

해석 문학 평론가들은 헤밍웨이의 글에 대해 무엇을 좋아했을 것 같은가?

(a) 전쟁에 대한 그의 이야기
(b) 낚시에 대한 그의 집착
(c) 파리에 관한 그의 낭만적인 이야기들
(d) 그의 복잡하지 않은 문체

해설 헤밍웨이의 글에 대한 평론가들이 무엇을 좋아했을 지에 대해 추론하는 문제로, 질문의 키워드 critics가 언급된 네번째 단락에서 헤밍웨이의 직설적인 문체로 평론가들로부터 인정을 얻었으며(It earned Hemingway approval from the critics for his direct writing style) 중요한 작가로 인식을 얻기 시작했다(Soon, he began to get recognition as an important writer.)고 했다. 이를 통해 문학 평론가들은 헤밍웨이의 글에 대해 그의 복잡하지 않은 문체를 좋아했을 것으로 추론할 수 있다. 따라서 정답은 (d)이다.

오답체크
(a): 헤밍웨이가 전쟁에 대한 이야기를 담은 책을 출간하기는 했지만, 이에 대한 평론가들의 언급은 본문에 주어져 있지 않다.

패러프레이징
direct 직설적인 ➡ straightforward 복잡하지 않은

어휘 account n. 설명, 이야기 obsession n. 집착 straightforward a. 쉬운, 복잡하지 않은

11. 세부 내용 정답 (b)

해석 다음 헤밍웨이의 책들 중 어느 것이 퓰리처상을 받았는가?

(a) 《해는 또한 뜬다》
(b) 《노인과 바다》
(c) 《무기여 잘 있거라》
(d) 《누구를 위한 종소리인가》

해설 질문의 키워드 Pulitzer Prize가 언급된 다섯번째 단락을 보면, 그는 그 후 쿠바로 건너가 퓰리처상 수상작인 《노인과 바다》를 집필했다(He then moved to Cuba where he wrote his Pulitzer Prize-winning novel, The Old Man and the Sea)고 했다. 따라서 정답은 (b)이다.

어휘 win v. 얻다, 획득하다

12. 추론 정답 (a)

해석 지문에 따르면, 왜 헤밍웨이는 말년에 그의 글에 대한 자신감을 잃었던 것 같은가?

(a) 그는 더 이상 똑같이 수월하게 글을 쓸 수 없었다.
(b) 그의 전쟁에 대한 기억은 압도적이게 되었다.
(c) 그는 대중들로부터 심한 비판을 받았다.
(d) 그의 개인적인 관계가 그를 괴롭혔다.

해설 헤밍웨이가 말년에 글에 대한 자신감을 잃은 것에 대해 추론하는 문제로, 헤밍웨이의 말년에 대한 평가를 다루는 여섯번째 단락에서 정답의 단서를 찾는다. 해당 단락에서 그는 글을 조직하고 완성하는 데 어려움을 겪기 시작했다(By the late 1950s, Hemingway began having difficulty organizing and completing his writing)고 했고, 이어서 심각한 병에 걸리기도 했다(He also became seriously ill)는 내용이 나온다.

이를 통해 헤밍웨이는 한창 건강했던 시절과 같이 수월하게 글을 쓰기가 어려워져 글에 대한 자신감을 잃었던 것으로 추론할 수 있으므로, 정답은 (a)이다.

🔍 **오답체크**

(b): 본문에 따르면 헤밍웨이가 정신적 건강에 문제를 겪었음을 알 수 있으나 그것이 전쟁에 대한 기억 때문인지는 언급되어 있지 않으므로, 전쟁에 대한 기억이 그를 압도하여 글에 대한 자신감을 잃었을 거라고는 추론하기 어렵다.

어휘 lose v. 잃다 confidence n. 자신감 with ease ad. 수월하게

13. 어휘   정답 (d)

해석 해당 절의 문맥에서, <u>resumed</u>는 _____를 의미한다.

(a) 멈췄다
(b) 시작했다
(c) 개발했다
(d) 계속했다

해설 해당 어휘가 포함된 문장(He was then sent back to America where he resumed writing)은 '그러고 나서 그는 미국으로 보내져 그 곳에서 글쓰기를 재개했다'라는 뜻이다. 즉, resume의 '재개했다'라는 뜻이 지문의 흐름상 글쓰기를 계속했다는 것을 의미하므로, '계속했다'라는 의미가 주어진 문맥에 가장 적절하다. 따라서 정답은 (d)이다.

14. 어휘   정답 (c)

해석 해당 절의 문맥에서, <u>pivotal</u>은 _____를 의미한다.

(a) 심각한
(b) 정기적인
(c) 중요한
(d) 위험한

해설 해당 어휘가 포함된 문장(This pivotal career move sent him to Paris)은 '이 중추적인 경력 전환이 그를 파리로 보냈다'라는 뜻이다. 즉, pivotal의 '중추적인'이라는 뜻은 바꿔 말하면 '아주 중요한'의 의미가 되므로, '중요한'이라는 의미가 주어진 문맥에 가장 적절하다. 따라서 정답은 (c)이다.

독해 PART 2
FINAL 연습문제   p.170

[1~5 : 독해]

1

해석 기사에 따르면, 지역사회는 그들 지역의 건강 문제를 어떻게 관리하려고 하는가?

> **도시 농업이 농업의 미래가 될 수 있다.**
>
> 그 어느 때보다 많은 음식이 생산되고 있지만, 갈수록 사람들이 건강에 좋고 가격이 저렴한 음식을 접할 수 없는 자신들을 발견하고 있다. 많은 지역사회가 인간의 건강 기준을 바꾸기 위해 도시 농업으로 눈을 돌리기 시작하고 있다.

(a) 의료 서비스를 보다 저렴하게 함으로써
(b) 다른 형태의 농사를 시도함으로써

해설 지역사회의 건강 문제 관리에 대하여 인간의 건강 기준을 바꾸기 위해 도시 농업으로 눈을 돌렸다는 본문의 내용이 다른 형태의 농사를 시도한다는 것으로 패러프레이징되어 있는 (b)가 정답이다.

📝 **패러프레이징**
turn to urban farming
→ trying a different form of farming

2

해석 일부 사람들이 부적절한 음식 선택권에 직면했다는 사실에 기여하는 요인은 무엇인가?

> 대략 6퍼센트의 미국인들은 "식품 사막" 즉, 영양가 있는 음식 선택지가 부족한 지역에 살고 있다. 많은 사람들에게, 신선한 과일과 야채를 파는 상점들은 너무 멀리 위치해 있거나, 상점들은 더 건강한 상품들에 더 높은 가격을 부과한다. 교통수단의 부족과 음식 쇼핑과 준비를 위한 시간의 부족은 또한 많은 미국인들이 이상적이지 않은 식단을 갖는 원인이 된다. 도시 농업은 이러한 추세를 역전시키는 열쇠가 될 수 있다.

(a) 각 동네에 상점이 충분하지 않은 것
(b) 식료품점에 주차할 곳이 마땅치 않은 것

해설 신선한 과일과 야채를 파는 상점들은 너무 멀리 위치해 있다는 본문의 내용이 각 동네에 상점이 충분하지 않다는 것으로 패러프레이징되어 있는 (a)가 정답이다.

 패러프레이징
stores ~ are located too far away
➔ not having enough shops

3

해석 기사에 따르면, 승리 정원은 왜 사라졌는가?

> 도시농업은 새로운 것이 아니다. 제2차 세계 대전 동안, 수백만 명의 미국인들은 추가 식량 배급과 사기 올리는 것을 돕기 위해 그들의 뒷마당에 "승리 정원" 또는 "전쟁 정원"을 심었다. 그러나, 전쟁이 끝나자, 정원은 대규모 상업 농사를 위하여 점차 사라져 버렸다. 최근 몇 년 동안, 성장하는 도시들의 무질서한 발전을 수용하기 위해 농촌 농지를 매입함에 따라, 지역사회의 정원이 다시 살아나고 있다. 많은 도시에서는 신선한 과일과 채소를 가난한 동네로 들여오기 위해서 주민들이 도시 정원을 위해 공터나 옥상을 활용하도록 장려하는 프로그램을 마련하고 있다.

(a) 그것들은 2차 세계 대전 후에 쓸모가 없었기 때문이다.
(b) 더 큰 농장들로 대신 사용되고 있었기 때문이다.

해설 승리 정원이 사라진 이유로 대규모 상업 농사를 위하여 점차 사라져 버렸다는 본문의 내용이 더 큰 농장들로 대신 사용되고 있었기 때문이라고 패러프레이징되어 있는 (b)가 정답이다.

 패러프레이징
large-scale commercial farming
➔ larger farms

4

해석 왜 도시 농부들은 수직농업 기술로 눈을 돌리고 있는 것 같은가?

> 도시 정원은 도시 전체에 충분한 식량을 생산하지 못할 수도 있지만, 접근성이 낮은 이웃에 건강하고 저렴한 농산물을 제공하는 데 도움이 될 수 있다. 게다가, 적절한 기술만 있으면, 혁신적인 방식으로 농업을 수행할 수 있다. 예를 들어, 수직농업은 쌓아 올린 용기에 식물을 심을 수 있게 해서, 전통적인 정원보다 더 작은 공간을 차지한다. 도시 농부들은 뼈대, 파종기, 태양등과 같은 필요한 장비를 온라인으로 쉽게 구매할 수 있고, 단지 몇 피트 떨어진 공간에서 정원 가꾸기를 시작할 수 있다.

(a) 농부들이 작은 구역에 더 많은 품목을 기를 수 있다.
(b) 농부들이 식물을 더 쉽게 정리할 수 있다.

해설 질문의 키워드 vertical farming techniques에 대해 추론하는 문제로, 수직농업은 수직농업은 쌓아 올린 용기에 식물을 심을 수 있게 해서, 전통적인 정원보다 더 작은 공간을 차지한다고 했다. 이를 통해 농부들이 작은 구역에 더 많은 품목을 기를 수 있어 농부들이 수직농업 기술로 눈을 돌리는 것으로 추론할 수 있으므로, 정답은 (a)이다.

5

해석 본문에 따르면, 도시 농업이 공해를 잠재적으로 줄일 수 있는 방법은 무엇인가?

> 도시농업은 또한 식량이 재배자에서 사람의 요리로 옮겨지는 데 걸리는 시간을 단축하고 화석 연료 연소로 인한 공해를 조금 줄여준다. 적절한 대중교통 수단이 없는 지역의 경우, 사람들은 지역 사회에 과일과 채소를 제공하는 생산자와 더 쉽게 왕래할 수 있다.

(a) 음식물을 운반하기 위한 연료를 사용하지 않음으로써
(b) 음식이 운반되어져야 하는 거리를 단축시킴으로써

해설 도시농업이 공해를 줄이는 방법에 대한 문제로, 식량이 재배자에서 사람의 요리로 옮겨지는 데 걸리는 시간을 단축하고 화석 연료 연소로 인한 공해를 조금 줄여준다고 했으므로 정답은 (b)이다.

[6~7 : 어휘]

6

해석 해당 절의 문맥에서, sprawl은 _____를 의미한다.

(a) 다양성   (b) 견해
(c) 확산   (d) 방식

🟢 **패러프레이징**
sprawl (도시의) 무질서한 발전 ➡ spread 확산

7

해석 해당 절의 문맥에서, innovative는 _____를 의미한다.

(a) 창조적인   (b) 기계적인
(c) 예술적인   (d) 도전적인

🟢 **패러프레이징**
innovative 혁신적인 ➡ creative 창조적인

FINAL 실전문제 1   p.172

1 (a) **2** (b) **3** (a) **4** (b) **5** (d)
6 (c) **7** (c)

3D 프린팅 기술로 3,000년 된 미라를 말하게 하다

3D 프린터의 사용이 점점 더 널리 퍼지면서, 이 기술은 콘크리트로 된 복층 건물과 살아있는 세포로 된 인간의 장기를 인쇄하는 데 사용되어 왔다. ¹⁾이 기술은 심지어 3,000년 된 미라의 성도, 즉 인간 고유의 목소리를 형성하는 역할을 하는 신체의 구강을 스캔, 인쇄 및 소생시키기를 희망하는 고고학자의 연구실에까지 진출했다.

한 전기 엔지니어는 3D 프린팅을 사용하여 모음 소리를 낼 수 있는 인간 성도의 기능 복제품을 만들었다. ²⁾한 고고학자가 이 일에 알게 되자마자, 과거의 누군가의 목소리를 재현하기 위해 동일한 기술이 적용될 수 있는지 궁금해했다. 그 엔지니어와 고고학자는 협력하였고, 영국의 한 팀과 함께 영국에 있는 리즈 시립 박물관에 ⁶⁾있는 이집트 미라에 이 기술을 사용하려는 시도를 상세히 기술한 보고서를 발표했다.

그 팀은 3,000년 전에 카르나크 신전 단지에서 일했던 이집트의 사제이자 서기관인 네시아문의 미라를 그들의 프로젝트에 적합한 후보임을 확인했다. 전형적인 경우, 성도를 구성하는 연조직은 사망 후에 부패된다. ³⁾그러나, 네시아문의 경우에는, 미라화의 결과로 연조직이 방부 처리되어 대부분 손상되지 않았다. 이는 연구팀이 미라의 몸을 디지털 스캔하고, 3D 컴퓨터 모델을 생성한 다음, 미라의 성대의 3D 복제품을 인쇄하는 것을 가능하게 했다.

⁴⁾확성기와 전자 신호의 도움으로, 연구팀은 복제된 성도를 시험했다. 그 결과로 나온 발성은 'bed'와 'bad'라는 단어의 모음 소리 사이에 있는 짧은 신음 소리와 유사했다. 이 연구는 그러한 기술이 죽은 사람의 목소리를 재현하기 위해 사용된 최초의 사례였다.

이 팀은 실험의 한계를 인정했지만, ⁵⁾미래의 모델링 소프트웨어를 고려해 볼 때 결국에는 온전한 낱말과 가능하다면 전체 문장을 재현하기를 희망했다. 박물관 큐레이터들에게, 이는 그때 당시를 살았던 사람들의 문자 그대로의 목소리를 통해서 역사를 잠재적으로 설명할 수 있는 기회를 나타낸다. 적절하게도, 네시아문의 관에 그의 영혼이 내세에서 말할 수 있으리라는 그의 소망을 드러내는 메시지가 ⁷⁾새겨져 있다.

어휘

widespread a. 광범위한, 널리 퍼진 multistory a. 다층의, 고층의 concrete n. 콘크리트(재) organ n. 장기 cell n. 세포 make one's way into v. ~안으로 들어가다 lab (laboratory) n. 연구실 archeologist n. 고고학자 reanimate v. 되살리다, 소생시키다 mummy n. 미라 vocal tract n. 성도 cavity n. 구강 be responsible for v. ~을 맡다, 담당하다 shape v. 형성하다 unique a. 독특한, 고유의 functioning n. 기능, 작용 replica n. 복제품, 모형 be capable of v. ~할 수 있다 vowel n. 모음 collaborate v. 협력하다, 공동으로 작업하다 along with prep. ~와 함께 publish v. 출간하다, 발표하다 detail v. 상세히 알리다(열거하다) attempt v. 시도하다 reside v. 거주하다, 살다, 있다 identify v. 확인하다 priest n. 사제 scribe n. 서기관 suitable a. 적합한, 적절한 candidate n. 후보자 typical a. 전형적인 tissue n. 조직 decompose v. 분해(부패)되다 embalm v. 방부 처리를 하다, 미라로 만들다 intact a. 손상되지 않은 mummification n. 미라화 generate v. 생성하다, 발생시키다 aid n. 지원, 도움 loudspeaker n. 확성기 replicated a. 복제된 utterance n. 발성, 입으로 내기 groan n. 신음소리 recreate v. 되살리다, 재현하다 deceased a. 사망한 acknowledge v. 인정하다 experiment n. 실험 limitation n. 한계 given prep. ~이 주어진다고 하면 curator n. 큐레이터, (도서관·박물관 등의) 관장 represent v. 나타내다, 의미하다 literal a. 문자 그대로의 fittingly ad. 적절하게, 알맞게 inscribe v. 쓰다, 적다, 새기다 coffin n. 관 reveal v. 드러내다, 보여주다 afterlife n. 내세

1. 주제/목적 — 정답 (a)

해석 기사는 주로 무엇에 관한 것인가?

(a) 죽은 사람의 목소리 복제
(b) 고대 사람들의 소통 방법
(c) 고고학자들이 신기술을 사용하는 다양한 방법들
(d) 미라의 성도의 제거

해설 글의 주제에 대해 묻는 문제로, 첫번째 단락에서 답의 단서를 찾을 수 있다. 해당 단락에서 3,000년 된 미라의 성도를 소생시키는(reanimate a 3,000-year-old mummy's vocal tract) 것에 대한 내용이 언급되고 있으므로, 글의 제목과 연계하여 봤을 때 기사의 주제는 죽은 사람의 목소리를 복제하는 것임을 알 수 있다. 따라서 정답은 (a)이다.

패러프레이징
mummy's vocal tract 미라의 성도
→ deceased person's voice 죽은 사람의 목소리

어휘 replication n. 복제 ancient a. 고대의 various a. 다양한 removal n. 제거

2. 세부 내용 — 정답 (b)

해석 고고학자는 어떻게 그 실험에 대한 발상을 떠올렸는가?

(a) 그는 3D 프린팅의 장점에 관하여 읽고 있던 중이었다.
(b) 그는 다른 과학자의 발명에서 영감을 얻었다.
(c) 그는 고대 언어의 모음 소리에 대해 배우는 중이었다.
(d) 그는 새로운 박물관 전시회에서 감명을 받았다.

해설 두번째 단락에서 한 고고학자가 앞에서 전기 엔지니어가 3D 프린팅 기술을 사용한 것에 대해 알게 되자마자 과거의 누군가의 목소리를 재현하기 위해 동일한 기술이 적용될 수 있는지 궁금해했다(Upon learning about this work, an archeologist wondered if the same technology could be applied to recreate the voice of someone from the past)고 했으므로, 다른 과학자의 발명에서 영감을 얻어 실험에 대한 발상을 떠올렸다고 하는 것이 가장 적절하다. 따라서 정답은 (b)이다.

오답체크
(b): 주어진 본문에서 또 다른 과학자(another scientist)에 관한 정보는 언급되어 있지 않다.

어휘 advantage a. 장점 inspired a. 영감을 받은 impressed a. 감명받은

3. 추론   정답 (a)

해석 왜 네시아문의 미라가 그 연구 실험의 일부로 선택된 것 같은가?

(a) 실험에 핵심적인 해부학적 구조가 잘 보존되어 있었다.
(b) 연구원들이 가장 가까이서 구할 수 있는 후보를 정했다.
(c) 그 사제는 그의 시대에서 중요한 인물이었다.
(d) 고대의 방부 처리 과정이 완벽하게 되어졌다.

해설 네시아문의 미라가 연구 실험의 일부로 선택된 이유에 대해 추론하는 문제로, 네시아문의 미라가 프로젝트에 적합한 후보임을 확인했다(The team identified the mummy of Nesyamun ~ as a suitable candidate for their project)고 언급하는 세번째 단락에서 네시아문의 미라가 미라화의 결과로 연조직이 방부 처리되어 대부분 손상되지 않았다(the soft tissue was embalmed and mostly intact as a result of mummification)고 했다. 이를 통해 네시아문의 미라가 실험에 핵심적인 해부학적 구조가 잘 보존되어 있어 연구 실험의 일부로 선택되었음을 추론할 수 있으므로, 정답은 (a)이다.

🔄 패러프레이징
mostly intact 대부분 온전한
➡ well preserved 잘 보존된

어휘 anatomy n. (해부학적) 구조   critical a. 중요한, 핵심적인   preserve v. 보존하다   settle on v. ~을 정하다   significant a. 중요한   figure n. 인물

4. 세부 내용   정답 (b)

해석 정확히 무엇이 미라의 "목소리"를 생성했을까?

(a) 미라화된 성도의 청사진
(b) 미라화된 성도의 물리적 모형
(c) 미라화된 성도의 디지털 스캔
(d) 미라화된 성도의 컴퓨터 모델

해설 질문의 키워드 mummy's voice가 deceased person's voice로 패러프레이징 되어 있는 네번째 단락을 보면, 실험에 사용된 것은 3D 프린팅 기술을 통해 만들어진 성도(the research team tested the replicated vocal tract)로서 이는 모형에 해당되므로 정답은 (b)이다.

어휘 blueprint n. 청사진   mummify v. 미라로 만들다   physical a. 물리적인

5. 세부 내용   정답 (d)

해석 기사에 따르면, 연구자들이 프로젝트에 대한 후속 조치를 취하기 위해 무엇을 할 수 있을까?

(a) 시간에 따른 인간의 목소리의 진화를 연구한다
(b) 죽은 사람이 한 임종의 말을 재현한다
(c) 유명한 역사적 인물의 목소리를 부활시킨다
(d) 기술을 더 복잡한 말하기에 사용한다

해설 연구자들이 프로젝트에 대한 후속 조치로 나중에 할 수 있는 것이 무엇인지에 대한 문제로, 한계/추후 과제에 대한 내용이 나오는 다섯번째 단락에서 정답의 단서를 찾는다. 해당 단락에서 당장은 한계가 있어 어렵지만 나중에는 온전한 낱말이나 전체 문장을 재현하기를 희망했다(hoped to eventually recreate whole words and perhaps even full sentences given future modeling software)고 언급되어 있으므로, 나중에는 기술을 더 복잡한 말하기에 사용한다고 하는 것이 가장 적절하다. 따라서 정답은 (d)이다.

💡 오답체크
(b): 본문에 온전한 낱말이나 전체 문장을 재현하기를 희망한다고 했지만, 죽은 사람의 마지막 말에 대한 정보는 나와 있지 않다.
(c): '그때 당시를 살았던 사람들의 문자 그대로의 목소리를 통해서 역사를 잠재적으로 설명할 수 있는 기회를 나타낸다'라는 본문의 내용을 통해 '목소리(voices)'에 대한 언급이 나오기는 하지만, 해당 단락의 초점은 낱말 또는 문장의 재현이지 목소리의 재현이 아니므로 답이 될 수 없다.

🔄 패러프레이징
whole words and full sentences 온전한 낱말과 전체 문장 ➡ more complex speech 더 복잡한 말하기

어휘 evolution n. 부활   recreate v. 되살리다, 재현하다   resurrect v. 부활시키다   complex a. 복잡한   speech n. 연설, 말하기

6. 어휘   정답 (c)

해석 해당 절의 문맥에서, residing은 _____를 의미한다.

(a) 살다
(b) 계속하다
(c) 머물러 있다
(d) 정착하다

해설 해당 어휘가 포함된 문장(an Egyptian mummy residing at the Leeds City Museum in England)은 '영국에 있는 리즈 시립 박물관에 있는 이집트 미라'라는 뜻이다. 즉, reside가 '(~에 놓여) 있다'라는 뜻으로 사용되었으므로, 주어진 문맥에서는 '머물러 있다'의 의미가 가장 적절하다. 따라서 정답은 (c)이다.

7. 어휘 정답 (c)

해석 해당 절의 문맥에서, inscribed는 _____를 의미한다.

(a) 할당된
(b) 저장된
(c) 쓰여진
(d) 설명된

해설 해당 어휘가 포함된 문장(inscribed on Nesyamun's coffin is a message)은 '네시아문의 관에 메시지가 새겨져 있다'라는 뜻이다. 즉, inscribed가 '새겨진'이라는 뜻으로 사용되었으므로, 주어진 문맥에서는 '쓰여진'의 의미가 가장 적절하다. 정답은 (c)이다.

FINAL 실전문제 2 p.174

8 (b) 9 (c) 10 (b) 11 (a) 12 (d)
13 (a) 14 (d)

8) 벌새는 짝을 찾기 위해 노랫소리를 바꿀 수 있다

8) 전문가들은 항상 수컷 벌새가 어린 나이에 짝짓기 울음소리, 즉 "노래"를 배우고 성년기가 되어서도 그 울음소리를 계속 발달시킨다고 생각해 왔다. 9-a) 벌새는 부모로부터 의사소통을 배우는 동물 집단 중 하나이다. 9-c) 대부분의 다른 동물들은 그들의 종과 의사소통하는 방법에 대한 지식을 가지고 태어난다.

9-b) 벌새의 짝짓기 울음소리는 새마다, 또는 장소에 따라 다를 수 있으며, 9-d 서로 다른 "노래 이웃"을 나타낸다. 하지만, 뉴멕시코 주립대학교의 한 과학자 팀은 벌새가 새로운 노래를 배울 수도 있고 심지어 어른이 되면서 새로운 노랫소리 유형을 개발할 수도 있다는 것을 발견했다.

짝을 찾을 때, 수컷 벌새는 매일 그의 선택된 장소로 가서 자신의 유효성을 알리기 위해 노래를 부를 것이다. 10) 그 노랫소리는 초당 두 번 반복된다. 그 13) 의식은 8개월 동안 하루 8시간까지 계속될 수 있다. 행동에 있어 이러한 일관성은 연구원들이 다양한 노랫소리를 연구할 수 있게 해주었고 짝짓기 울음소리의 변화가 때때로 일어난다는 것을 알게 해주었다.

11) 수컷 벌새의 또 다른 구애 특성은 "꼬리 흔들기"이다. 이것은 다른 수컷에게 경고하는 역할을 하며, 암컷에게 계속 구애하는 동안 경쟁 상대와 마주쳤을 때 영역을 표시하는 방법이다. 게다가, 수컷이 짝짓기를 하기 전에 14) 잠재적인 짝 앞에서 앞뒤로 떠다니는 "공중에서 과시하는 동작"도 한다. 전문가들은 이러한 시각적 과시가 새의 짝짓기 수법에 있어 중요한 특징이라고 생각한다.

이 연구의 수석 생물학자인 티모시 라이트는 왜 수컷 벌새가 그의 곡조를 바꿀 수 있는 지에 대해 몇 가지 설명을 했다. 12) 짝짓기 울음소리의 전환은 더 많은 암컷들을 끌어들일 수 있는 다양한 노랫소리들을 만들어낸다. 노랫소리를 전환하는 것은 영역을 표시하고 유지하는 전략의 변화일 수도 있다. 이러한 상황들은 라이트와 그의 팀에 의해 계속 연구되고 있었다. 그들은 또한 시각적 과시와 결합된 새로운 노랫소리가 어떻게 벌새가 짝을 찾을 가능성을 증가시킬 수 있는지 살펴보고 있었다.

| 어휘 |

expert n. 전문가 hummingbird n. 벌새 mating call n. 짝짓기 울음소리 adulthood n. 성인 kind n. 종류, 종 differ v. 다르다 mark v. 나타내다, 표시하다 discover v. 발견하다, 알아내다 mature v. 어른이 되다 mate n. 짝 declare v. 선언하다 availability n. 이용 가능성, 유효성 repeat v. 반복하다 ritual n. 의식 continue v. 계속되다(하다) consistency n. 일관성 behavior n. 행동 allow v. 허용하다, ~하게 하다 study v. 연구하다 from time to time ad. 때때로 courtship n. 구애 trait n. 특성 tail n. 꼬리 flick v. (잽싸게, 휙) 움직이다 serve as v. ~의 역할을 하다 warning n. 경고 way n. 방법 territory n. 영토, 영역 encounter v. 맞닥뜨리다 rival n. 경쟁자, 경쟁 상대 court v. 구애하다 perform v. 행하다 float v. 떠다니다 n. 뜨는 것 display n. 기교, 과시 potential a. 잠재적인 partner n. 짝 expert n. 전문가

visual a. 시각의, (눈으로) 보는 important a. 중요한 feature n. 특징 routine n. 일과, 틀에 박힌 수법 biologist n. 생물학자 tune n. 곡, 곡조, 선율 switch n. 전환 v. 전환하다, 바꾸다 produce v. 제작하다, 만들어내다 attract v. 끌어들이다 strategy n. 전략 circumstance n. 상황 investigate v. 조사하다, 연구하다 combine v. 결합하다 increase v. 증가시키다, 늘리다

8. 세부 내용   정답 (b)

해석 잡지 기사의 주요 주제는 무엇인가?

(a) 수컷 벌새는 영역을 표시하는 이유
(b) 벌새가 그들의 짝짓기 울음소리를 바꾸는 이유
(c) 벌새가 새로운 울음소리를 배우는 방법
(d) 벌새가 부유하면서 짝짓기 하는 방법

해설 글의 주제에 대해 묻는 문제로, 제목을 통해 수컷 벌새는 짝을 찾기 위해 노랫소리를 바꿀 수 있다는 내용을 알 수 있으며 첫 단락에서는 전문가들은 벌새들이 "노래"를 어려서부터 배우고 계속해서 발전시킨다(continues developing that call into adulthood)는 내용이 언급된다. 또한 지문의 전반적인 흐름 역시 수컷 벌새가 그들의 노랫소리를 바꾸는 것에 대한 설명에 대한 내용이므로, 정답은 (b)이다.

어휘 mate v. 짝짓기를 하다 via prep. (특정한 사람, 시스템 등을) 통하여

9. 일치/불일치   정답 (c)

해석 벌새가 울음소리를 내는 방법에 대해 사실이 아닌 것은 무엇인가?

(a) 벌새는 어른 벌새들로부터 울음소리를 배운다.
(b) 벌새의 울음소리는 다른 벌새들의 것과 다를 수 있다.
(c) 벌새는 태어날 때부터 울음소리를 내는 법을 안다.
(d) 벌새의 공동체가 독특한 울음소리를 가질 수 있다.

해설 지문의 내용과 일치하지 않는 것을 고르는 문제이므로, 각 보기와 본문을 대조하면서 정답을 찾는다. 첫번째 문단에서 의사소통하는 방법에 대한 지식을 가지고 태어나는(most other animals are born with the knowledge of how to communicate with their kind) 것은 벌새가 아닌 대부분의 다른 동물들이다. 따라서 정답은 (c)이다.

오답체크
(a): 벌새는 부모로부터 의사소통을 배우는 동물 집단 중 하나라고 언급되어 있다.
(b): 벌새의 짝짓기 울음소리는 새마다 다를 수 있다고 언급하고 있다.
(d): 서로 다른 "노래 이웃"을 나타낸다고 언급되어 있으므로 공동체마다 다른 울음소리를 가질 수 있다.

어휘 differ from v. ~와 다르다 community n. 사회, 공동체 unique a. 독특한

10. 세부 내용   정답 (b)

해석 왜 연구원들은 수컷 새들의 짝짓기 울음소리를 연구할 수 있었을까?

(a) 그 새들은 항상 짝짓기를 하기 위해 같은 장소를 선택했기 때문에
(b) 그 새들은 짝짓기 울음소리를 규칙적으로 냈기 때문에
(c) 그 새들은 연구원들을 알아차리지 못했기 때문에
(d) 그 새들은 다른 새들보다 더 크게 노래했기 때문에

해설 연구원들이 수컷 새들의 짝짓기 울음소리를 연구할 수 있었던 이유에 대해 묻는 문제로, 세번째 단락에서 질문의 키워드인 researchers와 study가 언급된 부분을 보면 새들의 노랫소리가 초당 두 번 반복되며(The song is repeated two times per second) 8개월 동안 하루 8시간까지 계속된다(The ritual could continue for eight months, for up to eight hours a day)는 규칙성이 언급되고, 행동에 있어 이러한 일관성이 연구원들이 다양한 노랫소리를 연구할 수 있게 해주었다(This consistency in behavior allowed the researchers to study a variety of songs and learn that changes in mating calls happen from time to time)고 했다. 새들은 짝짓기 울음소리를 규칙적으로 냈기 때문에 짝짓기 울음소리에 대한 연구가 가능했음을 알 수 있으므로, 정답은 (b)이다.

패러프레이징
consistency in behavior 행동에 있어서의 일관성
→ sang their mating calls regularly 짝짓기 울음소리를 규칙적으로 냈다

어휘 regularly ad. 규칙적으로 notice v. ~을 의식하다, (보거나 듣고) 알다

11. 세부 내용   정답 (a)

해석 수컷 벌새는 짝에게 구애할 때 어떻게 경쟁 상대에게 경고하는가?

(a) 꼬리를 흔들어서
(b) 울음소리를 반복하면서
(c) 앞뒤로 맴돌면서
(d) 짝짓기 울음소리를 변화시키면서

해설 네번째 단락에서 질문의 키워드 rivals가 언급된 부분을 보면, 수컷 벌새의 또 다른 구애 특성(courtship trait)인 "꼬리 흔들기(tail-flicking)"가 언급되면서, 이것이 다른 수컷에게 경고하는 역할을 한다(serves as a warning to other males)고 했으므로, 수컷 벌새는 짝에게 구애할 때 경쟁 상대에게 꼬리를 흔들어서 경고를 한다는 것을 알 수 있다. 따라서 정답은 (a)이다.

어휘 repeat v. 반복하다   hover v. (허공을) 맴돌다   back and forth ad. 앞뒤로

12. 추론   정답 (d)

해석 기사에 따르면, 노랫소리를 바꾸는 것이 왜 더 많은 짝들을 유인할 수 있는 것 같은가?

(a) 암컷 새들은 반복적인 노랫소리를 싫어한다.
(b) 암컷 새들은 숙련된 노래하는 새를 선호한다.
(c) 노랫소리를 바꾸는 것은 수컷이 이용 가능하다는 것을 의미한다.
(d) 각기 다른 암컷 새들은 가지각색의 노랫소리를 선호한다.

해설 노랫소리를 바꾸는 것이 더 많은 짝을 유인하는 이유에 대해 추론하는 문제로, 질문의 키워드 attract가 언급되어 있는 다섯번째 단락을 보면, 짝짓기 울음소리의 전환은 더 많은 암컷들을 끌어들일 수 있는 다양한 노랫소리들을 만들어낸다(The switch in mating calls produces different songs that can attract more females)고 했다. 이를 통해 다양한 노랫소리가 더 많은 암컷들을 유혹하는데 유용하며, 암컷마다 선호하는 노랫소리가 다름을 추론할 수 있으므로, 정답은 (d)이다.

어휘 repetitive a. 반복적인   skilled a. 숙련된, 노련한

13. 어휘   정답 (a)

해석 해당 절의 문맥에서, ritual은 _____를 의미한다.

(a) 관행
(b) 경향
(c) 연주회
(d) 방법

해설 해당 어휘가 포함된 문장(The ritual could continue for eight months, for up to eight hours a day)은 '이 의식은 여덟 달 동안, 하루에 여덟 시간까지 계속될 수 있다'는 뜻이다. 즉, ritual이 '의식(무언가를 규칙적이고 지속적으로 하는 의례적인 행위)'이라는 뜻으로 사용되었으므로, 주어진 문맥에서는 '관행'이라는 의미가 가장 적절하다. 따라서 정답은 (a)이다.

14. 어휘   정답 (d)

해석 해당 절의 문맥에서, potential은 _____를 의미한다.

(a) 가망이 없는
(b) 강력한
(c) 완벽한
(d) 가능한

해설 해당 어휘가 포함된 문장(the male floats back and forth in front of the potential partner before mating)은 '수컷이 짝짓기 전에 잠재적인 파트너 앞에서 앞뒤로 떠다닌다'는 뜻이다. 즉, potential이 '잠재적인, 가능성 있는'이라는 뜻으로 사용되었으므로, 정답은 (d)이다.

독해 PART 3
FINAL 연습문제 p.180

[1~5 : 독해]

1

해석 알라모는 무엇으로 가장 잘 알려져 있는가?

> **알라모 전도소**
>
> 흔히, 알라모라고 언급되는 알라모 전도소는 예배당을 성채로 개조한 현 텍사스주 샌안토니오의 유명한 명소이다. 이곳은 역사적인 알라모 전투가 벌어진 장소인 것으로 가장 잘 알려져 있다.

(a) 텍사스의 군사적 승리의 장소인 것
(b) 군대들 간의 유명한 전투의 장소인 것

해설 역사적인 알라모 전투가 벌어진 장소라는 내용이 군대들 간의 유명한 전투의 장소인 것으로 패러프레이징되어 있는 (b)가 정답이다.

패러프레이징
site of the historic battle 역사적인 알라모 전투가 벌어진 장소 ➡ location of a famous clash 유명한 전투의 장소

2

해석 이 전도소는 왜 이전 장소에서 옮겨졌는가?

> 18세기에, 스페인 정부는 많은 로마 가톨릭 전도소, 즉 예배당을 세웠다. 그 중에는 당시에 샌안토니오 데 발레로 전도소라고 이름이 붙은 알라모가 있었다. 많은 건물들을 파괴했던 홍수와 허리케인 때문에, 이 전도소는 영구적인 장소를 찾아내기 전에 여러 번 이전되었다. 그곳에서는 한때, 복합 시설이 확장되어 거주자들을 위한 저장고와 집으로 사용될 건물들이 추가되었다.

(a) 악천후가 몇몇 구조물들을 완전히 파괴했기 때문에
(b) 전도소가 확장할 더 많은 공간이 필요했기 때문에

해설 질문의 키워드 moved가 relocated로 패러프레이징된 부분을 보면, 많은 건물들을 파괴했던 홍수와 허리케인으로 전도소가 영구적인 장소를 찾아내기 전에 여러 번 이전되었다고 했으므로 (a)가 정답이다.

패러프레이징
flooding and a hurricane that destroyed many of the buildings 많은 건물들을 파괴했던 홍수와 허리케인 ➡ bad weather wiped out some of the structures 악천후가 몇몇 구조물들을 완전히 파괴했다

3

해석 기사에 따르면, 알라모는 왜 멕시코에게 함락되었을 것 같은가?

> 19세기까지, 이 전도소는 스페인어로 '알라모'라고 알려진 포플라나무 숲 근처에 있었기 때문에 "알라모"로 알려지게 되었다. 원래 예배당으로의 사용이 의도되었으나, 알라모는 곧 스페인군에 의해 점령되어 감옥으로 사용되다가, 나중에는 병원으로 사용되었다. 1821년에, 멕시코가 스페인으로부터 독립을 얻고 나서 이 전도소는 멕시코에게 주어졌다.
>
> 알라모 전투는 1836년 2월 23일부터 3월 6일까지 치러졌다. 이 교전은 텍사스의 독립 전쟁 당시에 약 200명의 텍사스인과 수천 명의 멕시코군 사이에서 벌어졌다. 13일간의 전투 끝에, 텍사스인들은 패퇴를 당했다. 이후의 전투는 훨씬 더 많은 텍사스인들과 함께 치러졌으며, 전투 기간 동안 "알라모를 기억하라"라는 문구가 집결의 함성으로 사용되었다. 이 마지막 투쟁은 멕시코의 패배로 끝이 났다.

(a) 이 전투가 오랜 기간 동안 계속되었다.
(b) 텍사스인들이 수적으로 엄청나게 열세였다.

해설 알라모가 멕시코에 함락되었던 이유에 대해 추론하는 문제로, 질문의 키워드 fall to가 defeated로 패러프레이징된 부분을 보면 이 교전은 약 200명의 텍사스인과 수천 명의 멕시코군 사이에서 벌어졌다고 했다. 이를 통해 텍사스인들이 멕시코군에 비해 수적으로 열세인 상황에서 싸웠기 때문에 알라모가 멕시코에 함락되었을 것으로 추론할 수 있다. 따라서 정답은 (b)이다.

4

해석 알라모는 어떻게 공식적으로 미국의 일부가 되었는가?

> 1845년에 미국이 텍사스를 합병한 뒤에, 알라모의 소유권은 가톨릭 교회로 반환되었고, 그 다음 교회는 1883년에 알라모를 텍사스 공화국에 매각하였다. 알라모가 예배를 위해 사용되는 동안, 알라모는 수년간 충분히 유지보수되거나 복구되지 못했다. 그러나, 1960년에 전도소와 그 주변 장소들이 국립역사 기념물로 지정되었다.

(a) 미국의 주 중 하나에 매각됨으로써
(b) 명소로 지정됨으로써

해설 가톨릭 교회가 1883년에 알라모를 텍사스 공화국에 매각했다는 내용이 미국의 주 중 하나에 매각되었다고 패러프레이징되어 있는 (a)가 정답이다.

> 🔖 **패러프레이징**
> sold it to the State of Texas 알라모를 텍사스 공화국에 매각하였다 ➡ being sold to one of its states 미국의 주 중 하나에 매각되었다

 5

해석 본문에 따르면, 알라모가 현재 사용되고 있는 방식에 대해 사실이 아닌 것은 무엇인가?

> 2015년 7월 5일에, 알라모 전도소는 유네스코 세계문화유산으로 공식적으로 인정되었다. 이 4.2 에이커의 부지는 매해 많은 학생들과 학교를 포함하여 4백만 명 이상의 방문객을 맞이하는 현재 인기 있는 교육 관광지이다. 예배당과 막사에서는 이 전도소의 초기 역사 유물들이 전시되어 있는 현장 투어가 열린다.

(a) 알라모는 인기 있는 자연사 전시회를 하고 있다.
(b) 알라모는 중요한 유물들을 전시하고 있다.

해설 예배당과 막사에서는 이 전도소의 초기 역사 유물들이 전시되어 있다고 했으므로 (b)는 지문의 내용과 일치한다. 반면 인기 있는 자연사 전시회를 하고 있다는 내용은 언급되어 있지 않다. 본문의 내용과 일치하지 않는 것을 고르는 문제이므로, 정답은 (a)이다.

> 🔖 **패러프레이징**
> artifacts from the mission's early history are on display 전도소의 초기 역사 유물들이 전시되어 있다 ➡ exhibit of important relics 중요한 유물들의 전시

[6~7 : 어휘]

 6

해석 해당 절의 문맥에서, skirmish는 _____를 의미한다.

(a) 예배　　　　(b) 전투
(c) 논쟁　　　　(d) 접촉

해설 🔖 **패러프레이징**
skirmish 교전 ➡ combat 전투

 7

해석 해당 절의 문맥에서, welcomes는 _____를 의미한다.

(a) 모으다　　　(b) 초대하다
(c) 즐겁게 하다　(d) 받다

해설 🔖 **패러프레이징**
welcomes 맞이하다 ➡ receives 받다

FINAL 실전문제 1   p.182

1 (a)   2 (d)   3 (b)   4 (c)   5 (a)
6 (d)   7 (b)

이 동작은 마침내 기반을 구축했다. 오늘날, 악수는 공적인 인사와 작별, 감사 또는 축하의 표현, 그리고 합의를 향한 약속으로서 가장 흔하게 사용된다.

악수

악수는 다른 국적, 문화, 세대의 사람들 사이에서 전 세계적으로 행해지는 풍습이다. 그것의 기원은 수천 년 전으로 거슬러 올라갈 수 있다. 이 동작은 특정한 사회적 행사를 축하하고 특정 메시지를 전달하기 위해 두 사람 사이에서 행해진다. ¹⁾악수 행위에 있어 작은 문화적 차이가 존재하지만, 이 동작은 일반적으로 한 사람이 벌린 오른손을 내밀고, 다른 사람의 손을 잡고, 그 다음 움켜쥔 손을 위아래로 잠시 흔들 때 시작된다.

악수의 정확한 기원은 불분명하지만, 이 동작은 낯선 사람들이 평화적인 의도를 전달하기 위한 수단으로서 선사시대에 발전되었다고 통념은 시사한다. 비어 있는 오른손을 보여줌으로써, 사람은 무기를 ⁶⁾지니지 않았고 해치려는 의도가 없음을 증명할 수 있었다. ²⁾손을 잡고 위아래로 흔드는 것은 소매에 숨겨 둔 무기를 제거하고 드러내기 위한 방법이었던 것으로 여겨진다. 또 다른 이론은 맹세 또는 협정을 선언할 때, 손을 움켜잡는 것은 헌신적인 신성한 유대의 신체적인 구현이었다고 시사한다.

악수의 가장 초창기의 기록 중 하나는 동맹을 맺기 위해 손을 흔드는 아시리아와 바빌론의 왕들을 묘사한 기원전 9세기 중반의 돌 부조이다. ³⁾이 풍습은 또한 기원전 8세기 호메로스의 서사시인 《일리아스》와 《오디세이》의 본문에서 찾아볼 수 있으며, 여기에서 악수는 서약을 하거나 선의를 보이는 것과 관련되었다. 그리고 ⁴⁾고대 그리스, 에트루리아, 로마의 장례 조형물에서는, 고인과 그 유족들이 마지막 작별 인사 또는 영원한 가족적 유대를 상징하기 위해 악수를 하는 모습이 종종 보여진다.

⁵⁾현대의 악수는, 역사학자들에 따르면, 계급의 위계질서에 대한 이때 당시의 지배적인 관념 때문에 하층민들에게 기대되었던 의무적인 고개 숙이기, 절하기, 그리고 모자를 벗는 동작에 반대하고자 하는 17세기 퀘이커 교도로부터 발달했다. 악수는 모든 사람이 사회에서 평등한 지위에 있다는 퀘이커 교도들의 믿음을 더 잘 ⁷⁾나타내는 것으로 여겨졌다.

어휘

custom n. 풍습, 관습 practice v. 행하다 different a. 다른 nationality n. 국적 culture n. 문화 generation n. 세대 origin n. 기원 trace v. 추적하다, 따라가다 gesture n. 동작, 몸짓 mark v. (행사를) 축하하다 certain a. 확실한; 특정한 occasion n. (특별한) 일, 행사 convey v. 전달하다 particular a. 특정한 minor a. 작은, 사소한 cultural a. 문화의 variation n. 변화, 차이 performance n. 행위 exist v. 존재하다 typically ad. 일반적으로 extend one's hand 손을 내밀다 grasp v. 꽉 잡다 briefly ad. 간략히, 짧게 shake v. 흔들다 clasp v. 움켜쥐다 exact a. 정확한 unclear a. 불분명한 popular belief n. 통념 suggest v. 제안하다, 암시하다 develop v. 개발하다, 발전시키다 prehistoric a. 선사시대의 means n. 수단, 방법 unfamiliar a. 낯선, 익숙지 않은 individual n. 개인, 사람 communicate v. 소통하다, 전달하다 peaceful a. 평화적인 intention n. 의도 present v. 제시하다, 보여주다 empty a. 비어 있는 prove v. 증명하다, 입증하다 bear v. 지니다, 가지고 오다 intend v. 의도하다 harm n. 해, 피해 dislodge v. 제거하다, 몰아내다 reveal v. 드러내다, 밝히다 concealed a. 숨겨진 sleeve n. 소매 theory n. 이론 proclaim v. 선언하다, 선포하다 oath n. 맹세, 서약 agreement n. 협정, 합의 physical a. 물리적인 embodiment n. 전형, 구현 sacred a. 신성한 bond n. 유대 committed a. 전념하는, 헌신하는 early a. 초기의, 이른 record n. 기록 relief n. 안도, 완화; 부조(돋을새김 또는 양각) depict v. 그리다, 묘사하다 seal v. 봉하다, 확정하다 alliance n. 동맹 epic poem n. 서사시 associate v. 관련시키다 take a vow 맹세하다, 서약하다 show v. 보이다 faith n. 믿음, 신뢰 ancient a. 고대의 burial artwork n. 장례 조형물 the deceased n. 고인 surviving a. 살아 남은 engaged a. 관여하는, 종사하는 symbolize v. 상징하다 farewell n. 작별 everlasting a. 영원한 familial a. 가족의 evolve v. 발달하다, 진화하다 seek v. 추구하다 oppose v. 반대하다 obligatory a. 의무적인 curtsy v. (여성이 다리를 뒤로 빼며 무릎을 구부리고) 절하다 expect v. 기대하다, 예상하다 period n. 기간 prevailing a. 우세한, 지배적인 notion n. 개념, 관념 class hierarchy n. 계급의 위계질서 reflect v. 반영하다 belief n. 믿음 equal a. 동등한, 평등한 standing n. 지위 eventually ad. 결국, 마침내 gain a foothold n. 기반을 구축하다 commonly ad. 흔히 formal a. 공식의 greeting n. 인사 parting n. 작별 expression n. 표현 gratitude n. 감사 pledge n. 서약, 굳은 약속

1. 세부 내용 정답 (a)

해석 기사에 따르면, 문화는 악수에 어떤 영향을 미치는가?

(a) 그것은 동작의 세부 사항에 영향을 미칠 수 있다.
(b) 그것은 어떤 손이 사용되어야 하는지를 결정한다.
(c) 그것은 행동의 기본에 영향을 미칠 수 있다.
(d) 그것은 많은 사람들이 관여하는 방식을 바꾼다.

해설 질문의 키워드 culture가 언급되고 있는 첫번째 단락에서 악수 행위에 있어 작은 문화적 차이가 존재한다(minor cultural variations in the performance of the handshake exist)고 했으므로, 문화는 동작의 세부 사항에 영향을 미칠 수 있음을 알 수 있다. 따라서 정답은 (a)이다.

패러프레이징
variations in the performance of the handshake 악수 행위에 있어서의 차이
→ particulars of the gesture 동작의 세부 사항

어휘 affect v. 영향을 미치다 particular n. 특색, 상세한 사항 determine v. 결정하다 involved a. 관련된, 관여하는

2. 추론 정답 (d)

해석 악수는 왜 발전된 것 같은가?

(a) 그것은 자신을 소개하는 정중한 방법이었기 때문에
(b) 그것은 상대방의 힘을 드러냈기 때문에
(c) 그것은 신체적인 시험의 시작을 알리는 신호였기 때문에
(d) 그것은 잠재적인 적을 무장 해제하는 방법이었기 때문에

해설 악수가 발전된 이유에 대해 추론하는 문제로, 질문의 키워드 developed가 언급된 두번째 단락에서 정답의 단서를 찾는다. 해당 단락에서 악수는 통념에 따르면 선사시대에 발전되었다고 했으며, 손을 잡고 위아래로 흔드는 것이 소매에 숨겨 둔 무기를 제거하고 드러내기 위한 방법(a way to dislodge and reveal any concealed weapons hidden up sleeves)이었던 것으로 여겨진다고 했다. 이를 통해 악수는 잠재적인 적을 무장 해제시키는 방법이었기 때문에 악수가 발전되었음을 추론할 수 있으므로, 정답은 (d)이다.

패러프레이징
dislodge and reveal any concealed weapons 무기를 제거하고 드러내다 → disarm a potential enemy 잠재적인 적을 무장 해제하다

어휘 polite a. 예의 바른 reveal v. 드러내다 opponent n. 상대, 적 physical a. 신체적인 disarm v. 무장을 해제하다

3. 세부 내용 정답 (b)

해석 《일리아스》와 《오디세이》는 악수하는 것에 대해 무엇을 입증하는가?

(a) 종교적인 의례에 주로 사용되었다는 것
(b) 오래 전에 확립된 풍습이었다는 것
(c) 장대한 여정 동안에 고안되었다는 것
(d) 높은 지위에 있는 사람들만 사용했다는 것

해설 질문의 키워드 Iliad와 Odyssey가 언급되는 세번째 단락을 보면, 이 풍습은 또한 기원전 8세기 호메로스의 서사시인 《일리아스》와 《오디세이》의 본문에서 찾아볼 수 있다(The custom can also be found in the eighth-century BC texts of Homer's epic poems the *Iliad* and the *Odyssey*)고 했으므로, 입증된 사실은 악수가 오래전에도 사용되었던 풍습임을 알 수 있다. 따라서 정답은 (b)이다.

오답체크
(c): 주어진 본문에서 《일리아스》와 《오디세이》에서 악수하는 풍습이 있었음을 확인할 수 있지만, 악수가 이 시기에 고안되었다는 내용은 나와있지 않다.

어휘 religious a. 종교적인 ritual n. 의례 epic a. 서사시적인, 장대한 journey n. 여정, 여행 high-status a. 높은 지위의

4. 세부 내용 정답 (c)

해석 왜 고대 로마의 묘비들은 악수하는 사람들의 이미지를 보여주었는가?

(a) 함께 묻힌 가족 모두를 기록하기 위해서
(b) 고인이 숭배했던 사람들을 묘사하기 위해서
(c) 사후에도 계속되는 가족 관계를 나타내기 위해서
(d) 사후 세계에서 고인을 만날 사람을 보여주기 위해

해설 질문의 키워드 Roman이 언급되어 있는 세번째 단락 마지막 문장에서, 고대의 장례 조형물에 고인과 그 유족들이 마지막 작별 인사 또는 영원한 가족적 유대를 상징하기 위해(to symbolize a final farewell or an everlasting familial bond) 악수를 하는 모습이 보여진다고 했으므로, 고대 로마의 묘비들이 악수하는 사람들의 이미지를 보여주는 이유로 사후에도 계속되는 가족 관계를 나타내기 위해서임을 알 수 있다. 따라서 정답은 (c)이다.

🟩 패러프레이징
everlasting familial bond 영원한 가족적 유대 ➡ family relationships continuing after death 사후에도 계속되는 가족 관계

어휘 buried a. 묻힌 depict v. 묘사하다 individual n. 개인, 사람 worship v. 숭배하다 represent v. 나타내다 afterlife n. 사후 세계, 내세

5. 세부 내용   정답 (a)

해설 17세기 퀘이커 교도들은 악수하는 풍습을 어떻게 간주하였는가?

(a) 사회적 위계질서에 도전하는 방법으로
(b) 중산층식 인사를 대표하는 것으로
(c) 평민들이 더 부유해 보이도록 하는 방법으로
(d) 왕족에게 저항하기 위한 수단으로

해설 질문의 키워드인 seventeenth-century Quakers가 언급되고 있는 네번째 단락을 보면, 계급의 위계질서에 대한 이때 당시의 지배적인 관념 때문에 하층민들에게 기대되었던 여러 행위에 반대하고자 하는 17세기 퀘이커 교도들로부터 발달했다(to oppose ~ due to that period's prevailing notions of class hierarchy)고 했다. 이를 통해 퀘이커 교도들은 악수하는 풍습을 사회적 위계질서에 도전하는 방법으로 간주하였음을 알 수 있으므로, 정답은 (a)이다.

💡 오답체크
(b): 퀘이커 교도는 악수가 모든 사람이 사회에서 평등한 지위에 있다고 믿는다고 했지만, 그것이 악수가 중산층식 인사를 대표하는 것과는 거리가 멀다.
(d): 악수가 계급의 위계질서에 반대하고자 하는 퀘이커 교도들로부터 발달했다고 했지만, 왕족 계급에 저항하기 위한 수단으로 여겨졌다는 내용은 언급되지 않았다.

🟩 패러프레이징
oppose 반대하다 ➡ challenge 도전하다

어휘 challenge v. 도전하다 representative n. 전형, 대표 commoner n. 평민, 서민 means n. 수단, 방법 defy v. 반항하다, 거역하다

6. 어휘   정답 (d)

해설 해당 절의 문맥에서, bore은 _____를 의미한다.

(a) 창조했다
(b) 생산했다
(c) 배달했다
(d) 들고 있었다

해설 해당 어휘가 포함된 문장(one was able to prove that one bore no weapons)은 '사람은 무기를 지니지 않았음을 증명할 수 있었다'라는 뜻이다. 즉, bore(bear의 과거형)는 '지니다'라는 뜻으로 사용되었으므로, 주어진 문장에서는 '들고 있었다'의 의미가 가장 적절하다. 따라서 정답은 (d)이다.

7. 어휘   정답 (b)

해설 해당 절의 문맥에서, reflect는 _____를 의미한다.

(a) 모방하다
(b) 나타내다
(c) 고려하다
(d) 교환하다

해설 해당 어휘가 포함된 문장(The handshake was thought to better reflect the Quakers' belief)은 '퀘이커 교도의 믿음을 더 잘 나타내는 것으로 여겨졌다'라는 뜻이다. 즉, reflect가 '반영하다'라는 뜻으로 사용되었으므로, '나타내다'라는 비슷한 의미의 (b)가 정답이다.

FINAL 실전문제 2   p.184

8 (b)   9 (b)   10 (a)   11 (c)   12 (b)
13 (c) 14 (a)

큐리오시티

⁸'큐리오시티'는 미국 항공 우주국(NASA)의 화성 과학 실험실(MSL)에서 만들어지고 관찰되는 자동차 크기의 제어 가능한 탐사차이다. 화성의 표면을 돌아다니는 데 사용되는 차량인 탐사차는 2011년 11월에 발사되어 2012년 8월에 그 붉은 행성에 성공적으로 착륙했다. 주요 임무는 탄소 기반 생물체의 징후 또는 유사 생명체의 징후에 대해 화성의 지역들을 조사하는 것이다. 그것은 또한 미래에 있을 수 있는 인류 탐사에 대비하여 화성의 기후와 지리를 연구하기 위해 만들어졌다.

많은 면에서, '큐리오시티'는 화성으로 보내진 이전의 어떤 탐사차와도 다르다. ⁹무게가 약 1톤이 나가는 그 탐사차는 토양과 암석 같은 그 행성에서 발견되는 물질을 분석할 수 있는 최신 소프트웨어가 갖춰져 있다. 이 정도 규모의 장비는 MSL이 화성에 대해 검사와 분석을 실행하게 하는 초소형 이동식 실험실의 기능을 한다.

'큐리오시티'에는 많은 작업을 수행할 수 있는 다양한 카메라가 갖춰져 있다. 기둥 위에 세워진 마스트 카메라는 탐사차가 정확한 이미지를 수집하는 것과 과학자들이 낯선 풍경을 더 잘 이해하는 것을 가능하게 한다. 탐색 카메라는 탐사차의 움직임을 돕는다. ¹⁰위험 기피 카메라는 탐사차가 이동 중에 마주칠 지도 모르는 문제성 경로들을 피하기 위해 사용된다. 로봇 팔, 방사선 측정 검출기, 그리고 X선 분광기와 같은 다른 ¹³기구들은 과학자들이 암석 및 토양 표본들을 조사보고 연구하는 것을 돕는다.

¹¹'큐리오시티'를 화성에 보낼 준비를 하는 것에 문제가 없지는 않았다. 한 가지 어려움은 그 탐사차가 일반적인 착륙 기술에 사용하기에 너무 무거웠다는 것이다. 이 프로젝트를 진행하고 있던 엔지니어들은 화성의 표면 위로 탐사차를 안전하게 배치하기 위한 새로운 방법을 ¹⁴고안했다. 그들은 "스카이 크레인 방식"을 개발하였는데, 여기서 '큐리오시티'는 화성의 허공에 떠 있는 로켓이 달린 크레인에 의해 지면으로 천천히 내려졌다.

미국 항공 우주국이 처음에는 그 임무를 2년간 지속하도록 계획했으나 그 이후로 임무를 무기한 연장했다. ¹²착륙 이래로, '큐리오시티'는 고대의 화성이 미생물 수준의 생명체를 유지할 수 있었을지도 모른다고 추정했다. 미국 항공 우주국의 과학자들은 지금 미래의 연구를 위해 행성의 유기 물질을 더 잘 보존하는 방법을 연구하고 있다.

어휘

controllable a. 통제 가능한, 제어 가능한 rover n. 탐사차 monitor v. 감시하다, 관찰하다 laboratory n. 실험실, 연구소 vehicle n. 탈것, 차량 surface n. 표면 launch v. 시작하다, 발사하다 land v. 착륙하다 planet n. 행성 primary a. 주요한 mission n. 임무 investigate v. 조사하다 carbon-based a. 탄소 기반의 Martian a. 화성의 climate n. 기후 geography n. 지리, 지형 in preparation for prep. ~을 준비하기 위해, ~에 대비하여 exploration n. 탐험, 탐사 previous a. 이전의 weigh v. 무게를 달다 be equipped with v. ~을 갖추고 있다 latest a. 최신의, 최근의 analyze v. 분석하다 material n. 재료, 물질 range n. 범위 equipment function n. 장치 역할 mobile a. 이동식의 be outfitted with v. ~이 갖춰져 있다 perform v. 수행하다 multiple a. 많은, 다양한 raise v. 올리다 pole n. 기둥 collect v. 수집하다 accurate a. 정확한 scenery n. 경치, 풍경 navigational a. 항해의 assist with v. ~을 돕다 movement n. 이동, 움직임 hazard n. 위험 avoidance n. 회피, 방지 avoid v. 피하다 problematic a. 문제가 있는 path n. 길, 경로 encounter v. 접하다, 마주치다 instrument n. 기구 radiation assessment detector v. 방사선 평가 검출기 devise v. 창안하다, 고안하다 place v. 두다, 배치하다 surface n. 표면 lower v. 내리다 mount v. 증가하다; 탑재하다 hover v. 맴돌다 initially ad. 처음에 extend v. 연장하다 indefinitely ad. 무기한으로 calculate v. 계산하다, 산정하다, 추정하다 ancient a. 고대의, 옛날의 support v. 지지하다, 유지하다 microbial a. 미생물의 preserve v. 보존하다 organic a. 유기적인

8. 세부 내용   정답 (b)

해석 기사에 따르면, '큐리오시티'란 무엇인가?

(a) 초기 생물체에 관한 연구
(b) 화성에 보내진 탐사차
(c) 우주를 연구하기 위한 계획
(d) 화성의 실험

해설 지문의 첫번째 단락에서, '큐리오시티'가 미국 항공 우주국(NASA)의 화성 과학 실험실(MSL)에서 만들어지고 관찰되는 자동차 크기의 제어 가능한 탐사차로서, 2011년 11월에 발사되어 2012년 8월에 화성에 성공적으로 착륙했다(successfully landed on the red planet in August 2012)고 했으므로, '큐리오시티'는 화성에 보내진 탐사차임을 알 수 있다. 따라서 정답은 (b)이다.

어휘 study n. 연구 v. 연구하다 early a. 초기의, 이른 plan n. 계획 experiment n. 실험

9. 세부 내용   정답 (b)

해설 기사에 따르면, 무엇이 '큐리오시티'를 화성으로 보내진 이전의 탐사차들과 다르게 만드는가?

(a) 더 많은 연구원들을 수용할 수 있는 연구실
(b) 물질들을 조사하는 최첨단 프로그램
(c) 이전의 탐사차들의 실패를 방지하는 개선
(d) 더 많은 토양과 암석 표본들을 보유하는 용량

해설 질문의 키워드 previous rovers가 언급되는 두 번째 단락에서 정답의 단서를 찾는다. '큐리오시티'는 그 탐사차는 토양과 암석 같은 그 행성에서 발견되는 물질을 분석할 수 있는 최신 소프트웨어가 갖춰져 있다고 했다(it is equipped with the latest software that allows it to analyze the material found on the planet)고 했으므로, 큐리오시티는 이전의 탐사차들과 다르게 물질들을 조사하는 최첨단 프로그램을 갖추고 있다고 하는 것이 가장 적절하다. 따라서 정답은 (b)이다.

오답체크
(c): 이전의 탐사차들이 실패를 했다는 내용은 본문에 언급되어 있지 않다.

패러프레이징
latest software 최신 소프트웨어 → state-of-the-art program 최첨단 프로그램

어휘 accommodate v. 수용하다 state-of-the-art a. 최첨단의 examine v. 조사하다 avoid v. 피하다 failure n. 실패 capacity n. 용량, 수용력 hold v. 보유하다

10. 세부 내용   정답 (a)

해설 위험 기피 카메라는 화성을 탐사하는 데 있어 어떻게 도움을 주는가?

(a) 탐사차가 사고를 당하는 것을 방지함으로써
(b) 탐사차가 암석과 토양을 수집하도록 도움으로써
(c) 고화질 사진을 미국 항공 우주국에 전송함으로써
(d) 과학자들이 표본들을 분석하도록 도움으로써

해설 질문의 키워드 hazard avoidance cameras가 언급되어 있는 세번째 단락을 보면, 위험 기피 카메라는 탐사차가 이동 중에 마주칠지도 모르는 문제성 경로들을 피하기 위해(to avoid any problematic paths that the rover might encounter while traveling) 사용된다는 내용이 언급되어 있다. 즉, 위험 기피 카메라는 탐사차가 사고를 당하는 것을 방지하는 데 도움을 준다는 것을 알 수 있으므로, 정답은 (a)이다.

패러프레이징
avoid any problematic paths 문제성 경로들을 피하다 → preventing the rover from having accidents 사고를 당하는 것을 방지하는 것

11. 세부 내용   정답 (c)

해설 왜 '큐리오시티'를 화성에 배치하는 데 문제가 있었는가?

(a) 화성은 좋은 착륙 지점을 가지고 있지 않았기 때문에
(b) 탐사차를 착륙시키는 것은 이전에 행해진 적이 없었기 때문에
(c) 그것이 이전의 탐사차들보다 더 무겁기 때문에
(d) 그것이 화성의 표면을 손상시킬지도 모르기 때문에

해설 '큐리오시티'를 화성에 배치시키는 데 문제가 있었던 이유에 관한 문제로, 네번째 단락에서 질문의 키워드 problem이 언급된 부분에서 '큐리오시티'를 화성에 보낼 준비를 하는 것에 문제가 없지는 않았다고 하면서, 일반적인 착륙 기술에 사용하기에 너무 무거웠다(it was too heavy for the usual landing techniques)고 했다. 즉 '큐리오시티'가 이전의 탐사차들보다 더 무겁기 때문에 화성에 배치하는 데 문제가 있었다고 하는 것이 가장 적절하므로, 정답은 (c)이다.

12. 추론   정답 (b)

해석 왜 과학자들은 화성의 유기 물질을 보존하고 있는 것 같은가?

(a) 그들은 지구에서 외계 생명체를 번식시키고 싶어 한다.
(b) 그들은 화성에 있을 수 있는 생명체를 연구하는 것을 계속할 것이다.
(c) 그들은 화성의 식물을 번식시키는 것을 목표로 한다.
(d) 그들은 곧 인간을 화성으로 보내는 것을 계획한다.

해설 과학자들이 화성의 유기 물질을 보존하는 이유에 관해 추론하는 문제로, 질문의 키워드 organic material가 언급되는 다섯 번째 단락에서 '큐리오시티'가 착륙 이래로 고대의 화성이 미생물 수준의 생명체를 유지할 수 있었을지도 모른다(ancient Mars could have supported life at the microbial level)고 추정했다고 하면서, 미국 항공 우주국의 과학자들은 지금 미래의 연구를 위해 행성의 유기 물질을 더 잘 보존하는(to better preserve organic material on the planet for future studies) 방법을 연구하고 있다고 했다. 이를 통해 화성의 유기 물질을 보존하려는 것은 화성에 있을 수 있는 생명체의 연구를 계속하기 위함임을 추론할 수 있으므로, 정답은 (c)이다.

어휘 reproduce v. 번식하다 alien a. 외계의 aim v. 목표로 하다 vegetation n. 식물, 초목

13. 어휘   정답 (c)

해석 해당 절의 문맥에서, instruments는 _____를 의미한다.

(a) 요소
(b) 세력
(c) (연장) 도구
(d) (가정용) 도구

해설 해당 어휘가 포함된 문장(Other instruments like ~ help scientists look at and study rock and soil samples)은 '로봇 팔, 방사선 측정 검출기, 그리고 X선 분광기와 같은 다른 기구들은 과학자들이 암석 및 토양 표본들을 조사보고 연구하는 것을 돕는다'라는 뜻이다. 즉, instruments가 '기구'라는 뜻으로 조사와 연구에 사용된다는 문맥에 사용되었으므로, 정답은 '도구'라는 의미의 (c) 이다.

오답체크
(d): utensils은 주로 부엌이나 식탁 등 가정에서 사용하는 도구를 지칭하므로 주어진 문맥에 적절하지 않다.

14. 어휘   정답 (a)

해석 해당 절의 문맥에서, devised는 _____를 의미한다.

(a) 창조했다
(b) 제안했다
(c) 조사했다
(d) 거절했다

해설 해당 어휘가 포함된 문장(Engineers working on the project devised a new way)은 '이 프로젝트에 참여하는 엔지니어들은 새로운 방법을 고안했다'라는 뜻이므로, devised가 '고안했다'라는 뜻으로 새로운 방법을 만들어냈다는 문맥으로 사용되었음을 알 수 있다. 따라서 정답은 '창조했다'라는 가장 가까운 의미의 (a)이다.

독해 PART 4
FINAL 연습문제 p.190

[1~5 : 독해]

1

해석 수잔나 움프먼은 왜 스테폰 테일러에게 편지를 썼는가?

받는 사람: 스테폰 테일러
보낸 사람: 수잔나 움프먼
제목: 불만 제기

테일러 시장님께:

최근 우리 지역사회에서 발생한 문제에 대해 우려를 표하기 위해 오늘 시장님께 이메일을 보냅니다.

나는 당신이 맬러리 레인에서 일어나고 있는 상업시설 공사에 알고 계시리라 생각합니다. 많은 사람들이 이 변화로 인해 들떠 있고 우리 마을에 일자리를 가져올 새로운 쇼핑센터를 간절히 기다리는 한편, 저희 중에서 건설 지역에 가장 가까이 있는 사람들은 예상치 못한 도로 폐쇄와 거의 끊임이 없는 소음 공해로 인해 방해를 받고 있습니다.

(a) 그녀 지역에서의 몇 가지 문제를 논의하려고
(b) 그에게 건설 프로젝트에 대해 알려주려고

해설 움프만의 지역에서 발생한 문제에 대해 우려를 표하기 위해 이메일을 보낸다고 했으므로, 해당 부분이 그녀의 지역의 몇 가지 문제를 논의한다는 것으로 패러프레이징되어 있는 (a)가 정답이다.

패러프레이징
concern ~ in my community 우리 지역에서의 우려
→ problems ~ in her area 그녀 지역에서의 문제

2

해석 그 공사가 지역 사회의 교통 패턴에 어떻게 영향을 미쳤는가?

맬러리 레인과 리키티 드라이브 모퉁이에 있는 우리 동네로 통하는 길이 겨우 1차선으로 좁혀졌습니다. 학교 버스가 아이들을 태우고 내려주는 출퇴근 시간 동안에는, 보통 동네를 드나드는 데 걸리는 시간의 두 배 또는 세 배가 걸릴 수 있죠. 이는 버스가 아이들을 학교에 내려주는 것이 지연될 뿐만 아니라 사람들도 회사에 지각하는 것으로 이어집니다.

(a) 주요 시간대 동안의 이동을 길어지게 함으로써
(b) 동네의 길을 완전히 막아버림으로써

해설 동네를 드나드는 데 걸리는 시간의 두 배 또는 세 배가 걸릴 수 있다는 본문의 내용이 주요 시간대의 이동을 길어지게 한다는 것으로 패러프레이징되어 있는 (a)가 정답이다.

패러프레이징
during commuting hours 출퇴근 시간 동안
→ during key times 주요 시간대 동안

3

해석 무엇이 아이들이 잠에 드는 것을 막고 있는가?

게다가, 이 공사는 거의 항상 일반적인 근무 시간을 초과합니다. 드물지 않게, 불도저가 낡은 건물을 부수고 해머드릴이 콘크리트의 구멍을 뚫는 소음을 밤 늦게까지도 들을 수 있죠. 일찍 잠들려고 하는 사람들, 특히 어린이와 노인들은 그들이 밤에 잠을 자는 일이 방해받아왔습니다.

(a) 이른 건설 작업에 의해 일어나지는 것
(b) 취침시간 후에 장비의 소리가 들리는 것

해설 불도저와 해머드릴의 소음이 밤 늦게까지도 들린다는 본문의 내용이 취침시간 후에 장비의 소리가 들리는 것으로 패러프레이징되어 있는 (b)가 정답이다.

패러프레이징
noises of bulldozers and jackhammers 불도저와 해머드릴의 소음
→ sounds of equipment 장비의 소리

4

해석 지역사회의 구성원들은 그들의 지역의 최근 발전에 대해 어떻게 느끼는가?

> 저는 우리 지역사회가 우리 지역에 가져올 추가적인 사업들과 일자리들에 대해 감사한다는 것을 아무리 말해도 충분하지 않습니다.

(a) 그들은 고용 창출로 인해 행복하다.
(b) 그들은 사업체들이 다른 곳으로 이전하기를 원한다.

해설 움프먼은 그녀의 지역사회가 지역에 가져올 추가적인 사업들과 일자리들에 대해 감사해하고 있음을 말하고 있으므로, 그녀의 지역사회의 구성원들은 그들의 지역에 찾아올 고용 창출로 인해 행복해하고 있음을 알 수 있다. 따라서 정답은 (a)이다.

 패러프레이징
appreciates the additional business and the jobs 추가적인 사업들과 일자리들에 대해 감사해하다
→ happy for the employment opportunities 고용 창출로 인해 행복한

5

해석 움프먼은 다음에 무슨 일이 일어나기를 희망하는 것 같은가?

> 하지만, 우리의 희망은 이것이 우리의 일상 생활에 너무 많은 방해가 없이 성취되었으면 하는 것입니다. 저희는 시장님에게 이 사안에 대해 자세히 들여다보고 건설사업 개발업자와 저희의 변변찮은 지역사회 구성원들 모두가 납득할 수 있는 해결책을 마련하시기를 권고드립니다.
>
> 감사합니다.
>
> 수잔나 움프먼

(a) 공사가 즉각적으로 중단되는 것
(b) 시장이 타협점 찾기를 돕는 것

해설 건설사업 개발업자와 지역사회 구성원들 모두가 납득할 수 있는 해결책을 마련해 줄 것을 요청하는 내용이 있으므로, 해당 부분이 시장이 양측의 타협점을 찾는 것을 도와줄 것을 희망하는 것으로 패러프레이징되어 있는 (b)가 정답이다.

 패러프레이징
work toward a solution 해결책을 마련하다 → find a compromise 타협점을 찾다

[6~7 : 독해]

6

해석 해당 절의 문맥에서, <u>disturbed</u>는 _____를 의미한다.

(a) 괴롭힘 당하는   (b) 놀라는
(c) 잘못 놓인   (d) 겁을 먹은

해설 **패러프레이징**
disturbed 방해받는 → bothered 괴롭힘 당하는

6

해석 해당 절의 문맥에서, <u>tearing</u>은 _____를 의미한다.

(a) 들어올리다   (b) 열다
(c) 부수다   (d) 다듬다

해설 **패러프레이징**
tearing 구멍을 뚫다 → breaking 부수다

FINAL 실전문제 1   p.192

1 (c)   **2** (d)   **3** (a)   **4** (c)   **5** (a)
6 (d)   **7** (b)

제이미 파파다키스 박사
리버프론트 주택소유자협회 이사회장
워싱턴주 스포캔
리버포인트 가 5000번지

파파다키스 박사님께:

놀이터와 야외 운동 장비가 구내에 설치되기를 원하는 많은 리버프론트 콘도 주민들을 대신하여 편지를 쓰게 되어 기쁩니다. [1] 지금까지, 리버프론트 지역을 구성하는 100가구 중 최소 요구치인 50가구가 이 방안을 지지하는 청원서에 서명했으며, 그래서 지금 [2] 저희는 주택소유자협회에 검토를 위한 정식 요청서를 제출합니다.

제 이름은 션 밀러이고 리버프론트 지역의 16년차 주민입니다. 다섯 살과 아홉 살의 두 활동적인 아이들을 둔 아빠로서, 저는 안전한 야외 놀이터의 중요성을 전적으로 이해합니다. [3] 그러한 공간은 아이들의 신체적 성장과 사회적 발달에 필수적이죠. 귀하는 퇴직한 소아과 의사로서, 저는 귀하가 그런 정서에 동의하시리라고 생각합니다.

현재, 가장 가까운 놀이터는 토트넘 크릭 근처에 있는데, 이 곳은 약 1.5마일 떨어져 있고 우리 지역 대부분의 아이들에게는 너무나도 긴 [6] 힘든 여정입니다. [4] 예견한 대로, 아이들은 다양한 동을 연결하는 차도에서 노는 경향이 있습니다. 차량들이 동을 들락날락하거나 단지의 내부를 지나가는 등 아슬아슬한 위기상황이 수차례 발생해왔다는 것은 놀랄 일이 아니죠. 매일 운동을 하려고 단지의 주변을 걷는 고령자들 사이에서도 유사한 건이 보고되어 왔습니다.

[5] 저희의 청원은 이사회에게 안전하고 편리한 지역에 어린이 놀이 시설과 어른용 운동 장비를 설치해 주기를 요구드립니다. 차도의 통행과 [7] 상당히 떨어져 있는 추천 위치를 포함한 상세한 개요를 첨부합니다.

저희는 이사회의 승인을 기대합니다.

션 밀러

| 어휘 |

on behalf of prep. ~를 대신하여 condominium n. 콘도 resident n. 주민 equipment n. 장비 install v. 설치하다 premise n. 구내 require v. 요구하다 household n. 가구, 세대 compose v. 구성하다 sign v. 서명하다 petition n. 청원(서) support v. 지지하다 submit v. 제출하다 formal a. 정식의, 공식의 request n. 요청 review n. 검토 active a. 활동적인 absolutely ad. 전적으로 importance n. 중요성 safe a. 안전한 space n. 공간 essential a. 필수적인 physical a. 신체적인, 육체적인, 물리적인 growth n. 성장 social a. 사회의 development n. 발전, 발달 retired a. 은퇴한, 퇴직한 pediatrician n. 소아과 의사 presume v. 추정하다, 생각하다 agree v. 동의하다 sentiment n. 정서, 감상 close a. 가까운 lengthy a. 긴, 장황한 trek n. 힘든 여정 predictably ad. 예견한 대로 tend v. ~하는 경향이 있다 driveway n. 차도 connect v. 연결하다 various a. 다양한 unit n. (건물, 아파트 등의) 동 surprise n. 놀라움 multiple a. 수차례의 close call n. (아슬아슬한) 위기상황 complex n. 단지 similar a. 유사한 incident n. 사건 report v. 보고하다 senior n. 연장자, 고령자 exercise n. 운동 call upon v. ~에게 부탁하다, 요구하다 structure n. 구조, 시설 convenient a. 편리한 attach v. 첨부하다 detailed a. 상세한 outline n. 개요 include v. 포함하다 recommend v. 추천하다 location n. 위치 sensibly a. 현저히, 상당히 distanced a. 멀리 떨어진 roadway n. 도로, 차도 traffic n. 교통, 통행 approval n. 승인

1. 주제/목적   정답 (c)

해석 편지의 목적은 무엇인가?

(a) 회장에게 청원을 시작할 것을 촉구하려고
(b) 회장에게 청원서에 서명할 것을 요청하려고
(c) 이사회장에게 청원을 알리려고
(d) 회장이 청원서를 제출할 것을 요구하려고

해설 편지의 목적에 대해 묻는 문제이므로 첫번째 단락에서 답의 단서를 찾는다. 해당 단락의 마지막 문장에서 션 밀러가 주택소유자협회에 검토를 위한 정식 요청서를 제출한다고 했으므로, 편지의 목적은 이사회장에게 청원을 알리기 위함임을 알 수 있다. 따라서 정답은 (c)이다.

오답체크
(b): 청원서에 서명한 것은 주민들이고, 이사회장에게는 청원서에 서명하는 것이 아닌 이를 검토해 줄 것을 요청하려는 것이다.

어휘 urge v. 촉구하다 ask v. 요청하다 inform v. 알리다 demand v. 요구하다

2. 세부 내용   정답 (d)

해석 왜 션 밀러가 지금 이사회에 정식 요청서를 제출하기로 결심하였는가?

(a) 청원을 정당화하는 사건이 최근에 일어났기 때문에
(b) 이사회는 일년에 한번만 요청을 수락하기 때문에
(c) 많은 가구가 그에게 그렇게 하라고 요구했기 때문에
(d) 그가 필요한 서명 수를 모았기 때문에

해설 질문의 키워드 formal request가 언급된 첫번째 단락을 보면, 정식 요청서를 제출한 이유로 리버프론트 지역을 구성하는 100가구 중 최소 요구치인 50가구가 이 방안을 지지하는 청원서에 서명했다(the minimum required 50 out of the 100 households ~ have signed a petition supporting the idea)는 내용이 언급되어 있으므로, 정답은 (d)이다.

🔍 **패러프레이징**
required 요구되는 → necessary 필요한

어휘 decide v. 결정하다 at this time ad. 지금 justify v. 정당화하다 recently ad. 최근에 occur v. 일어나다, 발생하다 accept v. 수락하다 necessary a. 필요한

3. 세부 내용   정답 (a)

해석 무엇이 밀러가 제이미 파파다키스의 지지를 얻을 수 있을 것이라고 확신하게 만드는가?

(a) 파파다키스의 직업적 배경
(b) 그들 둘 다 부모라는 사실
(c) 밀러의 다년간의 거주
(d) 파파다키스가 회장이라는 사실

해설 두번째 단락에서 이사회장이 퇴직한 소아과 의사였으니(As a retired pediatrician yourself) 어린이들의 성장과 발달에 있어 안전한 놀이터가 필요하다는 정서에 동의하리라고 생각한다(I presume you agree with such sentiments)고 언급되어 있으므로, 어린이와 관련된 직업인 소아과 의사라는 이사회장의 직업적 배경이 지지를 얻을 수 있는 요인임을 알 수 있다. 따라서 정답은 (a)이다.

🔍 **패러프레이징**
gain support 지지를 얻다 → agree 동의하다

어휘 confident a. 확신하는 gain v. 얻다 professional a. 직업의, 전문적인 residence n. 거주

4. 추론   정답 (c)

해석 언제 밀러가 콘도의 아이들의 안전에 대해 가장 걱정할 것 같은가?

(a) 고령자가 운동하고 있을 때
(b) 새 주민이 입주해 올 때
(c) 차가 주차하고 있을 때
(d) 비거주자가 있을 때

해설 밀러가 콘도의 아이들의 안전에 대해 언제 가장 걱정할지에 대해 추론하는 문제로, 세번째 단락에서 아이들은 차도에서 노는 경향이 있으며(the children tend to play in the driveways) 차량들이 동을 들락날락하거나 단지의 내부를 지나가는 등 아슬아슬한 위기상황이 수차례 발생해왔다(there have been multiple close calls with cars pulling in and out of units, or simply passing through the complex)고 했다. 즉, 차도에서 노는 아이들에게 자동차가 가장 큰 위협이므로, 이를 통해 자동차가 주차하려고 할 때 아이들의 안전에 가장 걱정이 되는 것으로 추론할 수 있다. 따라서 정답은 (c)이다.

어휘 concerned a. 걱정하는 move in v. 입주하다 park v. 주차하다 non-resident n. 비거주자 present a. 있는, 존재하는

5. 추론   정답 (a)

해석 구내에 거주하는 고령자들은 청원이 승인되는 것으로부터 어떻게 득을 볼 것 같은가?

(a) 그들은 자동차 통행에서 벗어나 운동할 수 있다.
(b) 그들은 마침내 구내에서 운동할 수 있다.
(c) 그들은 실내에 머무르면서 운동할 수 있다.
(d) 그들은 아이들과 떨어져서 운동할 수 있다.

해설 고령자들이 청원 승인으로 어떻게 득을 볼지에 대해 추론하는 문제로, 네번째 단락에서 안전하고 편리한 지역에 어른용 운동 장비를 설치해 달라(to install ~ and adult fitness equipment in a safe and convenient area)는 요구와 함께 차도의 통행과 상당히 떨어진(sensibly distanced from roadway traffic) 추천 위치가 포함된 개요를

첨부한다고 했다. 이를 통해 청원이 승인된다면 고령자들은 자동차 통행에서 벗어나 운동할 수 있게 됨을 추론할 수 있으므로, 정답은 (a)이다.

💡 오답체크

(b): 세번째 단락 마지막 문장에서 고령자들이 운동으로 단지의 주변을 걷는다고 했으므로, 청원의 승인과 관계없이 그들은 이미 구내에서 운동을 하고 있다고 볼 수 있다.

(c): 본문에 따르면 청원의 대상으로 언급되고 있는 것은 실내가 아닌 야외 시설 설치이다.

🔖 패러프레이징

distanced from roadway traffic 차도의 통행과 떨어져 있는 ➡ away from car traffic 자동차 통행에서 벗어나

어휘 work out v. 운동하다 finally ad. 마침내 stay v. 머무르다

6. 어휘   정답 (d)

해석 해당 절의 문맥에서, trek은 _____를 의미한다.

(a) 행진
(b) 관광
(c) 도로
(d) 여행

해설 해당 어휘가 포함된 문장(too lengthy a trek for most children)은 '아이들에게는 너무나도 긴 힘든 여정'이라는 뜻이다. 여기서 trek이 '(특히 길고 힘든) 여정'이라는 뜻으로 사용되었으므로, 주어진 문맥에서는 '여행'의 의미가 가장 적절하다. 따라서 정답은 (d)이다.

7. 어휘   정답 (b)

해석 해당 절의 문맥에서, sensibly는 _____를 의미한다.

(a) 조용히
(b) 상당히
(c) 열심히
(d) 분명히

해설 해당 어휘가 포함된 문장(a recommended location, sensibly distanced from roadway traffic)은 '차도의 통행과 상당히 떨어져 있는 추천 위치'라는 뜻이다. 즉, sensibly가 '상당히'라는 뜻으로 사용되었으므로, 정답은 (b)이다.

FINAL 실전문제 2   p.194

8 (b) **9** (a) **10** (d) **11** (a) **12** (c)
13 (b) **14** (a)

엘리엇 타일러 씨
오리건주 포틀랜드
럼버 가 11번지

타일러씨께:

브래드버리 북스 기념 세일에 대해 문의해 주셔서 감사합니다. 저는 귀하가 그날 저희와 함께 있을 수 없다는 것을 알고 실망했습니다. 수년간 브래드버리 북스의 ¹³⁾귀중한 고객으로서, 귀하가 그리워질 것입니다. ⁸⁾귀하를 위해 《전집 #4223》이 예약될 수 있는지에 대한 귀하의 질문에 관해서는, 그러나, 특별 판매를 위한 일반 원칙은, 언제나 그렇듯이, "예약 금지"라는 것을 알려드리게 되어 유감입니다.

⁹⁾책은 오직 세일 당일에 할인된 가격으로 구하실 수밖에 없습니다. 충성 고객으로서, 기념 세일 기간 동안에는 매장에 실제로 계시는 고객들에게만 맞춰드리는 것이 언제나 저희의 방침이었음을 귀하께서는 아시겠죠. 그러므로, ¹⁰⁾저희는 귀하가 그 컬렉션을 조금 더 높은 가격에 구입하겠다는 귀하의 제안에 감사하기는 하지만, 심지어 귀하와 같이 충실한 고객을 위해서도 조건을 변경할 수 없습니다.

저는 귀하를 대신하여 그 책들을 구하기 위해 친구분을 통해 세일 당일에 매장에 가라고 제안드리고 싶습니다. ¹¹⁾만약 이것이 불가능하다면, 그 책들이 세일 기간 동안 구입되지 않았을 시에 귀하를 위해 정가에 맡아드릴 수 있습니다. 저희는 아주 작은 배송비에 귀하의 주소로 그것들을 배송해드릴 수도 있습니다.

¹²⁾귀하의 요청을 들어주지 못해 정말 죄송하며 귀하가 이해해주시기를 바랍니다. 다른 사항에 대한 후속 문의 또는 질문이 있으시다면, 주저하지 마시고 전화나 이메일로 연락 주시기 바랍니다. 저희 가게를 계속 ¹⁴⁾후원해 주셔서 대단히 감사합니다.

수 리처드슨, 마케팅 매니저
브래드버리 북스

| 어휘 |

inquiry n. 문의 anniversary n. 기념일 disappointed a. 실망한 learn v. 배우다, 알게 되다 valued a. 귀중한, 소중한 miss v. ~를 그리워하다 regarding prep. ~에 관하여 reserve v. 남겨 두다, 예약하다 regret v. 후회하다, ~하게 되어 유감이다 inform v. 알리다 general a. 일반적인 rule n. 규칙, 원칙 reservation n. 예약 procure v. 구하다, 입수하다 discounted a. 할인된 loyal a. 충성스러운 policy n. 정책, 방침 cater v. ~에 맞추다, 부응하다 physically ad. 신체적으로, 물리적으로 appreciate v. 감사하다 offer n. 제안 slightly ad. 약간 alter v. 변경하다 condition n. 조건 faithful a. 충실한 suggest v. 제안하다 acquire v. 얻다 on one's behalf ~을 대신하여 possible a. 가능한 regular a. 정기적인, 표준에 맞는 provided that conj. ~라고 가정하면 ship v. 배송하다 address n. 주소 fee n. 요금 truly ad. 진정으로 accommodate v. 수용하다, (요구에) 부응하다 request n. 요청 follow-up a. 후속의 matter n. 문제, 사안 continued a. 계속되는 patronage n. 후원 business n. 사업(체)

8. 주제/목적   정답 (b)

해석 수 리처드슨이 엘리엇 타일러에게 편지를 쓴 주된 목적은 무엇인가?

(a) 책 할인 판매를 발표하려고
(b) 책들을 구입하겠다는 그의 제안을 거절하려고
(c) 그에게 문의 편지를 보내려고
(d) 그에게 그의 책의 배송에 대해 말하려고

해설 편지를 쓰는 목적에 대해 묻는 문제로 첫번째 단락에서 답의 근거를 찾는다. 해당 단락에서 리처드슨은 책 예약에 관한 타일러의 질문에 대해 특별 판매를 위한 일반 원칙은, 언제나 그렇듯이, "예약 금지"라는 것을 알려드리게 되어 유감(I regret to inform you that the general rule for special sales is, as always, "no reservations.")이라고 했다. 이후에 이어지는 글의 흐름을 봐도 타일러의 제안을 거절해야 하는 이유를 설명하고 있으므로, 정답은 (b)이다.

🔖 **패러프레이징**
regret ~하게 되어 유감이다 ➜ reject ~을 거절하다

어휘 announce v. 발표하다 reject v. 거절하다 proposal n. 제안 shipment n. 배송

9. 세부 내용   정답 (a)

해석 기념 세일에 대한 매장의 방침은 무엇인가?

(a) 매장에 있는 사람들만 특별가에 구입할 수 있다.
(b) 그 지역에 사는 고객들만 세일에 참여할 수 있다.
(c) 예약을 한 사람들만 책을 구입할 수 있다.
(d) 장기 회원들만 입장 권한을 받는다.

해설 기념 세일에 대한 매장의 방침에 대해 묻는 문제로, 질문의 키워드 policy가 언급되는 두번째 단락에서 정답의 단서를 찾는다. 해당 단락을 보면 할인가는 세일 당일에만 가능하며(can only be procured at discounted prices on the day of the sale), 매장에 실제로 있는 고객들에게만 맞춰준다(cater only to customers who are physically in the store)고 했으므로, 매장에 있는 사람들만 특별가에 구입할 수 있는 것이 매장의 기념 세일 방침임을 알 수 있다. 따라서 정답은 (a)이다.

🔖 **패러프레이징**
customers who are physically in the store
매장에 실제로 있는 고객들 ➜ people at the store 매장에 있는 사람들

어휘 join v. 들어가다, 참가하다 access n. 이용, 입장 (권한)

10. 세부 내용   정답 (d)

해석 타일러는 세일 중인 컬렉션을 구입하는 것을 어떻게 제안하였는가?

(a) 그를 위해 책을 사도록 친구를 보냄으로써
(b) 세일 후 할인된 가격으로 책을 구입함으로써
(c) 배달 서비스를 위해 추가로 지불함으로써
(d) 책을 위해 돈을 더 지불하는 것을 제안함으로써

해설 타일러의 구매 제안 방법에 대해 묻는 문제로, 질문의 키워드 propose가 offer로 패러프레이징되어 있는 두번째 단락에서 정답의 단서를 찾는다. 타일러가 그 컬렉션을 조금 더 높은 가격에 구입하겠다는 제안에 리처드슨이 감사하다고 했으므로, 타일러는 돈을 더 지불하는 것을 제안했음(your offer of buying the collection at a slightly higher price)을 알 수 있다. 따라서 정답은 (d)이다.

패러프레이징

buying the collection at a slightly higher price 조금 더 높은 가격에 컬렉션을 구입하는 것 ➡ pay more for the books 책을 위해 돈을 더 지불하다

어휘 extra ad. 추가로 delivery n. 배달

11. 일치/불일치   정답 (a)

해석 타일러에게 한 리처드슨의 제안 중 하나는 무엇인가?

(a) 타일러는 세일 후에 책들을 정가에 구입할 수 있다.
(b) 타일러는 친구와 함께 세일 기간에 찾아갈 수 있다.
(c) 타일러는 판매에 관한 규칙이 변경되기를 요청할 수 있다.
(d) 타일러는 책들을 온라인으로 주문할 수 있다.

해설 리처드슨의 제안에 관해 본문의 내용과 일치하는 보기를 고르는 문제로, suggest가 언급된 세 번째 단락에서 각 보기와 본문을 대조하면서 정답을 찾는다. 해당 단락에서 리처드슨은 타일러가 원하는 책이 세일 기간 동안 구입되지 않는다면(provided that they have not been bought during the sale) 정가에 맡아드릴 수 있다(I could reserve them for you at their regular prices)고 했으므로, 정답은 (a)이다.

오답체크
(b): 리처드슨이 당일에 올 수 없으므로 대신 친구를 보내라고 했다.
(c): 규칙을 바꾸는 것에 대한 요청은 본문에 언급되어 있지 않다.
(d): 온라인 도서 주문은 본문에 언급되어 있지 않다.

어휘 ask v. 묻다; 요청하다

12. 추론   정답 (c)

해석 리처드슨이 타일러의 요청을 들어줄 수 없는 이유가 무엇인 것 같은가?

(a) 그녀는 다른 손님들을 위해 그 책을 예약할 것이다.
(b) 그녀는 준수하지 않는 고객들에게 관대하지 않을 것이다.
(c) 그녀는 기존 방침을 깨는 것을 거부할 것이다.
(d) 그녀는 충실한 고객들에게만 추가 서비스를 제공할 것이다.

해설 리처드슨이 타일러의 요청을 들어줄 수 없는 이유에 대해 추론하는 문제로, 질문의 키워드 accommodate가 언급되는 네번째 단락에서 답의 단서를 찾는다. 리처드슨이 타일러의 요청을 들어주지 못하는 것에 대해 사과하는(I am truly sorry that I cannot accommodate your request) 내용이 나오고 있는데, 이는 세일 당시에 매장에 직접 방문하지 않고도 할인가에 특정 책의 구매를 원하는 타일러의 요청을 들어줄 수 없다는 뜻이다. 즉, 리처드슨은 예약 금지, 그리고 실제 내방 고객에만 집중하는 기존의 방침을 깨지 않을 것임을 추론할 수 있으므로, 정답은 (c)이다.

오답체크
(b): 리처드슨은 매장의 방침을 깨지 않는다는 입장이나, 이를 따르지 않는 고객들에 관대하지 않을 거라는 내용은 지문의 흐름과 전혀 맞지 않는다.
(d): 기념 세일의 목적은 실제 매장을 찾는 고객들에게 할인가에 책을 제공하는 것이므로 이를 추가적인 서비스라고 볼 수 없으며, 이것 이상의 추가 서비스를 충실한 고객들에게만 제공한다는 추론의 근거 역시 지문에서 찾아볼 수 없다.

어휘 tolerant a. 관대한, 용인하는 compliant a. 준수하는 refuse v. 거부하다 existing a. 기존의, 현존하는 provide v. 제공하다

13. 어휘   정답 (b)

해석 해당 절의 문맥에서, valued는 _____를 의미한다.

(a) 값비싼
(b) 가치 있는
(c) 인기 있는
(d) 희귀한

해설 해당 어휘가 포함된 문장(As a valued customer of Bradbury Books for years, you will be missed)은 '수년간 브래드버리 북스의 소중한 고객으로서, 귀하가 그리워질 것입니다'라는 뜻이다. 즉, valued가 '귀중한'이라는 뜻으로 사용되었으며, appreciated가 valued의 유의어로서 '소중한, 가치 있는'의 의미가 가능하다. 따라서 정답은 (b)이다.

14. 어휘　　　　　　　　　정답 (a)

해석 해당 절의 문맥에서, patronage는 _____를 의미한다.

(a) 지지
(b) 주목
(c) 협력
(d) 향상

해설 해당 어휘가 포함된 문장(Thank you very much for your continued patronage of our business)은 '저희 가게를 계속 후원해 주셔서 대단히 감사합니다'라는 뜻이다. 즉, potential이 '후원'이라는 뜻으로 사용되었으므로, 보기 중 '지지'라는 유사한 의미의 (a)가 정답이다.

Final 실전 지텔프

실전모의고사

정답과 해설

GRAMMAR SECTION

LISTENING SECTION

READING & VOCABULARY SECTION

문법 p.201

1 (b)	2 (c)	3 (a)	4 (d)	5 (d)
6 (c)	7 (a)	8 (d)	9 (b)	10 (a)
11 (c)	12 (b)	13 (c)	14 (d)	15 (a)
16 (a)	17 (d)	18 (b)	19 (b)	20 (a)
21 (d)	22 (a)	23 (c)	24 (a)	25 (a)
26 (c)				

1. 가정법 과거 정답 (b)

해석 스티븐은 종종 퇴근 후에 나에게 동료들과 함께 농구를 하자고 한다. 내가 그의 초대를 거절하는 유일한 이유는 내가 언제나 매우 피곤하기 때문이다. 분명히, 내가 그렇게 기진맥진하지만 않다면 그들과 함께 할 것이다.

해설 가정법 과거를 묻는 문제로, if절의 동사가 과거(were)이므로 주절의 빈칸에는 〈would/could/might + 동사원형〉 형태의 동사가 들어가야 한다. 따라서 정답은 (b)이다.

어휘 invite n. 초대 v. 초대하다, 요청하다 colleague n. (같은 직장이나 직종에 종사하는) 동료 decline v. 거절하다 tired a. 피곤한 sure enough ad. 분명히, 확실히 exhausted a. 기진맥진한, 지친

2. 동명사를 목적어로 취하는 동사 정답 (c)

해석 화학 실험실 내에 먹을 것과 마실 것을 금지시키는 것은 구내에서 일하는 모든 사람들의 안전을 보장하는 데 필수적이다. 이 규제는 화학물질이 음식에 노출될 때 발생할 수 있는 사고가 발생하는 것을 예방한다.

해설 동사 'prevent'는 동명사를 목적어로 취하기 때문에, 정답은 (c)이다. 동명사의 완료형인 having p.p.는 해당 절보다 시제가 앞설 때 사용되므로 (b)는 정답이 될 수 없다.

어휘 prohibit v. 금지하다 premises n. 부지, 구내 regulation n. 규정, 규제 prevent v. 막다, 예방하다 trigger v. 유발하다, 일으키다 accident n. 사고, 사건 occur v. 발생하다 expose v. 노출시키다

3. 과거완료진행 정답 (a)

해석 많은 중국 여성들은 한때 발이 작은 것이 아름다움의 표시라고 믿었다. 발이 자라는 것을 막기 위해, 그들은 발을 꽁꽁 싸매곤 했다. 이 관습은 정부에 의해 금지될 때까지 수세기 동안 지속되어 왔었다.

해설 〈until + 과거동사〉와 〈for + 기간〉 표현은 과거완료진행시제의 단서 표현이다. until절의 동사 시제가 과거(was banned)이고, 관습이 정부에 의해 금지되는 시점 이전부터 수세기라는 기간 동안(for centuries) 지속되어 오던 중이었다는 의미가 되어야 하므로, 빈칸의 동사는 대과거부터 과거 시점까지 특정 기간 동안 동작의 진행을 나타내는 과거완료진행시제가 되어야 한다. 따라서 정답은 (a)이다.

어휘 wrap v. 싸다, 포장하다 tightly ad. 단단히 custom n. 관습, 풍습 ban v. 금지하다

4. 주격관계대명사 which 정답 (d)

해석 세계에서 가장 오래된 동굴 벽화들 중 일부는 1994년 쇼베동굴에서 발견되었다. 그들의 세월에도 불구하고, 약 33,000년 전에 만들어졌던 동물과 화산이 그려진 그림들은 오늘날에도 여전히 온전하다.

해설 빈칸은 콤마(,) 사이에서 빈칸 앞 선행사인 images(그림들)를 부연 설명해야 한다. 선행사가 사물이므로 관계대명사 that 혹은 which가 가능한데, that은 콤마 뒤에 올 수 없으므로 which가 적절하다. 따라서 (d)가 정답이다. 참고로 when의 경우 선행사가 시간을 나타내는 명사여야 하므로 위 빈칸에는 들어갈 수 없다.

어휘 discover v. 발견하다 intact a. 온전한, 전혀 다치지 않은

5. 조동사 should 생략 정답 (d)

해석 소설을 읽고 있는 사람은 익숙지 않은 단어를 건너뛰어서는 안 된다. 보다 생산적인 독서를 위해, 문맥상의 단서를 사용하거나 사전을 참고하여 이러한 단어들을 진정으로 학습하는 것이 바람직하다.

해설 advisable(바람직한)과 같이 주장, 명령, 제안, 요구를 나타내는 형용사 뒤에 that절이 나오면, that절의 동사 자리에는 '~해야 한다'의 의미로 〈should + 동사원형〉에서 should가 생략된 동사원형만이 가능하다. 따라서 정답은 (d)이다.

어휘 skip v. 건너뛰다 unfamiliar a. 익숙지 않은, 낯선 productive a. 생산적인 advisable a. 바람직한, 권할 만한 context n. (글의) 맥락, 문맥 clue n. 단서, 증거 consult v. 상담하다, 참고하다

6. 가정법 과거완료 (도치)   정답 (c)

해석 한 사업가가 10억 달러 규모의 기업 사기 사건의 배후를 밝히기를 거부했기 때문에 최소 30년의 징역을 선고받았다. 그가 그 범죄자의 신원을 밝혔다면, 법원은 그에게 감형을 제안했을 것이다.

해설 가정법 과거완료 구문에서 if절이 도치되어 있는 문장이다(If he had revealed ~ → Had he revealed ~). if절의 동사가 과거완료(had revealed)이므로 주절의 빈칸에는 〈would/could/might + have p.p.〉 형태의 동사가 들어가야 한다. 따라서 정답은 (c)이다.

어휘 be sentenced to v. 형을 받다 imprisonment n. 투옥, 감금, 구속 reveal v. 드러내다, 밝히다 mastermind n. 주모자, 배후 corporate a. 기업의, 회사의 scam n. 신용 사기, 사기 identity n. 신원 reduced a. 줄인, 감소한 sentence n. 형벌

7. 접속부사   정답 (a)

해석 프렌드스터는 2000년대 초에 가장 인기 있는 소셜 네트워크 사이트 중 하나로, 처음 몇 달 안에 약 3백만 명의 사용자를 확보했었다. 그러나, 페이스북이 경쟁에 뛰어들면서 이 사이트 인기는 하락하기 시작했다.

해설 빈칸 앞에서는 '프렌드스터가 가장 인기 있는 소셜 네트워크 사이트 중 하나였다'는 내용이 나오는데, 빈칸 뒤에서는 '프렌드스터의 인기가 하락하기 시작했다'는 내용이 이어지고 있다. 앞뒤 내용이 서로 반대되고 있으므로, '그러나'의 의미로 역접 관계를 나타낼 때 쓰이는 접속부사가 가장 적절하다. 따라서 정답은 (a)이다. instead(대신에)는 앞 문장을 받아 뒤에 대조되거나 대안을 제시하는 내용이 나올 때, otherwise(그렇지 않으면)은 뒤 문장이 앞에서 주장하는 대로 하지 않았을 때 예상되는 결과가 될 때 사용된다.

어휘 popular a. 인기 있는 gain v. 얻다, 확보하다 popularity n. 인기 decline v. 감소하다, 하락하다 competition n. 경쟁

8. 현재진행   정답 (d)

해석 캐롤의 학교는 기말고사 일주일 전에 졸업 파티를 열 것이다. 캐롤은 시험 공부를 하느라 바쁠 것이기 때문에, 마지막까지 미루다가 급하게 쇼핑하는 일이 없도록 바로 지금 드레스를 사고 있다.

해설 right now는 '바로 지금'이라는 뜻으로 현재진행시제의 단서 표현이다. 의미상으로도 '그녀는 마지막까지 미루다가 급하게 쇼핑하는 일이 없도록 바로 지금 드레스를 사고 있는 중'이라는 내용이 되어야 하므로, 정답은 (d)이다.

어휘 hold v. 열다, 개최하다 senior prom n. (미국의 고등학교) 졸업 파티 avoid v. 피하다 last-minute shopping n. 마지막까지 미루다가 급하게 하는 쇼핑

9. to부정사의 형용사적 용법   정답 (b)

해석 숨바꼭질이라는 게임에서는 술래 한 명이 특정 숫자까지 세는 동안 눈을 감는다. 한편, 다른 플레이어들은 카운트다운 후 술래가 그들을 찾는 것을 시작하기 전에 숨을 장소를 찾아야 한다.

해설 빈칸에는 명사 'places'를 뒤에서 수식하여, '숨을 장소'라는 의미를 만들 수 있는 준동사가 필요하다. to부정사는 형용사적 용법이 가능하므로, (b)가 정답이다. 참고로 동명사는 문장 내에서 주어, 목적어, 보어 역할을 해야 하는데, 빈칸을 제외해도 주어진 문장은 이미 완전한 절을 갖추고 있으므로 동명사는 답이 될 수 없다.

어휘 seeker n. 수색자, 찾는 사람 count to v. ~까지 세다 certain a. 특정한 meanwhile ad. 한편 search v. 찾다

10. 가정법 과거완료   정답 (a)

해석 제이크는 어제 머리를 보라색으로 염색했다. 그의 여동생은 제이크가 샴푸인 줄 알았던, 라벨이 없는 액체 병을 잘못 사용했다고 말했다. 만약 그가 좀 더 조심했더라면, 그는 이 불행한 실수를 피했을 것이다.

해설 가정법 과거완료를 묻는 문제로, if절의 동사 시제가 과거완료(had been)이므로 주절의 빈칸에는 〈would/could/might + have p.p.〉 형태의 동사가 들어가야 한다. 따라서 정답은 (a)이다.

어휘 dye v. 염색하다   mistakenly ad. 실수로   unlabeled a. 라벨이 부착되지 않은, 분류되어 있지 않은   careful a. 조심하는   avoid v. 막다, 피하다   unfortunate a. 불행한   mistake n. 실수

11. 동명사를 목적어로 취하는 동사   정답 (c)

해석 구글은 2013년부터 증강현실(AR) 도구를 출시하고 있다. 이러한 제품들은 컴퓨터에서 생성된 물체를 실제 환경에 통합하도록 허락한다. 예를 들어, 안드로이드 기반 AR코어는 사람들이 어벤져스 캐릭터의 AR 스티커를 그들의 카메라 피드에 넣을 수 있게 한다.

해설 동사 'allow'는 동명사를 목적어로 취하기 때문에, 정답은 (c)이다. 동명사의 완료형인 having p.p.는 해당 절보다 시제가 앞설 때 사용되므로 (a)는 정답이 될 수 없다.

어휘 release v. 출시하다   augmented reality (AR) n. 증강현실   integrate v. 통합하다   allow v. 허락하다   object n. 물체

12. to부정사를 목적어로 취하는 동사   정답 (b)

해석 대니는 항상 숙제를 일찍 끝낸다. 그는 숙제를 빨리 끝마친다면 그의 엄마가 아이스크림을 사주겠다고 약속하기 때문에 이렇게 한다.

해설 동사 'promise'는 to부정사를 목적어로 취하기 때문에, 정답은 (b)이다. to부정사의 완료형인 to have p.p.는 해당 절보다 시제가 앞설 때 사용되므로 (a)는 정답이 될 수 없다.

어휘 early a. 이른 ad. 일찍   assignment n. 숙제, 과제   ahead of time ad. 빨리, 기한보다 일찍

13. 미래진행   정답 (c)

해석 내 노트북이 최근에 많이 느려지고 있기 때문에, 제롬은 내가 거의 사용되지 않는 파일들을 제거해야 한다고 제안했다. 나는 외장 하드 드라이브에 파일들을 다 복사하자마자 그것들을 내 컴퓨터에서 삭제하고 있을 것이다.

해설 시간의 부사절인 as soon as절의 동사는 현재시제가 미래를 대신한다. 즉 해당 문장에서 외장 하드 드라이브에 복사하는 것을 끝내는 시점이 미래(am done)이며, 내 컴퓨터에서 삭제하는 시점도 미래이므로, 미래 시점에 진행되고 있을 동작이나 상태를 나타낼 때 쓰이는 미래진행시제가 가장 적절하다. 따라서 정답은 (c)이다.

어휘 lag v. 처지다, 느릿느릿하다   rarely ad. 거의 ~하지 않는   external hard drive n. 외장 하드

14. 조동사 should 생략   정답 (d)

해석 작년에, 나의 고향은 동물보호법에 만장일치로 찬성 투표를 하였다. 이 새로운 법은 일반 사람들이 야생 동물을 사냥하거나 공격하는 것을 자제해야 한다고 요구한다.

해설 demand(요구하다)와 같이 주장, 명령, 제안, 요구를 나타내는 동사 뒤에 that절이 나오면, that절의 동사 자리에는 '~해야 한다'의 의미로 〈should + 동사원형〉에서 should가 생략된 동사원형만이 가능하다. 따라서 정답은 (d)이다.

어휘 unanimously ad. 만장일치로   vote for v. ~에 (찬성) 투표하다   act n. 행동, 법률   refrain v. 자제하다, 삼가다   harass v. 괴롭히다, 공격하다

15. to부정사의 부사적 용법   정답 (a)

해석 2019년 4월에, 화재가 파리의 유명한 명소인 850년 된 노트르담 대성당 일부를 파괴했다. 많은 기관과 개인은 이 중세 교회를 재건하는 것을 돕기 위해 돈을 기부하기로 했다.

해설 to부정사가 부사적 용법으로 쓰일 때에는 완전한 절 뒤에서 '~하기 위해'로서 목적을 나타내는 기능을 한다. 빈칸 앞에서 '많은 단체들과 개인들은 돈을 약속했다.'는 완전한 절이 나오며, '중세 교회를 재건하는 데 도움을 주기 위해'라는 목적이 이어지는 것이 가장 적절하므로 정답은 (a)이다.

어휘 destroy v. 파괴하다 pledge v. 약속하다, (돈을) 기부하다 medieval a. 중세의

16. 조동사 문맥 찾기   정답 (a)

해설 도로 위에 있을 때, 운전자는 어느 방향으로 갈 것인지를 표시하기 위해 항상 방향지시등을 사용해야 한다. 이 단순한 장치를 사용하는 것은 도로 사고를 상당히 줄일 수 있다.

해설 앞 문장에서 운전자가 어느 방향으로 갈 것인지를 표시하기 위해 항상 방향지시등을 사용해야 한다는 내용이 나오고, 빈칸 절은 이러한 기능을 바탕으로 방향지시등을 사용하는 것은 '사고를 상당히 줄일 수 있다'와 같이 가능성을 나타낼 수 있는 의미가 되어야 한다. 가능성(~할 수 있다)의 의미를 내포하기 위해서는 조동사 'can'이 가장 적절하므로, 정답은 (a)이다.

어휘 indicate v. 나타내다, 표시하다 significantly ad. 상당히 lessen v. 줄이다

17. 가정법 과거   정답 (d)

해설 나타샤는 방금 존의 생일 저녁식사로 레몬 버터 소스에 절인 대하를 준비하는 것을 마쳤다. 하지만 그녀는 그가 해산물에 알레르기가 있다는 것을 알지 못했다. 만약 존이 음식 알레르기가 없다면, 그는 음식을 분명 먹어 치울 것이다.

해설 가정법 과거를 묻는 문제로, if절의 동사가 과거 (did not have)이므로 주절의 빈칸에는 〈would/could/might + 동사원형〉 형태의 동사가 들어가야 한다. 따라서 정답은 (d)이다.

어휘 aware a. 알고 있는 allergic a. 알레르기가 있는 devour v. 먹어 치우다

18. 미래완료진행   정답 (b)

해설 미국항공우주국(NASA)은 설립 이래 지구 밖의 우주를 탐험하기 위한 우주선을 발사해왔다. 2058년 즈음이면, 이 기관은 수백 개의 임무를 거쳐 100년 동안 우주에 대한 정보를 수집해오는 중일 것이다.

해설 〈by + 미래 시점〉과 〈for + 숫자 기간〉은 미래완료진행시제의 단서 표현이다. 2058년이라는 미래 시점이 되면(by 2058) 그 때까지 100년이라는 기간 동안(for 100 years) 우주에 대한 정보를 수집해오는 중일 것이라는 내용이므로, 특정 미래 시점까지 일이나 동작이 기간을 두고 진행되고 있음을 나타낼 때 쓰는 미래완료진행시제가 가장 적절하다. 따라서 정답은 (b)이다.

어휘 explore v. 탐험하다 institution n. 기관, 협회

19. 주격관계대명사 that   정답 (b)

해설 새로운 형태의 탄소는 더 튼튼한 배터리, 전화기, 태양광 전지를 약속한다. "그래핀"이라고 불리는 그것은 벌집 형태의 배열로 단단히 묶여 있는 탄소 원자들의 단층으로 구성되어 있다. 이 화합물의 뚜렷한 구조는 탄소를 금속보다 더 강하게 만든다.

해설 빈칸 앞 선행사인 carbon atoms(탄소 원자들)가 사물이므로 관계대명사 which, that이 들어갈 수 있다. 그런데 관계대명사 뒤에는 불완전한 절이 나와야 하는데, which 뒤에는 완전한 절이 나오고 있으므로 답이 될 수 없다. 반면 that의 뒤에는 불완전한 절이 나오고 있으므로, 정답은 (b)이다.

어휘 sturdy a. 튼튼한, 견고한 consist of v. 구성되다 atom n. 원자 arrangement n. 배열 compound n. 화합물

20. 과거진행   정답 (a)

해설 에반스 몽시냑은 2010년 아이티 지진의 잔해에서 마지막으로 구조된 생존자였다. 재난이 발생했을 때 그는 시장에서 쌀을 팔고 있었으며, 건물이 무너져 내려 그를 27일 동안 가두었다.

해설 when을 사용하여 과거의 동시 상황을 나타내는 경우, 특정 과거 시점을 기준으로 반대쪽 절에는 일이나 동작의 진행을 나타내는 과거진행시제가 나와야 한다. when절의 동사(struck)가 과거 시점이므로, 주절의 빈칸에는 과거진행시제가 적절하다. 따라서 정답은 (a)이다.

어휘 retrieve v. 되찾다, 구해내다 disaster n. 재난, 재해 tear down v. 파괴하다, 허물다 trap v. (위험한 장소 궁지에) 가두다

21. 가정법 과거 완료   정답 (d)

해설 「몬스터 볼」에서의 할리 베리의 배역은 처음에 안젤라 바셋에게 제안되었지만, 그녀는 그것을 거절했다. 만약 바셋이 그 배역을 수락했었다면, 할리 베리는 아카데미 여우주연상을 수상한 최초의 아프리카계 미국인이 되지 않았을 것이다.

해설 가정법 과거완료를 묻는 문제로, if절의 동사가 과거완료(had accepted)이므로 주절의 빈칸에는 〈would/could/might + have p.p.〉 형태의 동사가 들어가야 한다. 따라서 정답은 (d)이다.

어휘 role n. 역할, 배역 initially ad. 처음에 turn down v. 거절하다

22. 동명사를 목적어로 취하는 동사   정답 (a)

해설 미국의 기타리스트 조 새트리아니는 영국의 록 밴드 콜드플레이를 그의 연주곡을 그들의 트랙들 중 하나에 사용한 것으로 알려져 2009년에 고소했다. 콜드플레이는 그 아티스트의 곡을 표절한 것을 부인했고, 그 소송은 결국 합의 속에 마무리되었다.

해설 동사 'deny'는 동명사를 목적어로 취하기 때문에, 정답은 (a)이다. being plagiarized는 수동태이므로 (d)는 정답이 될 수 없다.

어휘 sue v. 고소하다 plagiarize v. 표절하다 settlement n. 해결, 합의 lawsuit n. 소송, 고소

23. 현재완료진행   정답 (c)

해설 아라라트 산은 많은 등산가들이 즐기곤 했던 터키의 눈 덮인 휴화산이다. 안타깝게도, 정부는 2016년에 그 산을 군사 제한 구역으로 선포했고, 그 이후로 민간인들의 출입을 제한해오고 있다.

해설 〈since + 시점〉은 현재완료진행시제의 단서 표현이다. 그때 이래로, 즉 정부가 그 산을 군사 제한 구역으로 선포한 시점인 과거(declared) 이래로 지금까지 출입을 제한해오고 있는 중임을 나타내야 하므로, 과거에 시작한 동작이나 상태가 현재에도 진행 중일 때 사용하는 현재완료진행시제가 가장 적절하다. 따라서 정답은 (c)이다.

어휘 dormant a. 휴면의 declare v. 선언하다, 공표하다 restrict v. 제한하다 civilian n. 민간인 access n. 접근, 입장

24. 접속사   정답 (a)

해설 고대 문명에서, 로마인들과 그리스인들은 그들의 신생아의 이름을 바로 짓지 않았다. 그 아기들은 오직 태어나서 7일에서 10일이 지난 후에 행해지는 특별한 의식을 치르고 나야만 이름이 지어졌다.

해설 빈 칸 앞에는 '이름이 지어졌다'는 내용이 나오는데, 빈칸 뒤에는 '특별한 의식을 치렀다'는 내용이 이어지고 있다. 문맥상 특별한 의식을 치르는 것은 이름을 부여하는 조건이 되므로, '일단 ~하면'의 의미로 조건을 나타낼 때 쓰이는 접속사인 (a)가 정답이다.

어휘 newborn n. 신생아 infant n. 유아, 젖먹이, 아기 carry out v. 이행하다 undergo v. ~을 경험하다, 겪다 once conj. 일단 ~하면 so that conj. ~할 수 있도록 unless conj. 만약 ~가 아니라면 even though conj. ~에도 불구하고

25. 가정법 과거   정답 (a)

해설 미나는 거의 알려지지 않은 화가인 레드 브러쉬 테이트의 작품을 수집한다. 그녀는 만약 더 많은 사람들이 테이트에 대해 알게 된다면, 그는 역사상 가장 위대한 예술가 중 한 명으로 여겨질 것이라고 의견을 제시한다.

해설 가정법 과거를 묻는 문제로, if절의 동사가 과거 (were)이므로 주절의 빈칸에는 〈would/could/ might + 동사원형〉 형태의 동사가 들어가야 한 다. 따라서 정답은 (a)이다

어휘 little-known a. 거의 알려지지 않은 propose v. (계획·생각 등을) 제안(제의)하다

26. 조동사 문맥 찾기   정답 (c)

해설 다육식물은 잎에 물을 저장하므로 물을 많이 줄 필요가 없다. 사실, 과도한 수분은 실제로는 그들의 뿌리를 썩게 할 수 있다. 다육식물이 계속 잘 자라게 하기 위해, 그들은 배수구가 있는 화분에 심어져야 한다.

해설 빈칸 앞 문장에서 과도한 수분이 다육식물을 썩게 할 수 있다는 내용이 나오므로, 배수구가 있는 화분에 다육식물을 심는 것은 그것들을 잘 키우기 위한 의무 사항이다. 의무/당위성(~해야 한다)의 의미를 내포하기 위해서는 조동사 'should'가 가장 적절하므로, 정답은 (c)이다.

어휘 succulent plant n. 다육식물 excessive a. 과도한
rot v. 썩히다, 부식 시키다 thrive v. 번창하다, 잘 자라다
pot n. 화분 drainage n. 배수

청취   p.207

27 (d)	28 (c)	29 (a)	30 (d)	31 (c)
32 (b)	33 (c)	34 (d)	35 (a)	36 (c)
37 (a)	38 (c)	39 (b)	40 (a)	41 (b)
42 (d)	43 (b)	44 (c)	45 (d)	46 (d)
47 (a)	48 (b)	49 (c)	50 (a)	51 (d)
52 (b)

< PART 1 > 27-33 | 일상 대화 |

27. Why has Fred come to see the dentist?
28. Why did Fred wait such a long time to visit the dentist?
29. How did Fred's condition probably affect him prior to the meeting?
30. Why does Dr. Lee ask Fred about what he was eating?
31. According to Dr. Lee, what should Fred probably avoid doing in the future?
32. Why will Fred be unable to come back to Dr. Lee's office next week?
33. What will Dr. Lee most likely do after the conversation?

F: Hello, Fred. Come on in and have a seat.
여: 안녕하세요, 프레드. 들어와서 앉으세요.

M: Hi there, Dr. Lee.
남: 안녕하세요, 리 선생님.

F: So what brings you by today?
여: 그래서 오늘 무슨 일로 오셨나요?

M: [27] Well, about two weeks ago, I started feeling a little discomfort with my tooth. I was hoping it'd just go away, but in the past week or so, it's gotten to be unbearable.
남: [27] 음, 약 2주 전부터, 제 이에 약간 가벼운 통증을 느끼기 시작했어요. 증상이 그냥 사라지길 바랐는데, 지난 1주일 동안, 견디기가 힘들어졌어요.

F: Oh my! That's a long time to wait, Fred.
여: 이런! 기다려 보기엔 너무 긴 시간인데요, 프레드.

M: I know, Doc. It's not that I was dreading the dentist's chair. 28) **Actually, I would have come sooner, but I was in the middle of a 13-day Caribbean cruise with the wife and kids.**
남: 알아요, 선생님. 제가 치과 가는 걸 무서워해서 그런 게 아니에요. 28) 사실, 좀 더 일찍 왔어야 했는데, 그치만 저는 아내와 아이들과 함께 13일간의 카리브해 크루즈 여행을 하던 중이었답니다.

F: Ha-ha, I understand. 29) **What a shame. With that toothache, you must have missed out on all those mouth-watering buffet spreads and 24-hour snack bars that cruises usually offer.**
여: 하하, 알겠습니다. 29) 그것 참 안됐군요. 그 치통 때문에, 군침 도는 진수성찬 뷔페와 크루즈에서 주로 제공하는 24시간 간이식당을 놓치셨겠군요.

M: Well, Doc, let's just say I somehow managed to find the strength to rise above…
남: 음, 선생님, 그냥 제가 어떻게든 초연해질 힘을 찾아냈다고 칩시다…

F: Ah, I see.
여: 아, 알겠어요.

M: Well… By the end of the cruise, I also ended up "rising above" by about 15 pounds too. Ha-ha.
남: 음… 크루즈 여행이 끝날 때쯤, 저는 또한 체중이 15파운드정도 더 "올라가게" 되었죠. 하하.

F: Oh! Ha-ha. Well, it sounds like you were able to enjoy yourself despite your toothache. Speaking of which, how about we take a look at that tooth? Please open your mouth.
여: 오! 하하. 음, 치통이 있음에도 불구하고 즐길 수 있으셨던 것 같네요. 말이 나와서 그런데, 치아를 좀 보는 게 어떨까요? 입을 벌려주세요.

M: Ahh…
남: 아…

F: Does it hurt when I push down here?
여: 제가 여기를 누르면 아프세요?

M: Ow!
남: 아우!

F: Hmm… Appears as though your filling's missing.
여: 흠… 충전재가 빠진 것처럼 보이네요.

M: Phew… I was afraid it was a new cavity. Or worse, a cracked tooth!
남: 휴… 저는 새로 생긴 충치였을까 봐 걱정했어요. 더 최악으로는, 이에 금이 갔을까 봐요!

F: 30) **Do you happen to remember what you ate right before your toothache began?**
여: 30) 혹시 치통이 시작되기 직전에 무엇을 드셨는지 기억하실 수 있을까요?

M: Hmm… that day… I think it was the very first day of the cruise. Yeah, I remember the kids and I watched a movie in the onboard movie theater. We ordered some nachos, a box of jelly beans, a tub of caramel popcorn, and sodas. Not too long after the movie, I began to feel some discomfort.
남: 흠… 그 날이… 크루즈 여행의 맨 처음 날이었던 것 같아요. 맞아요, 저는 아이들과 선내 극장에서 영화를 봤던 게 기억나요. 우리는 나초, 젤리빈 한 상자, 카라멜 팝콘 한 통, 그리고 탄산음료들을 주문했었죠. 영화가 끝난 지 얼마 지나지 않아서, 저는 불편함을 좀 느끼기 시작했어요.

F: 30) **Well, this kind of thing is common. It usually results from biting down on something hard.**
여: 30) 음, 그런 일은 흔합니다. 그것은 보통 딱딱한 것을 세게 씹은 것이 원인이 되죠.

M: I see. Then perhaps it was the caramel popcorn.
남: 그렇군요. 그렇다면 아마 그건 카라멜 팝콘 때문이었나 봅니다.

F: Possibly. But it was likely caused by something much harder. 31) **By chance, did you chew on the ice chips in your soda?**
여: 아마도요. 하지만 그건 뭔가 더 단단한 것에 의해 야기되었을 수 있어요. 31) 혹시, 탄산음료 안에 있던 얼음 조각들을 씹으셨나요?

M: Yeah… It's an old habit of mine—drives my wife crazy! Ha-ha.
남: 네… 그건 제 오랜 습관이에요. 제 아내를 매우 화나게 하죠! 하하.

F: ³¹⁾ **Well, you should definitely avoid doing that again.** We'll need to replace the filling. For now, however, I'll put in a temporary filling, but you'll have to schedule another appointment to get your more permanent filling.
여: ³¹⁾ 음, 그런 행동을 또 하는건 반드시 피해주셔야 합니다. 충전재를 교체해야 할 것 같아요. 하지만, 지금 당장은 임시 충전재를 넣어 드릴 건데요, 더 영구적인 충전재를 받으시려면 다른 예약을 잡으셔야 합니다.

M: Okay then.
남: 좋아요.

F: ³²⁾ **Unfortunately, I'm going to be out of the office all next week attending a conference, so we can either try squeezing you in for an appointment tomorrow, on Sunday morning, or you'll have to wait about a week until I return.**
여: ³²⁾ 안타깝게도, 제가 다음 주 내내 회의에 참석하느라 진료실에 없을 예정이어서, 일요일 아침인 내일에 예약을 위해 짬을 내어 보거나, 아니면 제가 돌아올 때까지 일주일 정도 기다리셔야 할 것 같아요.

M: I see. I imagine the sooner the better, Dr. Lee. I look forward to eating again without the discomfort. Although, at the same time, maybe it'll help me shed some of those 15 pounds from the cruise… Ha-ha!
남: 그렇군요. 빠르면 빠를수록 좋아요, 리 선생님. 통증 없이 다시 식사를 할 수 있기를 기대합니다. 하지만, 동시에 크루즈 여행에서 찐 15파운드를 빼는 데 도움이 될 지도요… 하하!

F: ³³⁾ **Well, Fred, in the meantime, hopefully this temporary filling will help. Say "Ahh."**
여: ³³⁾ 음, 프레드, 그 동안에, 이 임시 충전재가 도움이 되길 바랍니다. "아" 해 보세요.

| 어휘 |

discomfort n. 가벼운 통증, 불편 go away v. 사라지다, 없어지다 unbearable a. 견딜 수 없는, 참을 수 없는 dread v. 무서워하다, 두려워하다 toothache n. 치통, 이앓이 mouth-watering a. 군침 돌게 하는 spread n. 진수성찬 offer v. 제공하다, 내놓다 somehow ad. 어떻게든 manage to v. 용케 ~을 해내다, 가까스로 ~하다 rise above v. ~에 초연해지다, 굴하지 않다 end up -ing v. 결국 ~에 처하다 despite prep. ~에도 불구하고 filling n. (치아에 생긴 구멍에 박는) 충전재, 봉 cavity n. 충치 cracked a. 금이 간, 갈라진 onboard ad. 선상의, 선내의 common a. 흔한 bite down v. ~을 세게 씹다 chew v. (음식을) 씹다 definitely ad. 절대로, 분명히 replace v. 교체하다, 바꾸다 temporary a. 임시의, 일시적인 appointment n. 예약, 약속 permanent a. 영구적인 conference n. 회의 squeeze (somebody) in v. ~을 위한 시간을 내다, 짬을 내다 shed v. 줄이다, 없애다

27. 주제 정답 (d)

해석 프레드가 치과 의사와 만난 목적은 무엇인가?

(a) 정기적인 치아 검진을 받기 위해
(b) 응급 수술을 받기 위해
(c) 약간의 가벼운 통증을 치료하기 위해
(d) 심각한 통증의 근원을 찾기 위해

해설 프레드가 2주 전부터 가벼운 통증을 느끼기 시작했는데, 지난 1주일은 견디기 힘들 정도로 통증이 심했다(but in the past week or so, it's gotten to be unbearable.)고 했으므로, 프레드는 자신의 심각한 통증의 근원을 찾기 위한 목적으로 치과에 방문하여 치과 의사와 대화를 나누고 있음을 알 수 있다. 따라서 (d)가 정답이다.

📖 **오답체크**
(c): 처음에는 약간의(a little) 통증이었지만, 그 이후에는 견디기 힘든(unbearable) 수준이라고 했다.

어휘 routine a. 정기적인, 일상적인 checkup n. 검진, 검사 emergency surgery n. 응급 수술 minor a. 가벼운, 작은 pain n. 통증

28. 세부 내용   정답 (c)

해석 왜 프레드는 치과에 방문하기 위해 그렇게 오랜 시간을 기다렸는가?

(a) 그는 유람선에서 일하고 있는 중이었다.
(b) 그는 치과에 가기에는 너무 겁이 났었다.
(c) 그는 가족 휴가 중이었다.
(d) 그는 출장 중이었다.

해설 프레드가 치과에 일찍 방문할 수도 있었으나, 가족들과 13일간의 유람선 여행을 했기 때문에 그러지 못했다(Actually, I would have come sooner, but I was in the middle of a 13-day Caribbean cruise with the wife and kids.)고 했으므로 (c)가 정답이다.

어휘 in the middle of prep. ~의 도중에

29. 추론   정답 (a)

해석 진료 전에 프레드의 상태는 그에게 어떻게 영향을 미쳤던 것 같은가?

(a) 그의 신체적인 편안함을 떨어뜨려서
(b) 그가 술을 마시지 못하게 해서
(c) 그의 식욕에 영향을 주어서
(d) 그가 즐기지 못하게 해서

해설 리 선생님이 프레드에게 치통 때문에 크루즈 뷔페와 간이식당을 즐길 기회를 놓쳤을 것 같다(you must have missed out on all those mouth-watering buffet spreads and 24-hour snack bars)고 했는데, 이는 치통으로 인해 크루즈 식사를 하지 못했을 거라는 의미이므로, 결국 치통을 겪고 있는 프레드의 상태가 그에게 신체적인 편안함을 낮춤으로써 영향을 주었음을 추론할 수 있다. 또한 앞에서 프레드가 치통으로 많이 불편했다고 직접 언급한 바 있으므로, 정답은 (a)이다.

오답체크
(c), (d): 뒤에서 프레드가 크루즈 여행에서 15파운드가 쪘다고 하자, 리 선생님이 치통이 있음에도 불구하고 즐길 수 있었던 것 같다고 한 것으로 보아 프레드의 상태가 식욕에 영향을 주었거나 즐기는 것을 막지 않았음을 알 수 있다.

어휘 condition n. (건강)상태   prior to prep. ~전에, ~에 앞서   comfort n. 편안함, 안락   prevent A from B v. A가 B하지 못하게 막다   appetite n. 식욕

30. 세부 내용   정답 (d)

해석 왜 리 선생님은 프레드에게 그가 무엇을 먹고 있었는지 물어봤는가?

(a) 유람선 여행에 대해 더 배우기 위해
(b) 무엇이 그의 새로운 충치를 야기했는지 알기 위해
(c) 그가 음식 알레르기가 있는지 보기 위해
(d) 통증의 근원을 발견하기 위해

해설 리 선생님이 프레드에게 치통 직전에 무엇을 먹었는지 질문했고(Do you happen to remember what you ate right before your toothache began?), 딱딱한 간식들을 먹었다는 프레드의 답변에 이와 같은 치통은 보통 딱딱한 것을 세게 씹는 것에서 비롯된다(It usually results from biting down on something hard.)며 치통의 근원을 파악했다. 따라서 리 선생님이 프레드에게 질문을 한 이유는 통증의 근원을 발견하기 위한 목적이므로, (d)가 정답이다.

어휘 allergy n. 알레르기   discover v. 발견하다, 찾아내다

31. 추론   정답 (c)

해석 리 선생님에 따르면, 프레드는 앞으로 무엇을 하는 것을 피해야 할 것 같은가?

(a) 너무 단 탄산음료를 마시는 것
(b) 끈적끈적한 음식을 씹는 것
(c) 딱딱한 물질을 세게 씹어 먹는 것
(d) 건강에 좋지 않은 식습관을 형성하는 것

해설 리 선생님이 프레드에게 딱딱한 얼음 조각들을 씹었는지 묻자(did you chew on the ice chips in your soda?) 프레드가 그렇다고 답했는데, 이에 그런 행동을 또 하는건 반드시 피해야 한다(you should definitely avoid doing that again.)고 당부하고 있으므로 프레드가 앞으로 딱딱한 물질을 세게 씹어 먹는 것을 피해야 한다는 것을 추론할 수 있다. 따라서 (c)가 정답이다.

어휘 sugary a. 너무 단, 지나치게 달콤한   sticky a. 끈적끈적한, 끈적거리는   substance n. 물질   unhealthy a. 건강에 좋지 않은, 해로운

32. 세부 내용   정답 (b)

해석 왜 프레드는 다음 주에 리 선생님의 진료실로 돌아올 수 없을까?

(a) 그는 회의에 참석할 것이기 때문에
(b) 치과의사가 가야 할 행사가 있기 때문에
(c) 그가 기다리기엔 너무 고통스럽기 때문에
(d) 치과의사가 용품들을 주문해야 하기 때문에

해설 리 선생님이 다음 주 내내 회의에 참석하느라 진료실에 없을 예정(I'm going to be out of the office all next week attending a conference)이어서 프레드에게 다른 예약을 잡으라고 했으므로, (b)가 정답이다.

오답체크
(a): 회의에 참석할 주체는 프레드가 아닌 리 선생님이므로 오답이다.

어휘 supplies n. 용품, 물품

33 추론   정답 (c)

해석 리 선생님은 대화 직후 무엇을 할 것 같은가?

(a) 프레드에게 그의 몸무게에 대해 조언하기
(b) 프레드에게 진통제를 조금 주기
(c) 단기적인 해결책을 제시하기
(d) 영구 충전재 넣기

해설 리 선생님은 프레드에게 임시 충전재가 도움이 되길 바란다(Fred, in the meantime, hopefully this temporary filling will help.)며 입을 벌리라고 했으므로, 다음 진료 전까지 임시 충전재를 넣어 주는 단기적인 조치를 취할 것임을 추론할 수 있다. 따라서 (c)가 정답이다.

어휘 advise v. 조언하다, 충고하다   medicine n. 약, 약물
short-term a. 단기적인, 단기의

‹ PART 2 › 34-39 | 상품 홍보와 발표 |

34. What is the talk about?
35. Why is the observatory holding an unveiling ceremony?
36. How will the committee ensure that they raise enough money this year?
37. Why most likely is the special membership being offered so exceptional?
38. According to the speaker, why is Hawaii an attractive vacation destination?
39. Based on the talk, how will the special annual membership packages first be made available?

Good morning, ladies and gentlemen. I'm the director of the Mount Walker Observatory here in Greensborough County. It's hard to believe that tonight's benefit gala marks the thirty-third year that our observatory's telescopes have been pointed toward the skies. **34) On behalf of the staff, I would like to say "thank you" to those of you who have supported—either through monetary donations or volunteer work—the mission of the observatory, which is to inspire and educate the public about astronomy. Without your contributions, we wouldn't have these state-of-the-art facilities that you're all enjoying tonight.**

좋은 저녁입니다, 신사 숙녀 여러분. 저는 그린즈버러 카운티에 있는 이곳 마운트 워커 천문대의 책임자입니다. 오늘 밤 열리는 자선행사가 저희 천문대의 망원경이 하늘을 향해온 지 33년째 되는 해를 기념한다는 것이 믿기지 않습니다. **34)** 직원들을 대표하여, 저는 대중들에게 천문학에 대한 영감을 주고 교육을 하는 천문대의 사명을 금전적 기부나 봉사활동을 통해 지지해주신 여러분들에게 "감사하다"고 말하고 싶습니다. 여러분들의 기여가 없었다면, 오늘 밤 여러분이 모두 즐기게 될 이런 최첨단 시설들도 갖추지 못했을 것입니다.

As you may be aware, the observatory has experienced financial challenges over the years due to periodic funding cuts. Despite such obstacles, we have—of course, with your help—managed to find creative ways to continue to operate and expand as a non-profit institution and community resource.

35) **In fact, later tonight there will be an unveiling ceremony to highlight the observatory's latest installation, a 47-inch reflecting telescope, in our newly renovated North Annex.**

아시다시피, 천문대는 몇 년 동안 주기적인 자금 삭감으로 인해 재정적인 어려움을 겪어 왔습니다. 이러한 걸림돌에도 불구하고, 우리는 물론 여러분의 도움을 받아 비영리 기관 및 커뮤니티 재원으로 계속해서 운영 및 확장할 창의적인 방법들을 용케 찾아내게 되었습니다. 35) 사실, 오늘 밤 늦게 새롭게 단장한 북쪽 별관에서 47인치 반사 망원경이라는 천문대의 최신 설치물을 조명하기 위한 제막식이 있을 예정입니다.

36) **To ensure that we raise enough money this year, the Mount Walker Observatory Fundraising Committee has decided to offer, for the first time ever, a special annual membership package.** In addition to the standard year-round access to the observatory and use of its telescopes, this special package includes an invitation to attend a series of upcoming lectures and forums featuring noted guests. I don't want to spoil any surprises, but let's just say they include a well-known celebrity astrophysicist, a legendary NASA chief flight director, and—live via satellite—an astronaut currently conducting research aboard the International Space Station.

36) 올해 반드시 충분한 기금을 모으기 위해, 마운트 워커 천문대 기금 모금 위원회는 사상 처음으로 특별 연례 멤버십 패키지를 제공하기로 결정했습니다. 이 특별 패키지에는 천문대에 대한 일반적인 연간이용권과 망원경의 사용 외에도, 유명한 게스트들이 나오는 앞으로 있을 일련의 강연들과 포럼들에 대한 초대장이 포함되어 있습니다. 어떤 놀라움도 망치고 싶지 않지만, 유명 스타 천체물리학자, 전설적인 NASA의 최고 비행 책임자, 그리고 위성 생중계로 국제 우주 정거장에서 연구를 수행하고 있는 우주 비행사가 포함되어 있다고만 말씀드리겠습니다.

37) **It's certainly an exciting lineup, but this annual membership package is exceptional because it coincides with an event that only happens every five and a half years: the orbital approach of the Tempel 1 comet.** For those of you who purchase the special annual membership package, we will organize a trip to Hawaii and arrange an exclusive guided tour of the Mauna Kea Observatories on the island. Home to some of the world's largest optical telescopes, it is there you will have an incredible view of the comet as it passes Earth.

37) 이는 분명 흥미로운 구성이지만, 이번 연간 멤버십 패키지는 오직 매 5년 반마다 일어나는 이벤트인, 템펠 1 혜성의 궤도 접근과 동시에 일어나기 때문에 극히 이례적입니다. 특별 연례 멤버십 패키지를 구매하시는 분들을 위해, 저희는 하와이 여행을 준비하고 섬에 있는 마우나 케아 천문대의 단독 가이드 투어를 준비할 것입니다. 세계에서 가장 큰 광학 망원경의 본거지인 이 곳에서 여러분은 혜성이 지구를 지나갈 때 믿을 수 없는 광경을 보게 될 것입니다.

38) **During your stay on the Big Island, you'll also be able to experience many natural wonders found closer to the ground! Enjoy hikes through Hawaiian rainforests and swims in marine sanctuaries located around the island.** When you're not gazing at the stars, you'll be amazed by all the natural beauty Hawaii has to offer.

38) 하와이에 머무는 동안, 여러분은 또한 코 앞에서 발견되는 많은 자연의 경이로움을 경험할 수 있을 것입니다! 하와이 열대 우림을 통과하는 하이킹과 섬 주변에 위치한 해양 보호구역에서 수영을 즐기세요. 여러분이 별을 보고 있지 않을 때, 여러분은 하와이가 제공하는 자연의 아름다움에 놀랄 것입니다.

We here at the Mount Walker Observatory look forward to another fun-filled year of exploration and wonder. As a non-profit organization, you can rest assured that all the funds raised from membership fees and donations are put right back into the observatory.

저희는 이곳 마운트 워커 천문대에서 탐험과 경이로움이 가득한 또 다른 재미있는 한 해를 기대하고 있습니다. 비영리 단체로서, 여러분은 멤버십 비용과 기부금으로 모금된 모든 자금들이 바로 천문대에 다시 투입된다는 사실에 안심하셔도 됩니다.

Due to the unique features of this membership package, availability will be on a first-come, first-served basis. 39) **Considering how much all of you here have supported this institution over the years, the fundraising committee thought it was only fitting** that pre-sales of this special membership package be offered tonight to everyone here. However, beginning tomorrow, sale of the special membership package will be opened to the general public through our website. For further information or inquiries, please call the observatory at our toll-free number. On behalf of the folks here at the observatory, thank you and keep your eyes peeled toward the skies!

이 멤버십 패키지의 독특한 특징들로 인해, 선착순으로 이용하실 수 있게 될 예정입니다. [39]여기 계신 여러분 모두가 수년간 이 기관을 얼마나 지지해 주셨는지를 고려해 볼 때, 기금 모금 위원회는 오늘 밤 여기 계신 모든 분들께 이 특별 멤버십 패키지의 사전 판매가 제공되어야 한다는 것이 적합하다고 생각했습니다. 하지만, 내일부터 특별 멤버십 패키지의 판매가 저희 홈페이지를 통해 일반 대중들에게 공개될 것입니다. 더 자세한 정보나 문의는, 수신자 부담 전화번호로 천문대에 전화해 주십시오. 여기 천문대에 계신 분들을 대표해서 감사드리며 하늘을 유심히 지켜보십시오!

| 어휘 |

director n. 책임자, 관리자 observatory n. 천문대, 관측소 benefit gala n. 자선행사 mark v. (중요사건을) 기념하다, 축하하다 telescope n. 망원경 point v. (특정 방향으로) 향하다 on behalf of prep. ~을 대표하여, 대신하여 monetary a. 금전적인, 통화의, 화폐의 donation n. 기부, 기증 inspire v. 영감을 주다 astronomy n. 천문학 contribution n. 기여, 공헌 state-of-the-art a. 최첨단의, 최신의 facility n. 시설 financial a. 재정적인, 금융의 challenge n. 도전, 어려움 periodic a. 주기적인 obstacle n. 걸림돌, 장애물 operate v. 운영하다, 영업하다 expand v. 확장하다, 확대하다 non-profit a. 비영리의 institution n. 기관 resource n. 재원, 자원 unveiling ceremony n. 제막식 installation n. 설치물, 시설 reflecting a. 반사하는 renovated a. 단장한, 개조된, 보수한 ensure v. 반드시 ~하게 하다, 보장하다 fundraising n. 기금 모금 committee n. 위원회 standard a. 일반적인, 보통의 year-round a. 연중 계속되는 invitation n. 초대, 초대장 upcoming a. 다가오는, 곧 있을 not ed a. 유명한, 잘 알려져 있는 spoil v. 망치다, 못쓰게 만들다 astrophysicist n. 천체물리학자 legendary a. 전설적인, 아주 유명한 satellite n. 인공위성 astronaut n. 우주 비행사 conduct v. 수행하다, 처리하다 certainly ad. 분명히, 틀림없이 exceptional a. 극히 예외적인, 이례적인 coincide v. 일치하다, 동시에 일어나다 orbital a. 궤도의 comet n. 혜성 purchase v. 구매하다, 구입하다 exclusive a. 단독의, 독점적인 optical a. 광학의 wonder n. 경이로움, 감탄 rainforest n. 열대우림 sanctuary n. 보호구역, 안식처 gaze v. 보다, 응시하다 exploration n. 탐험, 탐사 rest assured v. ~에 안심하다, 확신하다 availability n. 이용 가능성, 이용할 수 있는 것 inquiry n. 문의 toll-free a. 수신자 부담의 folks n. 사람들

34. 주제   정답 (d)

해석 이 연설은 무엇에 관한 것인가?

(a) 축제를 위한 자원봉사자를 모집하는 것
(b) 새로운 천문대를 홍보하는 것
(c) 교육 센터를 개업하는 것
(d) 기부자들에게 감사 표하는 것

해설 강연자가 천문대 직원들을 대표하여 천문대에 금전적 기부나 봉사활동을 통해 지지해 준 사람들에게 감사를 전하며(On behalf of the staff, I would like to say "thank you" to those of you who have supported—either through monetary donations or volunteer work—the mission of the observatory, which is to inspire and educate the public about astronomy.), 이와 같이 기여해 준 사람들이 없었다면 오늘 밤에 개최될 제막식과 특별 멤버십 패키지도 없었을 것(Without your contributions, we wouldn't have these state-of-the-art facilities that you're all enjoying tonight.)이라고 했으므로 기부자들에게 감사를 표하기 위한 목적의 연설임을 알 수 있다. 따라서 (d)가 정답이다.

어휘 recruit v. 모집하다, 뽑다 express v. (의사나 감정을) 표현하다, 전달하다 gratitude n. 감사, 고마움

35. 세부 내용   정답 (a)

해석 왜 천문대는 제막식을 개최하고 있는가?

(a) 새로운 기능을 뽐내기 위해
(b) 향후 보수 계획을 공유하기 위해
(c) 새로운 전시물을 공개하기 위해
(d) 걸림돌이 끝난 것을 기념하기 위해

해설 새롭게 단장한 북쪽 별관에서 최신 설치물인 47인치 반사 망원경을 조명하기 위한 제막식이 있을 예정(there will be an unveiling ceremony to highlight the observatory's latest installation, a 47-inch reflecting telescope, in our newly renovated North Annex.)이라고 했으므로, 정답은 (a)이다.

📕 **오답체크**
(c): 최신 설치물인 47인치 반사 망원경이 전시, 또는 전시회를 위한 것인지는 본문에서 언급되지 않았다.

어휘 show off v. 자랑하다, 돋보이게 하다 share v. 공유하다 renovation n. 보수 reveal v. 공개하다, 드러내다 exhibit n. 전시물, 전시품

36. 세부 내용   정답 (c)

해석 어떻게 위원회가 올해 충분한 자금을 조달하도록 보장할 것인가?

(a) 멤버십 비용을 인상함으로써
(b) 더 많은 모금 행사를 개최함으로써
(c) 흥미로운 패키지를 판매함으로써
(d) 부유한 기부자를 더 많이 초대함으로써

해설 올해 충분한 기금을 모으기 위해 위원회가 특별 연례 멤버십 패키지를 제공하기로 결정했다(To ensure that we raise enough money this year, the Mount Walker Observatory Fundraising Committee has decided to offer a special annual membership package.)고 했으므로, (c)가 정답이다.

어휘 fundraiser n. 모금 행사 wealthy a. 부유한 donor n. 기부자, 기증자

37. 추론   정답 (a)

해석 왜 특별 멤버십이 그렇게 극히 이례적으로 제공되고 있는 것 같은가?

(a) 희귀한 천문학적 사건 때문에
(b) 가장 오래된 망원경 투어 때문에
(c) 외딴 섬으로의 여행 때문에
(d) 혜성이 매년 접근하기 때문에

해설 이번 멤버십 패키지는 매 5년 반마다 일어나는 템펠 1 혜성의 궤도 접근과 일치하기 때문에 이례적(this annual membership package is exceptional because it coincides with an event that only happens every five and a half years: the orbital approach of the Tempel 1 comet.)이라고 했으므로, 혜성의 궤도 접근이라는 보기 드문 천문학적 사건 때문에 멤버십이 예외적으로 제공된다는 것을 추론할 수 있다. 따라서 (a)가 정답이다.

어휘 rare a. 보기 드문, 희귀한 astronomical a. 천문학적인, 천문학의 secluded a. 외딴, 한적한

38. 세부 내용   정답 (c)

해석 화자에 따르면, 왜 하와이가 매력적인 휴양지인가?

(a) 그곳에는 많은 아름다운 수영장이 있다.
(b) 그곳에는 세계에서 가장 큰 열대우림이 있다.
(c) 그곳에는 다양한 야외 활동들이 있다.
(d) 그곳에서 별이 가장 선명하게 보인다.

해설 화자는 하와이에 머무는 동안 하와이 열대 우림을 통과하는 하이킹과 해양 보호구역에서의 수영을 즐기는 등(Enjoy hikes through Hawaiian rainforests and swims in marine sanctuaries located around the island.) 자연의 경이로움을 경험하라고 했으므로, 하와이에는 이와 같은 다양한 야외 활동들이 있기 때문에 매력적인 휴양지라고 설명한다는 것을 알 수 있다. 따라서 (c)가 정답이다.

어휘 attractive a. 매력적인 vacation destination n. 휴양지 outdoor a. 야외의

39. 세부 내용   정답 (b)

해석 화자에 따르면, 특별 연간 멤버십 패키지가 어떻게 처음 이용 가능해질 것인가?

(a) 행사 전에 전화로
(b) 행사 중에 직접
(c) 그날 늦게 전화로
(d) 다음 날 온라인으로

해설 이 특별 멤버십 패키지는 오늘 밤 천문대에 있는 모든 사람들에게 사전 판매로 제공하는 것이 적합하다고 생각했다(the fundraising committee thought it was only fitting that pre-sales of this special membership package be offered tonight to everyone here.)는 부분을 통해, 특별 연간 멤버십 패키지는 오늘 밤 제막식 행사 중에 처음으로 직접 제공될 것임을 알 수 있다. 따라서 (b)가 정답이다.

어휘 in person ad. 직접 following a. 다음의

< PART 3 > 40-45 | 장단점 비교하기 |

40. Why have Laura's parents been shopping at the farmers' market lately?
41. What course of treatment did the doctor probably advise for Laura's father?
42. Why is Laura's mother especially concerned about GM foods?
43. According to Laura, what allows farmers to grow more GM food at a lower cost?
44. What does Laura's dad think about the peaches from the farmers market?
45. What has Laura's father most likely decided to do?

F: Hey, Dad, want to come with me to the grocery store?
여: 아빠, 나랑 식료품점에 같이 가지 않을래요?

M: Thanks, Laura, but your mom and I are okay on groceries. 40) **Actually, lately we've been shopping for our groceries at an organic farmers market to avoid buying GM foods.**
남: 고마워, 로라, 하지만 너희 엄마와 나는 식료품점은 괜찮단다. 40) 사실, 최근에 우리는 GM식품을 구매하지 않기 위해 유기농 농산물 직매장에서 식료품을 구매했거든.

F: When you say "GM foods," are you talking about genetically modified foods? Like where scientists change the genetic codes of plants in labs to make them grow in particular ways?
여: "GM식품"이라고 하면, 유전자변형식품을 말하는 거예요? 과학자들이 실험실에서 식물들의 유전 암호를 바꿔서 특정한 방식으로 자라게 하는 것처럼요?

M: Yup. 41) **Ever since my last checkup with the doctor, your mom's been obsessed about eating healthier.** Her latest idea is to cut out all GM foods from our diets.
남: 맞아. 41) 내가 의사선생님에게 가서 지난 번 건강 검진을 받은 이후로 줄곧, 너희 엄마는 더 건강한 음식을 먹는 것에 집착하고 있단다. 그녀의 최근의 생각은 우리의 식단에서 모든 유전자변형식품을 제외하는 것이지.

F: Mom mentioned that you've been eating more fruits and vegetables and going on walks every day so that you won't have to be prescribed new medication. But she didn't mention that you also had to eat strictly non-GM foods.
여: 엄마는 아빠가 새로운 약 처방을 받을 필요가 없도록 더 많은 과일과 야채를 먹고 매일 산책을 해오고 있다고 말씀하셨어요. 하지만 그녀는 아빠가 또한 엄밀히 비유전자변형식품만을 먹어야 한다고 말하지는 않았는데요.

M: Well, that's just your mom's idea. As for me, I'm still weighing their pros and cons.
남: 음, 그건 너희 엄마의 생각일 뿐이야. 나로서는, 나는 여전히 그들의 장단점을 따져보고 있거든.

F: You know, I remember reading a little bit about GM foods in a scientific journal not long ago. Perhaps I can help you decide.
여: 아빠도 알다시피, 제가 얼마 전에 과학 잡지에서 유전자변형식품에 대해 조금 읽었던 것이 기억나요. 아빠가 결정하실 수 있게 제가 도울 수 있을 것 같네요.

M: [42)] **Well, ever since your mom read this cooking blog about GM food production, she's been telling me that GM foods might cause allergic reactions in people who aren't normally allergic to those fruits or vegetables.** Know anything about that?

남: 42) 음, 너희 엄마가 유전자변형식품 생산에 관한 요리 블로그를 읽은 이후로 계속, 아빠에게 유전자변형식품이 보통 과일이나 야채에 알레르기가 없는 사람들에게 알레르기 반응을 일으킬지도 모른다고 말해왔단다. 그것에 대해 뭐라도 알고 있니?

F: Maybe that was true in the past, but these days researchers test GM foods very carefully and put labels on any foods that contain unexpected allergens.

여: 과거에는 그게 맞았을 지도 모르지만, 요즘에는 연구원들이 유전자변형식품을 매우 주의 깊게 검사하고 어떤 식품이라도 예상치 못한 알레르기 유발 항원들이 함유되면 라벨을 붙인다고 해요.

M: Is that right? I think your mother is especially concerned since she's allergic to certain kinds of fruit. She'd rather not take any risks.

남: 정말이니? 내 생각엔 너희 엄마가 특정 종류의 과일에 알레르기가 있기 때문에 특별히 신경을 쓰는 것 같구나. 그녀는 어떤 위험이라도 감수하지 않는 편이 낫다는 거지.

F: I can understand that. Did the blog mention any upsides, like the fact that GM foods are generally less expensive yet better in quality?

여: 그건 이해할 수 있어요. 그 블로그가 유전자변형식품이 일반적으로 덜 비싸면서도 품질 면에서는 더 좋다는 사실과 같은 긍정적인 면들을 언급했나요?

M: Hmm... I don't think so. How's that possible?

남: 흠… 그런 것 같지는 않은데. 어떻게 그게 가능하지?

F: [43)] **Well, since genetically modified plants can produce bigger fruits and vegetables as well as more fruits and vegetables per plant, farmers can easily grow more food at a lower cost.**

여: 43) 음, 유전자 조작 식물들이 식물마다 더 많은 과일과 채소뿐만 아니라 더 큰 과일과 채소들을 생산할 수 있기 때문에, 농부들은 더 낮은 비용으로 더 많은 식량을 쉽게 재배할 수 있어요.

M: Interesting. And the savings are passed on to the consumer, hopefully.

남: 흥미롭네. 그리고 그 절감액은 바라건대 소비자에게 돌아가겠지.

F: That's right, Dad. Another advantage of GM plants is that they're designed to be tough, so they're at a lower risk of developing common plant diseases. Not only that, but they're also made to repel insects!

여: 맞아요, 아빠. 유전자 조작 식물의 또 다른 장점은 그것들이 강인하도록 설계되어서, 흔한 식물병에 걸릴 위험이 더 낮다는 거예요. 그뿐 아니라, 그들은 곤충이 쫓아내도록 만들어졌어요!

M: Is that right? If the plants can repel insects naturally, would that mean that farms don't need to use as many pesticides?

남: 정말이니? 만약 식물들이 자연적으로 곤충들을 쫓아낼 수 있다면, 그것은 농장들이 많은 살충제를 사용할 필요가 없다는 것을 의미하는 건가?

F: You got it. You won't have to worry as much about chemicals on your food from all that bug spray.

여: 맞아요. 아빠는 그 모든 살충제로부터 나오는 음식의 화학 물질들에 대해 그렇게 많이 걱정하지 않아도 될 거예요.

M: That is a pretty big advantage. [44)] **But I have to say, Laura, I think that non-GM fruits and vegetables taste better. Your mom gets these peaches from the farmers market that are just heavenly.**

남: 그것은 꽤 큰 장점이구나. 44) 하지만 로라, 내 생각에 비유전자변형과일과 야채가 더 맛있다는 말을 꼭 해야겠어. 너희 엄마가 이 복숭아들을 농산물 직매장에서 가져왔는데 정말 맛있단다.

F: I'm sure they are! Keep in mind, though, that GM foods can also be engineered to be tastier than average.
여: 분명 그래요! 그렇지만, 유전자변형식품은 평균보다 더 맛있도록 가공되어질 수도 있다는 것을 꼭 기억하세요.

M: It's amazing what scientists can do these days.
남: 요즘 과학자들이 할 수 있는 것은 참 놀랍구나.

F: If you had to decide now, Dad, what would be your conclusion about GM foods?
여: 만약 지금 결정해야 한다면, 아빠, 유전자변형식품에 대해 어떻게 결론 내리실 건가요?

M: Well, Laura…. There'll always be a special place in my heart for those butter caramel fudge cookies that I love to snack on, which I'm certain are made from GM foods. 45) **Even so, at my age, perhaps it's best I err on the side of caution and take your mom's lead on this one.**
남: 글쎄, 로라… 나에게는 내가 군것질하기 좋아하는 버터 카라멜 퍼지 쿠키가 정말 소중한데, 그것들은 분명 유전자변형식품으로 만들어졌겠지. 45) **그렇다고 해도, 내 나이에는, 어쩌면 지나칠 정도로 조심하고 너희 엄마 말을 따르는 게 가장 좋을 것 같아.**

F: Ha-ha. Always a wise decision!
여: 하하. 언제나 현명한 결정이네요!

| 어휘 |

grocery n. 식료품, 식료품점 organic a. 유기농의 farmers market n. 농산물 직매장 genetically ad. 유전학적으로, 유전자에 의해 modified a. 변형된, 수정된 genetic a. 유전의, 유전학의 lab n. 실험실 checkup n. 건강검진, 진찰 be obsessed about v. ~에 집착하다 cut out v. 제외하다, 빼다 prescribe v. 처방하다, 처방을 내리다 medication n. 약, 약물 strictly ad. 엄밀히, 정확히 weigh v. (결정을 내리기 전) 따져 보다, 저울질하다 pros and cons n. 장단점 journal n. 잡지, 신문 allergic a. 알레르기가 있는 unexpected a. 예상치 못한, 예기치 않은 allergen n. 알레르기 유발 항원, 알레르겐 upside n. 긍정적인 면, 괜찮은 면 savings n. 절감액, 절약한 돈 consumer n. 소비자 tough a. 강인한, 굳센 plant disease n. 식물병(식물에 생기는 질병) repel v. 접근하지 못하게 하다, 쫓아내다 insect n. 곤충 pesticide n. 살충제, 농약 chemicals n. 화학 물질 heavenly a. 천상의, 좋은 average n. 일반, 평균, 보통 conclusion n. 결론, 판단 snack on v. 간식으로 먹다, ~을 군것질하다 err on the side of caution v. 매우 주의를 기울이다, 지나치게 조심하다 wise a. 현명한, 지혜로운

40. 대화 소재 정답 (a)

해석 왜 로라의 부모님이 최근에 농산물 직매장에서 쇼핑을 했는가?

(a) 그들은 천연원료 식품들을 선호하기 때문에
(b) 그들은 그곳에서 가장 신선한 음식을 구매하기 때문에
(c) 그들은 식료품점을 싫어하기 때문에
(d) 그들은 그곳에서 더 많은 돈을 절약하기 때문에

해설 로라의 부모님은 최근 GM식품을 사지 않기 위해 유기농 농산물 직매장에서 식료품을 구매해오고 있다(Actually, lately we've been shopping for our groceries at an organic farmers market to avoid buying GM foods.)고 했으므로, GM식품보다 천연원료의 식품을 선호하기 때문에 농산물 직매장에서 쇼핑을 했음을 알 수 있다. 따라서 (a)가 정답이다.

어휘 prefer v. 선호하다, 더 좋아하다 all-natural a. 천연원료의 dislike v. 싫어하다

41. 추론 정답 (b)

해석 의사가 로라의 아빠에게 어떤 치료과정을 권했던 것 같은가?

(a) 엄격한 채식주의 식단
(b) 더 건강한 음식과 신체 단련
(c) 엄격한 비유전자변형식품의 식단
(d) 새로운 처방약

해설 로라의 아빠가 의사에게 가서 지난 번 건강검진을 받은 이후로 로라의 엄마는 더 건강한 음식을 먹는 것에 집착하고 있다(Ever since my last checkup with the doctor, your mom's been obsessed about eating healthier.)고 했으므로, 의사는 로라의 아빠에게 더 건강한 음식과 신체 단련를 권했기 때문에 로라의 엄마가 이와 같이 행동했다는 것을 추론할 수 있다. 따라서 (b)가 정답이다.

🔖 **오답체크**

(c): 엄격한 비유전자변형식품의 식단은 로라의 엄마의 생각이지 의사가 권고한 것이 아니므로 답이 될 수 없다.

어휘 treatment n. 치료, 처치 strict a. 엄격한, 엄한 vegetarian n. 채식주의 fitness n. 신체 단련 prescription n. 처방

42. 세부 내용 정답 (d)

해석 왜 로라의 엄마는 유전자변형식품에 대해 특히 염려하는가?

(a) 그녀에게 알레르기를 주기 때문에
(b) 테스트를 거치지 않았기 때문에
(c) 라벨이 붙어 있지 않기 때문에
(d) 나쁜 반응을 일으킬 수 있기 때문에

해설 로라의 엄마가 블로그를 읽은 이후 유전자변형식품이 보통 알레르기가 없는 사람들에게 알레르기 반응을 일으킬지도 모른다고 염려해왔다(she's been telling me that GM foods might cause allergic reactions in people who aren't normally allergic to those fruits or vegetables.)고 했으므로, (d)가 정답이다.

🔖 **오답체크**

(a): 로라의 엄마는 유전자변형식품이 사람들에게 알레르기 반응을 일으킨다고 했지만 본인에게도 그렇다는 언급은 하지 않았다.

어휘 especially ad. 특히 concern v. 염려하다, 걱정하다 label v. 라벨을 붙이다

43. 세부 내용 정답 (b)

해석 로라에 따르면, 무엇이 농부들이 더 낮은 비용으로 더 많은 유전자변형식품을 기를 수 있게 하는가?

(a) 덜 비싼 종자들을 갖는 것
(b) 식물마다 더 많은 농산물을 생산하는 것
(c) 평균보다 더 빠르게 자라는 것
(d) 작물을 위해 더 적은 토지가 필요한 것

해설 유전자 조작 식물들은 식물마다 더 많고 더 큰 과일과 채소들을 생산할 수 있기 때문에 농부들이 더 낮은 비용으로 더 많은 식량을 쉽게 기를 수 있게 해준다(since genetically modified plants can produce bigger fruits and vegetables as well as more fruits and vegetables per plant, farmers can easily grow more food at a lower cost.)고 했다. 따라서 정답은 (b)이다.

🔖 **오답체크**

(a): 유전자 조작 식물들이 더 크고 더 많은 과일과 채소를 생산할 수 있어 더 낮은 비용으로 더 많은 식량을 쉽게 재배할 수 있다고 했지 농부들이 종자를 더 저렴하게 입수한다는 내용은 본문을 통해 알 수 없다.

어휘 seed n. 씨앗, 종자 crop n. (농)작물

44. 세부 내용 정답 (c)

해석 로라의 아빠는 농산물 직매장에서 파는 복숭아에 대해 어떻게 생각하는가?

(a) 그것들은 많은 화학 물질을 사용하여 재배된다.
(b) 그것들은 더 맛있어지도록 가공되어져 왔다.
(c) 그것들은 유전자 변형 과일들보다 더 맛있다.
(d) 그것들은 그가 질병에 걸릴 위험을 줄여준다.

해설 로라의 아빠는 유전자가 변형되지 않은 과일과 야채가 더 맛있다고 생각한다(I think that non-GM fruits and vegetables taste better.)고 하면서, 로라의 엄마가 농산물 직매장에서 사오는 복숭아들이 정말 맛있다(Your mom gets these peaches from the farmers market that are just heavenly.)는 것을 그 근거로 제시하고 있으므로 (c)가 정답이다.

어휘 reduce v. 줄이다, 낮추다 risk n. 위험

45. 추론 정답 (d)

해석 로라의 아버지는 무엇을 하기로 결정한 것 같은가?

(a) 그가 가장 좋아하는 음식을 계속 먹기
(b) 유전자변형식품을 다시 먹기 시작하기
(c) 과학자들의 예를 따르기
(d) 유전자변형식품 섭취를 중단하기

해설 로라의 아빠는 결국 매우 주의를 기울이며, 로라의 엄마의 말을 따르는 것이 좋을 것 같다(perhaps it's best I err on the side of caution and take your mom's lead on this one.)는 결론을 내렸으므로 대화 첫 부분에 언급된 로라의 엄마의 주장처럼 유전자변형식품을 먹는 것을 중단할 것임을 추론할 수 있다. 따라서 (d)가 정답이다.

어휘 take the lead from v. ~의 예를 따르다
consume v. 섭취하다, 먹다

< PART 4 > 46-52 | 과정/절차 소개 |

46. What is the main subject of the talk?
47. According to the speaker, what should an actor do the night before a big performance?
48. How does caffeine tend to impact the speaker?
49. Why most likely would an actor stretch or meditate before a performance?
50. What does the speaker suggest that actors do during visualization?
51. According to the speaker, how can actors make doubts about their performance disappear?
52. According to the speaker, who experiences stage fright?

In the words of the renowned actor and playwright William Shakespeare, "All the world's a stage, and all the men and women merely players." Welcome, one and all. This is an introductory workshop on basic acting methods and techniques. 46) **But before I begin this workshop, I would like to briefly discuss something we all as actors must confront: performance anxiety, otherwise known as stage fright or the fear of performing in front of audiences. With just a couple of tips, however, you can gradually conquer your fear and be confident on any stage.**

유명한 배우이자 극작가인 윌리엄 셰익스피어의 말에 따르면, "온 세상은 연극 무대이고, 모든 남녀는 단지 배우에 불과하다." 모두들 환영합니다. 이것은 기본적인 연기 방법론과 기술에 대한 입문자들을 위한 워크숍입니다. 46) 하지만 이 워크숍을 시작하기 전에, 저는 우리 모두가 배우로서 반드시 마주쳐야 하는 것인, 공연 불안, 달리 말해 무대 공포증 혹은 관객들 앞에서 공연하는 것에 대한 두려움으로 알려져 있는 것에 대해 짧게 논의하고 싶습니다. 그러나, 몇 가지 팁만 있으면 어느 무대에서도 두려움을 점차 극복하고 자신감을 가질 수 있습니다.

47) **Tip one: get a good night's sleep before performing.** A lack of sleep will cause you to be tired, stressed out, and unfocused—the perfect conditions for anxiety to form. It's completely understandable if you find it difficult to sleep the night before any big performance. In such a case, however, try common sleeping methods like taking a relaxing hot bath, listening to calming music, smelling soothing scented oils—whatever works quickly for you.

47) 팁 1: 공연하기 전에 숙면을 취하세요. 수면 부족은 여러분을 피곤하고, 스트레스를 받고, 집중하지 못하게 할 것인데, 이것은 불안이 형성되기 위한 완벽한 조건입니다. 만약 여러분이 어떤 큰 공연 전날 밤에 잠을 자는 것이 힘들다고 느낀다면 그것은 지극히 당연한 것입니다. 하지만, 이러한 경우에는, 마음을 느긋하게 해 주는 뜨거운 목욕을 하거나, 잔잔한 음악을 듣거나, 마음을 달래는 향기로운 오일 향을 맡는 것과 같이 여러분에게 빠르게 효과가 있는 어떤 것이든 일반적인 수면 방법들을 시도해 보세요.

Tip two: stay away from caffeine and sugary treats. Though they can boost your energy and make you more alert, everyone is different. 48) **Personally, caffeine tends to make me jittery and nervous.** Instead, I usually eat a banana or something that's nutritious and filling enough to get me through a performance. For those of you who must have your daily cup of coffee, keep in mind that even decaf coffee still contains a small amount of caffeine.

팁 2: 카페인과 설탕이 든 간식을 멀리하세요. 비록 그것들이 여러분의 에너지를 증진시키고 여러분을 더욱 각성시킬 수는 있지만, 모든 사람들은 다 다릅니다. [48] 개인적으로, 카페인은 저를 초조하고 긴장하게 만드는 경향이 있습니다. 대신, 저는 영양가가 높고 공연 내내 저에게 충분히 포만감을 주는 바나나 같은 것을 보통 먹습니다. 매일 커피 한 잔을 마셔야 하는 사람들을 위해, 디카페인 커피조차도 여전히 소량의 카페인을 함유하고 있다는 것을 명심하세요.

Tip three: involve physical warm-up exercises in your pre-show routine. [49] **I find that stretching my neck, arms, legs, and back relieves any built-up tension in my body. Meditating for 15 minutes can also be quite useful in calming nerves.** You'll want to keep your eyes closed as you focus on emptying your mind of any stressful thoughts, especially any thoughts of your upcoming performance.

팁 3: 여러분의 공연 전 일과에 몸풀기 운동을 포함하세요. [49] 저는 목, 팔, 다리, 그리고 등을 스트레칭 하는 것이 제 몸에 쌓인 긴장을 완화한다고 생각합니다. 15분 동안 명상을 하는 것 또한 신경을 안정시키는데 꽤 유용할 수 있습니다. 여러분은 마음 속에 스트레스를 주는 어떤 생각, 특히 다가오는 공연에 대한 생각들을 비우는 데 집중하면서 눈을 계속 감고 있기를 바라실 겁니다.

[50] **If exercise and meditation are not for you, try tip number four: positive visualization. This is the practice of picturing yourself having a successful performance before going on stage.** Imagine yourself saying all of your lines perfectly, see the gaze of the audience as they hang on your every word and movement, and try to hear the roar of the audience's standing ovation as you take your final bows. The more time and energy you put into positive visualization the better frame of mind you'll have come showtime.

[50] 만약 운동과 명상이 여러분에게 맞지 않는다면, 4번 팁인 긍정적인 시각화를 시도해 보세요. 이는 무대에 오르기 전에 여러분 스스로가 성공적인 공연을 하고 있다고 상상하는 연습입니다. 여러분 스스로가 대사를 모두 완벽하게 말하는 모습을 상상하고, 여러분의 말과 움직임 하나하나를 열심히 듣고 보는 청중들의 시선을 보고, 여러분이 마지막 인사를 할 때 청중들의 터질 듯한 기립 박수 소리를 들으려고 노력하세요. 여러분이 긍정적인 시각화에 더 많은 시간과 에너지를 쏟을수록 더 나은 마음 상태가 공연 시작 시간에 나오도록 할 것입니다.

[51] **Tip five: rehearse over and over until any doubts you have disappear.** This tried-and-true tactic will help you memorize your lines and make the performance material second nature so you won't have to struggle with thinking about it too much. Consider filming your rehearsals so you can watch the videos later and identify what can be improved. Also, if possible, try rehearsing in front of a friend or two because there's nothing like performing before a live audience. Rehearsing over and over will make you more comfortable and lead to greater confidence on stage.

[51] 팁 5: 여러분이 가지고 있는 어떤 의심이라도 사라질 때까지 계속해서 리허설을 하세요. 이 검증된 전략은 여러분이 대사를 외우고 공연 자료가 몸에 배도록 도와줄 것이며, 그래서 여러분은 그에 대해 과하게 생각하는 것으로 어려워할 필요가 없을 것입니다. 나중에 비디오를 보고 개선할 수 있는 부분을 파악할 수 있도록 리허설을 촬영하는 것을 고려해 보세요. 또한, 가능하다면, 실제 청중 앞에서 공연하는 것만큼 좋은 것은 없기 때문에 한두 명의 친구 앞에서 리허설을 해 보세요. 계속해서 리허설을 하는 것은 여러분을 더 편안하게 하고 무대에서 더 큰 자신감으로 이끌 것입니다.

Lastly, before we begin with today's scheduled acting lesson, [52] **you should know that even veteran actors like myself can still experience stage fright now and again.** Every actor is different, so find out which strategies work best for you. Build up your confidence and, eventually, all the world shall truly be your stage.

마지막으로, 오늘 예정된 연기 수업을 시작하기 전에, [52] 여러분은 저와 같이 노련한 배우들조차도 여전히 무대 공포증을 때때로 경험할 수 있다는 것을 아셔야 합니다. 배우마다 다 다르니, 어떤 전략이 여러분에게 가장 적합한지 알아보세요. 자신감을 쌓으면, 결국 전 세계가 진정으로 여러분의 무대가 될 것입니다.

| 어휘 |

renowned a. 유명한, 명성 있는 playwright n. 극작가, 각본가 merely ad. 단지, 그저 introductory a. 입문자들을 위한 method n. 방법 briefly ad. 잠시, 간단히 confront v. 마주치다, 정면으로 부딪치다 fright n. 공포, 두려움 gradually ad. 점차, 서서히 conquer v. 극복하다, 정복하다 unfocused a. 집중하지 못하는 completely ad. 지극히, 전적으로 understandable a. 지극히 당연한, 정상적인 calming a. 잔잔한 soothing a. 마음을 달래는 sugary a. 설탕이 든, 설탕 맛이 나는 treat n. 간식 alert a. 정신이 초롱초롱한 jittery a. 초조한, 조마조마한 nutritious a. 영양가가 높은, 영양분이 풍부한 keep in mind v. 명심하다 warm-up exercise n. 준비 운동 relieve v. 완화하다, 줄이다 tension n. 긴장 meditate v. 명상하다, 묵상하다 nerve n. 신경 empty v. 비우다 upcoming a. 다가오는, 곧 있을 visualization n. 시각화, 가시화 picture v. ~을 상상하다, 마음속에 그리다 line n. 대사 gaze n. 시선, 눈길 hang on v. 열심히 듣다, 보다 roar n. 함성, 폭소 standing ovation n. 기립 박수, 갈채 bow n. 인사 rehearse v. 리허설을 하다, 예행연습을 하다 doubt n. 의심 disappear v. 사라지다, 보이지 않게 되다 tried-and-true a. 검증된, 신뢰할 수 있는 tactic n. 전략, 작전 memorize v. 외우다, 암기하다 material n. 자료 struggle v. 어려움을 겪다, 투쟁하다 confidence n. 자신감 veteran a. 노련한, 오랜 경험을 쌓은

46. 주제 정답 (d)

해석 그 연설의 주제는 무엇인가?

(a) 자신감 있는 극작가가 되는 것
(b) 기본적인 연기 기술들
(c) 스트레스가 많은 상황을 피하는 것
(d) 무대 공포증을 극복하는 것

해설 화자가 무대 공포증에 대해 논의하고 싶다며 강연을 시작하고, 뒤이어 몇 가지 조언을 통해 무대에서의 두려움을 극복하고 자신감을 가질 수 있다(With just a couple of tips, however, you can gradually conquer your fear and be confident on any stage.)고 하면서 순차적으로 조언을 제시하고 있다. 이를 통해 연설의 주제는 무대 공포증을 극복하는 것임을 알 수 있으므로, (d)가 정답이다.

📖 오답체크
(b): 연기 방법론과 기술 등의 표현이 언급되기는 하지만 이는 워크숍을 소개하는 소재일 뿐 기본적인 연기 기술이 연설의 주된 내용이 아니므로 답이 될 수 없다.

어휘 confident a. 자신감 있는 basic a. 기본적인 avoid v. 피하다 overcome v. 극복하다

47. 세부 내용 정답 (a)

해석 화자에 따르면, 배우가 큰 공연 전날 밤에 무엇을 해야 하는가?

(a) 가능한 한 푹 자기
(b) 활기찬 음악 몇 곡을 듣기
(c) 일찍 일어나는 시간을 정하기
(d) 정말 좋은 식사를 하기

해설 첫번째 팁에 대해 언급하는 단락에서 화자가 공연하기 전 숙면을 취하라(Tip one: get a good night's sleep before performing.)고 했으므로, (a)가 정답이다.

어휘 lively a. 활기찬, 활기 넘치는

48. 세부 내용 정답 (b)

해석 어떻게 카페인이 강연자에게 영향을 미치는 경향이 있는가?

(a) 그의 경각심을 증가시켜서
(b) 그의 긴장을 악화시켜서
(c) 그에게 설탕에 대한 갈망을 안겨주면서
(d) 그를 너무 배부르게 해서

해설 화자는 개인의 경험을 말하면서 카페인이 본인을 초조하고 긴장하게 만드는 경향이 있다(caffeine tends to make me jittery and nervous.)고 했으므로, (b)가 정답이다.

어휘 increase v. 증가시키다 alertness n. 경각심, 경계심 craving n. 갈망, 열망

49. 추론 정답 (c)

해석 왜 배우가 공연 전에 스트레칭을 하거나 명상을 하는 것 같은가?

(a) 다가오는 공연에 집중하기 위해
(b) 연기를 위한 힘을 기르기 위해
(c) 공연에 앞서 걱정을 덜기 위해
(d) 무대에 있는 동안 부상을 방지하기 위해

해설 화자는 스트레칭이나 명상을 하는 것이 긴장을 완화하고 신경을 안정시키는 데 유용하다(I find that stretching my neck, arms, legs, and back relieves any built-up tension in my body. Meditating for 15 minutes can also be quite useful in calming nerves.)고 했으므로, 공연에 앞서 걱정을 덜기 위해 배우들이 공연 전 스트레칭이나 명상을 하는 것임을 추론할 수 있다. 따라서 (c)가 정답이다.

어휘 strength n. 용기, 힘 anxiety n. 걱정, 불안 prior to prep. ~에 앞서, 먼저 injury n. 부상

50. 세부 내용   정답 (a)

해설 화자는 배우들이 시각화 동안 무엇을 해야 한다고 제안하는가?

(a) 긍정적인 결과를 상상하기
(b) 중요한 대사를 몇 마디 하기
(c) 더 적은 청중을 상상하기
(d) 마지막 인사를 연습하기

해설 화자가 네 번째 팁으로 긍정적인 시각화를 시도하라(try tip number four: positive visualization.)고 조언하며, 긍정적인 시각화를 '무대에 오르기 전 스스로가 성공적인 공연을 하고 있다는 긍정적인 결론을 상상하는 것'(This is the practice of picturing yourself having a successful performance before going on stage.)으로 정의하고 있으므로, (a)가 정답이다.

💡 오답체크
(b): 완벽하게 말하는 모습을 상상하라고 했지 중요한 대사 몇 마디를 하라고 제안하지는 않았다.

어휘 imagine v. 상상하다 outcome n. 결과 bow n. (고개를 숙여서 하는) 인사

51. 세부 내용   정답 (d)

해설 화자에 따르면, 배우들은 어떻게 그들의 연기에 대한 의심을 없앨 수 있는가?

(a) 친구들과 함께 공연할 수 있다.
(b) 다른 배우들과 대화할 수 있다.
(c) 피드백을 요청할 수 있다.
(d) 반복적으로 연습할 수 있다.

해설 화자는 배우들이 가지고 있는 어떤 의심이라도 사라질 때까지 계속해서 리허설을 통해 반복적으로 연습하라(Tip five: rehearse over and over until any doubts you have disappear.)고 했으므로, (d)가 정답이다.

어휘 repeatedly ad. 반복적으로, 되풀이하여

52. 세부 내용   정답 (b)

해설 화자에 따르면, 누가 무대 공포증을 경험하는가?

(a) 경험이 없는 배우들
(b) 사실상 모든 부류의 배우들
(c) 프로답지 못한 배우들
(d) 모든 세대의 배우들

해설 화자는 자신과 같이 노련한 배우들조차도 여전히 무대 공포증을 경험할 수 있다(you should know that even veteran actors like myself can still experience stage fright now and again.)고 했으므로, 경험이 적은 입문자부터 경험이 많은 사람들까지 사실상 모든 부류의 배우들이 무대 공포증을 경험한다는 것을 알 수 있다. 따라서 (b)가 정답이다.

💡 오답체크
(d): 노련한 배우들조차도 무대 공포증을 경험한다고 했지 세대를 언급하는 등 시대를 아우르는 의미를 나타내는 표현을 사용하지는 않았다.

어휘 inexperienced a. 경험이 없는, 미숙한 virtually ad. 거의, 사실상 generation n. 세대

독해&어휘

p.213

53 (b)	54 (d)	55 (a)	56 (b)	57 (c)
58 (c)	59 (a)	60 (d)	61 (c)	62 (b)
63 (a)	64 (c)	65 (d)	66 (b)	67 (b)
68 (d)	69 (a)	70 (c)	71 (c)	72 (a)
73 (d)	74 (c)	75 (d)	76 (a)	77 (b)
78 (a)	79 (d)	80 (c)		

< PART 1 > 53-59 | 인물의 일대기 |

배리 앨런

플래시로도 유명한 배리 앨런은 DC 코믹스에서 만들어진 슈퍼히어로 등장인물이다. 53)초인적인 속도로 가장 잘 알려진 앨런은 초고속으로 움직이고 시간을 조작하기 위해 초차원적인 에너지원인 이른바 "스피드 포스"를 사용한다. 그는 다른 세계와 우주에서 온 원치 않는 위협과 싸우기 위해 저스티스 리그 오브 아메리카를 공동 설립했다. 1940년대 만화책 등장인물 제이 개릭(플래시라고도 함)을 재발명한 형태인 배리 앨런은 1956년에 만화책에서 처음 등장했다.

배리 앨런은 핸리 앨런과 노라 앨런 사이에서 바솔로뮤 핸리 앨런의 이름으로 태어났다. 58)아주 어린 나이에, 54)그의 어머니는 살해되었으며, 그의 아버지는 이 혐의로 유죄를 선고받았다. 아버지의 결백을 증명하고 싶은 앨런의 갈망은 그에게 강한 정의감을 주었다. 화학에 대한 그의 적성은 그로 하여금 유기화학 전공 및 범죄학 부전공으로 졸업한 썬 시티 대학교에서 장학금을 받게 했다. 54)아버지를 사면시킬지도 모르는 관련 사건들을 모으기로 결심한 그는 센트럴 시티 경찰국 과학수사부에서 법의학자로서의 경력을 추구했다.

55)어느 날 밤 앨런이 실험실에서 일하는 동안, 벼락이 창문을 관통하였고, 근처에 화학약품이 든 용기를 부수고 전기가 흐르게 하여 이를 그의 몸 전체에 쏟았다. 화학약품 59)사고에서 살아남은 후, 그는 집으로 향했고 택시를 불렀지만, 운전사는 그를 무시했다. 56)앨런은 택시를 따라잡으려던 중에 자신이 택시를 추월하여 질주하는 것을 순간적으로 알아차렸다. 바로 이 순간 동안에 그는 그 사고가 자신에게 인간적으로 가능한 것보다 더 빠르게 움직일 수 있게 만든 예민함과 반사신경을 주었다는 것을 깨달았다.

앨런은 센트럴 시티에서 사람들을 돕고 범죄와 싸우기 위해 그의 초능력을 사용하기 시작했다. 그는 번개, 가면, 그리고 작은 반지가 있는 빨간 타이즈 의상을 설계했다. 그는 어린 시절의 슈퍼히어로 등장인물인 개릭의 이름을 따서 자신을 "플래시" 라고 불렀다. 그의 속도 외에도, 앨런은 57-b)물체를 통과하고, 57-a)파괴적인 펀치를 날리고, 57-c)시간과 57-d)차원을 넘나드는 능력을 포함하여 많은 다른 초능력들을 가지고 있다.

그는 이후에 배트맨, 슈퍼맨, 그린 랜턴, 원더우먼을 포함한 다른 DC 슈퍼히어로들과 함께 저스티스 리그 오브 아메리카를 창설하여 다양한 악당들로부터 지구를 구하는 것을 도왔다. 배리 앨런의 등장인물은 TV 시리즈《더 플래시》, 그리고《배트맨 대 슈퍼맨》,《저스티스 리그》등의 장편 영화에 출연했다.

| 어휘 |

fictional a. 허구적인, 소설의   extra-dimesional a. 초차원적인   extremely ad. 극도로   manipulate v. 조작하다   co-found v. 공동으로 설립하다   unwanted ad. 원치 않는   threat n. 위협   universe n. 우주   reinvention n. 재발명   tender a. 연한, 어린   murder v. 살해하다   convict v. 유죄 판결을 내리다   crime n. 범죄   desire n. 욕구, 갈망   prove v. 입증하다   innocence n. 결백   justice n. 정의   aptitude n. 적성   chemistry n. 화학   scholarship n. 장학금   graduate v. 졸업하다   major n. 전공   organic a. 유기적인   minor n. 부전공   criminology n. 범죄학   determined a. 결심한   gather v. 모으다   relevant a. 관련 있는   case n. 사건, 상자   acquit v. 무죄를 선고하다   pursue v. 추구하다   career n. 경력, 직업   forensic a. 법의학적인   detection n. 감식   bureau n. 부서   laboratory n. 실험실   lightning n. 벼락   electrify v. 전기를 통하게 하다   nearby a. 근처의   chemical n. 화학물질, 화학약품   spill v. 쏟다   survive v. 살아남다   mishap n. 사고   head v. ~로 향하다   hail v. (택시 등을) 부르다   ignore v. 무시하다   catch up with v. ~를 따라잡다   suddenly ad. 갑자기, 순간적으로   notice v. 알아차리다   sprint v. 전력 질주하다   moment n. 순간   realize v. 깨닫다   incident n. 사고   sense n. 감각   reflex n. 반사신경   enable v. 가능하게 하다   humanly ad. 인간적 능력 내에서, 인간적으로   set out v. 시작하다   design v. 설계하다   costume n. 의상   tights n. 타이즈   childhood n. 어린 시절   aside from prep. ~외에도   ability n. 능력   object n. 물체   devastating a. 파괴적인   dimension n. 차원   along with prep. 함께   assortment n. 모임, 종합   villain n. 악당   feature film n. 장편영화

53. 세부 내용   정답 (b)

해석 배리 앨런은 무엇으로 가장 유명한가?

(a) 저스티스 리그에 속한 것
(b) 빠르게 움직이는 능력
(c) 다른 영웅의 리메이크가 된 것
(d) 시간을 멈추는 능력

해설 첫번째 단락에 질문의 키워드인 best known for이 best recognized for로 패러프레이징된 부분을 보면, 앨런은 그의 초인적인 속도(his superhuman speed)로 가장 잘 알려져 있다고 했으므로 배리 앨런은 빠르게 움직이는 능력으로 가장 유명하다는 것을 알 수 있다. 따라서 정답은 (b)이다.

패러프레이징
superhuman speed 초인적인 속도
→ ability to move quickly 빠르게 움직이는 능력

어휘 remake v. 다시 만들다, 리메이크하다
freeze v. 얼리다; 멈추다

54. 추론   정답 (d)

해석 왜 앨런이 센트럴 시티 경찰국의 일자리를 구하려고 했던 것 같은가?

(a) 화학 학위를 활용하기 위해
(b) 사람들로부터 그의 초인적인 정체를 감추기 위해
(c) 그의 힘을 이용하여 범죄자들을 잡기 위해
(d) 그의 어머니의 죽음의 실마리를 찾기 위해

해설 앨런이 센트럴 시티 경찰국의 일자리를 구하는 이유에 대해 추론하는 문제로, 질문의 키워드 seek work가 pursued a career로 패러프레이징되어 있는 두번째 단락에서 답의 근거를 찾는다. 해당 단락에서 앨런의 어머니가 살해되어 그 혐의를 아버지가 뒤집어썼다(his mother was murdered, and his father was convicted of the crime)는 내용이 나오며, 이어서 아버지를 사면시킬지도 모르는 관련 사건들을 모으기로 결심하여(Determined to gather relevant cases that might acquit his father) 경찰국에 들어갔다고 했다. 즉, 어머니의 죽음의 실마리를 찾아 아버지의 무죄를 입증하기 위함임을 추론할 수 있으므로, 정답은 (d)이다.

오답체크
(c): 앨런이 초능력을 이용하여 범죄와 맞서 싸운 것은 사실이나 초능력을 얻은 시기는 경찰청에서 일자리를 구하기 전이므로 적절치 않다.

어휘 seek v. 찾다, 구하다   make use of v. ~를 이용하다
degree n. 학위   identity n. 정체성   lead n. 단서, 실마리

55. 세부 내용   정답 (a)

해석 앨런은 어떻게 그의 초능력을 얻었는가?

(a) 전기가 흐르는 물질과 접촉함으로써
(b) 용기에 든 극비 화학약품을 섭취함으로써
(c) 초인적인 부모에게서 태어남으로써
(d) 반복적으로 번개에 맞음으로써

해설 앨런이 초능력을 얻은 방법에 대한 문제로, 세번째 단락을 보면 앨런이 벼락 때문에 화학약품을 뒤집어쓰는(knocking down and electrifying a case of nearby chemicals which spilled all over his body) 사고를 당했으며, 그 사고를 통해 초능력을 얻었다는 내용이 나온다. 즉, 전기가 흐르는 물질과 접촉하는 일을 겪음으로써 초능력을 얻었음을 알 수 있으므로, 정답은 (a)이다.

패러프레이징
spilled 쏟았다
→ coming into contact with ~와 접촉하는 것

오답체크
(b): 앨런이 전기가 흐르는 화학약품을 뒤집어썼다고 했지 이를 섭취했다는 것은 지문의 내용과 다르다.
(d): 벼락을 맞은 것은 앨런 자신이 아니라 화학약품이다.

어휘 acquire v. 얻다   substance n. 물질   ingest v. 섭취하다   top-secret a. 극비의   repeatedly ad. 반복적으로

56. 세부 내용   정답 (b)

해석 앨런은 언제 그가 특별한 능력을 가졌다는 것을 알아냈는가?

(a) 그가 택시가 움직이는 것을 막았을 때
(b) 그가 움직이는 차를 앞질렀을 때
(c) 그가 범죄자들에 맞서 사람들을 지켰을 때
(d) 그가 경주용 차보다 더 빨리 질주했을 때

해설 앨런이 그의 능력을 발견한 시기에 관한 문제로, 질문의 키워드 discover가 realized로 패러프레이징되어 있는 세번째 단락에서 답의 근거를 찾는다. 해당 단락에서 앨런이 택시를 따라잡으려던 중에 자신이 택시를 추월하여 질주하는 것을 순간적으로 알아차렸으며(he suddenly noticed himself sprinting past it) 바로 그 순간에 자신이 능력을 얻었음을 깨달았다(It was during that moment that he realized ~)는 내용이 나온다. 이를 통해 앨런은 그가 움직이는 차를 앞질렀을 때 스스로 특별한 능력을 가졌다는 것을 알아챘음을 알 수 있으므로, 정답은 (b)이다.

패러프레이징
sprint past ~를 추월하여 질주하다
→ outrun ~보다 빨리 달리다

어휘 block v. 막다 defend v. 지키다, 방어하다 criminal n. 범죄자

57. 일치/불일치   정답 (c)

해석 다음 중 앨런의 초능력이 아닌 것은 무엇인가?

(a) 파괴적인 주먹을 날리는 힘
(b) 고체 물질을 통과하여 달리는 능력
(c) 시간이 빠르게 가도록 만드는 힘
(d) 다른 차원으로 이동하는 능력

해설 앨런의 초능력에 관해 본문의 내용과 일치하지 않는 보기를 고르는 문제로, 그의 능력이 나열되어 있는 네번째 단락에서 각 보기와 본문을 대조하여 정답을 찾는다. 해당 단락에서 앨런은 시간과 차원을 넘나드는(travel through time) 능력을 가지고 있다고 했지 시간이 빠르게 가도록 만드는 힘은 지문의 내용과 일치하지 않는다. 따라서 정답은 (c)이다.

어휘 solid a. 고체의 object n. 물체 dimension n. 차원

58. 어휘   정답 (c)

해석 해당 절의 문맥에서, tender는 _____를 의미한다.

(a) 공평한
(b) 순수한
(c) 어린
(d) 따뜻한

해설 해당 어휘가 포함된 문장(At a tender age, his mother was murdered)은 '아주 어린 나이에, 그의 어머니는 살해되었다'라는 뜻이다. tender는 일반적으로 '부드러운, 여린'이라는 뜻이지만, age와 함께 결합되어 'tender age'가 되면 '아주 어린 나이'라는 의미가 된다. 즉, 지문의 흐름상 '어린'이라는 의미가 주어진 문맥에 가장 적절하므로, 정답은 (c)이다.

59. 어휘   정답 (a)

해석 해당 절의 문맥에서, mishap은 _____를 의미한다.

(a) 사고
(b) 실패
(c) 손상
(d) 어수선함

해설 해당 어휘가 포함된 문장(After surviving the chemical mishap)은 '화학적 사고에서 살아남은 후'라는 뜻이다. 즉, mishap이 '사고'라는 뜻으로 사용되었으므로, 정답은 (a)이다.

< PART 2 > 60-66 | 잡지 기사 |

항생제는 그 효과를 잃고 있다

60)세균감염의 흔한 치료제인 항생제가 서서히 효능을 잃고 있다. 이것은 세계보건기구(WHO)의 보고서에 있는 연구 결과였다. 114개국에서 나온 데이터를 결합한 이 보고서는 증가하는 약물 내성 문제에 대한 종합적인 분석을 제공했다. 60)이것은 또한 항생제에 대한 박테리아의 내성에 대한 최초의 세계적 연구였다.

61)WHO의 보고서에 따르면, 설사, 폐렴, 요로 감염을 포함하는 세균에 의한 많은 감염들은 항생제로 치료하기가 더욱 어려워지고 있다. 약물들은 많은 종류의 박테리아가 언급된 약물 치료들과 싸워 물리칠 수 있기 때문에 지금은 덜 효과적이다.

62)내성은 박테리아가 구조적으로 변화하고 항생제의 효과에 대응하는 방법을 65)얻을 때 발생한다. 결과적으로, 박테리아는 항생제로 더 이상 죽일 수 없고, 심지어는 약물에 둘러싸일 때에도 계속해서 성장한다. 일부 박테리아는 많은 종류의 항생제에 대한 내성을 발달시키기까지 해서, 성공적인 치료의 더 많은 기회를 제한했을지도 모른다.

63)보고서는 항생제 내성이 이제는 세계 보건에 커지는 66)위협이 되고 있음에 따라 심각한 우려를 제기한다. 예를 들어, 플루오로퀴놀론이 1980년대에 처음 도입되었을 때, 이정도 등급의 약물에 대한 내성은 거의 0이었다. 오늘날에는, 그러나, 이러한 항생제들이 많은 나라에서 환자의 절반 이상에 효과가 없게 되었다. 미국에서는, 연간 2백만 명 이상의 사람들이 항생제 내성균에 감염되며, 결과적으로 매년 3만 5천 명 이상이 사망한다. 이 위험성은 약물 내성을 발달시키는 잠재적으로 치명적인 박테리아일 때 증가한다.

내성이 확산되는 이유 중 하나는 항생제의 부적절한 사용이다. 예를 들어, 항생제는 특정하게 박테리아와 싸우는 것인데, 일부 사람들은 일반적인 감기를 치료하려는 시도로 항생제를 복용하고, 이 감기는 바이러스에 의해 유발되는 것으로 결국 항생제에 의해 전혀 영향을 받지 않는다. 64-d)사람들은 항생제를 적절하게, 그리고 64-b)의사에게 처방받을 때에만 사용함으로써 항생제 내성균의 추가적인 성장을 막을 수 있다. 64-c)의료 종사자들 또한 감염 예방을 촉진하고 필요한 때에만 항생제를 줌으로써 도움이 될 수 있다. 64-a)질병에 대한 효과성을 상실한 항생제를 대체하기 위해 새로운 항생제도 현재 개발되고 있다.

| 어휘 |

antibiotics n. 항생제 common a. 흔한, 공동의, 보통의 treatment n. 치료 infection n. 감염 efficacy n. 효능 findings n. 연구 결과 organization n. 기구, 조직 report n. 보고서 combine v. 결합하다 offer v. 제공하다 comprehensive a. 종합적인 analysis n. 분석 resistance n. 저항, 내성 worldwide a. 세계적인 according to prep. ~에 따르면 diarrhea n. 설사 pneumonia n. 폐렴 urinary tract infection n. 요로감염 drug n. 약물 effective a. 효과적인 type n. 유형 be capable of v. ~할 수 있다 fight off v. ~와 싸워 물리치다 medications n. 약, 약물 치료 acquire v. 얻다 counter v. 대응하다 surround v. 둘러싸다 multiple a. 다수의, 많은 further a. 더 이상의, 추가의 raise v. 올리다; 제기하다 concern n. 우려, 걱정 threat n. 위협 antibiotic-resistant bacteria n. 항생제 내성균 potentially ad. 잠재적으로 fatal a. 치명적인 spread n. 확산 improper a. 부적절한 specifically ad. 특히 attempt n. 시도 thus ad. 그러므로 prevent v. 막다, 방지하다, 예방하다 prescribe v. 처방하다 healthcare n. 건강 관리, 보건 promote v. 촉진하다 replace v. 대체하다

60. 주제/목적   정답 (d)

해석 본문은 주로 무엇에 대한 것인가?

(a) 박테리아에 대한 항생제의 효과
(b) 감염에 대항하는 약을 개발하는 방법
(c) 감염성 질병의 확산
(d) 박테리아가 일부 약을 견뎌내는 방법

해설 글의 주제에 관한 문제로 첫번째 단락에서 답의 근거를 찾는다. 해당 단락에서 항생제가 서서히 효능을 잃고 있다(Antibiotics ~ are slowly losing efficacy)고 하면서, WHO의 보고서가 항생제에 대한 박테리아의 내성에 대한 최초의 세계적 연구였다(the first worldwide study on the resistance of bacteria to antibiotics)는 내용이 나오고 있다. 이를 통해 기사의 주제는 제목과 연계하여 봤을 때 박테리아가 약을 저항하는 방법에 대한 것임을 알 수 있으므로, 정답은 (d)이다.

🔖 **패러프레이징**
resistance to antibiotics 항생제에 대한 내성
→ withstand some medicines 일부 약을 견뎌내다

📍 **오답체크**
(a): 본문 내용은 단순히 항생제의 효과에 대해 다루고 있기보다는 그 효과가 떨어지고 있는 부분, 그리고 박테리아의 항생제 내성에 더 초점을 맞추고 있다.

어휘 infectious a. 감염성이 있는
withstand v. 저항하다, 견디다

61. 세부 내용   정답 (c)

해석 WHO의 보고서가 질병을 치료하는 항생제의 능력에 대해 무엇을 언급하는가?

(a) 항생제는 박테리아에 아직은 대체로 효과적이다.
(b) 항생제는 거의 모든 감염을 치료할 수 있다.
(c) 항생제는 특정한 사례에서 더 이상 잘 작용하지 않는다.
(d) 항생제는 생산 품질 면에서 떨어지고 있다.

해설 질문의 키워드 WHO report가 언급된 두번째 단락에서, WHO의 보고서에 따르면 설사, 폐렴, 요로감염 등 특정 사례의 감염병들이 항생제로 치료하기가 더욱 어려워지고 있다(many infections caused by bacteria ~ are becoming more difficult to treat with antibiotics)고 했으므로, 정답은 (c)이다.

📘 패러프레이징
are becoming more difficult to treat 치료하기가 더욱 어려워지고 있다 → no longer work well 더 이상 잘 작용하지 않다

💡 오답체크
(d): 항생제의 효능이 떨어지고는 있지만 생산의 품질 감소에 관한 내용은 언급되어 있지 않다.

어휘 cure v. 치료하다   work v. 작동하다, 작용하다   certain a. 특정한   decline v. 감소하다, 하락하다   production n. 생산   quality n. 품질

62. 세부 내용   정답 (b)

해석 박테리아는 어떻게 항생제와 싸워 물리치는가?

(a) 이전보다 훨씬 더 커짐으로써
(b) 약물에 대응하도록 적응함으로써
(c) 공격을 위해 약물을 둘러쌈으로써
(d) 바이러스의 특성을 복제함으로써

해설 박테리아가 항생제와 싸워서 물리치는 방법에 대해 묻는 문제로, 대응하는 방법(ways to counter)에 대해 언급되는 세번째 단락에서 답의 근거를 찾는다. 해당 단락에서 박테리아가 구조적으로 변화하고 항생제의 효과에 대응하는 방법을 얻을 때 (when bacteria change in structure and acquire ways to counter the effects of an antibiotic) 내성이 발생한다고 했으므로, 박테리아는 항생제에 저항하기 위해 환경에 적응하는 방식을 사용한다는 것을 알 수 있다. 따라서 정답은 (b)이다.

📘 패러프레이징
change 변화하다 → adapt 적응하다

어휘 adapt v. (환경에) 맞추다, 적응하다   counteract v. 대응하다   surround v. 둘러싸다   copy v. 복사하다   property n. 재산, 특성

63. 추론   정답 (a)

해석 왜 약물 내성에 대해 심각한 우려가 있는 것 같은가?

(a) 더 많은 수의 사망으로 이어질 수 있기 때문에
(b) 더 이상 가능한 해결책이 없기 때문에
(c) 확산을 추적하기가 점점 더 어려워지기 때문에
(d) 새로운 질병들이 발견되고 있기 때문에

해설 약물 내성에 대해 심각한 우려가 있는 이유에 대해 추론하는 문제로, 질문의 키워드 serious concerns가 언급된 네번째 단락에서 답의 근거를 찾는다. 해당 단락에서 항생제 내성은 세계 보건에 커지는 위협(a growing threat to world health)이 되고 있으며, 그 예로 항생제가 많은 나라에서 환자 수의 절반 이상에 효과가 없게 되었다는 점, 미국에서는 항생제 내성균으로 인해 매년 수만 명이 사망하는데(35,000 of them die each year) 특히 약물 내성을 발달시키는 박테리아에 감염되면 그 위험성이 증가한다(The danger increases when it is potentially fatal bacteria that develop drug resistance)는 점 등을 들고 있다. 즉, 약물 내성으로 인해 사망자 수가 더 많아질 수 있기 때문에 이에 대한 우려가 있음을 추론할 수 있다. 따라서 정답은 (a)이다.

어휘 lead v. 이어지다, 연결되다   possible a. 가능성 있는   solution n. 해결책   track v. 추적하다   discover v. 발견하다

64. 일치/불치   정답 (c)

해석 항생제에 대한 내성을 막을 방법이 아닌 것은 무엇인가?

(a) 새로운 항생제를 조제하는 것
(b) 의사와 상담하는 것
(c) 여분의 항생제를 처방하는 것
(d) 항생제를 올바르게 사용하는 것

해설 항생제에 대한 내성을 막을 방법에 관해 본문의 내용과 일치하지 않는 보기를 고르는 문제로, 항생제 내성균의 성장을 막을 수 있는 여러 방법이 나열되어 있는 다섯번째 단락에서 각 보기와 본문을 대조하여 정답을 찾는다. 질문의 키워드 prevent가 언급되고 있는 부분부터 보면 의료 종사자들은 항생제의 처방을 필요한 때에만(only when needed) 하여 도움이 될 수 있다고 했지 여분의 항생제를 처방하라는 것은 지문의 내용과 일치하지 않는다. 따라서 정답은 (c)이다.

어휘 formulate v. 만들어 내다, 조제하다 consult v. 상담하다 physician n. 의사 correctly a. 정확하게, 올바르게

65. 어휘   정답 (d)

해석 해당 절의 문맥에서, acquire는 _____를 의미한다.

(a) 사다
(b) 주다
(c) 치료하다
(d) 얻다

해설 해당 어휘가 포함된 문장(acquire ways to counter the effects of an antibiotic)은 '항생제의 효과에 대응하는 방법을 얻다'라는 뜻이다. 즉, acquire가 '얻다'의 뜻으로 쓰였으므로, 정답은 (d)이다.

66. 어휘   정답 (b)

해석 해당 절의 문맥에서, threat은 _____를 의미한다.

(a) 경고
(b) 위험
(c) 현실
(d) 분노

해설 해당 어휘가 포함된 문장(The report raises serious concerns as antibiotic resistance is now a growing threat to world health)은 '보고서는 항생제 내성이 이제는 세계 보건에 커지는 위협이 되고 있음에 따라 심각한 우려를 제기한다'라는 뜻이다. 즉, threat이 '위협'이라는 뜻으로 쓰였으므로, '위험'이라는 의미로 문맥상 가장 가까운 어휘인 (b)가 정답이다.

💡 **오답체크**
(a): warning은 '경고'라는 뜻으로 쓰이며, 발생할 가능성이 있는 위험이나 문제 등을 사람들에게 알리기 위해 사용된다. 다시 말해 경고란 '위협'이라는 상태 그 자체이기 보다는 위협이 있음을 알리기 위한 '경고'의 의미이므로 주어진 문맥에 적절하지 않다.

< PART 3 > 67-73 | 백과사전식 지문 |

게티즈버그 연설

게티즈버그 연설은 펜실베이니아주 게티즈버그에서 미국 대통령 에이브러햄 링컨에 의해 주어진 연설이었다. 1863년 11월 19일에 행해진 그 연설은 겨우 몇 분 동안만 지속되었고 300단어 이하로 구성되었다. 그럼에도 불구하고, 그것은 미국 역사에서 가장 기억에 남는 연설 중 하나로 여겨지며, 그리고 역대 가장 빈번하게 낭독되어지는 연설 중 하나이다.

[67)]게티즈버그 연설은 미국 남북 전쟁 동안 게티즈버그 전투에서 전사한 수천 명의 군인들을 위한 묘지 헌정식에서 행해졌다. 링컨은 그저 맺음말 몇 마디만 하도록 요청되어졌었다. [68-a)]그의 짧지만 강력한 연설에서, [68-c)]대통령은 독립선언서에 명시된 자유와 평등의 원칙을 지킴으로써 미국인들이 죽은 군인들에게 경의를 표하도록 고무적인 [72)]간청을 했다.

[68-b)]그 연설은 그날 행해진 여러 연설들 중 하나에 불과했다. 그러나, 그것은 단연코 엄청난 인상을 남겼다. 링컨은 연설 도중 박수로 인해 여러 번 중단되었다. 그 연설은 만들어진 지 한참 후에 대중으로부터 칭찬을 받았다. 그것은 북미와 유럽 전역의 신문에 재인쇄되었으며 후에 "게티즈버그 연설"로 알려지게 되었다.

[69)]학자들과 역사학자들은 게티즈버그 연설이 몇 가지 이유를 들어 훌륭한 연설이라고 여긴다. 10개 문장에 272개 단어만으로, 발화 시간이 2분을 좀 넘으며 어느 단어도 낭비하지 않는다. 사용된 단어들은

단어들은 단순하다. 단 15개만이 2개 이상의 음절을 가지고 있다. 그것은 또한 기분 좋은 박자와 놀라운 언어 사용을 가지고 있다. 게티즈버그 연설은 너무 [73]유명해서 게티즈버그 전투 그 자체보다 집단 기억에서 더 큰 의미를 지녀왔다.

[70]미국 문화에서의 그 중요성에도 불구하고, 게티즈버그 연설이 행해졌던 때의 바로 그 문구는 알려져 있지 않다. 링컨이 자필로 쓴 다섯 개의 알려진 필사본은 각각 약간씩 다른 본문을 가지고 있다. 당시의 신문들 역시 이 연설의 다른 형태들을 실었다. [71]사람들이 링컨에게 연설의 개인 사본을 요청했을 때, 그는 그가 정확히 무슨 말을 했었는지를 잊어버렸었기 때문에 신문으로부터 각기 다른 형태들을 참조해야만 했다.

어휘

address n. 연설 v. 연설하다 speech n. 연설 deliver v. 전달하다 last v. 지속되다 consist of v. ~로 구성되다 nevertheless ad. 그럼에도 불구하고 consider v. 여기다, 간주하다 memorable a. 기억할 만한 frequently ad. 자주 recite v. 낭독하다 dedication n. 헌신, 헌정 cemetery n. 묘지 soldier n. 군인 battle n. 전투 American Civil War n. 미국 남북 전쟁 invite v. 초대하다; 요청하다 closing word n. 맺음말 powerful a. 강력한 inspiring a. 고무하는 plea n. 간청 pay one's respect to v. ~에 존경을 표하다 honor v. (약속이나 계약을) 지키다, 이행하다; 준수하다 principle n. 원칙 liberty n. 자유 equality n. 평등 state v. 명시하다 declaration n. 선언, 선언문 independence n. 독립 several a. 몇몇의 impression n. 인상 by far ad. 훨씬, 단연코 interrupt v. 방해하다, 중단하다 applause n. 박수 praise v. 칭찬하다 throughout prep. ~ 동안 내내 scholar n. 학자 historian n. 역사학자 sentence n. 문장 perform v. 공연하다, 수행하다 syllable n. 음절 pleasing a. 즐겁게 하는, 기분 좋은 striking a. 놀라운, 눈에 띠는 notable a. 주목할 만한, 유명한 significance n. 중요성, 의의 collective memory n. 집단 기억 despite prep. ~에도 불구하고 importance n. 중요성 exact a. 바로 그 ~, 정확한 copy n. 복사본 handwriting n. 친필 slightly ad. 약간 text n. 글자, 본문 publish v. 출판하다, 싣다, 게재하다 personal a. 사적인, 개인적인 refer to v. ~를 참고하다

67. 세부 내용   정답 (b)

해석 게티즈버그 연설은 무엇이었는가?

(a) 미국 남북 전쟁을 종식시켰던 연설
(b) 전사한 장병들을 기리는 연설
(c) 중요한 전투가 벌어졌던 장소
(d) 세계에서 가장 유명한 연설

해설 두번째 단락에서 게티즈버그 연설은 미국 남북 전쟁 동안 게티즈버그 전투에서 전사한 수천 명의 군인들을 위한 묘지 헌정식에서 행해졌다(at the dedication of a cemetery for the thousands of soldiers killed)고 했으므로, 전사한 장병들을 기리는 연설이었음을 알 수 있다. 따라서 정답은 (b)이다.

어휘 fallen a. 떨어진, 죽은 important a. 중요한 occur v. 발생하다

68. 일치/불일치   정답 (d)

해석 다음 중 게티즈버그 연설에 대해 사실이 아닌 것은 무엇인가?

(a) 연설은 짧지만 효과적이었다.
(b) 연설은 그 행사에서 유일한 연설이 아니었다.
(c) 연설은 자유와 공정성을 준수한다.
(d) 연설은 국제적인 청중을 대상으로 되어졌다.

해설 게티즈버그 연설에 관해 본문의 내용과 일치하지 않는 보기를 고르는 문제로, 지문의 전반부에서 각 보기와 본문을 대조하여 정답을 찾는다. 지문에서 연설은 미국에서 행해졌으며 미국 남북 전쟁에서 전사한 장병들을 대상으로 이루어졌다는 사실을 확인할 수 있지만, 국제적인 청중을 대상으로 연설이 되었다는 내용은 언급되어 있지 않다. 따라서 정답은 (d)이다.

어휘 brief a. 짧은 effective a. 효과적인 fairness n. 평등 international a. 국제적인 audience n. 청중, 관중

69. 추론 정답 (a)

해석 왜 게티즈버그 연설의 단순함이 그 위대함에 기여한 것 같은가?

(a) 단순함이 연설의 모든 단어를 의미 있게 만들기 때문에
(b) 단순함이 연설 전체를 암기하기에 빠르도록 만들기 때문에
(c) 단순함이 연설을 인쇄를 위한 이상적인 길이로 만들기 때문에
(d) 단순함이 듣는 사람들에게 연설이 더 즐겁게 만들기 때문에

해설 게티즈버그 연설의 단순함이 그 위대함에 기여한 이유에 대해 묻는 문제로, 사용된 단어가 단순하다는(The words used are simple) 내용이 언급되는 네번째 단락에서 답의 근거를 찾는다. 해당 단락에서 학자들과 역사학자들이 게티즈버그 연설이 몇 가지 이유를 들어 훌륭한 연설이라고 여긴다(consider the Gettysburg Address a great speech for several reasons)고 하면서, 그 이유로 연설에는 10개 문장에 272개 단어만 사용했지만 어느 단어도 낭비하지 않는다(wastes no words)는 내용이 언급되고 있다. 이를 통해 단순함이 연설의 모든 단어를 의미 있게 만들어 연설의 위대함에 기여하는 것으로 추론할 수 있으므로, 정답은 (a)이다.

📗 **패러프레이징**
wastes no words 어느 단어도 낭비하지 않는다
→ makes every word of the speech meaningful 연설의 모든 단어가 의미 있게 하다

어휘 simplicity n. 단순함 contribute to v. ~에 기여하다 greatness n. 위대함 meaningful a. 의미 있는 whole a. 전체의 memorize v. 암기하다 ideal a. 이상적인 length n. 길이 entertaining a. 즐거운

70. 세부 내용 정답 (c)

해석 연설이 기록된 방식에서의 문제는 무엇인가?

(a) 겨우 몇 개의 연설문 사본만 남아있다.
(b) 연설은 부분적으로만 행해졌다.
(c) 누구도 연설의 정확한 본문을 모른다.
(d) 연설은 타당성을 점차 잃고 있다.

해설 게티즈버그 연설이 기록된 방식에 관해서는 다섯 번째 단락에서 찾을 수 있다. 우선 게티즈버그 연설이 행해졌던 때의 바로 그 문구가 알려져 있지 않다(the exact wording ~ is unknown)는 내용이 나오는데, 이어서 링컨이 자필로 쓴 필사본들도 내용이 서로 다르고(have a slightly different text), 신문들도 당시에는 다른 형태의 연설을 실었다(different versions of the speech)고 했으므로, 연설의 정확한 본문을 누구도 알지 못하는 상황에서 필사본이나 신문 등 연설이 기록된 방식에 있어 서로 다른 형태의 본문이 나오는 것이 문제가 되고 있음을 알 수 있다. 따라서 정답은 (c)이다.

📗 **패러프레이징**
the exact wording ~ is unknown 바로 그 문구가 알려져 있지 않다 → Nobody knows its exact text 누구도 연설의 정확한 본문을 모른다

💡 **오답체크**
(a): 본문의 내용은 링컨이 자필로 쓴 필사본이 알려진 것만 다섯 개 있다고 했으므로 그 외에 얼마나 더 있는지는 알 수 없다.
(d): 필사본이나 뉴스에 실린 연설이 내용이 서로 살짝 다르다고는 했지만 이로 인해 연설이 타당성을 잃고 있다는 내용은 본문에 언급되어 있지 않다.

어휘 complication n. (상황을 복잡하게 만드는) 문제 document v. 기록하다 remain v. 남다 partially ad. 부분적으로 relevance n. 관련성, 타당성

71. 세부 내용 정답 (c)

해석 기사에 따르면, 링컨은 그 뒤에 그의 연설을 어떻게 기억해 낼 수 있었는가?

(a) 신문에 연설을 재인쇄하라고 요청함으로써
(b) 그의 오래된 공책에 있는 초안을 참고함으로써
(c) 이전에 인쇄되었던 본문을 참조함으로써
(d) 기억을 더듬어 연설의 정확한 문구를 되살림으로써

해설 다섯번째 단락의 마지막 문장에서 링컨은 그가 정확히 무슨 말을 했었는지를 잊어버렸기 때문에(because he had forgotten exactly what he had said) 신문에서 나온 각기 다른 형태들을 참조해야만 했다(he had to refer to the different versions from newspapers)는 내용을 통해 링컨은 그의 연설을 이전에 인쇄되었던 본문을 참조하여 기억해 내는 방법을 사용했음을 알 수 있다. 따라서 정답은 (c)이다.

어휘 recall v. 기억해 내다 reference v. 참고하다 previously ad. 이전에 recreate v. 되살리다

72. 어휘   정답 (a)

해석 해당 절의 문맥에서, plea은 _____를 의미한다.

(a) 요청
(b) 방어
(c) 기도
(d) 주장

해설 해당 어휘가 포함된 문장(President made an inspiring plea for Americans to pay their respects to the dead soldiers)은 '미국인들이 죽은 군인들에게 경의를 표하도록 고무적인 탄원을 했다'라는 뜻이다. 여기서 plea가 '간청'의 뜻으로 쓰였는데, 이는 '(감정적 방식의) 요청'을 의미하므로, 정답은 (a)이다.

73. 어휘   정답 (d)

해석 해당 절의 문맥에서, notable은 _____를 의미한다.

(a) 명백한
(b) 익숙한
(c) 심각한
(d) 유명한

해설 해당 어휘가 포함된 문장(The Gettysburg Address is so notable that the speech has taken on a greater significance in collective memory than the Battle of Gettysburg itself)은 '게티즈버그 연설은 너무 유명해서 게티즈버그 전투 그 자체보다 집단 기억에서 더 큰 의미를 지녀왔다'라는 뜻이다. 즉, notable이 '유명한'의 뜻으로 쓰였으므로, 정답은 (d)이다.

‹ PART 4 › 74-80 | 비즈니스 편지 |

조셉 모건 씨
힐스 컨트리 호텔
플로리다주 레이디 레이크
웨스트 가1600번지

모건 씨에게:

결혼식을 올릴 장소를 찾던 동안에 귀하의 웹사이트를 우연히 발견했습니다. [74] 귀하의 사이트를 정독한 뒤, 저는 귀하의 호텔을 식과 피로연 둘 다를 위한 장소로 고려하고 있습니다. 귀하의 호텔이 8월 20일 오후 5시에 이용 가능한지 알고 싶습니다.

[75] 야외 행사로 결혼식과 저녁 파티 둘 다 가질 계획이어서, 저는 두 개의 독립된 정원을 따로 사용하고 싶습니다. 제 약혼자와 저는 350명의 하객을 예상하고 있습니다. 귀하의 웹사이트는 파티 장소로 실내 회관만을 보여주기 때문에, 제가 선호하는 배치가 가능한지 알려주시기 바랍니다.

[76] 모든 장식이 귀하의 직원에 의해 된다는 것을 알고 있으며, 저는 그것과는 문제가 없습니다. 그러나, 저는 이미 플로리스트를 고용했고, 저는 그녀가 귀하의 장식업자들과 함께 공통된 주제를 가지고 일하기를 원합니다. 또한, 제가 외부 출장연회업체를 [79] 지정하기로 한다면 귀하의 호텔에 요금을 내야 하는지 알려주시기 바랍니다.

[77] 마지막으로, 하루 숙박의 조건을 알고 싶습니다. 저는 제가 다음 날 아침까지 무료 객실에 머물 것임을 알고 있습니다만, 저와 결혼식 측근들 모두의 준비를 위해 결혼식 당일 이른 아침부터 객실을 사용하는 것 또한 바라고 있었습니다.

이 편지에 대해 [80] 즉각적인 답장을 주시면 감사하겠습니다. [78] 만약 이 시간과 날짜가 이미 예약이 되었다면, 저는 대신 제 목록에 있는 다른 장소로 곧바로 알아볼 것입니다. 정말 감사드립니다.

스테이시 로저스

| 어휘 |

come across v. ~을 우연히 발견하다 search for v. ~을 찾다, 검색하다 hold v. 열다, 개최하다 peruse v. 정독하다 venue n. 장소 ceremony n. 식, 의식 reception n. 연회, (결혼식) 피로연 available a. 이용 가능한 outdoor a. 야외의 separate a. 분리된, 독립된 fiancé n. 약혼자 anticipate v. 예상하다, 기대하다 prefer v. 선호하다 setup n. 설정, 배치 indoor a. 실내의 decoration n. 장식 staff n. 직원 hire v. 고용하다 common a. 공통의

theme n. 주제 advise v. 조언하다 fee n. 요금, 수수료 appoint v. 지명하다 caterer n. 출장연회업체 lastly ad. 최종적으로 term n. 조건 accommodation n. 숙박 complimentary a. 무료의 preparation n. 준비 entourage n. 수행원, 측근 appreciate v. 감사하다 prompt a. 신속한 reply n. 답장 book v. 예약하다 immediately ad. 즉시 inquire v. 문의하다 instead ad. 대신에

74. 주제/목적   정답 (c)

해석 스테이시 로저스는 왜 조셉 모건에게 편지를 썼는가?

(a) 근처의 결혼식 장소에 대해 물어보기 위해
(b) 그녀의 고객의 결혼식을 위해 그의 호텔을 예약하기 위해
(c) 그의 호텔의 서비스에 대해 문의하기 위해
(d) 그의 호텔에 얼마나 많은 손님들을 수용할 수 있는지 알기 위해

해설 편지를 쓰는 목적에 대해 묻는 문제로 첫번째 단락에서 답의 근거를 찾는다. 해당 단락에서 로저스는 모건의 호텔을 알게 된 뒤에 그의 호텔에서 결혼식과 피로연을 할 수 있는지를 알고 싶다(I would like to know if your hotel will be available)고 했다. 이후에 이어지는 글의 흐름을 봐도 결혼식 관련 서비스에 대해 문의하는 내용이 이어지므로, 정답은 (c)이다.

패러프레이징
would like to know if ~인지에 대해 알고 싶다
→ inquire about ~에 대해 문의하다

오답체크
(a): 결혼식 장소로 그의 호텔을 이용하고 싶어서 문의하는 것이지 그에게 주변의 결혼식 장소를 물어본다는 것은 지문의 내용과 다르므로 오답이다.

어휘 nearby a. 근처의 reserve v. 예약하다 inquire v. 문의하다 hold v. 열다, 개최하다; (인원을) 수용하다

75. 세부 내용   정답 (d)

해석 로저스는 그녀의 결혼식 피로연을 어디에서 갖기를 원하는가?

(a) 호텔 야외 식사 장소에서
(b) 인접 공원의 행사장에서
(c) 파티를 위한 실내 정원에서
(d) 호텔 바깥에 있는 다른 장소에서

해설 로저스가 피로연 장소로 어디를 원하는지에 관해 묻는 문제로, 두번째 단락을 보면 결혼식과 저녁 파티를 둘 다 야외 행사로서 계획하고 있기 때문에(I'm planning to have both the wedding and the dinner party as outdoor events) 두 개의 독립된 정원을 사용하고 싶다는 내용이 언급되고 있다. 즉, 로저스는 피로연을 바깥에서 하기를 원한다는 사실을 알 수 있으므로, 정답은 (d)이다.

패러프레이징
outdoor 야외의
→ outside the hotel 호텔 바깥에 있는

오답체크
(a): 호텔 외부에 있는 정원에서 피로연을 갖기를 원한다고 했는데, 그 정원이 식사 장소(dining area)인지는 본문을 통해 알 수 없다.
(b): 인접 공원에 대한 정보는 본문에 주어져 있지 않다.

어휘 dining n. 식사 area n. 구역, 장소 adjacent a. 인접한

76. 추론   정답 (a)

해석 왜 로저스는 그녀의 플로리스트가 호텔의 장식업자들과 일하기를 원하는 것 같은가?

(a) 그래야 장식과 꽃이 조화될 것이어서
(b) 그래야 그녀의 플로리스트가 장식 업무를 떠맡을 수 있어서
(c) 그래야 꽃들이 행사에서 더 눈에 띌 것이어서
(d) 그래야 그녀의 플로리스트가 장식업자들을 교육시킬 수 있어서

해설 로저스가 그녀가 고용한 플로리스트와 호텔의 장식업자들과 함께 일하기를 원하는 이유에 대해 추론하는 문제로, 질문의 키워드 florist와 decorators가 언급되어 있는 세번째 단락에서 답의 근거를 찾는다. 해당 단락에서 로저스는 플로리스트가 호텔의 장식업자들과 함께 공통된 주제를 가지고 일하기를 원한다(and I'd want her to work with your decorators on a common theme)고 했으며, 공통된 주제를 통해 추론할 수 있는 것은 플로리스트의 꽃과 장식업자들의 장식이 서로 조화를 이루게 하는 것이므로, 정답은 (a)이다.

패러프레이징
common theme 공통의 주제 → match 조화되다

어휘 match v. 어울리다, 조화되다 take over v. 떠맡다, 대신해서 하다 duty n. 일, 직무 prominent a. 주요한, 눈에 잘 띄는 train v. 교육시키다, 훈련시키다

77. 추론　　　　　　　　　정답 (b)

해석　제공되는 무료 객실에 관한 로저스의 걱정은 무엇인 것 같은가?

(a) 그가 언제 체크아웃을 해야 하는지
(b) 그녀가 얼마나 오래 객실을 이용할 수 있는지
(c) 그것이 그녀의 신혼여행에 잘 어울릴지
(d) 얼마나 많은 사람들이 안에 들어갈 수 있는지

해설　무료 객실과 관련해서 로저스의 걱정이 무엇인지에 대해 묻는 문제로, 질문의 키워드 free room이 complimentary room으로 패러프레이징되어 있는 네번째 단락에서 답의 근거를 찾는다. 로저스는 하루 숙박의 조건(the terms of the overnight accommodation)을 알고 싶다고 하면서, 무료 객실을 결혼식 이후 다음 날 이용이 가능하지만 그녀와 결혼식 측근들 모두의 준비를 위해 결혼식 당일 이른 아침부터 사용하기를 희망한다(but I was also hoping to use the room starting from early morning the day of the wedding)고 했다. 이를 통해 그녀는 무료 객실의 기존 사용 기간을 더 길게 쓸 수 있는지에 대해 걱정하고 있는 것임을 추론할 수 있으므로, 정답은 (b)이다.

📑 패러프레이징
complimentary room 무료 객실
→ free room 무료 객실

어휘　concern n. 걱정 provide v. 제공하다 suit v. ~에 어울리다 fit inside v. (안에) 들어가다

78. 세부 내용　　　　　　　정답 (a)

해석　왜 로저스는 결혼식을 하기 위해 다른 장소를 정하겠는가?

(a) 그녀가 선호하는 장소가 이용 가능하지 않을지도 모른다.
(b) 그 호텔이 행사에 시간 제한을 두었다.
(c) 그녀의 첫 번째 선택지가 제때 답변되지 않을지도 모른다.
(d) 그 호텔은 예약 요금이 비싸다.

해설　로저스가 결혼식 장소를 다른 곳으로 정할 수도 있는 이유에 관한 문제로, 질문의 키워드 different place가 other venues로 패러프레이징되어 있는 다섯번째 단락에서 답의 근거를 찾는다. 해당 단락에서 로저스는 만약 그 시간 및 날짜가 이미 예약이 되었다면(If the time and date have already been booked) 대신 다른 장소로 곧바로 알아볼 거라고(immediately inquire with the other venues on my list instead) 했다. 즉, 다른 장소를 알아봐야 하는 이유는 이 호텔에서 그녀가 원하는 장소가 결혼식날에 이용이 불가할지도 모르기 때문이라고 보는 것이 가장 적절하므로, 정답은 (a)이다.

📑 패러프레이징
have already been booked 이미 예약이 되었다
→ might not be available 이용 가능하지 않을지도 모른다

어휘　make arrangements for v. ~을 준비하다, 정하다 preferred a. 선호하는 spot n. 장소 available a. 이용 가능한 impose v. 부과하다 limit n. 제한 respond v. 반응하다, 응답하다 in time ad. 제때 expensive a. 비싼

79. 어휘　　　　　　　　　정답 (d)

해석　해당 절의 문맥에서, appoint는 _____를 의미한다.

(a) 지명하다
(b) 설치하다
(c) 약속하다
(d) 고용하다

해설　해당 어휘가 포함된 문장(should I decide to appoint an outside caterer)은 '제가 외부 출장 연회업체를 지정하기로 한다면'이라는 뜻이다. 업체를 지정하는 것은 문맥상 고용한다는 의미로 해석되므로, 정답은 (d)이다.

🔎 오답체크
(a): nominate는 '지명하다'라는 뜻으로 특히 직책이나 후보로 제안을 위해 지명한다는 의미가 강하므로 위 지문의 흐름에는 맞지 않다.

80. 어휘   정답 (c)

해석 해당 절의 문맥에서, prompt는 _____를 의미한다.

(a) 명확한
(b) 정직한
(c) 빠른
(d) 효율적인

해설 해당 어휘가 포함된 문장(I'd appreciate your prompt reply to this letter)은 '이 편지에 즉각적인 답장을 보내주시면 감사하겠습니다'라는 뜻이다. 즉, prompt가 '즉각적인'이라는 뜻으로 사용되었으므로, 주어진 문맥에는 '빠른'이라는 의미가 가장 적절하다. 따라서 정답은 (c)이다.